New Political Works

政治学新经典

现代化的政治

〔美〕戴维·E.阿普特（David E.Apter）著
李 剑 郑维伟 译

The Politics of Modernization

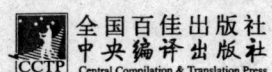
全国百佳出版社
中央编译出版社
Central Compilation & Translation Press

图书在版编目(CIP)数据

现代化的政治/(美)阿普特著;李剑,郑维伟译. —北京:中央编译出版社,2011.4
ISBN 978-7-5117-0837-3

Ⅰ.①现…
Ⅱ.①阿…②李…③郑…
Ⅲ.①政治学
Ⅳ.①D0

中国版本图书馆 CIP 数据核字(2011)第 058732 号

The Politics of Modernization by David Ernest Apter

Copyright © 1967 by David Ernest Apter

All rights reserved.

Published by Central Compilation and Translation Press(Beijing) under the arrangement with the author.

现代化的政治

出 版 人	和 龑
责任编辑	杜永明
责任印制	尹 珺
出版发行	中央编译出版社
地　　址	北京西单西斜街 36 号(100032)
电　　话	(010)66509236　66509360(总编室)　(010)66509367(编辑室)
	(010)66509364(发行部)　(010)66509618(读者服务部)
网　　址	www.cctpbook.com
经　　销	全国新华书店
印　　刷	北京中印联印务有限公司
开　　本	700×1000 毫米　1/16
字　　数	333 千字
印　　张	20.5
版　　次	2011 年 5 月第 1 版第 1 次印刷
定　　价	49.00 元

本社常年法律顾问:北京建元律师事务所首席顾问律师　鲁哈达
凡有印装质量问题,本社负责调换。电话:(010)66509618

献给小莫瑞恩·J. 利维

目 录

译　序	(1)
前　言	(1)
序　言	(1)
第一章　迈向一种现代化的理论	(1)
作为选择的现代性	(6)
选择的意义	(7)
规范方法	(8)
结构方法	(10)
行为方法	(12)
政体的选择	(14)
世俗－自由主义模式	(17)
神圣－集体主义模式	(19)
模式的比较	(21)
子类型	(22)
结构动力学	(24)
结论	(26)
第二章　现代化诸特征	(27)
创新的不同源泉	(28)
作为一种现代化力量的殖民主义	(32)
传统主义与发展	(35)
作为现代化指针的角色	(38)
角色的管理	(39)
发展、现代化和工业化的共同特性	(42)

    角色群和增长指标 …………………………………… (43)
    平等的特殊难题 …………………………………… (45)
    平等与知识分子的角色 …………………………… (47)
    青年与知识分子 …………………………………… (49)

第三章　分析传统 …………………………………………… (51)
    传统主义和价值的类型 …………………………… (52)
    某些例证 …………………………………………… (59)

第四章　分层模式的变化 …………………………………… (77)
    政治类型和角色关联 ……………………………… (82)
    精英主导的现代化 ………………………………… (86)
    教育和精英的政治社会化 ………………………… (91)
    作为现代化角色原型的职业 ……………………… (93)

第五章　创新、专业精神和职业的形成 …………………… (95)
    职业组织 …………………………………………… (98)
    精英的功能重要性 ………………………………… (102)
    重要精英间的竞争 ………………………………… (103)
    角色的某些规范导向 ……………………………… (105)
    职业及其现代化后果 ……………………………… (107)

第六章　作为现代化工具的政党 …………………………… (113)
    政党的定义 ………………………………………… (113)
    现代化冲击 ………………………………………… (115)
    政党和中介性政治角色 …………………………… (118)
    反对党的角色 ……………………………………… (120)
    一种政党发展的形态学 …………………………… (125)
    政治联盟 …………………………………………… (127)
    政治运动 …………………………………………… (129)
    代议政党 …………………………………………… (130)
    团结型政党 ………………………………………… (132)
    政党和政府 ………………………………………… (133)
    其他政治团体 ……………………………………… (136)
    政党和权威 ………………………………………… (137)

第七章　政府的要件 ………………………………………… (141)
    政府的边界 ………………………………………… (142)

	政府变迁分析	(144)
	变迁的可行性和功能性分析	(146)
	政府的功能性要件	(150)
	政府的附属功能	(152)
	政府的结构性要件	(154)
	附属性结构	(155)
	两个假定的案例	(160)
	权威类型和价值	(162)
	现代化的步伐	(166)
第八章	政治价值的形成	(169)
	合法性的行为起源	(170)
	目的性价值的宗教基础	(172)
	行为、价值观和权威之间的关系	(173)
	权威的团结面向	(175)
	权威的认同面向	(178)
	神权政体中的权威面向	(181)
	调和型系统中的政治宗教	(184)
	动员系统中的政治宗教	(187)
	对政治宗教特征的概述	(196)
	政治宗教的仪式化	(198)
	结论	(200)
第九章	现代化社会中的意识形态	(203)
	对意识形态的一个定义	(203)
	意识形态是如何形成的	(207)
	角色和意识形态	(210)
	意识形态如何变得有效	(213)
	意识形态变迁与作为政治亚文化的青年	(221)
	工业社会中的科学和意识形态	(223)
	异化与科学意识形态	(227)
	结论	(230)
第十章	作为现代化原型的动员系统	(233)
	动员系统和国家建构	(234)
	动员系统的衰落	(247)

	效率评估	(250)
	结论	(252)
第十一章	**动员系统的各种替代形式**	(255)
	调和型系统的发展过程	(259)
	现代化的独裁政体的发展过程	(262)
	军事寡头政体	(264)
	新重商主义社会	(265)
	结论	(271)
第十二章	**民主社会的未来**	(275)
	新科学精英的角色	(282)
	合法性和科学意识形态	(287)
	通往民主制度的一些障碍	(293)
	向政治民主转型	(295)
	结论	(298)
图表索引		(302)

译　序

"我们罪有应得，非得搞现代化不可了"，一位墨西哥诗人如是说。阿普特则称现代化是现时代人肩上的巨石："无论它将走向何方，追求现代化的斗争成了我们这一代人的生活意义。"的确，虽然人们对于"现代性的本质"、"什么是现代化"等问题依然莫衷一是，"现代化"一词依然深深地刻在了每个社会、尤其是所谓后发国家的进步界碑上，成为数代普通人模糊的渴望，更是政治精英义无反顾的宣誓和奉献……

或许不能说，"现代化问题"只是对后发国家的考验。细数那些现代化的先行者的历史行迹——城市化、工业化、资本主义、殖民主义……，每一步都能听到哀怨的回荡。只不过先发优势赋予了他们更多的从容，可以慢慢咀嚼其间的酸楚，同样也"从容"地将现代化的魔力展示在后来者面前，激发出后者前所未有的紧迫感和压力。在新兴国家、后发国家那里，"现代化"甚至就是生死攸关所在。

此种宏大历史运动所激发出的"现代化理论"的复杂状态此处难于详述。正如阿普特所言：面对现代化这样一种纷繁多姿的现象，任何理论似乎都有些力不从心。尽管如此，阿普特依然勇敢走入了这一段略显冒失却又不无意义的尝试：建构理论、检验理论，理解那些正处于现代化进程中的国家及其政治领袖们。

在阿普特看来，现代性首先意味人类生活复杂性的增加，这种复杂性的体现是空前的角色分化。"现代化问题"的关键恰是协调与整合多重多样的角色。现代性也意味着选择。此时，现代人从古典的蒙昧与宿命论中挣脱，（至少自认为）能够解释世界、操纵自然，从而有意识地选择改造自己的生活与未来。政治制度正是一种集体进行选择的机制，也限定着个体选择的空间。所有这些都暗示着现代化过程中理性的登场：工具理性与目的理性。

阿普特相信，社会科学本质上无法脱离道德术语的约束，不仅仅是基于种种行为事实而进行的肤浅归纳和刻板推理，更要触及对行为意义的理解。就"作为选择的现代性"而言，选择不仅是方法论问题，也是道德问题。个人的选择反映了他的道德人格，政府的选择构成了社会的道德目标。因此，对现代化中的社会的理解，势必要融合三个层面的方法：结构的（关注孕育现代化的种种制度——选择的限制条件）；行为的（现代化中社会人们的行为动机与态度）；规范的（社会的道德伦理取向、政府的合法性原则）。这三种方法的融合创造了确定政府模式的两个主要标准：政治结构的等级化程度与价值类型。依据这一标准分类，世俗-自由主义模式和神圣-集体主义模式构成了现代化中社会两种基本的政体类型，并由此衍生出动员系统（目的价值加等级制的权威决策结构）、调和型系统（工具价值附上金字塔式权威结构）、新重商主义社会、现代化独裁（工具价值与等级制决策结构的融合）等次级系统类型。

接下来的数章，以那些新独立的国家（加纳、乌干达、尼日利亚等）为经验材料，借助那些被认为在现代化中至关重要的角色类型（政党、军队、公务员），还有政治的规范层面（政治价值、意识形态、政治宗教），阿普特为我们展示了一幅幅各政治系统内在结构与特征的宏大画面。阿普特告诉我们：世俗-自由主义政体模式的最大问题是权威不易建立，故而许多选择代议制政体的新国家往往在独立后不久就分崩离析。这种分中求合的模式未必适用于新独立的、正谋求发展的国家。相反，以社会动员为特征的社会却能够使人民广泛而且积极认同现代化的发展目标，积极参与政治生活。更进一步地说：新重商主义社会在现代化早期是最有利于国家巩固的政体形式；动员体制是那些正从现代化走向工业化国家的最佳选择[①]；对于发展成熟而高度复杂的工业国而言，调和型系统则极为理想。那些"选择"动员系统的社会切莫急于据此心安理得。阿普特也告诉了人们，动员系统到最后会因为过多依赖"强制"，缺少足够的信息，从而走向衰落和僵化，犬儒主义、机会主义充斥生活。现代化不会将胜利花环一劳永逸地交付于谁，一切都是过程，危机与挑战源源不绝。

其实很难用寥寥数语就能勾勒出这部雄心勃勃而视野宏大的著作。模式、社会分层、角色……书中重重叠叠的概念术语就不时会让人头晕目眩。人们会给予该书最无争议的评价兴许是：同亨廷顿一样，他注意到了发展中国家在现代化过程中照搬西方政治制度所形成的困境，进而注意到了每个国家的特殊国情以及作出相应特殊选择的必要性。但是，还有更多吗？

现代化的理论家们可以从经济、文化、社会结构等多重角度去界定现代化的内涵，"现代化的政治"并未直接指向现代化的政治面向，其核心旨趣也正是该著作的特别之处：重新确立政治的位置，将之作为一种独立的变

---

① 详见本书第十章。

量。这不免让人联想到多年后"新制度主义政治学"要将"政治"带回政治学研究的急切，也隐约可以感受：在那个学者们热衷于寻求决定政治的经济社会因素的时代，阿普特视野的稀缺与可贵。不同政党形态的组织、意识形态特征从而造就的政治发展差异在该著作中被给予了高度的重视，在政治作为独立变量的同时，将政党立于更深层的结构变量，比照大多数发展中国家的国家建设进程，无疑具有深刻的学术洞察力。

人们至今为政治学能否成为一门科学争论不休。价值中立从而走向科学分析，在许多人看来依然是政治学研究成长的不二法门。政治科学的发展似乎越来越远离哲学、伦理学的规范性探讨。阿普特则强调，现代化的研究势必回到第一原理的求索，道德指引、推动着科学更好服务于人对幸福的追求。政府不仅是社会冲突的调控者，更是尽可能地为政治群体供给种种满足感的责任主体。这些叙述将阿普特与西方政治学久远的传统——柏拉图、亚里士多德……联结在了一起。阿普特感慨同时代的哲学退化为语言学，使社会科学陷入了哲学上的困惑和无助境地。即使是在政治科学化蔚为大观的现在，回味一下他的哀叹，恐怕也并非无聊之举。毕竟，科学的价值维度是科学更高的存在意义，是其不至沦为纯粹工具的一座堡垒，是更清晰地澄清人的满足感内涵，赋予政治社会选择更完整理性的保证。

"西方中心主义"几乎成了一种学术批判的陈词滥调。阿普特所认定的现代化社会的终极理想政治形态——世俗－自由主义模式，的确可以转化为另一个更为人熟知的名词——西方代议民主制。现代化理论甚至西方的其他"社会科学"自始就面对着类似的讥讽。姑且不论现代化理论自身的粗疏与不足，问题在于，我们能否无视西方的历史经验和成果而直奔所谓"特色"。公允地说，所有后发国家的现代化进程，不论经济或政治的价值观、制度形态，都不过是对西方某种形式的模仿，更不用说那些得心应手的现代技术工具与手段。如果能够以更加开放包容的心态去审视不同的经验及这些历史经验孕育的理论视野，与自身传统的接续，模式、特殊性也才有充沛的生命活力。在这一点上，已故罗荣渠先生曾提出的"现代化一元多线论"展现着智识的诚恳与清明。[①]

值得注意的是，阿普特用了整整一章去展望他身处的"民主社会"的未来，他尖锐地指出西方自由民主制内在的危险，没有不着边际的溢美和骄傲，忧虑与困惑穿行其间。科学被意识形态化、虚无主义盛行、人的异化、政治冷漠……这些景观在现代化中的社会并不罕见，或许这也是现代社会共同的

---

① 参见罗荣渠：《现代化新论》，商务印书馆，2004年。

命运。在某种意义上，学者的良知可以用是否直面本社会的真问题而论定。并不是简单的非西方甚至反西方的立场，就算学术的客观和中立。

大书往往也意味着大遗憾。人们不难发现一本近半个世纪以前著作的种种缺憾。例如将价值类型与权威结构融合所得出各种政治系统分类略显呆板，书中不断呈现的各种二元对立似乎未脱出"民主主义＆极权主义"范式的窠臼，白鲁恂曾就此发出疑问：难道极权主义政权不会致力于平等吗？难道民主社会就没有自己的"乌托邦"，不能容忍那些神圣的价值吗？世俗－自由主义模型就没有对计划的高扬吗？阿普特将现代性界定为选择与理性，但这一定义略显空泛。人们可以问：既然要衡量政治在整个现代化过程中的影响，政治现代化与其他层面的现代化联系区别何在？未作这样的细分，资源禀赋、国际环境、经济条件等影响着现代化的重要变量都就此缺席了，以至于我们难以更公正地衡量与接纳阿普特的判断……

要一本著作去承载现代化这样的大议题未免失之严苛。对此，阿普特教授显然早有清醒的心理预备："一些理论就像过眼云烟一般。这样说，并非是故作谦逊低调，只是想表明，如现代化这样有趣的主题，对于任何理论而言都太复杂了，从而很难保持长久的适用性。在社会科学的发展中，这一阶段的产品必须是可牺牲的。现在所做的贡献只能被视为通向更科学化的理论和更有效的研究程序的垫脚石。"从开始到现在，人们都不断质疑、检验、修正、反驳书中的理论与方法。但阿普特所提出的那些重要问题依然无法回避，那诸多关于现代化的明彻洞见依然发人深省。

寒暑几个轮回，翻译的个中甘苦，非亲历其事难于体会，让我们对既有的学术翻译多了几分理解，对自己的成品更不敢妄生自信。我们只能怀着忐忑不安，将其作为对2010年过世的阿普特教授深切的告慰，对"现代化"微不足道的奉献。

太多的人为本书的出版付出了时间与心力。赖海榕教授自始至终关心着翻译进程，他宽容了我们的一再拖沓，给予了不可悉数的支持与帮助。中央编译出版社杜永明编辑对译文仔细的审校，挽救了我们许多"不可原谅"的粗疏草率。译本若有可观之处，必须向他们及其他提供帮助的朋友致以诚挚的感谢。

译本是我与郑维伟博士合作的产物：李剑（导言，第一章至第六章）；郑维伟（天津市委党校哲学教研部，第七章至第十二章）。翻译的问题责任自然由我们承担。

李 剑

厦门大学公共事务学院

2011年3月

前　言
（1967 年）

　　《现代化的政治》的再版给了我一个对书中个别问题所提质疑予以回应的机会。当然，我们面前这部曾引发相当讨论和争议的作品，并未视为一部论证严密的作品，而是求得更严谨研究成果这个终极过程中的一步。故此，有必要来修正其概念中的一些瑕疵。接下来的，将是对质疑者所言的松散分析框架问题予以更为精确的分析性阐释①。在这些阐释中，将包含现代化这个术语的使用情况、模式的分析现状——尤其是演绎类型还是理想类型的区分，最后还有独立变量的模糊问题。我将逐一予以简析。

　　书中使用的"现代化"这个概念，其含义相当简明。通过"现代化"这个概念，我意指的是，在工业化中功能性地连接和组织起来的角色，扩展于工业基础设施匮乏的体系中。据此，我们可以通过评估现代化进程中角色的扩增来比较不同社会的现代化程度。其任务就是评价因缺乏（角色）整合而引发的政治问题。对这种缺乏整合所致的政治和行政后果的描述，使我未能突出这个中心点。我意欲描述的东西反而以界定性的、精确性的面貌出现。这至少可以答复部分质疑了吧。

　　第二个质疑是模式的分析状态。该疑问并非来自于不正确的概念化，而是来自于模式的解释和应用之间的差异。书中所列举的类型导源于建立在规范、结构和行为维度之上的广义选择理论，是假设性的。最初的两个变量，即规范、结构变量，是独立变量；行为变量是依附变量。这些规范和结构变量，被适用于包含政治选择及由此决定的可能的政治行为边界的政治体系中。读者这下可能就清楚了，我们并非是在通常意义上对待一种理想类型，换言之，我们是经验性地建基于从具体的单位样本中概括出来的一般性特征之上。然而，书中所言的分析模式是以一种理想类型的方式应用的。把真实

---

① 与此同时，在与同事们合作从事国际研究所的"现代化的政治"项目中，我们从一项收集于西非和拉丁美洲早期与晚近阶段的现代化数据的比较分析中具体地验证着这些概念。

的体系（或具体的单元）与这些模型相比较，就可以此来辨析被经验性地查证的体系趋向的假设。

这些一般性的公式化表述，不应与直接应用于比较中的这组独立变量和依附变量相混同。虽然我们的最终问题关注的是选择理论背景下政治体系所决定的行为，但问题仍然是：政治体系如何变迁？要解决这个问题，需要一组与之不同且更具操作性的独立变量和依附变量。这里姑且不进入哲学和经验性问题领域，我只是简言之：是强制和信息之间的关系影响着政治体系类型的变迁。如果我是在今天写作本书的话，强制—信息假设将在分析中占据中心位置。我将重新构建政治体系，以便于强制和信息成为独立变量、结构变量成为干预变量、行为变量成为依附变量。

与"现代化的政治"课题组同事的商讨一如与这里和国外大学同行那样，让我受益匪浅。商讨的结果，使我的一些观点已经有了实质性变更，对此，我将在下一部著作——《一种政治结构理论》——中更充分地予以探讨。

戴维·E. 阿普特

序　言

人们对现代化问题的关注由来已久。它开始于19世纪后期工业化成果已经极为显著的欧洲。西方社会的特征变得如此与众不同，使得它成了其他国家用以比较的一个模型（或至少是一种标准）。当今现代化研究的重点集中于：新兴国家的现代化，它们的国家政体形式的发展，增加能为公众所公平共享的社会产品的目标。迄今为止，日本和苏联是成功的典范。

现代化过程中的政体呈现出如此大的差异，以至于尽力去研究它们需要新方法和新思路。我们尚未找到有效的分类或比较方法，因此不能够对如此复杂的进程进行可控的分析。最近相当流行的一种方法——功能主义方法，由于其两个主要侧重点同比较相关，在一定程度上是有用的。其第一个是关于系统如何改变，第二个是试图找到特定活动模式的一般意义，而不论它们首次呈现的独特性特征为何。

我试图运用这种方法对现代化过程中的国家进行比较。为此，我的首要目标是呈现出一个政府形式的类型学和一些关于它们如何变化的理论，同时展示这些形式和某些功能类别之间的关系。我把这作为通向更具应用性的结构-功能要件分析模式的基石，以便于展开政治分析，这一取向追随着塔尔科特·帕森斯（Talcott Parsons）、马里奥·利维（Marion J. Levy, Jr）的研究传统。但对我而言，利维的影响更直接。第二个方案是，呈现在过去15年里我工作过的几个西非国家的材料，这些材料是我单独或者与同事一起参与的西非比较分析项目的成果。这些非洲材料是关于一些处于早期或者重要的现代化时期的非洲国家，它们经历了从依附到独立的变迁和新政体的形成（努力把现代化的集中强化作为目标）。目前，对一些拉丁美洲国家的研究已在进行中，这些研究是为了解释现代化连续谱的另一端，也就是，那些已走过现代化的漫漫长路和正渴望着工业化的老国家。

选择那些呈现着现代化进程不同阶段的例子是相当有趣的。它们提出的问题丰富多样：为什么有些国家可以在政体形成时期既保持稳定又能改变它们的社会结构呢？为什么其他很多国家要宣称其现代化进程充满了革命斗争，当仔细观察的时候，它们却只是在表面上看起来更具革命性呢？

事情令人困惑。我们的研究思想也同样是凌乱的。我们也如同政治领导者在为其措辞犯难一般为这些概念所困扰。这种意识已经使一些作者提出，当前事件的分析很少是正确的，而且经常具有破坏性的错误。学者极力提醒彼此去避免热衷于一般化概括。一些人甚至建议，我们对新国家中革命生活的认识是如此苍白，以至于现有研究对于增进理解的价值微乎其微。①

误读和理解运动与变化模式的失败是一些我们正尽力通过持续的研究和分析来纠正的错误。我们对新国家的看法不能仅仅建立在皮毛的知识上了，我们还得必须抛弃自己的种族优越感来审视它们。所需要的是一种描述不同于我们习惯的那些事件之间关系的新知识形式。

即使我们理论化的层次依然很低，可悲地无法满足我们的需求和愿望，但继续研究现代化过程中的国家还有其他的理由。他们如此令人激动，我们的热情也如此真实，以至于将我们的研究束之高阁便剥夺了他人欣赏这些有趣材料的机会。在早些日子，一位学者总想要把理论建构得完美，才敢刊行于世。但我们的情况不同。学术团体是世界性的。我们可以与其他地区的同行通过作品进行沟通和交流。要遏制知识贫乏的、华而不实的学问，对话非常重要。毕竟，在思想僵化和固化之前能在学者间进行交流是现代世界里的一大优势。

我的方法是组合某些一般性的问题，形成假设，选定用以分析的事件，汇集我在该领域中和图书馆里所发现的数据。结果很少是成品。材料浩如烟海，情况如此复杂，以至于我都犹豫是否要投身于如此艰难的研究之旅。然而，任何使得思想连贯的努力都涉及到形式化的工作。不可避免地，结果是一系列持续演变的概念，甚至在墨迹未干之前，它们可能就不得不用一种更经济的工作方式来修正，或者被更合适的替代物取代。

然后，一些理论成了过往云烟。这样说，并非是故作谦逊低调，而是想表明，如现代化这样有趣的主题，对于任何理论而言都太过复杂，以至于很难保持长久的适用性。在社会科学的发展中，这一阶段的产品必须是可牺牲的。现在所做的贡献只能被看做是通向更具科学性的理论和更有效的研究程

---

① 例如，1961 年 6 月，在 issue of *Encounter*，非洲研究领域最具天赋的学者之一，托马斯·霍奇金，写到："我们对非洲史的极度无知，对非洲人看待当前事态态度的缺乏理解，对革命民主思想的陌生，我们的殖民神话所产生的思考扭曲——所有这一切，都使我认为，也有足够的理由怀疑，我们是否有可能对于后殖民时代非洲的社会和政治变化方向的讨论做一些明智的贡献。此类问题最好留给非洲人民。"

序　言

序的垫脚石。本着这一精神，每个人都应该严肃地对待现在的工作。当下的努力是为了扩大一点我们的敏感度，澄清我们的主张，和更全面地勾画出一些不为我们所了解的领域。

我将试着分三个阶段来做这个勾画工作。首先，（我认为政治学研究首先依赖于规范性的模型，其次才是经验性模型），我要确认某些道德－政治问题。第二个任务是划分系统变化的阶段，也就是确认系统的边界，并划定内在子系统的实质。第三，我将提炼出系统的基本结构属性及与之相关的子系统。这项任务涉及到在应用于数据时，有助于现代化比较分析中规范的、结构的和行为的思考。

作为一个兴趣的聚集点，现代化选择没有为时事性主题所束缚。现代化允许一般理论的特定应用。关于政府工具的功能性问题（而非试图去发现特定制度本身的意义）应该容许对作出发展性选择和形成特殊政治风格的不同政治模式进行检验。我们把发展作为一种特殊的社会变革形式，把现代化看做是发展的一个特殊实例。在所有例子中，外延最小的工业化最为重要。①

现代化的某些后果应该在我们的主要讨论之前提及。个人可能会体会到道德人格的缺失。传统的社区被扭曲变形。未来犹如一片危险的海洋，它们并非都是令人愉悦的。处于现代化进程中的社会寻求新的控制模式和新的确定性以代替那些因变化而失去的东西。虽然所有的现代社会都在一定程度上参与了计划和投资、创业和技能、教育和培训以及工程学和科学的意识形态，但作为个体的自我并不总会放弃知识的旧形式而步入未知之旅，除非他们意识到不确定性是他们在过去与未来交替的过程中所必须付出的代价。这是千真万确的真理——那些最早吁求政治参与、平等的国家，如印度、锡兰、缅甸以及后来的印度尼西亚、非洲西海岸乃至整个非洲大陆，都是如此。从此，政治变革持续加速，而今天已经波及到拉丁美洲。

所有的现代化过程中的社会都处在转型时期。这就是我们的主题。一切都在变化中。至于变成"什么"却是一个谜。这种转型是从一种非现代化的情形变成另外一种现代化却不必定是工业化的情形。另外，作为一种抽象，我们可以分解出一系列对前现代系统极为关键的特性，和另一些对现代系统至关紧要的特性；但是，现实中的系统很少是通过厚此薄彼的方式来变化的。清晰的断裂带的缺乏带给我们一些令人困扰但又无法回避的数据。

---

① 关于现代化的定义，请参阅第二章。

很难对于正在发生巨变的系统进行比较研究（因为每个系统的轮廓正在变化，它们的相互关系也因此而难以把握）。为什么要对转型中的系统做如此多的比较研究？尽管困难重重，但某些有利因素还是存在的。当平稳状态被打破后，"突发情状"（promontory situations）突入观察者的视野，并以其无遮无掩的显豁现身于观察者面前。不能小看这些显在之物，因为这些显在之物可能会掩饰比较重要而细微的问题（我看不出任何解决这些困难的方法）。尽管如此，我们可以说，如此戏剧性的境况提供了新的可能性选择。这在现代化的背景下尤为真切。在其早期阶段，过程可能是无序的；对事务组织性的忽视经常出自开放式的选择环境。个性问题值得关注。有时一个人甚至可以将社会关系重新排序的渊源追溯于一些独立个体。现代化的早期阶段既是社会自由最大化的时期，也是一个幼稚时期（naivete）——这个"幼稚"不是荒诞而是单纯。这种自由是种错觉；仅仅是随后艰难而富于纪律性的政治时期的前奏。但是没关系，现代化时期也是试验的时期。它激动人心甚至带有史诗色彩，尽管会有惨剧发生，但却拥有令人耳目一新的欢乐。当珍爱的制度流失、信念过时，一些人认为是不祥之兆的事件，在另一些人看来却带有冒险的刺激和愉悦。时间有了意义。不朽和对它的信仰在现代思想的冲击下日趋消失，并可能会被其他社会信仰所代替，或者在个体竭力去实现自身的潜能和个性的活动中缺席。

在现代化过程中，这些状况带来的后果是，权力被夸张地强调。权力是对获得满足过程中的缺陷、幻灭和可能性的补偿。发展中国家的英雄式领导人借由自己的意志把它具象化并使之焕发出夺目光彩，即使这种光环在将来的某一天可能会褪色。这是无可避免的结局！也许最令人兴奋的是，当复杂的工业化社会正在个性迷失、异化、个人无力感的问题中挣扎之时，现代化进程却产生了对个性、领导权和坚韧冷酷的强烈渴求。

尽管如此，我们不应忽视其消极的一面。旧的信仰形式和被赋予神圣性的社会实践经常因当权者的冷酷和疏忽而被抛弃。与未来惬意的相逢也很容易被根深蒂固的绝望所代替。对大多数人而言，现代化就像人们在以惊人的速度穿越隧道却不知道另一端等待他们的是什么。担忧产生了严肃的政治问题。因此，处于现代化进程中的社会，情绪在品尝新自由的兴奋与对未来满怀希望和恐惧、愤世嫉俗或者机会主义观点之间来回波动，也就不足为奇了。

但是，政治生活是肯定不可能只停留于英雄主义时期的。如果我们所形容的情形有不真实的一面，部分原因是因为幻觉对人类社会来说是重要的。

序　言

这给予我们对未来乐观、超越眼前琐碎的互助、感觉历史中瞬时目的（momentary purposes）的能力。该幻想时期与相对自由的选择恰巧碰在一起，其后果或是自由被限制、冻结，或者使自由得到了新的机会。这就是为什么在造就现代化的岁月里，人类被给予了额外的创造机会实践他们的构想，以便寻找到解决困境的途径的原因。同时，人类使自己的命运轨迹浮出水面——政治领导人总是被现实限制所包围——在这段从长远看来是史诗般的时期中，丑陋和残忍却在当下赤裸张狂，因此努力去弄清楚这些事件就成了最为迫切的事情。

因此，本书的主题，尽管强调比较政府、研究其政治发展和适应的方法，但是分析需要从道德内容出发。我的观点是，在政治生活中（无论从观察者的角度还是参与者的角度出发），有意义的事情只能从道德层面获得理解。在这里，我和拿格勒（Naegele）所表述的涂尔干的观点相似：

> 涂尔干把社会夸大为坚固地立于自然旁边的道德现象；虽然它在很大程度上是相关事件的集合体，却必须作为客观的"存在"（thereness）来理解；同时，这又必须从其否定面来认识——一种凭借将义务要素和合意要素融合的能力，从而能对个人施加强制的连贯性陈述（a coherence of representations），一种如同双面圣像的合体。[1]

社会科学和自然科学的科学工作是有区别的——不是方法或者技术的区别，因为这种区别会由于社会科学变得更加定量而迅速消失，而是涉及到个人、义务、愿望的道德观点的区别。这包含有社会科学的独特性。即使我们能够解释社会行为的多样性，我们依旧不得不处理行为的意义。从社会行为中引申出的意义和推理的结果形成了政治分析的基础。这是否意味着，道德直觉在科学之外成了人类经验的小矮人（humpty dumpty）？我认为答案是肯定的。经验知识需要我们全部的感觉投入。

因而，本书的首要目的是将一般性方法和其道德含义集合在一起。整合这些因素是极度困难的，而且对一方或另一方的侧重在本书中也是很明显

---

[1] Kaspar D. Naegele, "Some observations on the Scope of Sociological Analysis," in *Theories of Society*, ed. Talcott Parsons, Edward Shils, K. D. Naegele, and Jesse Pitts (New York: Free Press of Glencoe, Inc, 1961), Vol. I, p. 16.

的。应该记住，正如我们根据分析的需要将现实分开一样，为了我们研究的需要，也可以将它重新组合在一起。甚至汤因比（他绝对不是"科学主义"信徒）在其宏大历史著作的最后一卷中也曾经争辩到：

> 若不假设世界可以被解读，我们就不能思考它；同时，我们不能为那些我们发现或者创造的解释辩护，反驳那些认为他们是人造和主观的、不符合任何现实结构的指控，即使它们部分符合现实结构，但它们与我们诉诸它们的那些特殊精神目的毫不相干。它总是似乎在割裂不可分割的东西，错过一些本质的东西。然而，没有对世界进行精神层面的阐释，我们自己就不能够清晰地进行思考或者表达意愿。如果我们保留神秘经验的统一性，我们就不能够继续思考和想像。所以，我们不得不解剖——并且歪曲事实以便能够充分地理解事实，以便在所知的真实中行动和生活。当然，我们无力完全解释现实不足为奇。政体的一个部分要能够将其自身与其余相区别，同时又要能够借此部分地理解整体和它自己，这成了一个悖论。这一成就并不完美，却依然堪称一个奇迹。[1]

一种思想就是一种试验。它是寻找经验的意义和行动中的关系的一种方式。只有少数观念呈现出真理性。为了知道错在何处，我们仍然处于试验的阶段。从此类试验中，我们能更好地理解变化、发展、现代化和工业化的涵义，之后我们的努力才可被证明是正确与否。

我的很多观点来自于同三个不同团体同事们的讨论和推敲，我很幸运自己这么多年一直属于这些团体，而卡内基基金会是这些团体的慷慨支持者。第一个是西非比较分析项目的合作团队，这一项目至今仍在进行。我最初的观点都是在团队的合作和讨论中形成的，这是一个丰富和激动人心的体验。项目组的成员，即 L. 格雷·考恩（L. Gray Cowan），罗伯特·吕斯塔（Robert Lystad），特别是詹姆斯·S. 科尔曼（James S. Coleman），都是此项工作的合作者；他们不仅友善地认可了我的这种写作方式，同时还悉心地纠正了我的错误。

对于本书中所表达的许多观点，尤其是那些涉及意识形态和政治信仰的

---

[1] Arnold Toynbee, Reconsiderations, Vol. XII of *A Study of History* (Oxford: Oxford University Press, 1961), pp. 9 – 10.

序　言

观点，要感谢芝加哥大学新兴国家比较研究委员会，是他们给了我最初的灵感。那里的三位同事——爱德华·希尔斯（Edward Shils），克利福德·吉尔茨（Clifford Geertz）和劳埃德·方纳（Lloyd Fallers）——创造了一个如此特殊的知性讨论氛围，尽管我们属于不同学科，却共享着一种对新兴国家比较研究的不寻常的热情。

第三个团体即加利福尼亚大学比较发展研究卡内基小组——一个对发展的一般问题具有罕见才智和浓厚兴趣的学术群体——是思想和批评的持续源泉。对于莱因哈德·本迪克斯（Reinhard Bendix）、恩斯特·哈斯（Ernst Haas）、哈维·莱宾斯坦（Harvey Leibenstein）、S. M. 李普赛特（S. M. Lipset）、亨利·罗索夫斯基（Henry Rosovsky）和尼尔·斯梅尔瑟（Neil Smelser）等人，我深深受惠于他们的研究和帮助及其精彩纷呈的共同讨论。

我要分别感谢来自哈佛大学、哥伦比亚大学、布宜诺斯艾利斯大学和伯克利国际研究机构的鲁珀特·埃默森（Rubert Emerson）、伊万·瓦利耶（Ivan Vallier）、何塞·楠（Jose Nun）和马加塔·萨尔法季小姐（Miss Magali Sarfatti），他们阅读和评论了手稿，还要感谢霍顿斯·波德尔马克尔（Hortense Powdermaker），他对第三章给出了有益的意见。

我也很感谢国际研究和工业关系机构的同事们，特别是他们的主管李普赛特先生和劳埃德·厄尔曼（Lloyd Ulman）先生对工作的支持。安妮·佛斯·默瑞小姐（Mrs. Anne Firth Murray）在编辑上给予了宝贵的帮助。格罗瑞娅·米姆斯夫人（Mrs. Gloria Mims）、朱迪·考尔曼小姐（Miss Judy Cowman）、贝亚特丽斯·塔伦特夫人（Mrs. Beatrice Tallent）不厌其烦地帮我输入了无数的手稿草案。

戴维 E. 阿普特
加利福尼亚大学伯克利分校国际研究中心

第一章　迈向一种现代化的理论

西绪弗斯是加缪的英雄。一次又一次地将巨石推上山顶，西绪弗斯的命运显得那么荒谬。然而，他依然充满喜悦。这看上去多么奇怪，又多像我们时代的命运！实现现代化是这个时代的艰巨使命，是我们的巨石。它不独属于某一个地区、某一个国家、某一个阶级，或是某个民族的精英。现代化和对现代化的热望遍布整个世界。无论工作多么艰巨，甚或有时多么徒劳无功，人们还是一次又一次地将巨石扛在了肩上，热情洋溢且满怀希望。或许，正是希望的存在让加缪以这样一句话结束了他关于那个希腊神话的论文："人们必须设想，西绪弗斯是快乐的！"[1]

现代化是一种特殊类型的希望，是所有过去的革命和所有至高的人类欲望的呈现。就其规模和道德方面的重要性而言，现代化革命是一部史诗。它的结局也许更令人震撼。那被拼命渴求的目标创造出一股强大的政治力量，而这种力量并非总能被明智适当地运用。无论它将走向何方，追求现代化的斗争成了我们这一代人的生活意义。它考验着我们所珍视的制度和我们的信仰。它将我们的国家推向观念和意识形态的市场。它的强大压力迫使我们不得不重新审视我们既有的制度。每个国家，无论已现代化的或是正迈向现代化的，都要直面其裁决及其结果所带来的恐惧。我们的社会也不例外。对一个已经解决了严重的社会和道德难题的高度复杂的、发达的工业化社会，民主代议政府无疑是一种适宜的工具。西方社会在创设适当机制解决所有政府都会面临的一对政治问题——有序变革和政权的平稳过渡方面——成就卓著。对西方政府的大多数研究已经集中于如何改良这些机制。直到最近，社会科学研究者，特别是政治学者，才开始将他们的注意力转移到正处于处于现代化进程中的社会的类似问题。然而，绝大多数的此类研究，都暗含这一假设：代议制政府，尽管有形式或内在精神的差异，对所有社会都是最理想的政治体制。

---

[1] Albert Camus, *The Myth of Sisyphus* (New York: Random House, Vintage Books, 1955), p.91.

现实已明显地动摇了这一假设。我们所理解的民主制度在大多数正经历现代化的社会已变得面目全非。然而，我们应该怎么看待像印度尼西亚、埃及、加纳或坦桑尼亚这样的国家？又如，代议制政府体制与一党独大相结合的印度？没有让人满意的答案。今天的世界上，我们能看到一大堆的适应性政治体制（accommodated political system）。即使他们中最强势（toughest）的其实也很脆弱。即使表面上最牢固统一的体制在实践中也趋于分裂和在意识形态上（ideas）弱化。它们中很少有极权主义政权，几乎全都是民粹主义政权，而事实上，它们都是前民主的而非反民主的。

这些系统需要得到同情和理解。为了能解释他们，政治学的语言需要局部调整。它们都处于我们耳熟能详的各种纯粹的政治形式门类之外。将它们界定为前民主系统会使我们认识到，对于一个处于现代化进程中的社会的组织和整合，某些高压政治体制也许是必需的。我们必须承认代议制在大多数处于现代化进程中的社会失败并因此遭受质疑摒弃的可能性。政治研究中对民主制度效用的假设，阻碍了我们对前民主政府形式功能的认识。现代化的政治要求我们检视前民主或非民主政权的效用，以便我们能对那些催生代议制政府的结构性原则进行切实的评估。①

对于政治学研究而言，现代化的动态特征可以归结为一个普通命题：现代化是一个政体所应对的人类事务的复杂性不断增加的进程。这便是为它会产生严重的政治问题的原因。在很大程度上，政治成了在整合组织结构时应付角色分化的事务。但是，源于复杂性增加的政治行动并非政治领导人无视政治环境（political context）的抽象反应。问题在于，政治环境是指什么？在此处，该术语指的是政府行使权威的特定结构安排。随着这些结构发生变化，政治反应也随之而变，反之亦然。

将系统理论（systems theory）的一般方法（general approaches）用于现代化的经验研究本身就是一个重要的研究课题。它首先要确定有待观察的现

---

① 这是本研究的深层旨趣。事实上，在这些更宽泛的议题得到详述之前，探讨处于现代化进程中的社会的政治研究主题或构建研究策略似乎还为时过早。在下述章节里，我计划为此处提出的理论给出经验证据。下一章的经验性论证将援引西非和拉美的数据，将其纳入四种结构性变量：
1. 平等：不同的政治形态在经历现代化时平等程度是提升还是降低了？
2. 角色分配：系统中现代化角色分配是怎样的？
3. 经济增长率：什么是经济增长的相对速度？计划机制是什么？
4. 稳定性：稳定和增长的关系是什么？多大程度的强制是需要的？

这四种变量仅在讨论非常重要的政治议题时对于政治理论才有意义。在研究变量本身之前需要探讨这些更大的问题。

第一章
迈向一种现代化的理论

实（reality）的层次，其次是要将正式的系统与某一经验门类相连接。① 这都是些主观的决定，但研究本身却要靠它们方能展开。在此，我们是根据人们确认自我以及构建和表达感情纽带的方式来判定"现实"。这些纽带体现在人群的文学、艺术、意识形态、宗教中。此外，这些纽带存在于一个常识的世界里，其每日的实践可被转化为抽象的形式，如动机和意义，以抽象和几何设计同样的方式可以表达出民间艺术如陶瓷或编织中所呈现的共享的象征价值。

但还存在着其他层次的现实，后马克思主义的传统所公认的一个层次是社会分层。对那些西方传统哺育出且关注现代工业社会问题的观察者而言，出于比较的目的而界定社会政治关系的一种适用方法便是分层的研究。这不仅意味着对在一个等级制系统里的地位组合和对等级系统所衍生出的精英－大众关系的考察，也会引向对据利益而形成的阶层分化的考察，从而也暗含了一种动员理论——例如，群众是有社会意识的和热衷于向上流动的理论。因此，竞争性的流动成为政治学的主旨。

这一观点可能排斥了另一种同样有说服力的共同体概念，即共同体是一种诸多连带角色的强化组合，自我的意义取决于集体而非角色的等级化配置。例如，当某人在研究北美的城市社区后，再去考察拉丁美洲的社群，为了发现多少社会入口（access）和流动性存在，比较等级关系便十分有意义。这是一种有效而且通行的比较方法。但当某人研究非洲社会后再去考察拉美社会，他则倾向于寻求某些潜在的社会整合原则。什么是构成了共同体意义中心的核心角色？对于意义中心的偏离或对社会核心价值的否定是如何发生的？此种研究要求更多的人类学方法，一种对一系列分离角色（segregated roles）的抽象（在真实的范围内），这种抽象更多基于意义（meaningfulness）（例如亲缘）而非等级关系。这种研究有助于揭示出在变革形势下，维持系统稳定性的角色特征。

个体意义和社会意义；社会活动的节奏和步调；异类和改革者的角色（roles）；权力和声望的等级制度；对个体间关系的关注，政治意识形态，宗教——任何一方面都暗示着不同的欲望、动机和选择模式。关于这些模式的知识存在于对特定社会的结构分析与行为分析的知识之间。对于这些意义（meaning）和真实的层次，我们需要从其角色审视个体，确定个体的角色聚

---

① 参见 A. Schuetz, "On Multiple Realities", *Philosophy and Phenomenological Research*, v (June, 1945).

集，理解角色调整发生的机制，认识到明显的角色一致和不一致的象征。

也许现代化研究最重要的后果，就是带我们回到对第一原理（first principles）的探寻。我认为现代化研究要求道德和思维分析模式的统一。当然，不单是现代化研究；社会理论的迅猛发展和生物科学的突破，乃至哲学退化为语言学，共同导致了哲学的贫困和混乱。对社会理论与哲学现状最典型的反应有两种，其一是坚持现实的物质层面（此现实涉及历史必然性的揭示和自由概念的湮没，唯有行动才能获得"真知"的原理）的马克思主义，第二种尚未有合适的名称。后者涉及了源起于以规范的、结构的和行为术语进行替代环境分析的选择理论。第二种观点相信一个可能性而非确定性控制的宇宙，它的中心原则是自由与选择间存在着关联，而理解这种联系是社会分析的目标所在。这种观点认为，自由存在于选择者对其选择的道德和物质后果的批判性意识。

假如马克思主义的视角作为一种哲学已显得老套，那么作为一种意识形态，它依然充满力量和新意，尤其是对那些生活在发展中地区的人们。原因之一是马克思主义坚信物质世界是不断从低级向高级阶段进化的。依据这一信念，现代化就能被理解为通过不断改变物质关系而让世界日趋富足、和谐的进程。萨特将马克思主义称为一种稀缺性的哲学的确有其合理性，因为它用阶级矛盾和剥削来解释稀缺性，进而从这种解释中推导出政治目标。通过将自由概念加入马克思主义中，萨特也勇敢地向当前的马克思主义发起了挑战。对萨特而言，自由包含着理解自我存在与物质进程关系的能力，这种理解也是自由的运用形式。劳动是物质世界和存在的相互协调方式。在劳动中，人为自己设定计划，计划的开展让他成了物质世界的一部分并作用于物质世界。虽然宣称自己仍然坚信在马克思主义的教义范围内，萨特的立场看上去将会使他远离马克思主义。①

对马克思主义一个重要的批评是，它否认了世界的现实人为的一面。这样的批评可能有些让人吃惊。然而，如果某人接受了存在多层现实的观点，那么只有一个真正的层面即物质层面，而知识仅仅是从物质层面发展出此种观念的确难以接受。从一种概率论的视角（probabilistic view）看，一个层面的现实这种选择是武断的。问题决定着适当的层次选择和界定。此外，每个层面呈现为各自的理论和结构规则（contextual）。例如，现实的规范层面需要特定准则的运用以达成规范性评价。这种评价是道德分析的组成部分，在许多方面都要脱离行为分析来讨论。对行动的结构层面和行为层面各自分

---

① 参见 Jean-Paul Sartre, *Search for a Method*（New York: Alfred A. Knopf, Inc., 1963）, *passim*.

第一章
迈向一种现代化的理论

析产生出各种理论。当心理学家们研究行为的动机特征时，根据各自不同的术语系统对之进行考察，而它们也能被整合进一个统一的概念系统，这便成了我们所说的一般性理论（general theory）。

如果某人承认对选择的理解存在着不同的意义层次，他必定要再进一步，接纳观察者隐含的观念。借此，我意指认识现实的概率方法需要人们处于观察者而非参与者的位置，一个对研究者而言消极而非积极的角色，这样的角色迥异于公民、革命者和改革者，或者任何一种他选择作为一个个人而非一个单纯的专家的积极角色。可能性的世界是一个要我们成为观察者而非行动者的世界。

这一方法的缺陷在于，它更宜于提供用以评判那些已为人所知的东西的标准，而不长于探究新的意识层面。后者对当前的知识界来说，在相当程度上还是一个谜。我们知道行动可能是一种创造新的意识形式的方式。倘若果真如此，我们不就需要由观察者变为行动者了吗？

对此问题的回答是：现实中，我们是在观察者和行动者、在积极的观察者和消极的观察者角色间徘徊。社会哲学的变动状况与此有些类似：在某种新的马克思主义的现实和或然率（可能性）的现实间摇摆。人们确实也可以争论两者间有趣的辩证关系就是观察者角色和行动者角色间转换的反映，其结果的多维性为从更宽广的背景来审视行动者的自我和自我的行动提供了很好的基础。正如存在主义者希望在人与世界之间设置新的意义层次，或然论者（probabilist）则期待着将这些意义转化为更严整的分析系统，这样的分析系统能够产生分析的试验和操作形式。

每种方法都暗示着不同的理解模型。马克思-存在主义的方法意味着只有一个现实层面：物质。可能性（概率论）的方法意味着根据观察层次的不同所谓真理也被分解因子化——可能主义的共识是没有真理只有可能性。马克思主义-存在主义，强调综合，使唯一的现实变得无所不包过于空泛，难以对存于其中的许多问题作出精确的回答。现在研究阶级是否还有用？或者说还是研究选择的整体环境（total situation）和阶级在这些环境中的角色更加有趣？我们不能仅限于了解竞争性冲突的工具反映生活的物质特征的方式，我们必须基于对选择和选择间关系的确定本质的理解来审视它们。这把我带到了选择概念本身，我视之为社会科学的联络点（focal point），规范、结构和行为理论交汇于此。

作为选择的现代性

有的人将现代性的源头追溯到古希腊。在那里，希腊人和野蛮人的区别的确包含着许多可以帮我们将现代和其他时代区别开的观念，特别是对人类有意识的目标寻求的批判性反思与道德质疑的观念。但这样就能说古希腊人比古代中国人更加现代？我对此表示怀疑。崇尚教育的确是文化作为其有意识活动的一个标志。然而，关注文化本身并不必定代表着现代性，即使这是现代社会的前提之一。

我们也许需要从其他地方寻找我们称之为现代性的源泉。一种可能的答案是，现代性起始于人们思考其经济活动的那一刻。用可计量的单位（货币），将偏好置于特定基数，从而可以对偏好进行评估。基于这种思路，出现了对社会和政治生活作出解释和预测的希望。过去的重商主义者和早期自由放任理论家，重农主义者（the physiocrats），以亚当·斯密为代表，的确从日常生活的各种活动中提炼出了选择和交换的机制。因而，作为现代性（the state of modernity）产生的过程，现代化始于人们解决分配问题的尝试，正如社会科学诞生于选择和偏好的研究。

在我看来，作为一种非经济性进程，当一种文化中出现了要探求人类如何作出选择（道德的、规范的、社会的、结构的、个体的、行为的）的态度时，现代性诞生了。这是政治科学家们常常称马基雅维利为现代政治学之父的原因所在，也是古典文明，无论其观念多么高贵，都难称之现代的原因所在。走进现代意味着将生活看做充斥着各种替代物、偏好和选择的空间。

有意识的选择意味着理性。人们原则上将会看到更多可能性。偏好包括了优先性的排序，对不同的理性人存在着不同的排序。因而，辩论和讨论是现代性的特征。实际上，在我看来，它们是现代性的主要的和最低限度的条件。这也是希腊人和罗马人之所以让我们觉得亲切的原因之一。但正像古朗日（Fustel De Coulanges）所揭示的，他们文化的本质特征置于其宗教和亲缘关系的框架里，将现代性强加给他们并不合适。[①]

或许更重要的是，对选择的有意识关注导致了某种尝试和创新的态度，这改变了人类的视野。自然成为可控制的。人类事务也被认为最终是可以解释的。那使得世界的一部分成为最具活力地区的工业化创新的积聚效应清楚地表明了：现代性不是少数人或某一个科学精英的私有物，而是一个文化事

---

① 文化，我指的是一个系统中习得的象征和人造物品。

第一章
迈向一种现代化的理论

实。因此，认识到现代性的特征即选择是非常必要而重要的。社会能够选择变革的方向和方法。故而，届时人们如何选择的理论变得十分重要。也因此，规范性（normative aspects）层面十分关键。

再将此选择观深化：一个政治系统成了一个特定的集体作出选择的系统。政府是调控选择的机构。不同的政治系统体现了不同的选择方式和选择优先的排序。根据调控选择方式的不同可区分不同的政府。因而，存在着不同的选择系统，也存着对系统的不同选择。现代化进程的特征之一是它涉及了选择的两个方面：选择环境的改善，以及对最优的选择机制的选择。

选择的意义

选择最显著的意义不在于狭义的方法层面而是在道德层面。个人的选择界定了其道德人格。政府的选择反映着社会的道德目标和政府成员的意图，也构筑了那些终将导致稳定秩序的满足措施（measure of satisfaction）。然而，寻找这样一种道德状况（condition）的努力，可能会产生出最动荡和不稳定的人类环境。这种结果最鲜明地呈现在政治系统的变革中。在这一时期，最高尚的人类目标可能以暴力形式呈现。无论形势如何，这是一个人们清楚地表达其希望实现道德共同体和道德人格的核心价值的时代。或许这便是政治生活的奥秘。它是一场无止境的探寻，对人们借以实现其道德人格的道德共同体的探寻，时而需要暴力，时而又惧怕暴力。或许，人类实现其人性的承诺本身注定是一场无止境的探寻。

在一个体现着道德意向（intention）的一般（general）框架里，我们希望了解社会的走向，以理解社会权威的基础所在。我们试图发现国家是摒弃其道德目的或是通过现代化实现道德目标的线索，我们通常将一些确定的价值当作普世的，不是因为它们是自然法或自然权利的体现，而是因为我们发现它们似乎深深植根于常识中——那些价值，如对个体尊严的尊重，个人实现自我潜能的机会。今天，没有一个现代社会否认这些理想，虽然某些社会试图用一些新奇的方式实现它们。

这些关注虽然一般而言对比较研究很重要，当被放置于一个处于现代化进程中的国家和新国家（那些刚摆脱殖民状态的国家）时，却更有特别的意义，这些国家必须把平等和权威的问题上升到生死存亡的高度来应对。刚从被统治状态解脱出来的国家，面对着许多严重的问题，可能没有时间考虑抽象的道德问题。（然而，可以假定，一旦迈出了精神和意志独立以及创造一个更好政治环境的坚定步伐，人们将会以最适合自己的方式为之奋斗。）

规范方法

或许总结迄今为止的讨论最简单的方式，是把将已作出的区分归为不同的合法性类型，这样我们便能揭示当合法性和政治形态被共置于某种特定政治系统时产生的问题。

西方世界理想的政府形式建基于自由原则的优先性。政府的道德目标是使自由的条件最大化。但是自由必然引致平等。共产主义系统，作为一种替代品，强调的是潜能的充分实现。这一强调及其进化版本，是马克思主义对许多处于现代化进程中的社会的人们具有道德吸引力的主要原因。这种马克思主义令人惊奇，因为它如此远离马克思的最初分析。对马克思而言，是资本主义基础之上的自由主义系统借助科技革新实现了发展；事实上，马克思认为这是资本主义系统的主要成就。

作为一种合法性原则，发展的目标很难进行评估。有的人会争辩道，将自由纳入发展目标中能最有效地实现经济增长。另一些人也争论说，马克思主义关于公民潜能的理想唯有通过集体的行动方能实现，这是当代最典型的发展方略。

无论我们如何对待这些合法性原则，它们显然是相互关联的。如果一个处于现代化进程中的社会最明确的道德标准是发展，以人和社会潜能的实现来表述它也是正常的。我将争辩说，这些潜能的实现是诸多成就的一部分，自由主义理想也当不持异议。至少我希望如此。

一方面是平等和自由的政治关联，另一方面是平等和潜能的关联，（二者）在历史上已融合为平等的理想。在一个处于现代化进程中的社会里，它是一个强大的道德推动力。既然它在相当程度上尚未实现，控制这种内在紧张常常是新兴国家的主要问题。这是它们往往采用专制和个人独裁的原因之一。另一方面，当他们选择了更为民主的政府形式，却常常为不稳定所困扰。这一现象的原因之一是社会不平等的自然发展很容易强化多少有些僵硬的阶级结构。每个阶级都有其次生结构，正像许多拉美国家那样。那么，现代化的规范视角要回答那些主要问题。民主适用于一个正在现代化的社会吗？如果它在某些特定案例里失败，什么样的替代性系统会取代它？为了回答这些问题，我们需要采用更好的不同的"系统"所表达的理念？

虽然从我们的政治形式的特定立场来评判处于现代化进程中的社会有失公允，我们仍然要将它们的努力置于某种普遍的道德框架里；否则，我们会贬低它们努力的意义。纯然用效用来评判处于现代化进程中的社会或我们社

第一章
迈向一种现代化的理论

会的政策毫无意义，毕竟，政府既是生活于其中的人们的世俗目标也是神圣目标的反映。在此意义上，没有一个政府达到了其推崇的道德标准，中肯（valid）的道德评判也并非不合时宜。①

如果此时此刻我们接受政府行为必须以道德术语来评判（并将其当成道德上真实目标的实现）的观点，什么才是有效的标准？这是个至关重要但又难以回答的问题。询问道德性问题迫使我们要找到合适的探寻方式。在此意义上，是道德推进了科学，而不是相反。在政治学上，我们有一些古老但未过时的标准：政府不应该朝令夕改；政治家应当善用权力；他们不能辜负大家的信任等等。这些问题与普通人所设想的政治形式问题可能很遥远吗？也许不是。根据其组织本身来评价某个政府并不公道。譬如，一党执政的国家可能是追求民主的。最高法院在发展法治方面的作用可能并非是决定性的。统治的具体形式有许多功能性后果。组织、形式和实质间关系并不那么简单。

这种强调选择的道德层面的观点是政治科学的中心，也是其不同于其他社会科学的地方。比较研究困难重重，原因在于我们已神圣化了诸多政治模型中所蕴涵的道德原则，这些政治模型在西方政治框架下实现得相对成功。我们从正义、平等和好社会（good society）的概念里推演出的模型可能完全不适合正在现代化的社会。当我们迫不及待地试图效仿自然科学的那些研究调查方法，力图让政治科学具备更多科学性的时候，我们可能会混淆了形式和实质。②

具体说来，我拒绝那些事实上体现着我们的偏好和偏见，而伪装为抽象德性原则体现的精心建构起来的描述模型。例如，只因"极权"系统排斥多党竞争，两党或多党竞争便被视为民主属性的定义方式。然而，如果我们拒绝描述性和简化的模型，我们以什么来取而代之？

---

① 如果我们认可这一推理路径，我们必须承认大多数政府都配不上"好"，只不过有的政府更"坏"而已。某些政府可能会显示出有迅速改善的可能。有时候，道德修辞术不过是武力、暴力、威胁与欺骗的行动的掩饰，如果我们不当运用道德标准，我们可能会加剧这些缺陷。如果我们不能对政府作出道德区分，还不如悬置所有判断，让所谓"正义"沉默。把我们的注意力转向纯粹的历史事件（认为除非系统已度过其主要的进化阶段，已大致稳定下来，其运行步入正轨，乃至不能期望再有大的变革，否则作出评判为之过早）自然很令人宽慰，但这将是以权宜之计来替代评判而已。参见 Benedetti Croce, *Politics and Morales*（London: George Allen&Unwin, Ltd., 1946）.

② 但当形式体现着原则时，形式也至关重要。如果要指出他们作为其继承人的 misconduct 形式，我们需要指出发展中社会的类型。此外，我们怎样能展示他们关乎现代化的道德潜能？在对政府角色功利主义评判背后隐藏着更大的道德潜能的问题。

我的分析将力图回答这类问题。我们四周正生长着新的道德共同体，道德成就的背景是现代化。不同的权威系统靠着派发世俗或神圣的酬劳与承诺来现代化。有的更直接地沉迷于世俗酬劳的派发，希望个人世俗需求的满足能助长个体的道德性，政治的道德将是个体道德总和的反映。其他的更关注道德共同体的实现，世俗需求被限制，除非它们长远看来有助于道德共同体目标。一个盯着现在，一个则眺望未来。如果这些假设正确，我们甚至可以说一个人应付不确定性的方式是对他作为道德个体的考验；而不同的政治系统对人类的不确定（当代最紧迫的问题）提供了不同的解决方案。

我认为，政治学的这一道德基础决定合法权威的内涵。权威在特定的背景下可以指一种政治道德的定义。在最终分析中，这是个关乎个人，或者使用一个旧习语，是关乎良知的问题。它和不朽、目的和意义等个体维度联系在一起。只要合法性原则首先是个规范问题、其次才是结构性问题，政治学就是独特的。规范和结构的关系是此处和后面分析的主题。自由和潜能，这两种规范原则变成了合法性的问题；第一种原则关联着民主，后者则在历史上和共同体进化的理想相关。最通常和第一种合法性原则联系的政府形式是宪政代议制政府，具体表现为所谓的金字塔式权威和权力自上而下的分割。而第二种原则和中央集权相关，具体表现为等级制权威系统（参见图表1）。这些划分将会有助于我们推演出众多普遍化（universalized）的政治系统类型，其中的每一种类型以不同的方式应对现代化的问题。

图表1　合法性和结构

合法性的原则	政府形式
平等——民主	宪政代议制（金字塔式权威）
潜能——共同体	中央控制系统（等级式权威）

结构方法

结构分析关注的是特定选择所受的限制。[①] 为了理解这些限制，我们需要对不同的单位加以比较。因此，这一研究的结构特征始自比较和分类，以及

---

① 结构分析此处用于指代所有形式的涉及单位变化的系统分析。它包括了用于识别系统里重要变量的功能分析。

第一章
迈向一种现代化的理论

对收集数据的基本原则的探讨。从对一个具体单位的分析出发,我们可以问,为了确保某单位或其他同等类型单位的存在,什么样的功能必须被履行?

结构方法对比较研究的价值部分在于它避免了应对所谓的特殊性(unique)问题。例如,我们习惯于认为民主仅仅与多党竞争的政治形式联系在一起。然而,如果我们把民主视为一种政体,一种包含着对任意性权力的公开制衡功能的制度,那就可以设想一种情况:一党执政系统通过党内的派系分立,同样可以实现这一目的。于是,有助于避免这种错误的结构分析是有必要。

再举一例,我们通常视政府为一种特殊的统治工具。社会没有这样的特殊工具。我们便断定它是在无政府地运转。但我们事实上表达的是特定社会没有正式的政府组织。因为政府的功能可以通过多种方式履行,我们的注意力必须合乎逻辑地被引向社会生活的其他工具,看它们是否扮演着某种政治角色。因而,即使没有正式结构,政府依然可能存在,它可能存在于亲缘系统或宗教团体,乃至其他组织形式中,这些我们不习惯于视之为政府的组织,也许事实上执行着政府的功能。

运用结构方法的另一个原因是,借助它的要件分析要件分析(requisite-analysis)形式,我们可以划定一个既定系统能够继续运转的条件。结构研究将关键现象和附带现象分离,赋予活动以不同的重要性。结构主义允许我们运用对在实验室里无法操控的宏大问题进行逻辑测验(如同在心灵中做实验)。

结构分析本身就是一种比较方法,其形式是将我们的注意力引入一个思想的分析性层次而不是一个描述性的层次。其目标是观察不同活动的功能意义。在不同活动中的功能同等当然不意味着活动的彼此相似。既存在功能的相似性,也存在功能的独特性。分析应遵循一个古老的原则。首先,我们观察许多事例为了发现或穷尽其功能相似性;然后,我们再寻找其特殊性。因此,结构分析被看做一个又一个阶段:从一般到特殊,从普遍到独特。在每一个随后阶段,在与前一个阶段交界处的残留品变得至关重要。这一递减的步骤程序显得很繁复(不是一种比较有效的建构理论的方法),但相当有趣。

应该有哪些分析阶段?有三个阶段或许是最明显的。第一个是我们曾提及的类型学的,但它超越了对具体系统可以评估的一个分析性特征群的分类。这是理想类型分析的基础,在19世纪后期的历史社会学研究中被有效地运用。理想类型研究很"科学",因为它们是系统的本质性描述,是系统各部分有序的、一致性连贯性关系的表现。本质上是直觉性的和非实验性质的,它们仍然吸引着我们,因为它们以一种有效方式处理经验事实。卡尔·赫佩尔(Carl G. Hempel)宣称,理想类型只有被解读为理论系统时才有意义，那就是说：（1）指定理论处理的特征列表；（2）根据那些特征构建一套假设；（3）给予那些特征经验性解释，从而给予理论特定的应用领域；（4）作为一个长期目标，将此理论系统作为一个特例，融入一个更宏大的理论系统里。①

分析的第一阶段在最开始处需要对单位边界进行划定。单位的选择依赖于问题的本质，但一个有用的处理规则是找到最大范围的共同体，这一共同体能够涵盖我们希望考察的活动——在我们的研究中，即是民族国家。

第二阶段涉及意义问题。根据某些分类方式确定的单位所进行的活动对于系统有什么内在后果？如果某些主要活动不再进行将会发生什么？系统能保持稳定吗，就是说，系统的边界能够维持下去吗？这些问题引向了所谓的先决条件分析的结构分析形式，其中被勾画出的功能被视为对单位的维持所必需的最低限度和最不可缺少的设置。从被选定的功能出发，结构靠一系列逻辑和试验活动建构起来。活动再次被检验以确定它们履行功能的方式。功能彰显了某些活动及其在各种活动中的对应物的重要性，在此意义上，功能突出了意义。这些功能是所有同类型系统需要面对的核心问题。结构便是解决这些功能问题的方式。②

结构分析的第三阶段是从数据推导理论。这是结构分析的最后一步。我们的理论将得到明晰的表述，虽然在本研究里，我并不试图编排支持数据。③

因而，结构分析之所以有用，有许多原因。它减少了人类中心主义的风险。它用系统术语解释变化，而迫使观察者基于功能考察意义。它指明系统面临的中心问题。它提供了一种考察大量案例的有序方式以发展比较理论。

行为方法

行为分析是一种完全不同的解释层次。结构分析主要关注社会选择成为可能的限定条件。行为分析则关注于作出何种社会选择及其原因。行为分析聚焦于行动者。这种方法类似韦伯所说的"理解（verstrhen）"，他认为这是

---

① 参见 Hempel,"Symposimu:Problems of Concept and Theory Formation in the Social Sciences,"in *Science*,*Language and Human Rights*(Philadelphia: University of Pennsylvania Press, for the American Philosophical Association,1952),p. 84.

② 参见 Marion J. Levy, Jr., *The Structure of Society* (Princeton, N. J. : Princeton University Press, 1952),psssim.

③ 实际上，结构分析很大程度上是直觉性和推理性的。好像它也许本应如此。并不是该方法的什么内在因素导致此状况，但是它被应用于像社会这样的宏观单位。精确性主要是逻辑而非数据上的，需要处理的材料太多了。

第一章
迈向一种现代化的理论

关于人的科学所特有的不同于自然科学的地方，是观察者将自己从他人的角度考虑从而追问其动机的能力。然而，这将我们带入了一个完全不同的分析层次。我们已说明，结构方法是发现限制个体行动范围的系统的一般性质的尝试。行动范围因系统而宜。这种宏大的行动限制研究尤其适用于大范围的比较研究。该研究是分析性的或定性的、逻辑的，而非定量的。与之相反，行为分析强调定量方法，将我们直接引入了动机、象征行为，特别是道德行为的研究，它认为这些方面影响着个体选择。

我们这里所要面对的大多数理论性问题都介于结构理论和行为理论之间。已有许多弥合这一鸿沟的尝试；各种一般性理论（general theory）都在为此努力。本书中，我将把一些结构理念和行为理念融入一个单一的系统，以便进行政治现代化的比较分析。此分析旨在探究在现代化背景下确立和维持权威的条件。一种方法是思考权威和支持的关系。当我们把这组条件模拟为市场，我们可以观察到个人靠对权威的支持以最大化个人利益。替代的比拟是把共同体当成一个有机体——一个有其生命的集体——强调的是支持权威的非经验性结果。温情、成就感、其他感情和心理状态皆由领导人创造，它们足以在长时间没有物质回报的情况下维持忠诚。为什么？在某种意义上，答案存在于关于忠诚如何形成的行为理论。① 牢记在结构和行为方面都有所体现的系统的规范特征非常重要。例如，角色基于被公开接受的低等和高贵观念来区分。而个人的行为反映了已经内化入个人动机系统的规范。的确，很多重要的知识领域，如政治社会化的分析，探索的是在具体的机构（如学校），通过结构原则和行为原则的混合，规范被吸收及内化的方式。

---

① 这一一般方法包含了一下几种理论形式的不同方面：功能和程序的；结构和行为的。可参考下表。

	功能的	程序的
行为	系统中的动机和认知	领悟，意义和理解（社会学和知识，意识形态）
	代表人物：切斯特·赫尔 戴维·伊斯顿	代表人物：卡尔·曼海姆 哈罗德·拉斯韦尔
结构	系统与次级系统及其持续性的比较分析	根据一种动态原则对变化和创新的比较分析
	代表人物：塔尔科特·帕森斯； 马里恩·列维； 罗伯特·默顿； 加布里埃尔·阿尔蒙德	代表人物：拉尔夫·达伦道夫 卡尔·马克思

政体的选择

接下来的分析把三种方法融为一体，集中考察政府的模式。政府模式的划分，依据两种主要标准即等级化程度和价值类型。第一个标准是控制强度的测度，可见之于结构上权威集中的程度。第二个标准是终极目标在行动中体现的程度，终极目标既可以是宗教的，也可以是世俗的。这些因素可以组合为四种模式，其中世俗－自由主义模式和神圣－集体主义模式是最令人关注的。这两种规范模式处于永恒的冲突中，也常常相互转化。

虽然我们坚持这些模式的规范特征，我们此处所作的区分方法在大多数比较研究框架中得到广泛采用，这一区分的基础是多元化的程度。多元－一元的连续谱或许比民主－极权连续谱在判定政体类型上更为合宜，因为它的概括性更广，立足于分化（differentiation）的形式而不是外在的统治方法。竞争是另一个有用的标准。正如詹姆斯·S. 科尔曼所说："竞争是政治现代性的本质特征，但并非所有竞争性系统都是'现代'的……"① 爱德华·希尔斯也作了类似的澄清。在他那里，现代化进程被描绘为公众逐渐发展出一种对现代生活共识的进程，消极行动者（agent）不再被外力驱使而行动，他们能发挥自己的潜能和创造性。②

这两种因素，多元化和参与，构成了几乎所有政治系统或政体类型学的基础，而每一个学者都运用这些分类的某些变体来服务于自己的特定研究目的。例如，莫里斯·热诺维茨（Morris Janowitz），在最近对发展中国家军队的研究中，提出了五种类型：（1）权威主义（authoritarian）－个人控制；（2）权威主义－大众政党；（3）民主竞争和半竞争性制度；（4）文官－军队联盟（civil-military coalition）；（5）军事寡头。③

我使用的类型学遵循着同样的原则，在某种程度上也与其他的类型学并无不同。然而，通过强调价值和等级制度，我希望凸显人们组织其社会的方式，根据其恒常的规范，即对错观念，来捕捉其脉动。这一方法将强化阿尔蒙德和

---

① 参见 Gabriel Almond and James S. Coleman, *The Politics of the Developing Areas* (Princeton, N. J.: Princeton University Press, 1960), p. 533.

② 参见 Shils, *Political Development in the New States* (The Hague: Mouton, 1962), *passim*. 多元－一元连续谱的一个有用变种是查尔默·约翰逊关于激进变革形势的类型学；参见 Charlmers Johnson, *Revolution and the Social System* (Stanford, Calif.: Hoover Institute on War, Revolution, and Peace, 1964), No. 3.

③ 参见 Morris Janowitz, *The Military in the Political Development of New Nations* (Chicago: University of Chicago Press, 1964), p. 5.

第一章
迈向一种现代化的理论

维巴最近在公民文化研究中所作的结论。对我来说，他们著作的重要性在于将纯粹基于结构分化（structural differentiation）的类型学发展为一种新的类型学，这种类型学立足于存在特定文化中的认知和意义形式，并导向共同体理想和价值与其组织形式的适应性的分析。① 适应性问题，在角色问题上表现得最明显，是我分析的中心。既然角色是由功能界定的行为的制度化形式，结构方法和行为方法都将被用于分析中。结构方法考察角色的组织及其功能关系。行为方法探究何谓正确行为的观念，具体表现为这些观念在个性形成过程中的作用和后果。② 任何完整的分析必然要涵盖两个方面。行为方法探究的是群体和个体作出何种选择及其原因，结构方法解析那些选择是可能的。

将结构分化和认知评价以一种高度概括的形式加以整合是一个难题。以下的方法似乎是可行的。联系前面的两个变量，即等级化和价值，我们便可以得出图表2的权威类型的分类学。

图表2　权威类型

	等级制的	金字塔式的
目的性价值（神圣的）	A	D
工具性价值（世俗的）	C	B

（左上箭头：神圣–集体主义；右下箭头：世俗–自由主义）

A类型和B类型是纯规范模式的衍生，神圣－集体主义和世俗－自由主义在这一模式建构（general formulation）中是对立的两极。正如我业已表明的，它们在大多时候是相互冲突的。C类型和D类型似乎在历史上相当显要，或许也更贴近现实，是前两种冲突类型的替代品。A类型可称为动员系统，B类型则是调和型系统（reconciliation）。C类型难以命名，其子类型大概可称作现代化的独裁或者新重商主义社会。D类型的名称也很难确定，但

---

① 参见 Almond and Verba, *The Civic Culture: The Political Attitudes and Democracy in Five Nations* (Princeton, N. J.: Princeton University Press, 1963), chapter I.

② 对于角色的结构性特征最好的讨论见诸于 S. F. Nadel, *The Theory of Social Structure* (Glencoe: Free Press of Glencoem, Ill. ,1957). 对行为方面的讨论可见于 T. M. Newcomb, *Social Psychology* (New York: Dryden Press, 1950), chapter IX. 综合这两种分析维度最重要的成果是 Talcott Parson's, *The Social System* (Glencoe: Free Press of Glencoem, Ill. ,1951), *Passim.* ;以及 Parsons, Robert F. Bales, and Edward A. Shils, *Working papers in the Theory of Action* (Glencoe: Free Press of Glencoe, Ill. ,1953).

其子类型可称作神权政体。D类型最适于分析传统社会，在第三章中将得到充分运用，而其他三种类型将被用于现代化典型案例的研究。例如，C类型包括了"基马尔主义"和"新俾斯麦主义"，两者在文学作品中备受宠爱。D类型包括了封建系统。

每一种类型首先是一个规范性系统，围绕着特定的结构特征组织起来，也蕴含着政治生活和市民活动的特殊风格。最重要的是，每种政治系统决定着选择的不同条件。我们将用规范、结构和行为这三种方法来考察这些条件，每种方法都有各自的评判标准。第一种方法包括了构成一种道德共识的价值和偏好，第二种将解析选择的确定条件，最后一种具体化了个体和群体作出的特定选择的条件。这三种要素，存在于所有的政治系统，在限定的边界——特定时间可获得人力与物力资源——发挥作用。在边界内，我们能看到以不同方式解决现代化问题的各种替代性的政治模型。B模式，世俗－自由主义，是一种完美的信息流通模式。其反面，A模式，神圣－集体主义，一种完美的强制模型。在两者之间的其他类型都是混合或调和式的选择系统。①

让我把B类型当作一个规范式系统。可以发现它和市场很类似。系统里的个体心智（mind）成为独立的单位，它作用于外部世界使之与自己的意义认知相符。概言之，个体心智外部世界被赋予主观意义的途径；而这些主观意义的客观化是科学知识的基础。宽容，孕育思想的辩论和竞争，是通往真理之路。对于一个共同体的成员而言，政策是真理的一种形式。正如人的身体就是财产，必须得到保护一样，人的心灵是神圣的，必须得到自由。观念是经验现象的派生物，必须在和其他观念的竞争中被检验，以确定真理所在。寻求真理是科学的目标。因而，自由主义模型本质上是市场理性主义的延伸，它捍卫观念原子化的、竞争性自由的运动，仅接收一个合法的宪政机制的调控以防止任何群体垄断权力。② 它的合法性原则是平等，它的中心任务是分配。

---

① 对这种分析直接产生的问题最好、最简要的介绍可见于 Karl W. Deutsch's *The Nerves of Government* (New York: Free Press of Glencoe, 1963). 也可参见 Wilbert E. Moore, *Social Change* (Englewood Cliffs, N. J.: Prentice - Hall, Inc., 1963). 对结构－功能要件分析（requisite analysis）最重要和最简明的阐述是 Marion J. Levy, Jr., *The Structure of Society* (Princeton, N. j.: Princeton University Press, 1952). 还可参见 Juan J. limz, "An Authoritarian Regime. spain," in E. Allardt and Y. Littunen (eds.), *CLeavages, Ideologies and Party Systems* (Helsink. Westermaick Soeiety, 1694), pp. 291 - 301.

② 在这一系统中权力观念是零和式的。权力的"量"是既定的，一个群体获得更多便意味着另一群体的权力相应减少。参见 Talcott Parsons, "On the Concept of Political Power," *Proceedings of the American Philosophical Society*, CVII (June, 1963).

第一章
迈向一种现代化的理论

对这一规范类型的限制有很多。正像经济学中的完全竞争模型无法完整地呈现现实世界一样，世俗-自由主义模型也不是现存政治系统的全景图。市场里有大公司的垄断，政治中也有一些特权阶级或利益集团，也存在牺牲一些而给予另外一些阶级或集团更多机会的情形。

在大规模和复杂的社会中，这一规范类型的结构缺陷是个体代表的无效。确实，对现代社会的自由主义批评就是现代工业企业已经创造了某种政治不平等的条件，个人代表（individual representation）变得毫无意义。例如，早期马克思主义本质上是对不平等的攻击；它将代议制的失败归结于经济领域的不平等。工人从属于机械的法则，在政治上如同在经济领域也低人一等，受到社会冷酷的对待，走向边缘化。马克思的声誉不仅因为他对现存系统批判的尖锐，也在于其批判的深刻。对他而言，问题不仅仅是自由市场系统没有实现；他相信它在经济和政治上都不可能有效运转。的确，甚至伦理道德像也是虚幻——不是科学的而是反科学的。相应的，新科学应该从建构政治和社会生活的确定原则出发，这些原则将成为分析历史进化特征的普遍原则。当经济群体被剥夺了特权，更具体地说，当经济阶级消失，社会的道德性将以一种进化的方式实现。对其他系统而不是自由系统的向往正是基于这一批评。今天，我们也能看到除了代议制无效之外的其他问题。

事实上，马克思主义的批评开创了一种新的道德意识形态。它承认部分人对他们自身和他们的制度有着更深刻的洞察，既在科学意义上也在道德意义上，他们必须在一个权威系统中实现他们的真知（superior knowledge）。拥有更高智识的人从自身的阶级和时代局限中解放了出来，对社会生活有着科学的理解，必须去建立新的共同体。掌握科学意味着认识这些原则并为实现它而奋斗。

这是现代集体主义共同体的基础（神圣-集体主义模型）：通过团结（unity）而产生新的力量，通过向更高阶段的迈进释放道德和科学的个性。政治上，人民不能为他人所代表，因为被代表是社会不完善的表征。合法性的原则是潜能，其中心任务是发展。因此，处于现代化进程中的国家的许多政治领袖对马克思主义着迷也就并不意外了。

世俗-自由主义模式

隐含于西方民主概念中的是我们称之为世俗自由主义的政体模式。

在行为层面，世俗自由主义的构成单位具有两种能力：理性推理的能力和理解个人私利的能力。据洛克的理论，这些都是人类的普遍行为特征，即使处在自然状态中的个人也具备这些特质。在结构层面，此系统必须尽可能地为理性的运用和追求私利创造尽可能多的机会。因而，该系统强调防止强制、提倡有限政府。这一目标往往是通过一个代议制系统实现，其分权制衡机制能够防止暴政。在规范层面，这样的系统视某些基本礼俗（proprieties）为既定的。例如，洛克认为人类行为的终极目标是宗教性的。他提到没有宗教也就没有社会契约，而后者是社会立宪（constitutionality）的基石。没有这样的立宪，平等的政治基础便不存在。

因而，世俗自由主义模式是一个典型的自由主义式政治共同体形象。然而，我们必须区分模式和其衍生出的意识形态。例如，假如因为群体政治生活中出现了显性的垄断政治行为，或者宗教开始衰微，契约也失效，而使模式陷于失败，可能产生一种解决方式：它虽然被用来重建模式，看上去却像是在攻击模式。在此意义上（或者在纯粹的理论层面），马克思主义理论作为一种新的自由世界的基本原则而出现，这样的世界将是洛克式自然状态的改良的现代版。然而，作为一种意识形态，马克思主义趋向于被那些反对自由主义意识形态和自由主义政治共同体的系统所尊奉。

然而，世俗自由主义模式更普遍的版本，是自由功利主义模式。这一模式发源于古典的自然神论时期，强调机械的和谐或均衡。该政体就像一个大型的市场。政府代表了卖方，政府职位的在任者和候选人致力于政策的制定或政策的讨论。公民是买方，他们在政治上是平等的，一人享有一个投票权。权力和忠诚与利益、特权不断地相互转换。选举机制便等同于市场。公民的偏好体现为在政治领域的选择。在这一模型里，首要的价值是自由。

这一政体概念类似完全竞争的经济理论，也与之遵循着共同价值。① 表达了自己的偏好的公民扮演着他们的政治角色。他们作为消费者，扮演着经济角色，在市场上表达自己的经济偏好。两种情况下，私人欲望的总和便形成了公共利益（public goods）。在政治领域，每个人在政治平等的条件下实现自身利益的尝试产生了权力，正如在市场里借由花费表现出的消费偏好创造出了财富。金钱是市场中财富的衡量标准和表现，选票则是政治中权力的体现和量值。

世俗自由主义模式的经济形式和政治形式还有别的相似性。信息对于选民和官员就像对买方和卖方一样都是自由开放的。信息使得理性成为可能。因而，政治自由首先体现着一种公开性（frankness）的状况。对商品和政策的知识显示了公众见多识广。对公众情况的了解显示出政府的开明、开放

---

① 参见 Anthony Downs, *An Economic Theory of Democracy*, (New York: Harper&Bros., 1957), *passim.*

(informed)。重视教育与其说是因其功能价值（如提高我们的技术能力或其他功利原因），倒不如说，教育是信息的前提条件，信息是维持公众和政策之间关联的基础。稳定与和谐因此便水到渠成。

这样的系统，暗示共同体的价值已经融入了法律和习俗中，它们维持着我们所提及的那些政治境况。因此，正像完全竞争理论必须排除垄断，世俗自由政体的政治领域内也不能有权力的垄断。权力需要分散，而各种各样的制度被设计来达致此目标。这包括我们的三权分立的制度和欧洲的议会主权原则。

世俗自由主义模式怎样会失败？公民或政府的干预都可能导致此恶果。组织成集团以求最大化权力的公民们可能形成特殊化权力，在极端情况下可能致使政府软弱无力。政府也会竭力使各种社会集团的对自身的约束与控制最小化。民主社会的比较政治研究致力于发现改进方法，以防止两种情况的发生（如同在经济领域，政府通过反托拉斯立法防止大规模的合并）。

政治上平等的单位之间的竞争是该制度的基础，观念的竞争反映了利益的竞争，利益的聚合（constellation）反映了多数的欲望。简而言之，这正是西方自由主义政府的理想形态。它高度地崇尚规则和法律。当理想与现实的反差十分巨大之时，个人孤立无援，和系统疏离开来。如果太多的人退出政治市场，一种普遍的疏离社会的情形出现了。世俗自由主义模式的各种现实版本大相径庭，现实世界有着许多对于特权的吁求。靠着聚焦在有象征性的部分事务，政党往往热心于限制而非扩展理智讨论的范围（而不是提供更多理智的选择）；我们在广告公司的行为中可以发现类似的现象，他们总是用商标来催发消费者的欲望。政治的包装术可能产生道德犬儒主义，一如广告主导的经济活动引发了经济上的怀疑主义。如果这将导致疏离，我们能看到，人们很可能远离世俗-自由主义模式而拥抱别的模式。异化（alienation）问题贯穿着世俗-自由主义的历史。[①]

神圣-集体主义模式

神圣-集体主义模式最广泛的含义包含着三个层面。行为层面，它由具备独特潜能的个体单位构成。个体被认为是具有潜能的存在。结构层面，政治共同体是将潜能转化为现实的工具。因此，社群是社会生活的中心。此

---

① 参见 Robert Tucker, *Philosophy and Myth in Karl Marx* (Cambridge: Cambridge University Press, 1961)。参见 Philip Selznick, *The Organizational Weapon* (Glencoe: Free Press of Glgencoe, III., 1960), chapter vii.

外，作为社会化的首要工具，政治共同体本质上是一个教育机构。它本身为共同体的提升而存在。个性仅仅是派生的，是一种派生的特性。规范层面，神圣－集体主义是一种伦理或道德单位。因而，个人的德性依赖于系统的德性，系统体现着更高的目标，如亲缘关系，或政治理想。可归入这一亚里士多德式政治共同体中的有最传统的社会、神权政体和某些处于现代化进程中的社会。那些处于现代化进程中的社会是我们关注的重点。

作为一种推进现代化的力量，神圣－集体主义模式强调人民的一致性而非多样性。它以纪律化的方式集中精力于特定的政治和经济目标，而不依赖于观念的自由流动。它宣称自己是比世俗－自由主义模式更高的道德模式，因为社会生活目标被导向集体利益而非个体私利。它更为强调纪律，政体具有更优先的地位。经济领域的平等常常被认为只有通过废除私有制才能实现，虽然并非所有的集体主义系统都是社会主义的。还存在政治不平等，但平等依然是目标。

神圣－集体主义模式的运行原则迥异于世俗－自由主义模型，它的源头是社会是个有组织的法人的观念。在中世纪的法人理论中，不平等和地位体现在法定的实体（行会）、单个阶级（贵族和教士）。[①] 而今国家成了独立的法人，工人和农民等功能群体是其组成部分。

神圣－集体主义模式对我们的研究目标至关重要，因为它是世俗－自由主义模型的替代品，如果缺乏对政体的忠诚和共识，它可能会瓦解。例如，如果出现经济崩溃和世俗需求没有平等分配，由这些条件所造就的疏离者很可能会在新的道德教义指引下寻求革命。我们可以视此种模式为非理性的，因为它不存在统治者和被统治者之间的自由的信息流动。统治者为了实现特定目标，需要协调和训导被统治者，而这些目标常常是相当混乱的、空想的和精神性的。

这样的诉求在高度商业化的社会尤为强大，这样的社会里不平等的程度触目惊心，最原始和技术上最奢华的生活方式并存。如果没有社会阶级结构的全面改革，要把他们整合为一个统一的系统极其困难。整合的一种方法是用社会主义以限制社会差异。目标是道德训导、共识和观点的相似性。计划、理性和进步与神圣－集体主义模型相关联；个人主义、私人收益和市场

---

① 参见 Otto Gierke, *Natural Law and the Theory of Society*, ed. E. Barker(Cambridge：Cambridge University Press, 1950), passim；and O. Gierke, *Political Theory of the Middle Age*, ed. F. W. Maitland (Cambridge：Cambridge University Press, 1927), passim. 也可参见 Ewart Lewis, *Medieval Political Ideas* (London：Routledge&Kegan Paul, 1954).

第一章
迈向一种现代化的理论

不过是自利自私和机会主义的同义词,且被认为是偏颇和狭隘的。

模式的比较

必须得承认,两种规范模式指向相当不同的道德目标。世俗-自由主义模式接受社会的现实性,倡导一种允许温和变革的框架。它包含着一整套关于代议制政府应如何运转的预设:(1)如同市场不应有垄断一样,权力也不应有垄断;(2)规则适用于所有人,因而,作为法人,人人都是平等的;(3)偏好能在一种法律的框架下实现。在此框架里,执行权被立法所限制,行政权受制衡等等。法律、宪法、政府的实际运作机制被看做一个无缝之网,权威的象征是社会契约(即使"契约"一词出自法律)或一个政府的创建者之间的契约。

神圣-集体主义模式反对现状。它不可能像世俗自由主义模式一样,认为一个教育系统应该创造某种理解现实问题的平台,足以容纳相反的观点,不同的观点都能被容忍,各种观点的沟通成为可能。神圣-集体模式倾向于政治性的应对此类问题。它依靠一个权威系统,强制人们对特定的关键政治问题进行有选择的交流。如果原初的目标是引导人们形成一种共同的社会语言,那么其最终结果便是一致性的建立。这便是为什么神圣-集体主义模式政治系统所援用的那些政治语言总是如此重要;关键的术语被一再地强化,政治教义从此深入人心。这是一个共识不能被认为理所当然的存在,而是需要被建构的系统——这种状况和世俗-自由主义模式截然相反。

这两种模式是政治系统连续谱的对立两极。然而,它们之间的决定性差异不仅仅在于各自特定的政府形式,还在于两种相关因素。第一种因素是价值和目标。世俗-自由主义模式珍视个人自由的理想。创造自由最大化的条件是其中心目标。现代集团(group)政治是对此纯粹形态的偏离。多元主义不是由大量个体参与者(一人一票)而是体现为相互竞争的集团。这些政治集团力图最大化自身权力,而个人将忠诚给了它们。集团主导(group-oriented)的民主之于古典自由主义传统类似于大规模企业垄断之于完全竞争理论,在理论上与自由主义模式的关联等同于垄断竞争和完全竞争。

在连续谱的另一端,政治集团而非个人,组成了系统。国家就是一个无所不包的政治集团,次级团体的个性源自于国家。个人仅仅作为团体的一分子而存在。由于对权威高度集中的强调,任何权威的分散被视为对整体的威胁。这样一个系统可能基于平等之上,但既然它并不指向个人欲望的实现,此处的平等并不具有在第一种模式中那样的重要性。世俗-自由主义模式假定平等由体现了成员欲望汇集的政策所产生，在既定的理性、自由和竞争等价值的框架下得到实现。神圣－世俗集体主义模式认为由于人们知识欠缺，此种政策将是不完善的。取而代之，系统必须表现一致、进步和发展的价值。集体模式创造权威，并在一个共同体内小心翼翼地配置权威。它可以被看做一个创造共同体的过程。自由模式服务于一个既定的权威系统，在对多重目标已明确的合法限制下运用权力。有意思的是，世俗－自由主义模式因拙于处理建立权威的问题，不得不求助于社会契约之类的契约（compact）神话。

我们能看到两种方案之间在历史上存在着关联。在权威构建的过程中，所有的自由主义系统都从早期的集体主义系统进化而来。在此意义上，可以说两种类型和现实的系统都有相关性，因为所有的系统一开始都必须要解决权威的问题，此后才能解决平等的问题。

当然，这一观点存有许多问题。世俗－自由主义模式无力构建权威吗？这显然不是事实。但既然这一模式更难于确立权威，有助于权威确立的条件是什么？哪些条件可能有助于一种替代性形式的出现？如果两种模式存在某种相关性，世俗－自由主义系统是最终的目标，假如一个军事化的、组织化的集体主义社会似乎是一个世俗－自由主义模式的前提，那前者岂不是有了充分的存在合理性？

这一思路引发了许多疑问。如果一个自由主义系统被推荐给一个新国家，它很可能失于建立权威，那还应该做这样的尝试吗？建国者一开始应该要创造集体的多样性吗？这些问题可不是抽象的思辨。自1945年以来，获得独立的殖民地获得了自由主义的宪法，但许多（国家）在独立数月后便土崩瓦解。采用了集体主义系统的却无此厄运。或许，这仅仅能昭示两种系统的中心问题有如此巨大的差异：平等或是权威。

子类型

经验性考察中更有意义的、对纯粹世俗－自由主义模式的偏离模式，我称之为调和型系统（reconciliation system）；而类似的对神圣－集体主义模式的偏离模式我称之为动员系统。在调和型系统里，既定的价值和目标孕育了合法权威。力求实现公认价值的个体与集团之间的冲突产生了政府政策。政策因而强化了价值。在动员系统里，新价值正在创造过程中。这意味着政治领导人竭力建设一个关于权威的道德系统。这些类型之间有一些有趣的组合。其中一种我称之为现代化的独裁政体；还有一种是军事寡头制，再一个是新重商主义社会。这三种类型容易混淆，因为它们的基本构成要素类似。

第一章
迈向一种现代化的理论

它们都是等级制权威和工具价值系统的一种特殊变体。它们各自的特殊性应该予以更为详细的阐释。

现代化的独裁政体同代表国家的王权或与国王相连的传统型意识形态有千丝万缕的联系。虽然其内部权威高度集中，实际上，权威可以通过诸如委员会、议会、党派等机构被分享。泰国、摩洛哥和埃塞俄比亚是其代表。

军事寡头制有类似特征。它有着等级式的权威系统，遵奉工具价值，只是用一个军头或军事集团替代了国王。它也可能有权力的下放。军事寡头制的奇特之处在于，它无力应对政治问题。苏丹和越南便是这种失败的典型，缅甸也许将是下一个。

新重商主义社会的某些特征也与前两者有相同之处。但是它通常以一个"总统般的王权"（presidential monarch）为首。为支持权威，它采用了公共部门与私营部门混合的系统，经济活动的中心评判标准是政治性的。在这方面，它符合赫克舍尔（Eli F. Hecksher）的重商主义定义。许多动员系统在实践中都走向了新重商主义社会，尤其是当它们援引传统意识形态使其权威仪式化，并将克理斯玛权威转化为更制度化的形式时。①

我们的分析将集中于详细阐明这些子类型的意义，并展示它们产生的后果。绝大多数处于现代化进程中的国家都是这些类型的组合，都多少接受了调和型系统的某些建制（常常是一种初生的议会形式）。

我们关注某个努力实现现代化的国家，关注点不仅在其可被列入一个连续谱的某个位置，还有了它在现代化的不同阶段发生的系统性变化。某些国家的起点是一个殖民地政府，该政府的官员力求实现的是遵循自由主义理想的体制。然而结果不是一个理想的自由主义系统而是调和型系统的出现，多元的集团政治很快沦为一个集团对权力的垄断。它因而又成了一个动员系统——典型特色是一个由军事领导人为首的一党制国家。在这个阶段，动员系统既可能走向集体主义的模式，也可能趋向某种新的复合型架构，如一个新重商主义的社会。

我们可以运用许多理论来分析一个处于现代化进程中的国家内部的变动模式，然而，有一种被许多现代化研究者广泛接受的假设，需要被首先阐明：潜在于自由主义模式中的假定和价值在其他的系统里依然存在，尽管是以更秘密的、伪装的方式，甚至在集体主义系统实现了某种一体性，提高了

---

① 关于重商主义的含义可参见 *Heckscher' Mercantilism*（London：George Allen&Unwin, Ltd., 1955），p. 22.

社会的物质水准，为个人提供了某种认同和成就感之后，也会出现。如果这一假定正确，民主的长远前景将无限光明。①

结构动力学

迄今为止，我们的讨论围绕着现代化过程中选择的问题及其政治意义。决策是做选择的过程，而上文予以描述的这一进程的各种要素存在于每一种选择系统内。或许一个图表能更清晰地解释这一点（参见图表3）。

图表3　一种选择分析的方法

改编于 Marion J. Levy, Jr., *The Structure of Society* (Princeton, N. J.：Princeton University Press, 1952) 第11页. "目的"与"工具"术语的定义，参见第三章。

两组命题现在可以被清楚地阐明。第一组处理的是关于四种政治系统的类型与现代化的关系。

1. 在四种类型中，调和型系统最难以充当一个全新的、处于现代化进程中的政体的基础。

2. 调和型系统可能藉靠地方主动性和企业精神（包括私营和公私合营的企业形态）的作用实现现代化。与之相反，动员系统很可能通过中央计划和国营企业实现现代化。

---

① 西方世界的政策。

第一章
迈向一种现代化的理论

3. 动员系统作为"转换"（conversion）系统最为成功，即创建一个新政体和从后期现代化转向工业化。

4. 现代化的独裁政体和新重商主义社会对于长周期的现代化是最理想的政治形态，特别是在现代化进程的早期转向后期时。

5. 当早期工业化业已实现，即已转型为现代工业社会时，调和型系统是最合适的选择。

第二组命题是对第一组命题更为一般化的重述。一个核心的功能性假设是，不同的政体在维持权威、实现稳定和提高效率时，选用强制与信息（information）的不同组合形式。出于分析的需要，我假定强制和信息之间存有负相关性：即一个高度强制的社会必定是低信息的社会。① 能够达致两者平衡的政治形态方能实现权威和效率的最大化。它不仅能实现自身目标，也能合理地界定符合其经济和社会资源条件的目标。既然强制和信息的关系决定着政治形态的运作机理，我们就可以把政治形态，或者说政体，作为一个自变量，强制和信息作为干预性变量，现代化作为因变量。

然而，如果此假设能成立，并在所有案例里都能被证实，政府便没有运用强制的理由。事实上，高信息的社会存在着"超载"的问题。② 换言之，决策者可能会接收到太多的信息以至于无法行动。此外，信息可能被预先选定，信息的来源和重要性受到不平等处理。因此，高信息社会的难题是评判。这导致了不确定性。因而，一个相应假设是，高信息社会是个充满不确定性的系统，而高强制系统是确定性的（deterministic）。如高信息系统有一个能处理可能性的框架，应对一个可能性的宇宙，它便能运转良好。高强制社会对信息的依赖更少，尤其是在充斥着不确定性的转型期，为达成特定目标而对控制和决断有着内在的需求。

第三个假设由两方面组成。只有具有合理的信息解读机制时，处于现代化进程中的社会和工业社会才能利用好信息。因此，如果代议制是处理和评估信息的最理想的方法，现代化便将向一个可能性宇宙行进——远离一个宿命的世界——通过调和型系统（最终将走向代议制政府）。因而，政治系统类型的演化虽然不是遵循单线的进化模式，现代化和工业化所引领的注定是一个分化和复杂性增加的世俗化趋势。鉴于这一趋势，由我们的假设出发，

---

① 这一假定里存在许多复杂因素。最有意思的事情之一是，腐败可能作为一种减少强制、促进信息流通的有效政治工具。

② 参见 Wilbur Schramm, *The Process and Effects of Mass Communication* (Urbana: University of Illinois Press, 1955), pp. 16–17.

我们可以推断出远期的一系列趋向高信息沟通和低强制——某种形式的调和型系统——的政治变化。

结论

通过对政治系统和政治形式的分析以及合法性问题的研究，前民主政体对于政治学研究的重要性已毋庸置疑。同样重要的还有公共精神（public aspiration）和信念。因此，意识形态、动机和流动性成为讨论的关键。现代化的普遍进程为解答这些复杂的政治问题提供了理想的布景。

现代化可以被解释为在非工业化社会确定角色的转换（transposition）——专业的、技术的和行政的——以及支撑这些角色的制度的转换——医院、学校、大学、官僚机构。然而，尚未工业化的、处于现代化进程中的社会缺少工业社会的整合力（integrating thrust）。社会组织更为混乱。政治变成了整合机制，权威是领导人面临的最关键的问题。

这一结论使我们必须深思何种政治形式最有助于应对现代化的问题。现代化的确更青睐某种类型的权威。体现在权威中的某种特定的权利组合，即我们称之为合法性的东西，往往是由政体的目标决定的。所以，未实现这些目标将伤害权威。这意味着，在许多现代化中的社会，政体仅能靠成功来维系。一个政权（regime）的效率决定着其权威的质量。

第二章　现代化诸特征

现代化起步于西方，产生于工业化和商业化的双重进程中。这些进程的社会后果可归结为以下几个范畴（paradigmatic categories）：借贷和财政工具的发展，维持现代化军队的需求，在竞争性市场条件下技术的应用，贸易和航海对科学精神的影响——所有这些都标志着：在西方，现代性开始攻击宗教和迷信、家庭和教堂、重商主义与专制。我们将科学视为宗教的解毒剂，伽利略是现代化的英雄。他的胜利是理性的胜利，而理性应用于人类事务是现代性（modernity）的基石。[①]

在许多非西方世界，现代化主要是商业化而非工业化与官僚机器的产物。某些适于工业国家的价值被富于进取心的人传播，有时候是以政治和贸易的形式，有时候是借靠宗教和教育。因而，现代化异于工业化——在西方是工业化带来现代化，而在其他地方则是现代化推进着工业化。[②]

在这些宏大叙事下面是一些较小的故事。不妨想想，当规范（regularize）的批发营销系统尚未出现，货物集散中心（distributive outlet）还付之阙如，顾客大多目不识丁，他们中的许多人习惯赊账，当时在临近这样一个传统市场的地方，建立一个小商店意味着什么。在西非的叙利亚或黎巴嫩商人，或者在东非的印度与阿拉伯商人，或是在印度尼西亚的穆斯林，他们的活动代表着现代化的原型。假设我们的店主发现自己的商铺成了集会中心，不少事业有成的顾客聚集于此打发时间。也许他将供应饮料，此后再开一个餐馆或旅店。如果他富于事业心，他可能还会试图把店子变成地方邮局。书写文字和现金关系的发展似乎总是齐头并进。

[①] 参见 Griorgio de Santillana, *The Crime of Galileo* (Chicago: University of Chicago Press, 1955), p. 11.

[②] 对现代工业社会特征的描述，可参见 F. X. Sutton, "Social Theory and Comparative Politics," reprinted in H. Eckstein and David E. Apter (eds.), *Comparative Politics: A Reader* (New York: Free Press of Glencoe, Inc., 1963), p. 71.

或许，某个乡村党组织（party organ）会兴建一个阅览室，为成年人举办一个识字班。一个储藏着破旧书本的公共建筑（bare office）是学习之所。办公室职员在过去象征着时尚，而今下面这些在年轻人中却极为普遍：童子军、先锋队，或其他的地方性衍生样式（derivative）。意识形态将国家的英雄和大众联系在一起，无论在西方和东方，如林肯、马克思、列宁、罗斯福、甘地、苏加诺、毛泽东这些名字，都是现代化的象征，代表着特定的改革模式。在发展中国家，政治家而非发明家或技工（craftsman）是现代化的象征。然而，是那些著名的技术发明改变了"我们"社会的本质，对于发展中地区的人们，这些创新事实上是现代社会的天然特性。的确，对这些国家而言，所谓的西方社会便体现为其技术手段，西方世界的各种制度都是密不可分的——政治和科学，发明与议会制。

创新的不同源泉

谁是现代化人（modernizer）？日益增多的相关文献表明了我们对于现代化使徒（agent）个性的旺盛好奇心。有的人认为，他们都是边缘人，就如那些在部分东南亚国家的华人。他们往往是两个不同文化或种族联姻的产儿，至少会多种语言，在异邦的教育系统下成长起来。边缘化因而能被视为现代化技能（skills）发展的关键因素。[1]

第二个因素是创新角色的可进入性（accessibility），这一条件对年轻人的影响尤为重要。特别是，教育是以学徒或者更正规的学校的形式进行，这对现代性角色的产生尤为重要，对于角色本身产生的权力和声望也是如此。

第三，大众媒体，以及勒纳（Lerner）指出的，通讯工具的普遍发展，使得现代性在其他条件缺失的情况下也可能产生。[2] 它也不需要大批自称为知识分子或技师的人在一个共同体内发挥光环效应（aura effect），因为人们为使生活更安定，努力成为这样一些人——记者、作家、教师、公务员、工程师等等——他们需要代替大量的农村和前现代化群体。

这三个因素并未穷尽促使人们变得更现代的条件。往往是传统社会组织本身，它的稳定性（immobility）和适应性产生了现代化的动力。推动力的

---

[1] 参见 Lea A. Williams, *Overseas Chinese Nationalism: The Genesis of the Pan - Chinese Movement in Indonesia, 1900 - 1916*(Glencoe: Free Press OF Glencoe Ill. ,1960), pp. 138 - 139.

[2] 参见 Daniel Lerner, *The Passing of Traditional Society*(Glencoe: Free Press of Glencoe, Ill. ,1958).

第二章
现代化诸特征

出现也常常仰仗社会中人的个性、创造性和灵活性（general buoyancy）。①

无论涉及何种个性特征，很清楚的是，现代化造就了某种进取（catch-up）的心理学和一种不安全感，这一感觉引发了变革的冲动。一个共同体物质境遇的改善带来了更强烈的物质欲望。正如伯纳德·李维斯（Bernard Lewis）所说，"在城镇的街区，公共汽车、自来水、电力、日报和市政设施的出现，预示着一个新时代的来临；即便是在更偏远的地区，一条地方公路、一条班车线路、无线设施（广播、收音机等），都打开了通往外部世界的窗户，形成了对更大共同体的归属感，成为一场意义深远的全新社会变革进程的起点。"② 被创造的角色有汽车司机、无线设施修理工（wireless repairmen）、记者等等，他们的影响相当显著。同时，变革的条件、变化的角色、推动变革的个性需要相互适应，以便他们一时的努力能开花结果。否则，轻度的现代化可能带来的是失望和伤痛——一种寻求现代未果的痛苦体验——这正是意大利南部乡村（Banfields）的苦涩经历。③

防止那些难以适应现代化的人走回头路常常是政府的主要工作。埃及多年来受困于该问题。在埃及，现代化的努力与成果比其他中东或北非国家显著。在英国殖民统治下，埃及有了许多大城市，发展出规模虽小但颇有影响的工业文化，为数不少的技工群体，高度理性化的文官系统。文官系统主要从城市人口中招募职员（74.2%），他们有机会上大学，并完成学士学位（first degree）（77.1%），他们中绝大多数出身于公职人员、白领和地主的家庭（62.4%）。④ 然而，尽管有文官系统的努力，直到最近，现代化的效果才创造出了活力与希望的氛围，能吸引有着创新能力和自律（self-discipline）能力的人们。这是埃及现政权的主要成就之一。

早期的现代化人（modernizer）往往是那些意识到除非改变他们的角色，

---

① See Kurt W. Back, "The Change-prone Person in Puerto Rico", *Public Opinion Quarterly*, XXII (Fall, 1958). Back指出，据他本人的调查显示，那些已卷入城市化而经济状况不是很好的阶层，人格测验和态度指数所呈现的变革倾向迥然不同于其他个体。"在这种联合体中，现代主义指数占据核心地位，这表明个性测量和行为指数高度相关。该指数由两个问题构成：（1）对新生代的信心及与他们的关系；（2）为改善这种境况的积极计划。它表明，现代主义中的关键要素是对未来的期许。我们可以总结出，这种态度是建立在些许普遍性的人格气质的基础上的。"

② Lewis, The *Emergence of Modern Turkey* (London: Oxford University Press, 1961), p. 472.

③ 参见 Edward and L. F. Banfield, *The Moral Basis of a Backward Society* (Glencoe: Free Press of Glencoe, Ill., 1958).

④ 这些数据引自 Morroe Berger, *Bureaucracy and Society in Modern Egypt: A Study of the Higher Civil Service* (Princeton, N. J.: Princeton University Press, 1957), pp. 42–47.

否则他们将永远与政治权力无缘的人。例如，在非洲，某些最早的现代化领袖是酋长，他们传统的角色是宗教性的而非世俗性的。然而，他们有时向现代化伸手，即便他们没有，那么他们的儿子也会。在非洲，几乎每个主要地区（territory），都有为酋长儿子专设的学校，以使他们能胜任将供职的现代政府的工作。

在加纳，某些酋长——现代化领袖遭到了权威的惩戒。海岸角（Cape Coast）的阿格里（Aggery）国王最初因在公诉法庭（prosecuting court）和公共事务中表现出的现代化精神受赞赏，而后却因政治上桀骜不驯而被罢黜和流放。① 尼日利亚奥博（Opobo）的加加（Jaja）国王也有相似的遭遇。在他的酋长身份被英国认可后，阿兰·伯恩斯爵士曾称誉他"充满活力、精明过人"。贸易使他的财富剧增，使他有资本加强自己的地位，在自认的领地内垄断权力。他兼具独裁者、运货代理商和大企业家（general entrepreneur）于一身，试图控制奥博邻近港口的贸易。他最终也被罢黜。②

选取的这些例子虽然有些偏，但他们是在一个殖民地国家现代化特定时期的典型现象。更常见的是，受过教育的精英被内心矛盾的殖民政府作为特定的羞辱（particular abuse）对象挑选出来，后者一方面把他们视为一个富有远见的殖民教育政策的杰作，另一方面又把他们看做是麻烦和抱怨的来源。他们常被称为"文化人"（scholars），这个词暗指他们不安分、傲慢、不诚实。他们的现代化尝试被认为是对西方"导师"制度、礼仪与特征的拙劣模仿。从南非的欧洲移民身上，我们依然能看到这种态度。③

最近，代际之间的冲突无意间产生一种类似的形势，此种形势有着现代的外观（in modern guises）。为替自己确立满意的（comfortable）的现代角色，年轻一代的野心家需要挑战既定的形式和秩序——无论他们是否来自外部。最明显的例子是印度，那里国大党声誉卓著（已经控制着所有主要的

---

① 对阿格里的描述可参见：David Kimble, *A Political History of Ghana*, 1850 – 1928（Oxford：Glarendon Press, 1963）, pp. 215 – 220. 也可参见：J. E. Flint, *Sir George Goldie and the Making of Modern Nigeria*（London：Oxford University Press, 1960）, *passim*; P. D. Curtin, *The Image of Africa*（Madison：University of Wisconsin Press, 1964）, chapter xvi; and R. Robinson, J. Gallagher and A. Denny, *Africa and the Victorians*（London：Macmillan & Co., 1961）, chapter xii.

② 关于阿格里的故事，可参见 David Kimble, *A Political History of Ghana*, 1850 – 1928（Oxford：Charendon Press, 1963, pp. 215 – 220. 以及 J. E. Flint, *Sir George Goldie and the Making of Modern Nigeria*（London：Oxford University Press, 1960）, *passim*.

③ See Marry Benson, *The African Patriots*（London：Faber & Faber, 1963）.

第二章
现代化诸特征

现代化职位），年轻人期待新政党能给他们创造更好的发挥才能和创造力的机会。虽然有印度和中国的冲突，印度共产党却还能不断招募年轻一代受过教育的印度人，这是原因之一。的确，对许多发展中的社会而言，共产主义作为一种现代化系统的形式极富吸引力，在角色寻找和界定的艰难时期，它能提供稳定和控制。在现代化障碍重重的地方，创造性的、失望或创新性的人可能会需求最强有力的、严厉的、最截然不同的政治系统，并为之奉献。例如，在中东，1930年代以后对议会制政府的排斥情绪导致了拉奎尔（Laqueur）所说的军事社会主义和对共产主义的兴趣。①

白鲁恂（Lucien W. Pye）运用了一种依据功能来界定类型的分类学，试图归纳现代性所释放出的角色多样性，这涵括许多功能类型：中介者(mediator)，传递者（transmitter），传播者（conveyer），等等。他根据倾向来排列他们，他们的倾向虽然截然相反，却都有一个现代的后辈：行政管理人员。他恪守理性官僚制的规范，与唤醒潜在需求的煽动者格格不入；混合者（amalgamate），将新旧角色集于一身，和仅代表新角色的传递者对立；意识形态的鼓吹者，竭力建立一种共同的意识形态，和代表特殊利益的政治掮客势不两立。②

虽然这一类型学有其缺陷，它毕竟在政治学的视野下勾画出了现代化过程中角色的多样性。政治学必须在对现代化的经验研究中得以检验。特别重要的是这些现代化角色同更重要角色之间关联的方式。需要考察角色、地位、专业和职业，以便确定强化角色变化和角色不兼容性的因素。

现代性的推动力常常和那些在绘画领域促进新艺术形式与新奇技法的动力相同。例如，中国某些年轻的共产主义者的行动是鲜明的诗歌创作与政治艺术的结合。甚至政党最拙劣的表演和最无效的行动也能像一场巨大胜利一样激发自豪感和成就感。③ 现代民族主义和共产主义在这一点上是相同的；对于年轻人，它们都代表着现代性的文化，通过其支持者寻求人类精神解放

---

① 参见 Walter Z. Laqueur, *Communism and Nationalism in the Middle East* (London: Rouledge&Kegan Paul,1961), pp.18–21.

② 参见 Pye, "Administrators, Agitators, and Brokers," *Public Opinion Quarterly*, XXII (Fall,1958). 也可参见 D. A. Rustow, *Politics of Westernization in the Near East*, (Princeton, N. J.: Princeton University, Center of International Studies,1956). 关于角色的代表性问题的考察，有 Reinhardt Bendix, "Public Authority in a Developing Political Community: The Case of India," *European Journal of Sociology*, IV (1963). 地方政府中角色变迁的研究，参见 Ursula K. Hicks, *Development from Below* (Oxford: Clarendon Press,1961).

③ 关于这方面的有趣讨论，可参见 T. A. Hsia, *Enigma of the Five Martyrs* (Berkeley: University of California, Institute of International Studies,1962), pp.74–75.

的努力，熔铸为一种政治形态。

作为一种现代化力量的殖民主义

无论我们如何看待殖民主义的实践，它显示了在现代化过程中商业贸易和官僚制的作用。我在此并不想否认前殖民系统自身的发展。传统社会并非都是勉供温饱的生存经济——例如，古代北非和西非间的盐、可乐树(kola)、黄金及奴隶贸易。在欧洲人来临很久以前，各种各样的货币就已投入使用。港口和市场设施通常都相当齐备。例如达荷美的维达（Whydah）港，由达荷美王管理。虽然达荷美人并不热心商业活动，他们的军事需要使他们允许外国人把这里变成了沿岸的货物集散地。[①] 西非诸帝国的兴衰——马里，加纳，桑海，戈比尔（Gobir），波鲁（Bornu）等——在相当程度上都被贸易和推动贸易的组织所决定着。虽然生存经济（subsistence）部门占主导，欧洲人出现很久前，贸易部门就已高度发达，是传统商贸网络的一部分，并且也开始有了巨大变化。许多帝国开始热心于商业活动。然而，一旦欧洲人设立了贸易代理处（trading factory），变革的步伐大大加速了。先是少量开拓者，接着贸易家族（trading family）出现。贸易代理处（factory）或商行（trading house）在达喀尔、弗里敦、蒙罗维亚、阿克拉和拉各斯等地陆续建立起来。当地人与荷兰人、丹麦人、勃兰登堡人（Brandenburger）、法国人、科西嘉人、意大利人、西班牙人等外来民族广泛通婚。[②] 因此，旧角色与新角色，或者传统与现代角色，以及中介角色间关系网络的成型，支撑起一个宗主国和其海外领土的直接联系（direct line）。

因为建在殖民地的商业机构和某些工业企业在母国有市场和重要的投资，大都市经济地位的崛起和海外领土的商业化与现代化发展有了关联。海外殖民地的发展有时在母国战争或萧条时期出现。例如，在一战结束后，像铁路、港口、学校和其他形式的主要发展规划大量涌现。这些海外投资与基本建设项目，是英国殖民地的特点，英国殖民当局的治理哲学是尽快地在殖

---

① Rosemary Arnold,"A Port of Trade : Whydah on the Guinea Coast," in Karl Polanyi,Conrad Arensberg,and Harry Pearson(eds.), *Trade and Markets in the Early Empire*(Glencoe:Free Press of Glengoe,Ill., 1957).

② 关于西非人的社会分层情况，文献蔚为大观。如 D. Westermann, *Autobiographies d' Africaines* (Paris:Payot,1943); Jacques Charpy, *La Fondation de Dakar*(Paris:Larose,1958); M. Banton, *West African City* (London:Oxford University Press,1957).

第二章
现代化诸特征

民地实现量入为出（pay‑as‑you‑go），从而结束议会的补贴。法国的殖民地相当程度上也是如此，虽然法国的海外投资规模更小。

在海外资金匮乏的1930年代，殖民地不得不勒紧裤腰带。常常是削减侨民（expatriate）职员，加强直接的行政控制以效率最大化。主要考虑成本太高，地方议会（local council）和财政部门建设几乎陷入停滞，在二战后才重新启动，发展规模也更大。现代化项目的不平衡发展，而非现代化本身的缺席，是不同殖民系统的特征。很明显，各宗主国（metropolitan powers）采用了不同的现代化模式；葡萄牙人在非洲的贡献就相当有限。的确，若非其推进现代化的政治手段过于激烈残酷，殖民主义倒不失为非常有用的现代化机制。①

殖民地的政治现代化有着两重含义。首先，它意味着必须有能参与政治生活、西方化的世俗精英。其次，必须有西方形式的政府，使得精英能被代表。这是殖民地政治进化的英国模式的特征，虽然这一规则有一些原因复杂的例外，而此规则本身也是新鲜事。

> 塑造一堆威斯敏斯特模型的政体，将之当成英国统治的遗产，这还是最近的事，甚至可说是大英帝国政策史里短暂、偶然的现象。和英国模式完全一致既不受欢迎也无必要：它被统治者和被统治者当作不便和约束。只有在那些对自己有用的地方，帝国和殖民地的政治家才援引英国和更早先的例子。②

当然，它在鼓励通过全民联合政府（councilor）的形式走向自治和独立方面是有功劳的。

英国殖民地内政治发展主题有着许多变化，法国的较少，比利时、荷兰、葡萄牙殖民地的变化更少。法国对所有大规模的地区性组织群体应用了

---

① 这样的概括总是会遭致批评，因为这只是泛泛而论。殖民地就其政治地位而言无一例外地都是低于其宗主国。有时，殖民地的政治改革意味着从宗主国获得更大自主权，殖民地的现代化精英们在政治生活中有更多的发言权，代议机构也有望逐步建立。当一个殖民地能自行其事，当自治的代议政府平稳创设，殖民地寻求政治独立便是顺理成章的事。

② 参见 Frederick Madden, "Some Origins and Purposes in the Formation of British Colonial Government," in Kenneth Robin and Frederick Madden(eds.), *Essays in Imperial Government*(Oxford : Basil Blackwell,1963), p. 2. 关于殖民主义更温和的观点，参见 Paul A. Baran, *The Political Economy of Growth*(New York: Monthly Review Press,1962), pp. 163–300.

相当宏大的政治发展模式,例如在法属西非。这一模式为适应各地特殊环境进行了相当复杂的调整。①

然而,对不同殖民系统的描述将使我们偏离当前主题。我们对各种殖民系统关注仅仅是因之堪称现代化的首要工具(虽然它们是过渡性的)。我们在比较同时期内的殖民系统时,最通常的结构变量首先是,殖民政府主要是专制的还是协商(councilor)的,其次领导权是个人的还是非个人的。设若我们考察同时期的各个殖民地——英国的、法国的、比利时的、荷兰的和葡萄牙的——依据同期阶段超越了对殖民系统的传统划分,我们就能发现,殖民主义作为现代化的进程有着四个主要阶段:开创(pioneering),官僚化,代议制(representative),和责任政府。② 这并不是一个线性的进程(参见图表 4 的图示)。

图表 4　殖民主义各阶段

	个人的	非个人的
专制	开创	官僚化
协商	代议制	责任政府

这一图表凸显的是殖民主义(colonialism)中,伴随着推动现代化的政策而产生的结构性变迁。政治现代化是变革深化的一个原因。政府作为现代化的工具非常独特,因而可以被视为一个独立的变量(作为一个新环境的创造者)。因此,政治现代化既是现代化的原因,也是其结果,而这体现为一个与时俱进的政府系统。有的殖民系统经历了通向独立的所有阶段。有的却从未真正走到那一步。例如,刚果,独立时仍处于代议制政府的第一阶

---

① 对英法两国殖民统治模式的粗略区分(直接统治与间接统治)太过简单,无助于深入的分析。它们之间存在着许多重要差异。有时,法国殖民地政治发展模式是把某个或某些殖民地提升到和法国政府部门的相似地位,逐渐开放他们参与法国政治的某一个机构——如国民大会、内阁等等。某些海外殖民地事实上被作为一个部门来管理。当然,这一模式不是那么清晰。这种含混不清在所谓法兰西联邦中最为显著,使得海外殖民地政府逐渐疏离宗主国的政治结构,逐渐本土化,而不再是宗主国的代理人。法国不愿为其殖民地所束缚,对宗主国地位、法律结构、教育制度的统一性、财政结构的强调,都营造着一种完全不同于英国殖民地的政治。例如,法国教育体制,是将天主教和某种社会主义形式的普世主义作为核心政治意识形态来传播,而英国教育体制则有教会学校、公立学校和私立学校等多种形式,因而更具地方性。

② 对这些类型的详述,可参见 David Apter, *The Political Kingdom in Uganda* (Princeton, N. J.: Princeton University Press, 1961), pp. 447 – 459.

第二章
现代化诸特征

段;印度有相当长的代议制政府的历史;锡兰(即斯里兰卡)是最早建立代议制政府的地方,已经有了一个责任政府。应该补充的是,独立后的政府也会面对同样的转型过程。

或许在从依附到独立的转型中最令人激动的阶段是代议阶段,因为尽管已有了立法机构,政府的责任依然不是对殖民地的。这为许多潜在的政治家提供了一个十分离谱的政治环境,激起他们组织追随者,并利用民怨(capitalize on grievance)。这是一个我们称之为"罗宾汉"(Robin Hood)角色形成的时期——能够将弱者和困惑者(confused)集结在自己周围的类似克理斯玛人格扮演了此角色。缺少非个人化的控制,而带有官僚殖民主义的独裁模式,代议时期往往有类似诺蔓·科恩(Norman Cohn)所说的中世纪末期的特征,且有与之相似的结构。

> 然而,许多人被激起了新的却无法实现的希望;过去几个世纪无法想像的财富的炫目景观带来了一种痛苦的挫折感。在所有人口密集、高度城市化和工业化的区域,有大批的人挣扎在社会的边缘,陷入长期的不安全状态里。①

在这个个人政治和众议(councilor)政治并存,广泛的社会动荡与政治不负责并存的时期,民族主义运动的条件成熟了,它的目标是某种全新的、更高的现代生活,种族从奴役和仆从、劣等地位(inferiority)中解放出来。在这一背景下,殖民地社会的民族主义运动显得更为激烈,矛头直指政府——一个外国人的堡垒(alien fortress)。

殖民主义是一个有趣的历史阶段。它展示着转型的一种特定后果,一种现代化被普遍化的模式,其间某些重要的现代性角色已经出现。它被系统的独立阶段取代,系统因对现代性的回应而改变,继而要靠自身去主导现代化。每个系统如何去回应现代化的压力,如何实现现代化的目标是接下来几章要处理的问题。然而,先更具体地揭示现代化与传统主义以及工业化的关系,将有助于我们的讨论。

传统主义与发展

我们业已表明,现代化是一个有意识地引导和控制社会内部角色分化和

---

① 参见 Cohn, *The Pursuit of the Millennium* (New York: Harper Torch-books, 1961), p.28.

组织复杂性加剧的社会后果的进程。最有趣的情形是，分化和组织复杂性不仅仅是规模或人口增长的产物，倒不妨说是技术上相当重要的功能角色增加的结果。① 如此一来，我们便步入了现代性起源的思考中。

我们已讨论了从传统主义走向现代性的一些条件。我们对发展问题的大部分思考，以及当代人的兴趣都集中于这一转型。但是，已有的现代性分析并未很好地处理传统主义问题。原因不难理解。历史事实复杂多变，人们很难将传统主义的脉络和现代性分割开来。甚至近来力求避免区分被分析进程（功能方法和理想类型分析的组合）所模糊化的尝试，也把传统社会视为一堆特质的组合，所有这些特质都是静止不变的。保守主义因此和传统主义相联，这暗示着某种均衡（或社会实践和信仰的微妙平衡），均衡被嵌入（embalm）到一个宗教性的组织框架里（framework），借助其神圣和古老，抵御着变化。

这种分析把传统主义作为一种经验所无法验证的纯粹的理想类型。当我们审视传统社会本身时，问题便出现了。常常有一种具体化（reify）的趋势，即把理想类型当做真实和静止的。实际上，正是由于不同形式和规模的传统主义也会变化，所以它们已成为现代化研究必不可少的组成部分（特别是其政治方面）。多少政治实践问题，还有对权威的严重挑战，不都是源于一个现代化的社会内部残存的传统主义堡垒吗？② 又有多少次，政治领导者们因为正面挑战传统主义，给他们的社会带来了本来有希望避免的剧烈的社会冲突？

这样的问题由来已久；许多理论家曾试图用制度的变化来解释传统社会与非传统社会的差异。例如，梅因强调男性亲族关系（与认知关系［cognitive relationship］相比较）在现代社会的关键角色，以突出在原始社会里亲缘关系的特殊重要性，并借助一种发展了的进化理论把这些关系联系起来。亲缘（kinship）不仅对地位、财产、继承等有重要影响，而且，作为人与人之间的一种关系模式，在概念上也是不同的。

> 我们看到了早期社会的与众不同之处。人并不被当成一个个人，而是一个特定群体的成员。每个人首先是一个公民，作为公

---

① 某些情况下，复杂性增加仅是人口增长的结果，但即便如此，其影响也相当深远。这是为什么我们对古代社会饶有兴趣的原因之一。此外，角色分化、人口增长同在形式上传统，但更高级的文化进步之间的关心，仍然问津者寥寥。

② 参见第三章。

第二章
现代化诸特征

民，他是其所在阶级的一分子———一个贵族制阶级或平民阶级，或是一个不幸的命运受缚于种姓制度而受歧视的一个社会阶级。其次，他是一个氏族、一个大氏族或一个部族的成员；最后他是他家庭的成员。最后一个是他所处的最狭隘、最私人性的关系。然而，显得悖谬的是，他从没有自己，从未被视为一个与众不同的个体。他的个性淹没在他的家庭里。我过去曾一再重复关于一个原始社会（primitive）的定义。作为社会的组成单位，不是个人而是男人们的群体，乃借由或真或幻的血缘关系凝结而成。①

对涂尔干而言，古代社会和现代社会有着巨大的差异。他和梅因一样，认为共同体的法律准则揭示了主要的社会关系形式，特别是团结的基础。②他称古代社会（primitive）为一种机械团结，法律在相当程度上是压制性的，权威将任何对习俗的严重偏离判定为犯罪，以确保行为的相似性。这些犯罪，破坏共同体团结的象征行为，将遭受最严厉的制裁（通常是处死）。另一方面，现代社会则是一种有机团结，其特征是个人与群体间存在各种复杂的互动形式。功能的相互依赖是这种团结的关键。压制性法律（repressive law）只是法律系统的一小部分。恢复性法律（restitutive）是主体。涂尔干和梅因给了我们一个社会系统从低级到高级的进化概念。促成转型的意外因素（deus ex machina）是劳动分工。

这些区分，虽然有相当的说服力，却把"传统"变成了一个覆盖所有不同于现代工业社会的社会生活类型的宏大概念（blanket term）。③ 他们及其同道，都面临着菲尔斯（Firth）对梅因那种批评，"他那些立足于两极对立的社会发展概念：家庭到个人、身份到契约、刑法到民法，根据现代的分析标准，都太任意和草率了。"④ 这一批评也同样适用于向韦伯、松巴特（Sombart）、滕尼斯（Tönnies）和涂尔干，还有较近的一些学者，如麦克莱兰（McClelland）和哈根（Hagen）。后者在现代性的普遍化进程中看到一个反传统的前景，而传统意味着一种基本上是封闭的、个体化的生活方式，相

---

① 参见 Henry Summer Maine, *Ancient Law* (Boston: Beacon Press, 1963), pp. 177–178.
② 涂尔干说，"我们的方法已经申明。既然法律再现着社会团结的原则形式，我们只需区分不同类型的法律，便能发现与之相关的不同类型的社会团结类型。"（Emile Durkheim, *The Division of Labor* [Glencoe: Free Press of Glencoe, Ill., 1949], p. 68.
③ 所有这些区分，都共有一个潜台词，即发展是从简单到复杂的过程，我对此深表赞同。
④ 参见 Raymond Firth 给梅因《古代法》所写的前言。

对固定,且难以和发展相容。

作为现代化指针的角色

历史社会学家们从一种19世纪的视角来看待农业社会到工业社会的转变,主要关注此进程对公民共同体(civic community)的影响,政治主要被视为道德发展。当血缘关系和誓约(oath)关系不能再将人们凝聚在一起,家庭和工作群体会发生什么?什么形式的规制取代了私人关系(intimate)的交叉压力?这些疑问引发了对都市化、个性、工厂和文化变迁以及上述因素和社会调控机制的关联的兴趣。①

当今社会分析围绕专业化、技能、技术、合理性和功能等术语而展开——所有这些术语都和现代社会相关。我们根据社会中的特定重要角色来确认这些抽象术语,例如公务员、水利工程师、社区发展专家(community development expert)、大学教师。他们与传统角色——酋长、神父、皇太后(queen-mother)、王室继承人——的反差何其显著。

然而,从角色来分析,这仅仅使我们意识到现代化进程的复杂性。新角色总是不断出现。在某种意义上而言,变化就是一系统内新的、适应性角色的形成。现代化求助于诞生自各工业社会的特定角色(通常是出自西方工业社会,虽然现代化不能再被称为西方的专利)。这些角色体现着生活方式和"职业"(career)观念的选择。

角色,无论新旧,修正的和适应的,都被变革赋予了新意义的,应该成为现代化分析的起点。他们为政治学的分析提供了主要数据。他们体现了新的道德观念(notions of morality)。在互动形态的建构中,他们彰显了社会领域里出现的实际问题,其中既有流动性和直接冲突的问题,也有工作场所和礼拜场所人与人间关系的问题。班菲尔德(Banifield)所称的意大利南部的Montegrano的风土人情(ethos)可从"角色"来理解。并且正如 S. F. Nadel 已表明的,角色组合的方式既揭示了共同体的道德基础,也揭示了社会的结构。"角色汇集的优势存在于社会整合和社会结构的强化中。一个人扮演的

---

① 正在兴起的一种重要的分析模式是将政体作为变革机制的研究,变革的道德性体现在国家身上。涂尔干一段相当令人惊奇的文字写到,"国家的基本义务是:国家要唤起个人过一种道德的生活方式。说是根本,正因为公民道德的遵循的唯一基础只能是道德理由。"(Emile Durkheim, *Professional Ethics and Civic Morals*[Glencoe:Free Press of Glencoe,Ill.,1958],p.69.

第二章
现代化诸特征

角色越多,他和扮演其他角色及社会生活不同领域的人们间的关联越密切。同样地,个人承担了更多的社会角色,也使他受着社会规范更紧密的约束。"①

为更清楚地表明这种状况,我们提出这一命题:和迅速的工业化相比,现代化是一个更慢、更温和的进程。从角色分析的角度,这意味着现代化过程中诞生了大量中介性的角色(intermediate roles),他们的首要功能是缓和旧角色与新角色间的矛盾。我们可以推测这样的角色既会以某种方式推动创新,也可能阻碍创新。例如,在工业化过程中,在现代化过程中出现的中介性角色被扫荡,因为他们已成为唯一的障碍,不再有用。又如,商业化,作为现代化的一个方面,可以为某个特定群体的个体们所接纳,该群体能在一异质共同体(alien community)充当中间人,同时又会维持其家庭习惯和生活状况,保持着城镇和乡村的经纪业务,他们可以依靠家庭而非契约纽带来从事商业,可能积聚钱财(或在集市上[bazaar]将之分配给数不胜数的亲戚们),而不是用于投资。因而,这种经纪角色在某阶段可以充当现代化的工具,而在另一个阶段却可能阻碍着现代化的推进。

纯粹的所谓"现代角色"并不存在。1930年代的拉丁美洲,律师代表着现代性。而今是经济学家。明天可能又变成了工程师。特定的角色在某一时间点上是现代性的标志,而在另一时段却不再是。那么,很显然,我们必须找出有意义的角色集(sets of roles),这些角色集涵盖了对于特定层次的创新最具意义的功能性职业,它们对于共同体内变革导向的成员最为重要。这些可能包括技术官僚、政治性职业(当政府或政府成为了现代化的工具时),等等。这样的职业在社会中所处的位阶体现着社会的组织选择和社会管理组织的方式。现代化的比较研究缘起于关系着分层的主要职业形象的比较。

角色的管理

角色问题的复杂性将现代化问题引入了政治学的研究中。政治领袖们改变自己国家的期望,譬如从依附走向独立,仅仅是共同体内一个对创新更广泛需求的一部分,后者包括了提高生活水平的普遍欲望。即便是提高生活标

---

① Nadel, *The Theory of Social Structure* (Glencoe: Free Press of Glencoe, Ill., 1957), p.71.

准也需要全新的希望和勇敢姿态,以及调整(tinker and meddle with)既存角色的意愿,这迫使大多数政治领袖改变权力和声望的等级系统,热衷于缔造某种新的社会总体形象,以使现代化角色能与之适应并发挥作用。①

这样一个改变角色的环境既带来希望,也带来苦难。现代化常常联系着主从关系和类似关系模式的打破。从这个角度而言,现代化意味着容纳独立自主而非依赖性的关系模式的现代性工具和机构的建立。因此,技能、新的时间意识、参与意识、主宰自然意识等的发展,便转化为对人格、价值、自尊的寻求。当然,这些都是广为人知的,但它们值得重述,因为它们可以在一定程度上帮助我们更好地展示当今发达国家的工具和制度,并避免显得狂妄傲慢。然而,现代化联系着一种广泛的情感态度调整,如张扬个性、文化自主性和政治独立性,这注定是一个艰难的任务。

在许多社会,信仰的强烈并非因为盲目和迷信,而只是基于对宗教或政治实践如被改变则个体认同会被摧毁的一种深深恐惧。这便是在重组其社会的努力中,许多政治领袖依赖着和传统的关系的原因所在。这些关系有助于创造一种遗产。例如,以色列,除了希望强调对领土的历史权利,对考古学的重视可并非出于一种学术爱好。在塞内加尔,一些该国学者的研究致力于将古代埃及作为一个黑人王国同次撒哈拉非洲联系在一起。② 在阿克拉的人民党(the Convention People's Party)总部,一些巨大的壁画被发现,显示非洲人是古代法和医学的先驱。在不丢失传统的条件下追求现代化的欲望使探寻一种新的道德综合体成为必要,它能使个人同权威联系在一起。

现代性和传统主义在根本上相互关联,甚至在现代化的背景下亦是如此。两者的综合成为了一个首要的道德焦点。迈克尔·博兰尼关于科学的描述也能适用于传统和现代性的关系。他认为,体现着现代观念的科学,处于一种悖论状态中。"在这里,一种毁灭性的怀疑主义和一种新的强烈的社会

---

① 威利·亚伯拉罕(Willie Abraham)如是说:"当某文化从其他文化中引入工业技术和制度时,可以想像,这些技术和文化在矩阵中处于多么中心的位置,它们势必被其他的文化因素所控制和渗透,即使如茶点时间这种小事也不免如此。舶来品在其本土环境着理念、态度、关系模式、生活习惯等等,而这些东西在新环境中难以复制。即便如此,效仿者对于旧制度和技术的失势仍不免痛心。这有时是因为虚假但是很自然的信念:"新制度显而易见不能胜任旧的工作,也不为理念所容。但这一信念,虽然有时很虚幻,但也很自然。的确,文化的物质层面很可能会侵蚀文化的价值层面。技术和制度也难以被其从中孕育的文化因素中抽离出来,做简单的移植。尽其'用'而非通其'体'便是必需的。"(The Mind of Africa[Chicago:University of Chicago Press,1962],pp.33-34.)

② 参见 Cheikh Anta Diop, *Nation Negres et Culture*(Paris:Editions Aficanies,1955).

第二章
现代化诸特征

善恶观同在，一种对人类灵魂完全的怀疑结合着狂热的道德需求。我们看到某种已应对了如此多席卷现代世界的暴风雨的行动形式：社会激情的铁锤敲打怀疑主义的凿子。"[1]

处于现代化进程中的国家和其他地方的人们都已经伴着怀疑主义修正他们的道德感知。历史上还不曾有对道德原理（subtlety）如此敏感，对越轨（transgression）如此警惕的时刻。这种敏感体现于对新政治形式的寻求，体现为改革的欲望，体现为将研究和科学应用于人类问题的意愿。一个悖论出现了：愈多的人想要治愈他们的病痛，他们身上的病痛便愈多。任何新的解决方案仅会引发更多的问题。[2]

这些观点也表明了政治发展不仅仅和经济发展相关，而是构成了系统整合（coherence）的许多因素的复合体。这一整合的冲动可能并不必然会成为现实。但在创造一种更为有效的系统整合的努力中，经济因素将最通常地服务于政治和社会需要。在一个现代化的国家，经济计划和经济方案的标准首先是政治性的。[3]

从一般的发展研究，更具体而言，从经济发展研究里会衍生出两个相关且重要的问题，它们也可被列入上面已提及的因素中。首先是，发展如何开始。也就是说，什么样的前提条件对于发展的启动是必不可少的？第二，一旦开始，发展会结束吗？这是一个重要的问题，因为它涉及再传统化（retraditionalization）的某些考验，一种新的价值、制度和组织整合必须在一个发展阶段末期被建立起来，再传统化是其表征，而这些整合也是再传统化的组成部分。这一问题之所以重要，不仅是因为传统主义和现代化的关系，还因为工业化对两者的影响。工业化的动态特征，使我们倾向于认为它将阻止社会生活的制度化，导致制度和组织的解体（在从现代化向工业化转变的过程中），而这却被意识形态信仰塑造的整合表象所掩盖。许多处于现代化进程中的社会在走向工业化的时候很容易被极权主义的意识形态蛊惑。再传统化的失败使合法性成为一个连续不断的政治问题，任何技术成就都不能解决该问题。

---

[1] Polanyi, *The Logic of Liberty* (Chicago: University of Chicago Press, 1958), p.4.

[2] 这一悖论体现于对待现代意识形态的态度。似乎没有一种意识形态能长久抓住公众的想像力，不论是在实际上或道德上。在发展中地区，十分有趣的是，是英雄般的个人或领袖，而不是他的理念，将人们聚集起来。领袖和进步在那里合为一体。在更发达地区，情况更为复杂，被伤害的道德感导致了愤慨。我们仍不知晓愤慨将会走向何处。

[3] 对于经济发展和政治发展的关系，社会科学研究理事会下属的经济发展委员会坚持不懈的努力令人钦佩。

因此,在处于现代化进程中的人(modernizing men)的生命里存在着巨大的紧张。在当下(instant)变迁面前,不能期望学校和大学能传承共同体积蓄的价值。社会化进程(socialization process)成了一个造就紧张的系统。此外,这种紧张是现代发展中社会创造性进程的一个主要特征。地位冲突,价值冲突,边缘化——这些都已被认为对塑造创造性和创新性的个人有着重要影响。在这种环境里(整个系统由政治边缘关系[marginal relationship]所调控),政治成为稳定的中心,提供着冲突得以解决的框架。而一定程度上,政府成了发展的主要工具,其结果是政府对社会生活的高度管制,以促进价值和制度整合、吸纳创造性造就的紧张。[①]

发展、现代化和工业化的共同特性

发展、现代化和工业化虽然是相互关联的现象,却能够进行概括排序。发展最为笼统,来自于一个共同体内功能性角色的激增和整合。现代化是发展的一种特殊类型。现代化意味着三个条件——一个在不解体的同时能不断创新的一个系统(也包含了在其基本信仰中变革的可欲性);分化型的、灵活的社会结构;一个能够提供在一个技术发达的世界生存所必需的技能和知识的社会框架。工业化,是现代化特殊的一面,可以被界定为一个社会内主要的功能角色和制造业相关的时期。可以设想某个国家在没有多少工业的同时推动现代化,却不能设想没有现代化的工业化。

对一个处于现代化进程中的国家而言,有大规模的生产制造部门,然而却没能建立一个工业基础结构,这种情况是可能的,因为它的工业不过是另一个国家工业系统的延伸。这是许多拉美国家面临的共同问题。这些国家有大量的从事加工、组装和轻工业的外国公司。这些活动形成了一个地区性的工人和技师群体,然而,他们的活动是和宗主国(metropolitan)而非本国联为一体。这是后发现代化的一个一般特征,代表了帝国主义的特殊模式。将这样的外资工业国有化因而成了从后发现代化向工业化转型的一个逐渐常见的特征。最近的案例是南斯拉夫,当他们和苏联的政治关系破裂后,半殖民化的经济关系也有效地被打破。同样的进程也在古巴发生,其对象则是美国。

现在,必须要将这些论点同先前关于发展的论述结合起来。在最广泛意

---

① 参见 Frank Barron, *Creativity and Psychological Health* (Princeton, N. J.: D. Van Nostrand Co., 1963).

第二章
现代化诸特征

义上，发展是世俗型的行动规范被普遍化的进程。这些世俗规范可从梅因的"身份和契约"，涂尔干所谓的"机械团结和有机团结"、"神圣信仰和世俗信仰"，韦伯的"工具理性"与"价值理性"（consummatory ends）、传统权威和法理权威，滕尼斯的共同体与社会等区分来理解。它们在帕森斯的型态变量（pattern variable）和利维（Levy）的关系特征的分析结构（analytical structures of aspects of relationship）里得到了阐明（而摩尔正确地强调了在所有发展阶段，社会系统展示出的动态性，对两者的观点都作了修正）。①

作为发展的特殊形式，现代化和工业化有何不同？工业化作为现代化的一方面，其影响相当强大，依靠机器的使用，它创造了新的角色和社会工具，从而改变机能失调的社会制度和习俗。

比之于工业化的比较研究，对现代化的比较研究存在着更多概念上的模糊之处，在许多方面难度也更大。然而，现代化的比较研究现在对我们更重要，尤其是作为一种确认那些推动或阻碍工业化的社会安排，以及观察变革如何适应或带来的进一步变革的方法。克里福尔德·吉尔茨曾言："作为一个经济进程，发展是一场剧烈的革命性的变化，尽管这可能是事实，但作为一场广泛的社会进程，恐怕就很难如此定义。从一种特定的经济视角来看算是一次飞跃的东西，从更普遍的社会视角来看，仅仅是长年累月经济发展的最终表现而已。"②这一断言所强调的是人或社会资本的重要性，对于现代性，它们似乎要比物质资源更重要。当工业化已经成为政府的一个政治目标，并为了推进工业化而制定决策、作出各种安排时，这一点尤为显著。

角色群和增长指标

即便他们矢志不渝地迈向现代化，大多数处于现代化进程中的国家要实现工业化还有很长的路要走。一个处于现代化进程中的国家需要参与国际分工，从而使内外结合（exogamous）型的工业化角色可能形成国家现代化角

---

① 特别是，摩尔对导源于前工业社会的静态概念的普通发展模式的批评，描述了动态的转变过程，并最终又以"发达"而又稳定的阶段告结。（Wilbert E. Moor, "Industrialization and Social Change", in Hoselitz and Moor (eds), *Industrialization and Society*, chapter xv.）也可参见：Wilbert E. Moor, *Social Change* (Englenwood Cliffs, N. J.: Prentice-Hall, Inc., 1963), p.42.

② Geertz, *Peddlers and Princes* (Chicago: University of Chicago Press, 1963), p.2. 在不同背景下，对该方法的案例研究可参见：Walter Elkan, *Migrants and Proletarians* (London: Oxford University Press, 1960); Claude Tardits, *Porto-Novo: Les nouvelles generations africaines entre leurs traditions et l'occident* (Paris and the Hague: Mouton, 1958).

色的支持结构。例如，尼日利亚的现代化角色依赖着外国的工业角色。所以，政治领袖们试图通过依赖的国际化来将依赖减到最少，也就是说，和更多的工业化国家进行国际交换，同时努力实现内部的工业化，这并不奇怪。推动后者的努力可能是不成熟的，并产生巨大的成本和资源浪费。① 现代化，而非工业化，对绝大多数新国家在某一时刻都将是发展的关键。

比较分析将我们引向那些变动的人类制度形式和价值，它们需要政府有耐心。今天，可用的比较数据相当丰富，案例涵盖了广泛的政治类型、宗族和文化。② 最容易用于比较的主要现代化指标是下列现代化角色的关键组合和增长指数：职业型（career）和创业型角色（entrepreneurship）的数量和广泛性；技术与人均收入。

很显然，这四个因素的明显程度各有不同。行政可视为一种重要的职业形式，而行政部门（包括其技术部门）的角色较易分析。研究创业者则难度更大，因为他们的才能往往是潜藏着的，在适合的环境里才会显现。此外，如果将政治企业家也纳入创业者的范畴，他们为了获取国家资源而组织追随者，那么我们将不得不在列表里放入许多种政治领袖。本书后面部分将讨论的很有趣的一点是创业型角色和职业型角色的冲突，也就是制度化的现代性与创新性的现代性的对立。

至于人均国民收入，数据容易获得，虽然常常是误导性的。这些数据被用作比较各国经济增长的粗略指标，有时会根据各国的特殊情况予以修正或不予修正。

技术的测量难度更大。千瓦时（kilowatt hours）已被作为一个指标。或许能耗因素（energy-employment factor）能充当一个有效的指标。③

---

① 然而，工业化将是具有象征意义的目标，因此需要皆有引入不同形式的海外投资，使之投入竞争性、可调控的环境里，从而塑造出工业化的形象。

② 的确，就后者而言，一个很有意思的问题是是否更高文明程度的现代化的速度较原始文明的更快。高度复杂、古老的文明对现代化、工业化和机械技术的后果往往抵触感更强。而更初级的文明，神话、宗教、社会实践都混杂在一体，却相对更容易接纳现代化。传统非洲社会似乎比印度更易于走入现代。在尼日利亚和加纳，同印度相比，"西方化"人的数量就其比例而言让人惊叹，这种"西方化"或许倒不是体现在政治信仰，而是在通常的社会行为和态度上。然而，我们却不能仓促推论说高级文明抗拒现代性，因为某些被假定的"反商业"的伦理或诸如此类的原因。米尔顿·辛格尔（Milton Singer）曾指出，印度人和其他民族有同样出色的商业头脑（参见"Cultural Values in India's Economic Development," *The Annals*, CCV [May, 1956]）。此处，我提及这样的问题只是为了显示我们将涉足的政治问题将会多广、多复杂。

③ 参见 Karl W. Deutsch, *Nationalism and Social Communication* (New York: John Wiley and Sons, Inc., 1953) and "Social Mobilization and Political Development," *American Political Science Review*, LV (September, 1963).

第二章
现代化诸特征

这样的指标显示着什么?相当不同的东西。职业型和创业型角色暗示了一组价值,这些价值基于已经普遍化的理性决策的程度——普遍的判断标准和可预期、标准化的政府行为规则。作为制度,这些角色更具有广泛可比性;训练、技能和经验水平都是有用的尺度。例如,医生,根据其业绩、知识和道德标准能够进行跨国的比较,公务员也是如此。

如前所述,创业型角色的分析会有些麻烦。创新和挑战所约定俗成的能力必须指向可欲的目标(a desired goal)。在现代化与工业化同时进行着的社会里,创业型角色是衡量创造性的标准。创业型角色暗示着不同于个体技能的其他特质。它表明社会里有培养出具备想像力和选择潜能的人,这些人热衷于尝试新事物和可能性。

人均国民收入也隐含着特定的价值。可用的数据表明了一个收入与支出、投资和消费的复杂测量标准已存在。无论国民生产总值还是国民生产净值都已得出计算。计划、增长、固定资产贬值等概念已经成为账目上的标准项目。

现代化的第四个主要因素——技术,是一个衡量物质能量(non-human energy)被用于复杂任务的程度指标。因此,既然它意味着依据抽象原则对资源加以计划、分配和组织,当被投入运用时将实现可欲的结果,它成了现代化最重要的衡量标准。

平等的特殊难题

处于现代化进程中的角色(modernizing roles),无论是制度化的和创新性的,通常与传统公共生活完全不同的生活风格相关联。居住模式有明显的不同(例如,公务员,往往由政府提供住房)。一个成功的创业者也以其名字命名办公大楼,建造一栋华丽的住宅,或展示别的外在特征,来炫耀自己的成功。在现代化问题极为严重的国家,生活风格的差异成为了矛盾中心,将富人同穷人、现代与传统、城市与乡村隔离开来。于是,一个有趣的难题出现了:发展带来了不平等;现代化则加剧了不平等。[①]

机会平等与社会等级结构延展之间的紧张是继续现代化的一个刺激因素。如果刺激源自一个原初的假设:生活风格和处于现代化进程中的社会角色特征的差异是临时的,能利用不平等导致的紧张的系统将产生一个持续性的发展进程。因而,不平等既能被看做现代化的原因也可是现代化的结果。

---

① 这是为什么许多处于现代化进程中的国家都热衷社会主义的原因之一,也是为什么社会主义在这些国家失败的原因之一。社会主义,强调平等和现代性,却建立起一种新形式的不平等。

当政府致力于扩展现代化领域的时候，尤其如是。正如马歇尔所说，公民权的不平等在每个领域都激起了一种平等的激情。成功的平等压力将覆盖到收入分配规模的两大目标：（1）扩展现代化的文化与经验的范围；（2）改善公民权的现状等方面。①

虽然这种紧张是现代化进程的一个中心特征，不平等形成的紧张可能极难控制。控制不平等的尝试成为政府最重要的工作。角色和角色系统的调整总是很困难，即便在不平等被习以为常的地方也是如此。当现代性和平等的期望同时并进，这变得更加困难。平等的物质条件没有得到满足，心理不平等可能会持续。然而，特别需要牢记于心的是，这种紧张包含着我在第一章讨论过的合法性的原则问题：平等和潜能。

实现平等是现代世界一个永不停歇的道德目标。没有一个现代社会，就算不平等已经制度化的地方，会把不平等看做一件好事儿。平等的欲望不断蔓延，涉及了越来越多的社会属性问题。种族不能作为不平等的基础，宗教、种族群体或其他属性也一样。可以说，随着和现代化进程相关的世俗信仰的普遍化，和不平等相关的不同信仰层也会相应地被铲平。

平等的热望不可避免地也会变为实践政治教义的内容。在政治领域内假定了不平等关系的殖民主义，已经大大衰微。无论一个殖民地官员是多么开明，他在异邦的指手画脚就是对平等主义价值的侵犯。美国南方黑奴争取平等正是基于肤色不应和社会等级关联的信念。② 所谓卑微而可敬的仆人和忠诚的劳动者（yeomanlike laborer）等主题已一去不返。现代几乎没有一个国家的服侍他人的职位被认为是内在有益的；个人价值完全基于自重、奉献、节俭或个人荣誉等社会品质的观念也烟消云散。③

平等的困局（predicament）迫使政府运用一些相当有趣的意识形态和结构策略。强调平等的主要表现是在政治领域（将公民权等同于平等）的优势在于，政治等级制（不平等）可以被界定为一个组织建构，政治精英在其中是公民的工具。在收入、权力和声望方面的差异，被解释为现代化的需要，特别是激励组织中的个人，如技师、官员、社区发展专家等，为现代化

---

① Marshall," Citizenship and Social Class," in *Citizenship and Social Development* (New York: Doubleday&Co. , Inc. ,1964) , p. 116.

② 参见 St. Clair Drake, *The American Dream and the Negro* (Chicago:Roosevelt University , Division of Continuing Education,1963) ,Pp. 51 – 64.

③ 基督教教义在这一问题上总是闪烁其词。一方面，顺服将是世界的承继者；另一方面，那些依靠个人才智而富裕、有权有势的人们是共同体的典范。加尔文主义从来不是顺服者的福音。

第二章
现代化诸特征

进程作更大贡献的手段。当政治等级制依据功能性术语界定为一个技术专家集团,扮演着特殊角色,有特定的专业领域,因而成了实现平等的一种机制——一个被延迟甚至在某种意义上虚幻但又重要的规范形成了。

普遍权威(general authority)被限定于一些高度分散(diffused)的、全能式(all-purpose)的角色。依靠强调变革和发展,现存的不平等也许会被看做是暂时的而且对进一步变革是必要的。因此,应引导公众相信政治不平等是获取平等的一种方法(device)。

平等与知识分子的角色

由于最为珍视自由的文化,知识分子在现代化过程中扮演着特殊的角色。同时,他们在信奉着平等主义的公众面前又极为脆弱。如果他们襄助一场以人民名义发动的革命,也不可能有效地约束民众的狂热。他们试图和民众保持一致,却常常彼此指责自我膨胀、傲慢自大、脱离群众。为了替平等声辩,他们常常自我贬低,显示自己并非那么值得尊重。例如,无缘进入知识分子俱乐部的人们,经常用公众的眼光对知识分子评头论足。[①]

这些趋势在革命时期的知识分子那里尤为明显。希尔斯曾这样讨论过知识分子的深层政治化:

> 在不发达国家,知识分子卷入政治的程度很高,这是一个复杂的现象。它有三种基础。首先是一种对权威的深深迷恋。即便他表面上是要打破培育了自己的强大传统的权威,不发达国家的知识分子们,比之于发达国家的同行,有更强烈地融入某种超越性的权威实体的需求。的确,他从传统共同体中解放的斗争越是激烈,他融入一个新的、替代性的集体的需要也更强烈。高度的政治化(intense)满足了这种需要。政治卷入的第二个原因是得到一种甚至暂时的职业成就感的机会的匮乏;没有别的事业可以抵御克里斯玛政治的魅力。最后,不发达国家文明传统(civility)的失落,对知识分子和非知识分子的影响同样巨大。[②]

[①] 参见 C. Vann Woodward, "The Populist Heritage and the Intellectual," *American Scholar*, XXIX (Winter, 1959–60).

[②] Edward Shils, "The Intellectuals in Political Development," *World Politics*, XII (April, 1960), reprinted in John H. Kautsky, *Political Change in Underdevelopted Areas* (New Yorks: John Wiley&Sons, 1962), p. 205.

而李普赛特也指出，知识分子在新国家的领导权于最早的革命一代逝去后便不能延续。

从这些观点可以很明显地得出三点（认识）。首先，知识分子的参与显然是政治性的。他们控制着任何现代化运动的知性的一面，是运动的大脑。其次，后革命的政治文化通常是知识分子的作品，但他们仅仅是其前提之一，自身并非成为其充分的基础。美国的经验最鲜明地展示了这一点，许多知识分子政治领袖创造了公民文化的雏形，此文化延续至今。① 第三，知识分子面对民粹主义时极为脆弱，他们要和大众保持一致的努力往往会加剧这种脆弱性。事实上，在信奉社会主义的国度，知识分子角色的模糊性正是政治自由在国家中地位的体现。社会主义国家的知识分子大多时候都沉默不语；而如果他们回忆起自己高高在上的卓越地位，他们的语气则充满了刻毒和怨恨。为了维持他们的地位，他们中有的人和民族主义者作了妥协，然而最终却发现自己失去了道德力量。另一些人，把"革命的必然性"变成了信仰，甘愿做任何当权者的忠实的追随者。

因而，现代化对于知识分子而言成了一种煎熬（trying phenomenon）；他们是现代文化的传承者，同时又被自己帮助释放出来的力量所威胁。这在意识形态盲目的天真或乌托邦式的系统里尤为突出，例如革命后的苏联和许多当今的发展中国家。回顾一下苏联早期的一种典型论述：

> 假如人们想到当今的教师（schoolmaster）、资产阶级知识分子和新社会绝对的不适应性，整一代的知识分子应该在无产阶级专政的转型时期消亡的必然性就毋庸置疑了。消灭是必须的，这种类型即使有所改造也不可容忍。教师、教授等观念必须被消除。只有所有人将教育视为每日生活的天然的组成部分，才可能接近我们社会的理想。②

在当今的处于现代化进程中的社会，类似的论调时时在耳旁回荡。为了

---

① 李普赛特指出，费城在美国革命时代是英语世界第二大城市。政治领袖们的受教育水平相当高。他们著作等身。他们对自身角色的意识，造就了独特的政治风格和政府形式，这从他们的讨论和著作中可得到证明。（参见 The First New Nation [New York: Basic Books, 1963], pp. 66 – 74, 90 – 98）.

② S. J. Rutgers, "The Intellectuals and the Russian Revolution," in V. I. Lenin et al., The New Policies of Soviet Russia (Chicago: Charles H. Kerr&Co., n. d.), p. 106.

扩大教育范围和追求平等而降低教育标准弱化了知识分子的地位，将他们赶进了社会的边缘。对技术教育的重视（为了获取必需的技能型的人力资源）可能掩盖了一个更深层的政治目标，即一个更专业化的、更顺从的精英群体的诞生，他们的角色已被净化，他们不愿意涉足于现代化所带来的道德问题。这样的精英，如公务员，是其职位的奴仆。

知识分子在政治现代化过程中角色的问题相当复杂。知识分子的顽固与盲目的缺点不难发现，"黑皮肤的英国人或班列尔印度人"和无教育阶层（non-educated）的社会距离也很容易察觉。但这种例子太陈腐和漫画化。那些认真地与现代化政治的深层特征搏斗的人们（现代化进程的残酷性触动了他们）被民粹主义的力量摧毁，当这种状况发生，推动现代化一个重要的部分缺席了，而公民文化在某种程度上也消失了。

现代化革命并非一时冲动的产物；他们也不是盲目反抗不义的粗糙的群众运动。他们是一种复合体，是寻求解决特定问题和在变革中看到希望的个体与群体的集合。但是，一场现代化的革命，不论温和还是激进，都有它自己的解释者、思想家、作家和煽动家、演说家、布道者，从而赋予革命以主题。毕竟，公共意义是政治物，而不仅仅是私人观点的汇总。在创造公共意义和确定变革的内在联系与方向的过程中，知识分子扮演着至关重要的角色。在这方面利用知识分子，政权自有其原因。当知识分子被疏离，被贬低，或者腐化，现代化进程在政治上更加不稳定。

当然，人们可能高估了知识分子的角色。然而，非常重要的是，要将知识分子同一般意义上的精英区分开来，特别是要将他们作为个体与其所见世界的对抗同他们的技能或角色区分开来。

绝大多数知识分子教育程度相当高，并且也认真扮演着自己的角色。他们并不像发酵物一般散居在一个共同体所有层次、所有的社会机构内。此外，他们倾向于比邻而居并且相互通婚。这一方面强化了他们的集体性，另一方面也会导致他们的分裂。知识分子如何同其他群体实现平衡，决定了现代化可能采取的政治形式以及现代化过程中的道德状态；根本上，知识分子是为政治行动的道德意义所吸引。那样一来，知识分子的角色成了现代化过程中政体本质的关键指标。

青年与知识分子

如果说知识分子体现着处于现代化进程中的社会的一种特殊指标，青年人则代表了另一种。前者也许渴望平等，但却处于被平等所摧毁的威胁中。

青年人也把平等视为理所当然，这也是其步入成年的一条必经之途。两个群体都对现状不满，相互间甚或存有敌意。

现代化高度依赖青年人，恰恰是因为这一群体的成员通常最渴望获取现代角色。他们没有太多牵挂。现代化因而是一场全世界青年人最热衷参与的进程。各国青年人搞的运动可能会使之建立起脆弱的联系，犹如知识分子的声誉总是跨越国界而彼此影响一般。青年人的大会和集会在现代生活中就如学校和工厂一样普遍。处于现代化进程中的青年人是高度政治化的，而这样的政治化是其成长的重要组成部分。

青年人中间的这一普遍进程有一种独特的节奏，当然，这在很大程度上依赖于一个国家政治的形态和权威的形式。然而，我们不可忘记，青年人不能被当做一个无差别的群体。有的将进入现代共同体的角色并且飞黄腾达（at senior level）。其他一些则可能功败垂成，成为了不满的、狂暴的年轻人。还有些人可能成为共同体的干部，盲目地服从官方路线。确实，一旦一场现代化革命的第一阶段完成，接下来的青年一代可能变得更加狭隘——更热心于地方党组织的事业而非更广阔的世界，比知识分子更狭隘，他们使后者孤立无援，遭受侮辱，甚至把后者当成过时之物，再也无力参与开创的进程。有时，当青年人同知识分子隔绝，接下来的可能是技术专家主导的现代化，社会的大视野由此面临消失的危险。的确，青年人的文化在多大程度上被束缚和限制，或者说多大程度上偏离宽广的知识溪流，直接取决于青年人和知识分子相互疏远的程度。①

---

① 这种关系的重要性在印度彰显无遗。印度的现代化一直被认为慢吞吞的，只是在殖民政府半心半意的指导下展开，其中很多混乱荒谬之处需要修正。工业化是最后的目标。一部分由受英国教育的新兴精英，即知识分子出现了。他们同瓦拉比（vallabhi）、纳兰（naland）、塔克西拉（taksasila）和其他学术中心培养的（教授天文学、逻辑学、哲学、历史学和法律）那些虔诚、宗教性群体大不相同。处于现代化进程中的知识分子受的是英式教育，以使印度政府的官员睿智、仁厚地践履职责，且富有效率、公正无私。特别是司法和税收部门，他们的职责和权力都与日俱增。正是知识分子在政治生活中角色的连续性，以及理性文化在教育系统中的扩展，在真实、公开的意义上阻断了一场代际冲突。（参见 B. B. Misra, *The India Middle Classes* [London: Oxford University Press, 1961]）. 也可参见 Philip Woodruff, *The Men Who Ruled India: The Founders* (London: Jonathan Cape, 1953 – 1954), Vol. I, Introduction.

第三章　分析传统

无论创新的力量有多么残酷，一种文化从来都不会完全被新文化所代替。传统对现代化的不同反应解释了在许多新国家政治形式的差异。许多处于现代化进程中的社会，以本土化的民族主义或社会主义的名义，隐藏着与传统的深层联系。马里，举着一种相当严格的马克思主义标牌（承诺在一个单一政党〔the union soudanaise〕的领导下，走向全新的生活），却可以发现其与古代班巴拉王国（Bambara）的中央集权政治间有着微妙但又显著的联系。马里总统，是古老的凯塔（Keita）皇族的后人，行为如同一个国王。一党执政（the union soudanaise）表面上依靠马克思主义实现现代化，同时保持着和过去的关联。

传统与现代性的关联纷繁复杂。哈尔佩在评论伊斯兰教在当代中东的角色问题时，对这一点做过精彩的阐述。

> 今日的中东革命不仅是一场统治者或新的期望掀起的革命。伊斯兰教系统之外的观念、生产和力量的累计已经渗透入了这一系统，并且破坏了其过去的平衡压力模式。一个将人、神与社会连接在一起的系统正在瓦解，新的力量和旧力量，乃至新力量之间都还未形成均衡，有时甚至还毫无关联，遑论共同构建一个稳定的和有灵活性的新模式。[1]

这种情形并非欧洲国家独有。在沙皇俄国，国家面临着如何应对一种特殊形式的现代化——西方化的问题。改革传统以利创新的任务相当困难，却不得不做，以使西方的实践和技术能应用于俄国。[2]

---

[1] 参见 Manfred Halpern, *The Politics of Social Change in the Middle East and North Africa*(New York: Rand Corp., 1963), p. 25.

[2] Cyril E. Black, "The Modernization of Russian Society," in Black(ed.), *The Transformation of Russian Society*(Cambridge, Mass.: Harvard University Press, 1960), p. 671.

1930年代，以马林诺夫斯基和布朗为代表的所谓英国人类学的功能学派挑起了对此类问题的兴趣。他们的人类学研究的价值不仅是理论上的。开明的殖民地官员，困惑于适应变化的问题，将纯粹的理论家和关注一个新的开明的殖民政策的人类学家们（如 Lucy Mair，C. K. Meek，R. S. Rattray，M. M. Green 等等）集合在一起。人类学家们认识到传统因素似乎造就了社会结构的惰性，阻碍了创新。然而在别的时候，传统似乎又会将社会生活的外生特征部分转化为内生性，从而和过去建立起活的、连续性的关系，为创新打开大门（the traditionalizing of innovation）。这种传统主义检验新事物而非让新事物为人们服务。当然，更常见的是，传统主义呈相反的形式，把创新当作对社会和人的一种威胁和压力的源泉。[①]

传统主义和价值的类型

传统主义（有别于传统），是对遵循古老成规的当前行为的认可。这并非意指传统主义的系统静止不变，倒不如说是在其中，创新作为一种超系统活动（extrasystemic），必须被消解在社会系统里，并和古老价值相联。与之相反，现代性，预设了古老价值和新目标的鸿沟。有着复杂和高度分化的社会结构的现代化系统，本身就以变化为本。

现代性和传统主义的区分带来了一个问题：为什么某些传统系统比其他的传统系统更容易接纳创新？人们从传统社会的结构特征寻求答案，传统主义仍然是个未作区分的概念。我们在第一章的讨论中区分了不同的价值类型和权威系统。应用于现代化的这一分析框架同样能被用于审视传统。价值代表的是规范和行为维度。价值分为两种类型：工具性的和目的性的（consummatory）。从这些价值类型，我们可以得出三种权威系统，其可被称为结构的，而不是过去使用的两种。价值和结构的组合有助于确定传统社会的领袖在寻求建设现代国家时面临的问题。对价值的强调旨在将注意力转向传统社会的信仰系统，即影响认知的意义系统。例如，为了感受到亲缘关系，它必须是一个被信仰的系统。我们的目的是更接近人类行为的动机，而事实上无需详细地阐明那些动机。为了做到这一点，我将论述局限于非洲。

在第一章中业已表明，社会理论里一个传统的结构性区分是神圣权威系统和世俗权威系统。从一个系统内行为的视角，重要的是被赋予了超越价值

[①] 参见 David E. Apter, *The Political Kingdom in Uganda: A Study in Bureaucratic Nationalism* (Princeton, N. J., Princeton University Press, 1961).

第三章
分析传统

的行为的范围。在某些社会，事实上所有的活动都有神秘或超越性的一面，附着某种特殊意义，无论是简单的活动如洗手还是更复杂的活动如召唤祖先的灵魂。从神圣与世俗的区分里，存在着社会态度的实质性差异。如果日常行为被赋予了宗教的重要性，从中获得的心理满足程度可能更大。当仪式、典礼和象征性行为纠结在一起，政治生活与社会生活一样受着影响。此处所欲对比的是，那些不能将社会关系的广泛领域同宗教领域分离的系统，与那些仅仅根据更狭隘和特定的意义而非更广泛的意义来评价社会行动的系统。这一差异在某些文明的经济领域尤为显著，诸如农耕、买卖和手工艺等活动可能在某种程度上被安排给某些特殊的亲缘群体或据有一个仪式性、典礼性职位的个人，如约鲁巴人（Yoruba）中的一个铁匠，布干达人（Baganda）中的一个雕工，或是Baulé人中的一个织工（无论产品是否被赋予了某些特殊的宗教重要性）。①

体现于神圣系统和世俗系统的结构性差异，从一种行为的视角来看，具有重要意义的是每一种系统特有的满意模式。出自对一种行动相联的超越价值遵从的满意，我们称之为目的性（consummatory），而出自通过行动实现的经验性目标，我们称之工具性。在不同传统主义的比较中，在某系统中普遍拥有的满意类型和它们被组合在一起的各种各样的模式之间作出区分，相当重要。②

我们用"工具性系统"这一术语，指代的是那些终极目标不影响每一个具体行为的系统。如果商业、新的农业实践或者行政方法被引入，影响是即时的、碎片性的和微观性的（non-cosmological）。这样的系统能够不从根本上改变其社会制度而进行创新。创新反倒被用于支持传统。工具性传统主义的特有结构表现为等级制权威（一种军事型的系统），以一个国王或支配者为首。③ 系统的官职等级倾向于尊奉国王为权威的来源。对绩效的高度依赖是职位的一个特征，对国王不忠或行事不力都面临着罢官或处死的惩罚。在这一系统里，宗教毫无疑问是居第二位的，首要价值是忠君爱国。摩

---

① 这一区分有点类似于我们更常见的手段与目标的区分。
② 工具性系统的特征是中间性目标相当程度地偏离或者独立于终极目标；目的性系统中的中间目标和终极目标则密切相关。这一术语来自帕森斯对认知-工具意义（cognitive - instrumental meanings）和表达-整合意义（expressive - integrative meanings）的区分。参见 T. Parsons et al., *Working Papers in the Theory of Action*(Glencoe: Free Press of Glencoe, Ill., 1953), p. 105.
③ 关于等级制权威的讨论，请参见 A. Southall, *Alur Society*(Cambridge: W. Heffer&Sons, 1956)，特别是第六章。

洛哥、埃塞俄比亚、布干达、伊朗①、阿富汗和泰国都是典型。

终极目的性系统的传统主义更为复杂。我的观点与古郎日在探寻希腊罗马作为现代社会原型时所表达的相似；他相信，除非理解希腊罗马人的宗教观念，否则两个系统的制度将是模糊的、离奇的和令人费解的。他继续说：

> 信仰和法律的比较显示，一种原始的宗教构筑起了希腊人和罗马人的家庭，建立起了婚姻和父亲的权威，维系着关系秩序，神圣化了财产权和继承权。这一宗教，在扩大和扩展了家庭之后，形成了一个更大的联合——城市。它统治着城市一如统治家庭。所有的制度从它而来，古代人的所有私法也是如此。城邦的原则、法则、习惯、职位也由之而来。②

在这一类型的系统中，社会、国家、权威等等都是一个精心维系的、高度一致的结构的一部分，宗教弥漫在此结构里作为一种认识的指针。这样的系统敌视创新。如果发生变化，它将招致剧烈的社会动荡，例如从祖先居住之地迁移到市镇和传统关系的崩溃。不仅古希腊和罗马，当今的许多非洲社会也是这一类型系统的例子。③

通常的假定是一个工具——等级制的系统——除非亲缘原则遭到挑战，否则也能创新。在亲缘原则被挑战时，整个的系统都会联手抗拒变化。这样的系统只对政治的现代化高度排斥。④ 而目的性系统则抵制所有变化。

目的性价值牢牢地嵌入系统时，表现为金字塔式权威结构。金字塔结构是由日常和超常的模式（superordinacy）组成的，这些仅限于类似战争或申诉等活动。对于绝大多数目标，一个首领或政治领袖是对整个社会群体负责，而不是向一个老首领或官员负责。金字塔各个层次的首领因而有着相似

---

① See Leonard Binder, *Iran: Political Development in a Changing Society* (Berkeley: University of California Press, 1962), *passim*.

② N. D. Fustel de Coulanges, *The Ancient City* (New York: Doubleday Anchor Books, n. d.), p. 13.

③ 然而，这种系统也能创新。当今塞内加尔桑格尔总统的哲学确实同古朗日的表述极其相似；人道社会主义渗透于旧的宗教系统中。因此，传统的团结纽带——对家庭的推崇，制度中的社团主义，个人主义等等——同集体性经济目标融为一体。依此，工作得以神圣化，而传统术语被赋予新意义。关于这一点可参见：M. Mamadou Dia, L'Edonomie africaine (Paris, 1957); "Economie et culture devant les elites africaines", *Presence africaines*, Nos. 14–15 (June–September, 1957), pp. 58–72.

④ 这一假设应该对传统系统和处于现代化进程中的系统都适用。工具性价值和目的性价值这两个范畴具有普遍应用意义。

第三章
分析传统

的权力和相对的自主性。这一结构形式高度依赖半亲缘关系（semisegmental）。首领或政治领袖的自主性因而是亲缘单位本身的自主性的反映。

当然，社会不会在一夜之间就抛弃传统主义。① 转型的一个信号是意识形态的融合。某些传统社会是神权政体，宗教与政治仅是同一现象的两个方面，信仰具有神圣性。为阐明这些观点，我将介绍一些传统社会（或者更准确地说，对传统价值有着高度忠诚的社会），揭示他们社会生活的确定的结构特征和其价值的特定行为后果如何共同产生了对殖民主义不同适应性的反应。我从自己对非洲的研究提取例子。

想像一下欧洲贸易、商业或殖民霸权来到之前的非洲传统社会。假设其中的一些在社会政治等级制结构上是高度分化的，而其他一些分化程度较低。假设某些非洲社会在认知方面而非结构方面分化，宗教价值和信仰渗入所有的社会行动领域，而有的对世俗行为的容忍度更高。

非洲的等级制结构在达荷美（Dahomey）、莫西（Moslem）、班巴拉（Bambara）、祖鲁（Zulu）、布干达（Baganda）这样的社会尤为显著。关于这些王国，或如有时所称的中央集权型国家（centralized states），已有了大量的研究文献，他们引起了欧洲人的极大兴趣，后者坦陈从这些国家身上看到了欧洲历史的影子。例如，他们的等级制社会常常被看做封建主义的非洲版本（主要是苏联非洲研究的观点）。②

然而，非洲传统社会并非都是精致完善的等级制。有的系统政治分工的

---

① 这一观点强调社会变革是适应模式（accommodation）的变化——根据环境的变化而不断作出调整。有时出现连续性的缺失，政治机器被用来进行整合。认为传统社会是僵化、静止的观点有些狭隘。传统社会很少会因为外部影响而瓦解。一个整合力弱的系统可能制造出许多有不安全感的边缘人，他们将自己转变为富于创造型的实业家，而这是发展的关键所在。但是这一发展理论忽视了对于传统对创新接纳力的差异。例如，哈根（Hagen）认为传统社会出现了一大批有创造性、疏离传统价值之外的个体，他们为痛苦所驱使，驱使他们为自己寻找大展拳脚之地，使他们能赢得权力，也能以某种象征方式，发泄给他们带来苦难的精英们的怒气。此外，他们的怒气（或许是无意识的）将使他们对抗精英们的某些价值。但应该指出，传统社会总有一些方式控制这些不满。并且，并非所有渴望权力的创新者都疏离传统价值。人们对传统价值和创新者的"怨愤"如何表现有更清楚的认识。英勇而卓越的领袖们都是创新者（所以他们才会在共同体里出类拔萃）。某种程度上，现代化在其早期依赖于卓越的个体，无论其动力和目标何在。参见 E. E. Hagen, "How Economic Growth Begins: A Theory of Social Change", in Manning Nash and Robert Chin (special editors), *Journal of Social Issues*, XIV (January, 1963), 33; *On the Theory of Social Change*(Homewood, I11.: Dorsey Press, Inc., 1962).

② 这也许主要限于波特金及其追随者。对苏联非洲研究著作的综述，可参见 S. Abramova, *Etudes Africaines en USSR*(Moscow: Academy of Sciences of the U. S. S. R., African Institute, 1962). 也可以参考 *Les Africanistes Russes parlent del' Afrique*(Paris: Presence Africaine, 1960), 以及 Edwin M. Loeb, *In Feudal Africa*(The Hague: Mouton, 1962), *passim*.

程度很低，明显缺乏领土和部落认同的概念。尼日利亚最有权力的族群，伊博人，事实上并没有"伊博"的概念，他们在更小的自治共同体内生活，保持着相当初级的政治等级制。相似的例子是肯尼亚基库尤人、努尔人、塔尼斯人（Tallensi）和缇武（Tiv）人。这样的社会主要基于某种形式的部分世系系统。等级制系统和分支世系系统的差异是冯特和伊文思（Evans Pritchard）在他们开创性著作"非洲政治系统"的主题。① 他们据结构（following structural lines）勾画出两种系统的特征。更等级制化的系统有着中央权威、行政机器和司法制度——简言之，政府——财富和特权、地位的区分相应于权力和权威的分配。他们称之为"原始国家"（primitive states）。他们所称的无国家的社会并非原始国家的残余，虽然根据他们的定义这些社会没有政府。然而，这些社会首要的组织形式是部分家系系统的某种变体。此后的研究显示了这一区分的价值。约翰·米德尔顿（John Middleton）和大卫·塔特（David Tait）已对分支世系类型（segmental lineage type）作出了进一步结构性的区分。②

最近，方纳（L. A. Fallers）这样描述了分支世系制度：

> 此处必须要强调的是，在这些社会里将各地方性共同体统一起来的宗谱系统是一个文化性的，一个观念的系统，——事实上一种政治理论建构的系统，该系统与生物学上的事实并无太多关联，这一点非常重要。这是一种运用"合理的虚构"，以血缘的习语思考和讨论共同体内或超共同体的政治关系的方式，依据这些习语，不同血缘的人们可以为了政治目的而被视为一个单一血缘群体的成员。③

这些关于亲缘的虚构有着非常重要的政治影响。

例如，可能会出现决策的问题，共同体或不同共同体成员之间对放牧或农耕的领土的争议，既然不存在行使持续、广泛的权威的首脑或评议会，决定必须由相关群体代表的临时集会或第三方的仲

---

① Fortes and Evans-Pritchard(eds.), *African Political Systems* (London: Oxford University Press, 1940), p.5.
② Middleton and Tait(eds.), *Tribes without Rulers* (London: Routledge&Kegan Paul, Ltd., 1958), *passim*.
③ Fallers, "Political Sociology and the Anthropological Study of African Politics," *European Journal of Sociology*, IV (1963), 314.

第三章
分析传统

裁作出。然而，只有当相关群体的规模相当以及他们都处于冯特所说的在世系中相互依赖的地位时，这样的调解或裁决才往往是成功的；既然没有一个更高权威能作出裁决，一个有效的解决方案必须体现相当高程度的一致性，必须得到实质性权力均衡的支撑。同利益攸关群体有联系的群体容易卷入争端中，直到具有相应规模的大群体和互补性世系地位参与，此时，和解方成为可能。①

很容易观察到，此处提及的两种形式的传统权威——等级制和分支世系型，和第一章提到的现代权威形式对应。

爱丹·索撒尔（Aidan Southall）已尝试着细化这一二分法。他区分了介于等级制或原始的国家系统、国家系统和无国家系统或曰分支世系系统之间的一种系统。他称之为金字塔形的系统。金字塔形系统是冯特和伊文思界定的两种类型的混合，或可被称为"分支世系型国家"（segmental states）。索撒尔认为，将金字塔系统同等级制系统区别开来是有意义的：

> 在一个分支世系型社会的金字塔结构中，必定存在权力纵向分配，虽然这很可能是自下而上而非自上而下的。例如，这可能源于底层级各部分的冲突，导致更高层级部分的联合行动，直到实现某种均衡。这种方式的权力运用的关键在于：他们实际上是金字塔形分支型结构不同层次的同类型体现。
>
> 另一方面，发达国家的权力结构可被界定为等级形而非金字塔形的，因为相似的权力不会在每一个层次重复出现，而确定的权力保留在结构的顶端，更小的权力分配给了低层次。此外，一个等级制权力结构的较低层次所行使的权力被认为是来自结构顶端的授予，理论上在结构的顶端政治权力是垄断的。②

无论这一政治系统间的结构性区分有何种缺陷，为了区分传统社会，讨论这三种不同的权威类型是有价值的。

在非洲的阿散蒂人（Ashanti）、约鲁巴人（Yoruba）和其他族群那里，

---

① Ibid, pp. 314–315.

② Southall, *Alur Society* (Cambridge: W. Heffer&Sons, 1956), pp. 250–251. 索萨尔说，金字塔形是一种特别的类型，虽然其中有诸多变形。在分支世系系统里，系统底层权力界定清晰，但越往高层，则仅靠对立部分间的权力均衡来维系。

可以发现金字塔形权威系统的样本。当然，这一类型系统不限于非洲。金字塔系统最简单的形式可见于图表5。

图表5　金字塔系统的权威

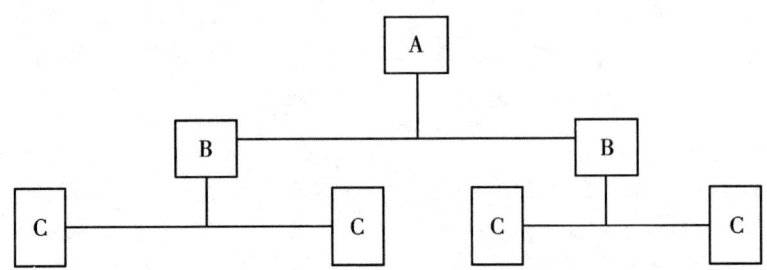

以非洲为例，每一个层级代表了以血缘为基础构成的特定分支群体。各分支依据现有的规则和任务，可能相互冲突、相互结盟，在共同活动中共同行动。某分支融入或被另一分支吞并都是常有的事。然而，更重要的是，对于每个分支，其族长或同级别人物的权力多少是一致的；金字塔的层级基于历史资格，这意味着，在特定环境下，一个历史更悠久的分支可以干预一个新分支的内部事务。各分支的组成规则是相当明确的。

在一定意义上，"家"的形象最盛行。通过将氏族和世系相连，酋长通常是一个神话般的祖先的后裔，他的合法性也来源于此。金字塔型的系统通常是高度协商性的。

等级制系统（hierarchical systems）类似于官僚制或军队。在顶端是一个最高支配者，大酋长，国王，军事领袖，独裁者，诸如此类。他的角色融合了象征性、整合性、裁决的功能。下属遵照领袖的意志行使权力。等级制系统的简单模型参见图表6。

图表6　等级制的权威

这样的系统里，权力严格地自上而下地由领导者随心所欲地授予。没有任何下属单位有权利独享此权力。

第三种类型的权威是分支世系型的。伊文思在关于努尔人（Nuer）的著作提出了这一类型，他说：

第三章
分析传统

努尔人中没有政府机关、立法机构和成熟的领导阶层以及组织化的政治生活，这让人觉得不可思议。他们的国家是一个群龙无首的亲缘国家，只有研究亲缘系统方能理解秩序如何得以维持，广泛的社会关系如何被建立和持续。他们所生活的有秩序的无政府状态适应于他们的特性，难以设想有一个统治者存在于他们的生活中。①

高弗雷（Godfrey Lienhardt）拟定出的图表也许是对分支世系型权威系统最好的阐释（参见图表7）。

图表7　分支系统权威

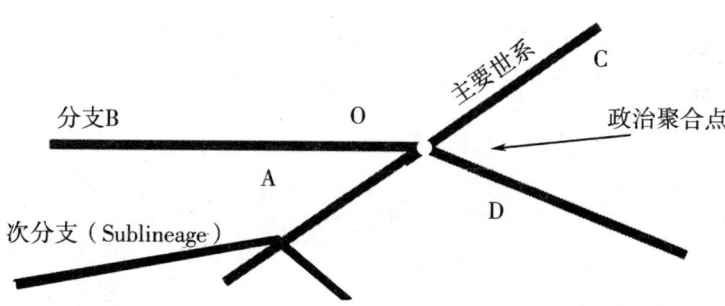

摘自 Godfrey Lienhardt, "The Western Dinka," 载于 John Middleton And David Tait (eds.), Tribes without Rulers (London: Routledge&Kegan Paul, Ltd., 1959, p. 127. 也可参见 L. A. Fallers, "Political Sociology and Anthropological Study of African Policies," European Journal of Sociology, IV (1963)。

在这一图表里，四个分支（A、B、C、D）在O点汇聚。每个分支，由一条粗线代表，相互平等，一般说来是同辈的。细线代表了次级世系。这样的系统有时由一群长者或世系代表组成的议会统治。

正如我们将要看到的，这些权威类型划分的意义远不止于我们目前讨论的传统社会。②

某些例证

将我们分析传统主义的两种主要维度——三种权威类型和两种价值类型

---

① E. E. Evans-Pritchard, *The Nuer* (Oxford: Clarendon Press, 1940), p.181.

② 等级型权威是动员系统的特征，金字塔型则是调和型系统的特征——在我们后面的分析里，将多借重这两种权威类型划分。分支型权威是民族国家间国际系统的基石。

同非洲社会的案例结合，就得到了图表8。

图表8　传统系统之比较

价值类型	权威类型		
	等级型	金字塔型	分支世系型
工具性	布干达	富拉尼－豪萨	易博
目的性	达荷美	阿散蒂	努尔

我们将进一步介绍布干达人和阿散蒂人的系统，同时指明易博人系统的有关特征。这三个并未细致考察的系统的区分必定是试验性的；然而，对它们作出一定解释是适当的。虽然它们都是神权政体，但与古代希腊和罗马的神权政体有着极大的相似性，有的政体的包容性相对较小（all-encompassing）。例如，布干达人和丰族（the Fon）都是军事性王国，丰族的国王被认为是神的代表。

> 在他们的等级化和专业化的特征中，可以再次看到神性与人类组织模式的一致性。世界和社会的存续遵循着同样的原则。赫斯科维特（Herskovits）敏锐地注意到：“达荷美文化的基石是官僚的控制，处于王权之下的官僚系统本质上具有等级制的特性，而这和神与人间的等级关系类似。”[①]

传统达荷美社会的侵略性并非服务于工具性目标或直接和实际的利益；它更是对祖训的义务。其次，委任的官员有着同样的义务，必须遵从国王的训诫，因为国王是神一般的人物。一种得到精心阐释的世界观和宗教信仰弥漫于社会生活的方方面面。

富拉尼和豪萨系统则与前者成鲜明的对比，虽然也有中央权威，它的结构却是金字塔而非等级型的。当然也有例外，而表面上这个系统也许像是标准的等级制。但富拉尼－豪萨系统将基于前穆斯林时代的内生谱系的一种组织结构同富拉尼征服者的军事－宗教等级制结构混为一体，在各王国内部也形成了许多变体。例如，扎里亚，有埃米尔任命的官员，官员的头衔和身份

[①] 引自 P. Mercier, "The Fon of Dahomey," In Daryll Forde(ed.), *African Worlds*(London: Oxford University Press, 1954), p.233. 默西埃也指出神的世界和人的世界有着惊人的结构对应性。互补和相对性是此宇宙起源观的根本点；支撑着社会的国王自然类同于支撑着世界的神灵（p.233）。

第三章
分析传统

却是不可以世袭的。但扎里亚只是个例外。在绝大多数富拉尼－豪萨王国里，政府自上而下分权，每一层级的职位是依据世袭的谱系来招募的。①

这些强大的富拉尼－豪萨国家也是穆斯林国家。富拉尼人在圣战中建立起对豪萨人和其他异教徒的统治权，而后建立了市场，开创了一种发达的学术传统。② 奇怪的是，伊斯兰教的传播导致了一个广泛的工具性的行为和社会活动领域的扩展，政治领域也是如此。

第三个群体，努尔人（Nuer），是典型的分支型社会，其社会生活由高度仪式化的惯例（observances）构成，宗教元素在惯例中得到强化。结构方面，事实上没有政治分化。伊文思发现，努尔人没有政府，生活在有秩序的无政府状态中。该系统的内部紧张来源于世仇。

> 世仇是一种政治建制，是一个部落里共同体间的一种被认可、被调控的行为模式。部落内部群体间的均衡式对抗和他们既分离又融合的相反相成趋势在世仇制中极为显著，世仇制一方面呈现为分裂各群体的偶然的暴力的敌对行动，另一方面，借由特定的解决方案，防止了对抗演变为彻底的分裂。③

当然存在着修补各部分间裂痕的调解性角色。其中之一是被称为豹皮酋长（leopard-skin chief）的人。然而，他并没有太大的权威，他的影响力来自他与大地的神圣联系，以及残留的庇佑或诅咒的力量——一种很少被使用的力量。④

努尔人以牛（cattle）为日常生活的中心。鬼神（spirits and ghosts）通过牛与尘世沟通，仪式性的惯例主要同它们相关。伊文思指出："生活在努尔人当中并希望理解努尔人社会生活的人必须首先掌握一种涉及牛和牧人生活的词汇。"⑤ 从我们的观点来看，分支型社会的结构与可称之为一种牛群世界观的结合产生了相当古怪的结果。以纯粹工具性的术语来说，它产生了大量有某种边际（marginal）效用的行为，它的主要价值是终极型的。这一

---

① 扎利亚系统如布干达系统一样可以划入一种类别，等级型权威和工具性价值。
② 伟大的富拉尼征服者们常常以出色的学者自许。奥斯曼丹福迪奥（Uthman dan Fodio）据说写了85本阿拉伯语著作，他的弟弟阿卜杜拉写了75本，他的儿子木哈姆德写了93本。参见Thomas Hodgkin, *Nigerian Perspectives*(London: Oxford University Press, 1960), p.42.
③ E. E. Evans-Pritchard, *The Nuer*(Oxford: Clarendon Press, 1940), p.161.
④ Ibid, p.172-177.
⑤ Ibid, p.19.

点在世仇制上体现得尤为明显。世仇制是种相当难以理解的行为模式，从功利的角度，它似乎毫无意义。的确，它的首要功能似乎是强化感情纽带和亲属间的义务，或如马克斯·格鲁克曼（Max Gluckman）所指出的，强化了社会生活模式的方方面面。冲突凸现了群体的重要性。广泛的感情关联带来了满足感，作为副产品，部落的任务得以完成。格鲁克曼指出，"每个人依据特定的背景都被置于和不同的人或敌或友的关系里。一个人在放牧牛群的时候需要帮助：因而他必须和邻人友好相处，而在其他事情上他们很可能相互争吵。"这些行为造就了组成社会秩序的禁忌和歧视交织的网络。①

没有对劳动功能性分配的强调。对努尔人来说，功能性角色和工具性行为都是基于亲缘关系和仪式性的惯例，并因此得到强化。因而，在这一社会里，目的（consummatory）价值是决定性的。

从这些案例中可以得出什么样的推论？首先，我们能够在后一案例中看到，结构灵活性将维持目的性的价值系统。努尔人对创新和发展的抗拒可能更多地因为对其漠视，而非敌视。我们可以预期，每一个群体通过复制整个部落的宇宙观，显示出强大的凝聚力。因此，努尔人无需和现代化战斗就能抗拒现代化。现代化不会对他有太大的影响。

富拉尼－豪萨系统则与之相当不同。当工具性价值允许谨慎的受控制下的局部变化时，金字塔式的权威便具有了弹性。伊斯兰教提供了权威和工具性实践的广泛组合空间，同时也强调了政治和社会生活的共同体特征。我怀疑，工具性价值、仪式的禁令和对一个模糊共同体的强调的组合内在于伊斯兰教中（正如宗族谱系和委任制政治安排的精巧混合一般），这也是尼日利亚北方的艾米尔们（emirs）能成功地重组自己的社会，使之适应于现代政治生活，并在某种程度上支配了几乎整个尼日利亚的原因所在。同时，他们能够控制并消化他们青睐的各种变革，抗拒视之为威胁的东西。这样一种系统在保守的同时又具备了一定的适应性。假如是依靠妥协或者协商，以及某种清晰的世俗利益的观念，富拉尼－豪萨系统很难出现大规模的发展或者接纳变革与进步的观念。

在达荷美的丰族人那里，基于亲缘关系的等级型权威和整个社会的宗教信仰密不可分，以至于该系统难以在法国人的统治下延续。法国人确立对波多诺佛（Porto Novo）周边的统治后不久，他们遭到了攻击。贝汉津（Behanzin）的攻击失败了，他被驱逐，阿波美（Abomey）王国从此有名

---

① Gluckman, *Custom and Conflict in Africa* (Glencoe: Free Press of Glencoe, Ill., 1955), p. 17.

第三章
分析传统

无实。那些国王下属的长官（被任命的官吏）却能保住官位。因而，系统的次级单位保持了正式的结构，尽管信仰系统随着核心人物的淘汰已经瓦解。它的权威结构和价值类型紧密相连，当前者的基石被抽空，后者随之消失。结果便是人们大量涌入学校、西方人的教堂等地方。达荷美，非洲最穷的国家之一，却是对发展最热衷的地方，这是一个令人惊讶的现实。"达荷美，前法属西非联邦中最小的领地，也是自然资源最贫乏的地方。但它在人民的技能和知识水平方面有着相当大的优势，尤其是丰族人，而没有其他领地有这么高的儿童在校比例。"① 精英遍布整个法属非洲，他们变成了成功的公务员，已适应传教士学校和基督教文化。

这里，等级制权威和超越价值的一种刻板组合造就了对过去的彻底决裂。我们已介绍的三个系统对发展的适应能力与其被介绍的先后顺序正好相反。

布干达和阿散蒂

今天，布干达是乌干达——一个新国家的一部分。正在犹豫着是否和肯尼亚与坦桑尼亚组建一个联邦的乌干达，由一个军人总理——察尔顿·奥博特（Milton Obote）领导。仅仅几年前，谈及联邦的事情足以在这个国家引来大动荡。原因多种多样且很复杂，但绝大多数原因已经无关大局，因为联邦不再意味着欧洲人的支配。但围绕着布干达和布干达人的地区主义问题依然悬而未决。

作为东非大湖区最重要的王国之一，布干达被19世纪后半期首次来到这里的欧洲人认为十分友善。阿拉伯人，然后是英国人和法国人受到了国王（Kabaka）的欢迎。国王穆特萨一世鼓励穆斯林、清教徒和天主教徒宗教仪式的竞争，虽然他自己以异教徒的身份过世。

对布干达人而言，基督教象征着一种更优越的技术和教育地位。和部落制度相联的旧宗教系统，逐渐让位于一种等级制酋长系统，最后无声无息地消失了。基督教帮助布干达人维持着自己的社会。他们唯一顾虑的是传教士，后者不断吸引追随者，逐渐侵蚀了酋长的功能。既然酋长们是对国王负责，而传教士不是，政治系统由此出现了一种不安定因素。

宗教间的竞争导致了宗教战争，最后通过按固定数量分配酋长职位给天主教徒、清教徒和穆斯林的方式解决。在布干达，宗教派别扮演了政党的

---

① 参见 V. M. Thompson and R. Adloff, *French West Africa* (Standford, Calif: Standford University Press, 1958), p. 142.

角色。

传教士们发现布干达人很快接受了教导,并成为了热诚的教徒。[①] 在英国干预并对布干达实施"保护"后,天主教和新教的学校建立了起来。酋长是教育程度最高的群体。天主教的酋长是克苏比(Kisubi)的产物,而清教徒酋长则来自于国王学院(Budo)。两者是英国公立学校的仿制品。

土地永久所有权制也被英国人引入,8000平方英里的土地被分配给了1000个酋长和贵族,他们因而变成了地主阶级。土地的受领者主要是天主教徒和新教徒。

无论是何种创新——公务员似的酋长制,一个议会和内阁,现代教育,土地所有权——都强化了该系统。等级制王权的工具价值从未被取代。最容易被接纳的是那些加强了布干达政府并有益于当权者的创新。因此,政治生活组织,向来被当做是布干达关键的社会结构延续了下来,每一种创新仅仅改善和强化了既有的系统。所有新事物都被看做强化传统的工具。如同我们后面将要指出的,布干达的主要权威结构是一种现代化的专制,其中国王的政府和国王自身成了富于活力的民族主义的体现。

而阿散蒂人面对创新时的反应要复杂一些。酋长职位,虽然是政府里相对自主的一个层级单位,却仍然受着约束。这一职位直接面对民众,面对着那些靠世系和图腾相连的人们,酋长们也彼此相通。布干达人尊崇国王和等级制权威中的外部力量,支撑了一种个体化的原子论,而与之相异,一种精致的宗教性的行为约束体制是阿散蒂酋长权威的基石。当不适当的法令使酋长职位同土地分离开来,酋长职位受到影响,社会系统的牢固约束遭到破坏。基督教的引入推动了酋长制传统的削弱,消除了死去先辈的力量对活人的控制。酋长们对此结果忧心忡忡,向英国人寻求帮助。当教育系统被引入,酋长们被迫送自己的孩子们去上学。虽然他们不敢违抗地方长官的命令,却往往把自己奴隶的孩子而不是有王室血统的孩子送到学校。因而,酋长的继承人不是社会中受教育程度最高的人。支撑着他们权威的力量破坏了传统的行为约束;他们的肆意妄为被视为对传统社会的背离,而那些更年轻、受过更好教育的人已开始远离了传统。基督教有助于减轻这种偏离造成的紧张,随着城市化的扩张和乡村的发展,城镇基督教——乡村异教徒的现象出现了。阿散蒂人无力吸纳殖民统治带来的创新性影响的一种重要标志,

---

[①] 参见 R. P. Ashe, *Chronicles of Uganda* (London, 1894); and A. R. Tucker. Eighteen *Years in Uganda and East Africa* (London, 1908).

第三章
分析传统

是他们和英国人之间一系列的战争。最后，阿散蒂的国王（Asantehene），不得不被流放。于是，从1901年到1935年间，阿散蒂联邦已形同虚设。①

根据本研究所说的"传统主义"，阿散蒂人社会和布干达人都有着传统系统：都需要诉诸古代赋予当前行为正当性（validation），都有关于创建了社会的英雄的起源神话，国王据称是英雄的后裔。在阿散蒂，起源的力量体现在"金凳"（Golden Stool）而非英雄后裔们身上。在布干达，传承被认为体现为历代国王们身上。权力和连续性的维持是寄于一个物体（阿散蒂），或是寄于一个人（布干达）并非无关紧要。在阿散蒂人那里，当权者靠着守护过去而守护现在。可见的权威容器（repository）是祖先意愿的一个象征。而在布干达，如约翰·罗斯科（John Roscoe）和方纳（L. A. Fallers）所言，国王拥有至高无上的权力。② 虽然典礼和仪式至今环绕着国王，国王并非被当做源远流长的皇族的一个后人。他毋宁说是一个不断扩展在维多利亚湖区霸权的一个民族严厉的、野心勃勃的却不是强悍的代表。因此，阿散蒂国家有着宗教和神性的本质，布干达国家则有更多的世俗和军事性色彩。

这些社会间还存在着其他的重要的差异。在阿散蒂，政治组织的原型是大家族，大家庭包括了一百人以上的成员，他们通过强有力的单一血缘纽带连为一体。家族成员共同生活于乡村，一个阿散蒂人如果生活于他的直系亲属圈之外是不寻常的。阿散蒂也有个精密的谱系系统，以供官员的招募、权利的配置和职责的安排。基本的政治单位是乡村，更大的单位是由一个最高酋长所统辖的"区"。联盟的中心是库马西（Kumasi），这个地区以一种笼罩着神话和巫术的历史故事的形式确立了和其他阿散蒂区域的契约。一种精巧的权威平衡和控制系统从乡村延伸到区域。阿散蒂联盟国王的权力也受着约束。

布干达系统既简单，却又更复杂。阿散蒂的酋长是一个宗教性的人物，一个特定世系的传人，一个被选任的官吏，而布干达的酋长则是国王指派的，对国王负责（与阿散蒂模式更接近的是一种更早的、前国王时代的部落系统，它依然发挥着作用）。国王既是宗教领袖（Sabataba〔所有部族的首领〕），也是行政首长（Kabaka）。

每个布干达人都是一个宗族的成员。成员身份是世袭的。宗族的长老们

---

① J. N. Matson, *Warrington's Notes on Ashanti Custom* (2d ed. ; Cape Coast, Gold Coast: Prospect Printing Press, 1941).

② John Roscoe, *The Baganda* (London, 1911), p. 232.

担负着对整个家族、个人的社会行动和遗产的责任。被任命的酋长们代表了国王（Kabaka）的权力。从合格的世系选出的宗族长老，代表着宗教和祖先的权力。服务于国王和国家的功绩却逐渐成为酋长职位的基础。既然布干达，作为一个军事性系统，不断向周边扩张，其功绩和效命自然更有价值。

因此，对等级制权威的认可和成功的国家扩张相关联，国王的绝对权威绝不会被其他任何对立的原则所削弱。系统内的紧张产生自宗族制和酋长制的冲突。然而，国王是两个制度的最高权威：宗族领袖（Sabataka），酋长们的领袖（Kabaka）。

布干达这种二元体制产生两种直接后果。首先，既然宗族散布于全国，任何人都能在所有区域找到自己的同宗，并得到特定的帮助。这不仅有利于人员流动，也确保了整个系统内风俗习惯和行为的一致性。

其次，酋长们是国王的地方官员，也是军事领导人。他们的下属也忠于他们，因为他们代表了国王的权威。这一军事-行政的组织系统包括了一个从首都到各地的巨大的军事道路网络。然而，首都本身常常迁移，不存在所谓的中心和内陆之分。

结果形成了酋长制和宗族制平衡的日常生活的乡土模式（suburban），每个人都效忠于国王。在战争时期，军事-行政系统几乎不需要任何调整。必要的动员由酋长们指挥。食物生产继续，家庭生活一如既往。与之相反，阿散蒂人在战争时期不得不转入相当不同的体制，当和平降临，又重回他们的金字塔式组织形式。[①]

布干达人的系统无法吸纳什么样的创新？最显著的是无力适应任何对国王权力的永久限制。无论是酋长或农民，有无受过教育的布干达人，都保持着对国王职位真诚的崇敬。或者，换言之，国家扩张的原则从未被遗忘，而国王就是其象征。布干达人面临的并且让被保护国政府头痛的主要冲突集中于布干达自治权的危机或国王权威的衰减。和阿散蒂人相反，布干达人持守工具性价值：他们的目标界定明确，本质上是爱国主义的。

布干达人和阿散蒂人都发展出了他们自己的部落本位观念。前者对如何保持相当的自治十分娴熟，1900年的乌干达协议，规定了英国和布干达人

---

① 阿散蒂人有一种相当复杂的酋长等级结构。在酋长等级制的顶端是阿曼哈尼（omanhene），或者叫大酋长。他在自己的权威行使区内自行其是，几乎不受任何约束。他是一个象征着远祖嫡系子孙的宗教性角色；只有缔造者或皇室的嫡系子孙才能被选为酋长。村酋长和头领也是如此。在战争期间，大酋长和其他酋长都会在军中有一官半职，一种等级制的权威系统将盛行。参见 E-. Meyerowits, *The Sacred State of the Akan* (London: Faber&Faber, 1951), especially chap. x.

第三章
分析传统

的关系，成了部族民族主义同政治爱国主义的法律保障。在阿散蒂，并不存在这样的宪政关系，内部冲突带来了不稳定，并最终引发了大众民族主义。

不久之前，在布干达，民族主义的政治家们仍举步维艰，他们被布干达政府视为反叛者和无事生非之辈（neer‐do‐well）。既然独立前，英国当局热切地希望全国范围的民族主义政党能够建立起来以构建一个现代国家，这种情形的确让人费解。[①] 在加纳（阿散蒂），民族主义政党几乎就是国家本身，酋长被看得无足轻重。他们不仅采取了积极的步骤打破酋长的权力，而且将矛头直接指向了阿散蒂人的最高酋长——国王（Asantehene）。国王（Asantehene）和政党政府的最后对决以国王的失败告终。加纳半宗教性的传统社会被半宗教性的现代民族主义征服。后面将会对这一系列发展作出更深入的分析。

政治现代化的不同后果

乌干达和加纳都处于现代化的进程中。这意味着建立起治理整个国家的议会制度。加纳的发展更快，其人均国民收入是乌干达的两倍。加纳有着更有效的国内交通和商业设施，人们参与各种技术和商业活动的积极性更高。而在乌干达，直到最近，前宗主国移民们仍垄断着更重要的经济部门，是公务员队伍中占绝对多数的种族群体。加纳公务员队伍的非洲化事实上已告完成，只有少数技术服务部门由欧洲人把持，而且绝大多数都是协议录用的职员。

加纳经济在非洲国家里表现抢眼。[②] 自1951年以来，其80%的国内收入都来自可可的种植。其他收入来源有黄金、铁矾土、锰、工业金刚石和木材。在一系列发展计划指导下，加纳的经济有了长足的进步，其中首要的是关注基本交通设施的扩建。铁路得到延长，一个深水港在塔科腊迪（Takoradi）建成。为推动经济持续发展的资金储备原则早已确立。第一个十年发展计划在一战末期就启动，除了战后的大萧条时期，加纳有着明确的发展意识。在殖民主义的末期和当下的民族主义政府阶段，它已成了一个社会福利国家。

[①] 参见 *Report of the Constitutional Committee*, 1959（"Wild Report"）(Entebbe: Government Printer, 1959), pp. 33 - 35.

[②] 在一块超过9万平方公里的土地上生活着大约500万人口，他们分属于几个重要的部落。北方主要是异教徒。中部是一度声威显赫的阿散蒂同盟的领地。南方部落——fangte, ga, ewe 等——很早就接触到了西方商业与教育。有一些老家族栖居在早期贸易商人（他们曾与当地人通婚）留下的"工厂"里，建立起他们自己的家族王朝。参见 J. Boyon, *Le Ghana* (Paris: Armand Colin, 1958), pp. 7 - 10.

在加纳，创新带来了什么？传统的酋长制和社会组织逐渐为人们怨憎。土地问题上的冲突出现。行为约束模式被颠覆。以出让形式的离土（land alienation）现象极为常见。在立法机构和政府建立的其他协商组织以及传统的议会里有一席之地的酋长们，与伴随现代商业扩展诞生的城市化的、受过教育的精英们出现了巨大的摩擦。每个新兴群体都认为自己注定会取得政治权力。这些冲突是二战后加纳群众民族主义的铺垫。失于认真对待群众民族主义的酋长们，仅仅把它看成漫长稳定的文化传统中的一段插曲，而该文化传统有助于酋长制恢复其适当的角色。

受过西方教育的精英们把民族主义者看做自己地位的篡夺者，而英国人更视之为反叛者、和平与秩序的破坏者。这样的排斥激发了民族主义者们的狂热，他们联合为人民大会党（Convention People's Party），在党身上看到了加纳作为一个民族社会（national society）的新意义。这个党让领土上的不同人群更紧密地联结在一起，使经济和政治得以自立，从而使之更为"非洲化"而非外国化。在殖民时代的末期，传统权威和现代权威的政治对立已趋于两极化；而在二战结束后，传统主义与现代性的根本性问题呈现为民主问题上的更复杂的冲突。

人民大会党在加纳的主要成就是一个有效的群众性政治运动的组织化和持续化。联系中心建立在了市镇和乡村，成员们相互合作。人民大会党也是一个社会共同体，一个弱势群体的互助会，并且鼓动其成员通过全国性的政治制度和政治自由改善处境。一种广泛多样的成员资格提供了对未来的信心。自治政府的目标带来了新的机会。新社会的憧憬与人民大会党的道义承诺（claim）一样强有力，也一样含糊不清。

然而，在创造一个致力于独立的大众政治组织的进程中，人民大会党混合了各种长远来看无法兼容的取向。更为特别的是，无论是党内党外，传统群体的锋芒所向都是党的领袖和加纳总统——恩克鲁玛。反对的重要来源是阿散蒂人。国王（Asantehene）和他的议会组成了一个反对组织——民族自由运动，这一运动重建了知识分子和传统权威之间的旧同盟。①

反对派要求建立一个联邦制的政府系统，局势很快趋于紧张。一个内阁部长，也是出自阿散蒂人的党内领导人，在家中遭到伏击，他的姐姐被枪

---

① 1957年，民族自由运动（NLM）同其他一些部落党结成联合党。反对派前领袖和民族自由运动的官员，布西亚（K. A. Busia）成了加纳第一位政治流亡者，继之还有 K. A. Gbedemah，人民大会党政府的前财政部长。

第三章
分析传统

杀。在大约近两年的时间里，政府领导人不敢跨入阿散蒂人聚居区。此外，阿散蒂人当中成功的传统主义的出现，鼓励了另一些反对群体的诞生。在阿克拉，恩格鲁玛自己的选民区，一个名为阿克拉人民运动，本质上是地域性和反恩克鲁玛的组织形成了。全国范围内，传统主义组织和基于种族或部落群体自然形成的组织似乎是唯一能取代人民大会党统治的力量。

在对传统主义的攻击中，像人民大会党这样的运动自命绝对正确，倾向于把分裂出来的小派别和反对派视为社会封建因素的代表。自1964年起，加纳选择了一党制的政治模式，这一观念在加纳实际上已经成了官方教条。在传统主义和现代性的冲突中，强大的社会群体们也分分合合，而每一个群体都宣称得到成员完全的忠诚与支持。传统主义充当了反对派取得大众支持的有效旗帜，被贴上了反动的标签。①

那么，加纳的政治现代化究竟意味着什么？一个团结一致反传统的政党，把民众改造成了为现代化服务的工具性角色。从英国人那里继承了最高权力的人们的基本目标是保守这样的权力，并尽快地实现现代化。现代化需要许多反传统行为的个人态度与社会组织形式，因而向传统的信仰和行为方式的正面攻击出现了。

因而，在一定时间内，加纳政府不可能运用传统主义来支持创新。对于一个想方设法推动人民走向一种新的生活方式的政府，过去成了负担。因为政府漠视社会的传统，在加纳，现代化的压力更紧张，并造就了一个相对独裁的系统。②

让我们再次转向乌干达。虽然布干达人并未像阿散蒂人那样遭受了国家战败之耻，19世纪后半叶的宗教战争也导致了欧洲人两次对国王（Kabaka）的废黜和复位。布干达人从未遗忘这段历史。鉴于国王（Kabaka）在布干达社会结构中特殊的位置，欧洲人对他们的轻慢深深地伤害惹恼了布干达人。即便在他们和英国人关系最友善的时期（大约1900年至1926年间），这样的创伤依然未曾忘怀。因而，英国人和布干达人的关系是单方面的。与典型的英国治理区域不同，政治组织的变革如果是来自殖民地护国政府

---

① 实际上，在1958年12月的阿克拉非洲人大会上，部落主义和宗教分离主义被斥责为非洲民族主义者们的罪恶行径。"非洲的传统体制，无论是政治、经济和社会的都是反动的，是殖民主义最坚实的支持力量。"（All-African People's Conference, "Resolution on Tribalism, Religious Separatism, and Traditional Institutions,", *Conference Resolutions*, Vol. 1., No. 4 [Accra: Conference Secretariat, 1958]）。

② 这种状况如今有所改变，传统因素已成为当前权威体制的一部分。

(the protectorate government),布干达人坚决反对。国王（Kabaka）作为现代民族主义的象征已得到了持续的强化。①

当1900年的乌干达协议签署后，卢基可（Lukiko），即酋长们控制的非洲人议会，被授权将土地任意分配给布干达最显要的人们。三位最有权势的部长得到了最大片的地产（除了国王Kabaka之外）；其他酋长则依据他们的等级或地位被授予土地。② 几乎没有一个异教徒得到土地。

既然酋长职位，乃至家庭的财富和地位都基于宗教来分配，新教徒和天主教徒在新系统里取得了举足轻重的地位。两个群体都是拥有地产并在共同体内位居显赫的富户。穆斯林在所有宗教群体中受益最少，而异教信仰很快消失了。

那些在宗族系统传统上据有某些特定墓地或宗族土地，在土地改革中失去这些土地的人，成了布干达最早的政治革新力量。宗族系统因而成了酋长政府天然的反对派。严重的内部纠纷出现了，bataka即宗族群体逐渐成了bakopi（农民）的代表。占有土地便意味着名望和社会地位。③ 确实，一段时间里，王朝式的大地主家族统治似乎将取代凭借功绩取得官职的传统原则成为系统的基石。然而，其他形式的创新防止了这一情况。例如，布干达人热心地支持教育系统的发展，而教育并不限于酋长的孩子，对农民的孩子同样开放。教育被认为是进入政治官僚系统（仍是布干达唯一重要的社会组织）的一个主要基础。

虽然与得到了土地的资深酋长家族、重要的新教徒与天主教徒们受威胁的垄断性政治角色相冲突，布干达的工具性价值依然为精英们信奉，而没有改变等级君主制的专制原则。这允许了卢基可（Lukiko）的改进，也给公众提供了更多的机会。不像阿散蒂人的终极价值系统，个人为了在一个完全不同的社会中寻求新的事业和机会，事实上不得不从传统系统退出，布干达的系统在实践上得到了修正，但同时几乎并未引发原则上的冲突。

---

① 国王（Kabaka），不仅稳居该职，还成了乌干达首任总统。

② Uganda Agreement of 1900, Para. 15 (see Laws of the Uganda Protectorate, Native Agreements and Buganda Native Laws[London,1936]),pp. 1380 – 1381.

③ 在防止激烈的阶级冲突上非常重要的是，农民能够购买土地所有权。此外，因为没有人都能以较低价且固定的租金取得一份租赁权，所以并未出现无地农民。移居城市的趋势被遏制，城乡间的裂痕并未发展起来。布干达依然停留于农村社会。参见 A. W. Southall and P. C. W. Gutkin, Townsmen in the Making ("East African Studies", No. 9 [Kampala: East African Institute of Social Research, 1956]),passim.

第三章
分析传统

虽然布干达政府常常与农民发生冲突，那是政府同其忠诚的反对派间的冲突。英国人，通过侨民，扩大了对酋长们和布干达政府部长们的影响，他们被视之为现代的，因为他们很容易、并乐于学会了征税，习于簿记，能控制公众。

因而，直到最近，专制原则仍盛行于布干达。创新据信不是来自外部而是来自布干达政府自身。国家领导者们能维持社会原则，因为反对国王（Kabaka）是胆大妄为，社会关系中的一种敬畏和礼仪感助益了大众支持的维持。

因此，布干达认为自己是靠天佑获得了政治自主。一直到1962年为止，布干达政府是非洲国家里最成功的"民族主义政党"。经济领域的成功，尤其是棉纺和咖啡种植业，给布干达带来了堪与其他被保护国媲美的可观财富。诸如房屋的锡制屋顶、自行车的数量、雇佣工人的数量、受教育人口数量等显性指标增加了他们的满足感。他们已能接受新的收入形式，接受教育、知识、技能和训练水平作为职位（酋长）的必需条件，同时保持着传统政治系统的基本特征。

土地所有权（freehold）制度，酋长制度，官僚系统招募和选拔的方法，对经济作物（cash crop）观念的接纳，都推动了布干达在许多方面迈向现代。但在政治层面接受创新依然障碍重重。因此，即使卢基可（Lukiko）现在已是一个有会议备忘录、委员会、预算的定期议会，它仍被认为是一项旧制度。即便酋长现在几乎是大地主或者与土地所有者沾亲带故，他们在习惯上仍被当成家族和军队首领。

1955年，一些重要的法令通过了。区议会法令给了地区政府行政和立法权，使他们在许多事务上能够制定地方法规。[①] 在布干达，国王（Kabaka）因拒绝与殖民地政府合作而遭放逐之后（部分因为他试图捍卫布干达的自主权），一项强化卢基可（Lukiko）权力的新协议被签署，使得国王（Kabaka）事实上变成了一个立宪君主，除了已有的职位（首相、最高法院和财政部），增设了三个新的部（健康、教育和自然资源）。[②] 这些改革赋予了布干达政府和地区政府实质性的权威和责任，以推动对于现代化必不可少的经济和社会改革。布干达系统的专制性现在也开始面临攻击——但攻击非常微弱。在别的地方，地方自治被视为政治现代性的本质。

---

① 参见 *District Councils Ordinance*, 1955 (Entebbe: Government Printer, 1955).
② 参见 *Buganda Agreement of* 1955 (Entebbe: Government Printer, 1955).

布干达系统无法接纳对专制原则或等级制亲缘关系的挑战。① 因此，是保护国政府和英国官员们努力在乌干达建设一个现代民族国家。1958年，布干达拒绝参与其他一些区域进行的首次直接选举活动，改革的难度由此可"窥一斑"。

1962年10月，乌干达取得独立。许多布干达人逐渐意识到传统系统的吸纳能力和工具性价值已经到了尽头。年轻一代热心地建设一个更大的民族社会，一个统一的乌干达。一个布干达政党，卡巴卡耶卡（Kabaka Yekka）中的传统主义者和执政的统一人民会议（United People's Congress）之间建立了不稳定的联盟。但是，乌干达依然逃不过"布干达问题"。

在加纳和乌干达，部落或种族本位主义都延续了下来，后果却有相当的差异。布干达的地方主义本身已成为现代性的一种形式。公务员式酋长制和官僚规范已成为王国的支柱。确实，布干达政府被广泛地认为是国家内最进步的力量。因此，对布干达人而言，现代性即地方性。

而在阿散蒂，现代主义和传统主义直接冲突。传统政治和社会结构的宗教层面是对行为进行一系列约束的来源。当传统结构被商业企业和殖民主义的创新破坏，传统权威也很快被动摇。然而，因为传统权威已是日常生活和习俗的一部分，那些同过去决裂的人们发现自己急切地需要新的和强有力的社会归属——因为同传统决裂即是同家庭、谱系和祖先的决裂。

与阿散蒂人相反，布干达人尽可能地保持了最重要的纽带。对于这个王国里所有人而言，在王国及其政府统治下，得到社会满足依然是可能的。在阿散蒂，一个新政党的形成创造了强有力的象征性归属。人民大会党的阿散蒂成员们对组织高度忠诚。领导人的弥赛亚式角色基于政党的目标，即发展一种新的道德来取代旧道德。因此，当民族自决实现后，社会依然存在深深的裂痕，在独立之后，国家建设的问题甚至比过去更严峻。

布干达人十分让人感兴趣，因为他们代表了调控和选择性适应的极端例

---

① 因为认为将权威授予一个非洲人的国民政府是对自己的威胁，布干达人抵制1958年举行的首次直接选举。他们反对政党的民族主义，认为在整个乌干达建立代议政府等同于本社会的毁灭。在一份阐明布干达地位的小册子里，首相指出，"在布干达和缓推动西式民主是可能的，因为布干达的习俗和传统能适应那些不致颠覆本身基本政治理念的观念……"然而，他警告说，"如果没有国王继续作为政治结构首领，布干达无法作为一个民族而继续存在。任何一个将别的统治者或者外国君主取代kabaka的宪法，是不怀好意，是要消灭布干达这一国家。"更重要的是，他断定，布干达人从来不知道有谁能在本国内能高于Kabaka，不认可任何非来自Kabaka或由其授予的权威。
M. Kintu, *Buganda's Position*, Information Department, *Kabaka's Government*(Kampala: Uganda Printing and Publishing Co., 1960), pp. 1–2.

第三章
分析传统

子——当创新超过了他们所能消化的程度，他们选择和拒绝某些方面的创新，从而传统化了创新。当然，这并非完全是一个平稳和谐的过程，但总体而言运行良好。在价值方面，布干达人并未像阿散蒂人那般将日常行为同终极目标相联。

易博人

我们图表的另一端是东尼日利亚的易博人。易博人的数量接近四百万，是尼日利亚最重要的族群之一。他们的群体是基于语言和习惯的相似性而非领土或国家同一性。在过去，社会生活是按照部落和乡村的父系血统组织起来，这是最常见的政治单位形式。

权威为家族的男性首领和家系的长老们所有。家系的长老们组成的议会负责仲裁争议、分配土地等。然而，议会并非全由家系的长老组成；共同体内卓异人物和富人能够购买头衔，那些头衔较高者便成为议会成员。

除了家世关系外，还有辈分（age-grade）的关系，并存在各种组合形式。这些组合为协作和调控提供资金，并且主要存在于男性中，在战争时期维持治安，担当其他调控职能。

某些易博部落广泛地从事贸易活动，包括奴隶贸易。河间易博（Cross-River Ibo），尤其是阿罗（Aro）人涉其事最深。著名的阿罗神殿（Aro "Long Juju"），一个将从事奴隶贸易的人们聚在一起以解决争端的神殿，是易博人贸易热情最典型的产物。还有其他的神庙，阿罗楚库（Aro-Chuku）是最有影响的。这种信仰为高度工具性目的而用的行为值得探讨。戴克（K. Onwuka Dike）介绍道，阿罗楚库（Aro-Chuku）

> 在整个易博人的世界乃至东尼日利亚的每个部落，都被普遍敬畏着。这一神殿据说是位于阿罗人（Aros）的土地上。1854年，拜克因（Baikie）写道，"阿罗人的著名城市有闻名遐迩的神殿，来朝拜的不仅有易博各族，还有老加拉巴尔，甚至海岸和奥鲁（Oru）、勒比（Nembe）的香客……"
>
> 阿罗（Aro）人……通过他们的神殿将这一信仰发扬到极致，最主要的目标是为了控制该地区的经济生活，他们把自己变成了内陆贸易唯一的中间人。他们沿内陆的贸易据点建立起了阿罗（Aro）人的殖民地——像希腊人一样，殖民探险的过程主要由德尔菲神庙的祭司指导。之后他们组织了一个贸易系统，这一系统

的分支遍布尼日尔和十字河东岸。每个阿罗人市镇都有其特定贸易势力范围。"例如阿罗楚库（Aro – Chuku）和阿卡（Awka）之间的乡村属于努塔里（Nutari）、阿莫（Amove）和尼德兹古（Ndizioggu）区。行事像神和宗族的中间人一样，他们设想自己是全能者的代言人，居于特权地位，建立了统治整个东尼日利亚的神权国家。阿罗（Aro）殖民地成为内陆神圣的贸易中心；阿罗（Aro）中间人是内陆的经济独裁者……财富带来了巨大的政治影响。"①

不仅在奴隶贸易中终极价值为工具性目的所用，系统中相关制度也发生了变化。棕榈油对于应商贸而兴起的城市国家至关重要。为沿海岸城市国家和内陆之间运输棕榈油的精密网络也建立了起来，并且因为内陆发展教育的渴求，培养神职人员居然成了这种运输的特殊形式。家庭和乡村很快适应了商业的增长；当共同体的一部分迁移到新的地方，他们很容易维持其核心结构。规模适度是适应新功能的关键。家系结构为同龄组合所强化。成功地借由头衔制度得到了传统型的回报。物质上成功的回报总会被认可；强大的凝聚力和地方部落联合这样的成就很容易演化为地方商业借贷和其他贸易结合形式。在尼日利亚的其他部分，如肯尼亚的基库人一样，有着一个分权和分支型的组织系统，以及工具性价值的群体也显示出相似的特征。戴克说，或许"易博人、伊比比奥族人、埃奥斯人（Ijaws）、艾科人（Ekoi）和埃菲克人卓越的天资和他们的政治制度，铸就了他们出众的适应性——在整个19世纪和面对不断变化的贸易需求的大西洋贸易时期，他们一次又一次展示了这种力量。他们的贸易天赋丝毫未见退化。"②

这一适应和创新的才能并不只见于贸易领域。易博人在政治上也相当积极，是尼日利亚组建一个大众民族主义政治组织的主要力量。他们乐于调整他们的地方组织和共同体以适应现代化，但同时他们又抵制了英国人的管理。当为了组织行政和地方政府开始征税、建立国库，而被任命的酋长并非本土时，温和的行动很快变身为公开暴动。但后一种情况比较少见；阿巴暴

---

① K. Onwuka Dike, *Trade and Politics in the Niger Delta*, 1830 – 1885 (Oxford: Clarendon Press, 1956), pp. 37 – 38.

② Ibid., pp. 45 – 46. 戴克说："他们是个非常有趣而才智过人的民族，头脑冷静、敏锐，是天生的商人。一位见多识广的欧洲人认为，他们堪与犹太人和中国人媲美。"

第三章
分析传统

动也许是最突出的例子。①

易博人中间也有本土化运动。易博人生活中对共同体和辈分（age-grade）的尊重促进了为终极价值所引导的运动，后者反过来又强化了前者。终极价值的力量足以支持工具性价值，却又不会排挤工具性价值。值得指出的是，尼日利亚易博人中最早的民族主义运动是出自易博国家联盟及其分支、分离主义者教堂运动、农民工商业者协会等综合性组织（accommodated），这些组织经常得到长老议会、辈分群（age-grade sets）等组织的支持。兹克主义（Zikism，源自现代尼日利亚建国者之一阿齐克维的政治思想）有相当神秘的纽带。尼日利亚和喀麦隆全民议会（NCNC）是所有这些元素的一种强有力混合体，有自己的教会，即尼日利亚和喀麦隆国民教会。易博人在经济和政治领域的工具主义和终极价值能相容，结构上的弹性允许两种价值相互支撑。格林以另一种方式解释了这种对工具主义的崇尚：

> 在这个人口密集的国度，土地已经过度开垦，谋生十分不易，存在一种对财富的狂热之情不足为奇。偷窃被诅咒为一种最恶劣、最严重的犯罪，被认为该被处以极刑。
>
> 金钱，作为经济象征，在人们心中无比重要，人们在市场交易上的有着近乎天才似的才华，就像他们生来就是商人一样。有一首歌唱道，孩子是比金钱更沉重的负担。另一方面，妇女们唱道，他们的丈夫是赚钱的人。②

不仅欧洲人觉得难以理解易博人，尼日利亚的其他族群同样如此，他们常常很畏惧易博人。易博人树敌无数。在北部，他们被雇作卡车司机、工头、书记员等，他们受到憎恨。因此，尼日利亚和喀麦隆全民议会（NCNC）从未建立起一个令人满意的非种族基础，虽然它在这方面做的努力比尼日利亚的其他政党都多。

这里，我们看到一种不同于布干达人和阿散蒂人的发展模式。对创新的

---

① 詹姆斯·S. 科尔曼（James S. Coleman）这样提到这场骚乱："谣传妇女也要被征税，法院里的本族人和本族委任的酋长们被轻辱也遭致不满，一场妇女运动就此爆发，在1929年很快如原上火一般蔓延到了东部地区两个人口最密集的省份。酋长和欧洲人都遭到了攻击，属于商贸公司的财物损失严重。直到警察强力介入镇压后，这场暴乱才以50个妇女身亡、50人受伤而被告终。不寻常的是，这些不识字的妇女仅凭一己之力便发动并参与这场暴动。"（*Nigeria: Background to Nationalism* [Berkeley: Unversity of California Press, 1958], p.174）.

② Green, *Ibo Village Affairs* (London: Sedgwick & Jackson, 1947), p.88.

回应是地方化甚至常常是个别化的，没有一个中央权威——依赖的是地方社群——易博人适应了商业生活并把共同体的地方主义转换为商业社会的个体主义。易博人的政治首先是实践性和经济性的，而非意识形态和教条的。兹克主义并未持续多久，若非是从最广义上讲的话，不存在易博人的非洲社会主义形态。

从这些叙述中，我们能得出何种现代化和适应性发展的一般指南吗？传统系统的某些类型对任何形式的创新——无论是内生还是外生的，都是高度抗拒的。我们案例中最极端的例子是努尔人（分散型－目的性价值）。其他系统，如丰族人（等级型－目的性价值），能够接纳内生发展，却极度抗拒外生发展，实际上也没能力适应外生的发展。还有其他的系统积极地利用外生的创新和现代化，以强化他们的系统和增加弹性，例如布干达人（等级－工具价值）。另一方面，富拉尼－豪萨人，仅仅靠着减缓现代化的步伐，并且选择那些最受英国人欢迎和最能分解可能危害传统的现代化价值的领域，从而能够保持系统。易博人轻易地接受了经济领域的外生创新，而抵制政治领域的创新；同时他们地方化的制度能够承受住巨大的压力（分散型－工具性价值）

那么，我们大致可认为目的性价值使得系统更难以吸收外生的变革和现代化。最刚性和最缺乏适应性的政治形式最难容纳变革，但实际上却也让系统更容易彻底颠覆；例如，丰族的转型便是从一个极端走到了另一个极端，从强大的传统主义走向了全面的反传统主义。那些最脆弱（brittle）而适应性也最差的系统，对变革完全漠然处之。布干达人和富拉尼－豪萨人系统，能够传统化创新，在现代化过程中安然无恙，布干达人采取了一种"进取性"的风格，而富拉尼－豪萨人的风格相对保守。有一个系统则陷入平等主义的政治形式，创造了非洲最早的，但非意识形态化的政党——尼日利亚和喀麦隆国民会议（NCNC）。

这些论述旨在揭示在现代化面前传统系统的某些变化。下面，我们就可以指出他们对上述变化作出回应时所采用的政治形式，并且审视现代化过程中政治团体的成长。

第四章　分层模式的变化

现代化对传统社会最直接的影响是与现代化进程相关的新角色的形成。然而，某些新角色，可能只是部分新的，而实质上却是调和性的（accommodationist）。例如，部落联盟可能成为一个互助储蓄和借贷性的社团，雇用职员和初级会计人员，这些人推动了向现代化的某些方面如商业的转型，但对于其他方面则无能为力。其他一些角色可能是全新的，完全异于调和型角色和传统角色。随着现代化的推进，权力和声望的等级结构必定要扩展到足以包容传统、调和型和其他新角色中，或者由一种新的等级结构取而代之。

实际上，现代化政治的实质很大程度上是这三种类型角色不相容的结果。在一种客观中立的（impersonal）动态机制（如存在于工业国里的）缺席的条件下，调整和修正他们相当困难。这些角色的修正和重新安排，角色优先性的选择，为解决角色不兼容性问题而采取的约束方式，都是政治决策上具有战略重要性的方面。竞争着的政治集团提出的要求，各自代表了整个分层系统的某个部分，是角色分化转为政治冲突的表现。

阐明一个社会结构关系的方式之一，是基于权力和声望对角色进行等级排列。一个角色是在一个社会系统里一种从功能上界定的地位。它体现着行为规范和行动的期望。各种角色体现了结构性的秩序。角色聚集组成了组织。角色的规范层面构成了制度。例如，一个共同体的价值，体现了它的不同角色的总规范。

另一种指明结构关系的方式是运用分层类别。社会等级（caste）指的是一种有着仪式性边界的、高度排他性的社会或种族群体。我们把阶级界定为一种多元的群体，这一群体是职业、收入和教育等聚合性维度的产物。地位则意味着尊卑关系的连续性尺度。[1]

---

[1] 参见 Ralf Dahrendorf, *Class and Class Conflict in an Industrial Society* (London: Routledge&Kegan Paul, Ltd., 1959), p.302.

在处于现代化进程中的社会，三种类型的角色——传统型、调和型、新型——存在于如下的三种类型的分层系统中：社会等级（caste）、阶级和地位①。社会等级、阶级和地位往往共存。现代化贬抑了不同等级成员间的仪式性角色关系，从而影响了第一种系统，无论这些关系是种族－文化型的，像欧洲人与亚洲人和东非的非洲人之间，或者是宗教型的，如在印度。通常，在现代化的早期，阶级分层尚不明显。② 它主要体现为居住模式、生活风格、教育和社会观念（更不用说财富）的差异。在工业社会和处于现代化进程中的社会都能发现的地位竞争，往往存在于老精英或现代化的"阶级"内部。阶级分化的确很容易和地位竞争混淆，尤其是两者都能在现代化了的部门中发现。它们的一个差异应该被澄清。虽然阶级倾向于促进成员间的同一性，地位则驱使个人间相互分离，并将他们孤立于一个无限扩展的系统，其中小小的差异也会成为竞争的基础。

在一个处于现代化进程中的社会，角色类型和分层类型的组合引致这样一种状况：（1）其中系统中的创新者具有了地位意识，也就是说，意识到相对于其他人，他们在社会系统中的位置，意识到一个特定的地位的优势与劣势；（2）创新者参与角色测试（role-testing），即便只是间接感受到自身的角色，也要探索角色的合法限制所在，检验在什么范围内会被认可；（3）未来导向的，在某种意义上他们期望生活机遇的变化，试图创造将导致他们所欲的安全的条件。

第一个特征关注角色如何界定和排列，从而形成一种等级结构。这一特性的两个重要问题涉及等级结构之下的价值——对于角色排列，人们持有何种信仰，角色所界定的行为如何被固定？（排序的可能变化，导致角色产生变化。个人的实际行为可能与其角色设定总是不一致，从而导致角色本身开始变化。变动社会里这些角色的一般特性极其重要。）③

第二个特征涉及分层的制度化标准。也就是说，什么是角色准入和评判

---

① 参见"Class Stratification and Stratification Indicators," in Bernard Barber, *Social Stratification*(New York: Harcourt, Brace&Co., 1957), pp. 73–185.

② 参见 S. N. Eisenstadt, "Social Change: Differentiation and Evolution," *American Sociological Review*, XXIX(June, 1964).

③ Marion J. Levy, Jr., *The Structure of Society*(Princeton, N. J.: Princeton University Press, 1952), pp. 159–164.

第四章
分层模式的变化

现存角色的相关标准？制度化的标准有经济的、宗教的、政治的、代际的等等。① 困难并不在于界定制度标准，而是如何说明理论和实践的差异。例如，在一个处于现代化进程中的国家，所有资深公务员，可能从教育标准上是相当合格的。他们可能也都是一些古老家族的成员。常常相当显著的是，相关的制度化标准掩盖了其他制度化程度更低的标准。②

第三个特征本质上是第二特征的延续，关注的是等级结构里角色和地位的冲突如何诱发对未来的兴趣。也许，社会生活的各个领域都是相关的。例如，带有分散权威和终极价值的传统社会能够复制他们的微小宇宙，而无视周围发生的变化。如果在某一刻，大儿子在一个市镇找到工作，有了对锡屋顶、学校和医疗设施的需求，那么角色和等级的冲突将趋于紧张。③ 此外，我们可能在面对两种或更多的分层系统，一种由现代化系统中的人们组成，其他的分层系统中的人们则无意参与其中。④

角色组合和分层类型给政府带来了一些有趣的问题。可能的组合形式可参见图表9。虽然探明所有的分析可能性并无必要，但此处我们将提及两种可能，说明分层领域面临的问题。在一个单一的分层类别里，角色类型间可能会发生冲突，例如，一个社会等级内部的创新者可能会与调和者或遵循传统者冲突。在塞内加尔，遵循传统者酋长（A_1），与调和者（A_2）携手，调和者是各种穆斯林兄弟会的成员，以抵制那些愿意接受殖民改革（A_3）的人的创新。冲突也可能发生于社会等级、阶级和地位群体（也就是说发生在分层的类型之间），如印度那样。

---

① 参见 Kingsley Davis and Wilbert E. Moore, "Some Principles of Stratification," *American Sociological Review*, X(1945), reprinted in S. M. Lipset and N. J. Smelser, *Sociology: The Progress of a Decade* (Englewood Cliffs, N. J., Prentice–Hall, Inc., 1961), pp. 469–472.

② 在这方面还有一个问题是，各种制度标准可能失衡。也就是说，权力和声望的传统标准是年龄，年龄同智慧被认为是成正比的，然而在处于现代化进程中的社会，被看做权力和声望合适担当者的几乎都来自青年一代，他们刚完成新的教育不久。权力与声望的合法性要得到反映，角色的界定也完全异于以往，从而使问题变得极为敏感。

③ 参见 Lloyd A. Fallers, "A Note on the 'Trickle Effect,'", *Public Opinion Quarterly*, XVIII(1945), 314–21.

④ 参见 Audrey Wipper 的讨论, "A Comparative Study of Nascent Unionism in French West Africa and the Philippines," *Economic Development and Cultural Change*, XII(October, 1964).

图表 9　角色与分层的关系

角色类型	分层类型		
	社会等级（A）	阶级（B）	地位（C）
传统主义者（1）	A_1	B_1	C_1
调和者（2）	A_2	B_2	C_2
创新者（3）	A_3	B_3	C_3

然而，作为分析现代化的一种途径，分层的探讨有其难处，因为它事实上是对一个角色体系内成员根据权力和声望进行评价的体现。我们将分两个阶段来考察分层的不同方面。在本章，我们关注角色和分层类型之间可能的冲突形式，着重关注地位和阶级之间关系的尖锐化冲突。后一种关系将置于精英自上而下推动的变革的背景下考虑。在下一章，我们转移到精英内的冲突，也就是说地位体系内部的冲突，这一冲突将被视为一个地位体系（图表 9 类别 C_3）内不同类型的创新角色间的竞争。

在图表 9 中的每一个单元，各种权力和名望角色的界定和排序准则的变化体现着价值的冲突：吸纳是开放还是封闭的，是以功绩或是归属为基础做资格评定标准，以及角色本身功能定义的变化。

这些冲突的结果之一是某种广泛而明显的怨恨情绪。角色和分层的关系从来不是纯粹的技术－经济问题，而是随着公众期望的提高而日趋尖锐，成为一个政治问题。[1]

这样的冲突越复杂越紧张，越可能出现解决方案的两极化，即两种对立的政治系统的选择：动员系统和调和型系统。动员系统通过抹杀这些问题来解决大部分问题。调和型系统允许它们相互竞争。前者很可能产生一种高度笼统的标准化的意识形态，而在后者，明确的意识形态表述是不可能的。对马克思主义者，怨恨（grievance）与阶级意识的关系是他们社会变革理论中的决定性元素。尤其对于"下层阶级"，这样的意识并非自发的，而是需要一个先锋队，一个军事化的共产主义政党。正如伯纳德·巴贝尔（Barber）所说：

---

[1] 最初，期望值或许较低，一些足以让人们惊喜的小利就能让他们获得相对满足。当他们视之为理所当然，这些小利带来的满足感便逐渐弱化。一旦一个贫穷国家的人民知晓了富裕国家的生活状况，他们生活条件的微小改善便黯然失色。比较的尺度不再是更不堪的过去，因为过去的苦难早已被忘得一干二净。别国的境况成了新的理想生活坐标，使他们怨声不断。

第四章
分层模式的变化

马克思主义阶级意识分析的一个根本点是对阶级利益的认识问题。马克思感到分层体系根本上是经济资源和其他社会报酬在不同社会阶级间的不平等分配机制。假如这一不平等机制要被改变——马克思希望的不仅是其改变而是其根除——那么人们必须意识到他们的阶级利益，即获得这些资源和报酬的特定权利。马克思希望，关系到利益的阶级意识，将使人们不仅看到分层体系内在的不义，并且希望终结分层体系，必要时运用暴力。但马克思认为，即使一般的社会阶级也并不总是能意识到他们的利益。一个客观存在但是尚未意识到自身存在和利益的阶级，马克思称为自在的阶级。马克思认为上层阶级或统治阶级，意识到了自己的利益，并且自发地组织起来，运用政治或其他社会机构（马克思认为他们有着决定性的意义），实现这些利益。下层阶级或被剥削阶级，总体尚未意识到他们的利益。阶级意识的缺乏是他们被剥削的根源之一。因此，马克思坚信，下层阶级的社会主义先锋队的一个首要任务是教导受压迫的同胞明白他们的阶级利益所在，不仅要直接地教导，还要挑起使得阶级利益的差异足以凸显出的阶级冲突。[1]

马克思主义在分层问题上的观点将我们的注意力转向了财产权或所有权与分层的关系。然而，他们未能成功应对角色-分层冲突的政治解决的问题。用我们的术语，政治解决方案有如下几个方面：（1）试图彻底改变权力和声望等级结构的动员系统——不仅仅寻求等级结构内精英的流动——将被推向作为一种意识形态的社会主义；（2）维持等级结构的基本完整的调和型系统，扩大内部的流动性，在不摧毁旧角色的同时增加新的角色；（3）尽力使新角色与传统兼容并扩展旧角色的能力和专长，而在政治上走向更为保守的现代化独裁。政府本身作为一个分层的机制如何运转，可以通过考察政治录用（political recruitment）而观察到。政府结构的差异，能折射出分层的差异。这将在后面详细讨论，此处我们仅需简单说明政府如何应对分层问题。

决策过程是对单位内关键和具体的权力关系的一种描述。责任意味着在多大程度上权力是一种对称的过程，即，那些共同拥有对决策者进行信息监督权力的各方在多大程度上履行各自的责任（对决策者进行监督的人，在

---

[1] Barber, *Social Stratification*, p. 219.

分享权力的同时所肩负的责任程度)。对责任配置的评价应该显示出政府怎样试图:(1)改变分层;(2)增加流动性;(3)调节非政治性的权力资源。执行和惩罚的边界由分层的程度决定——在等级结构里对角色有确定限制的意义上——应该是灵活的。① 政府录用是一种相当重要的流动工具。在处于现代化进程中的社会,通往权力和声望的政治路径常常带来其他形式的收益。的确,在动员系统里,许多领袖的"社会主义"不过是控制经济资源的代名词。② 对他们而言,责任是相当有限的。决策限于一个小圈子里,圈子里的人能够组织具体目标并愿意安排角色,规训角色扮演者的表现,根据目标成效而对角色进行录用。

以上简短的讨论,旨在表明政府和分层的相互关系。当意识形态冲突超越角色的边界时,政治现代化的问题显得异常尖锐。角色需要适应分层情况并根据变化而调整。政府政策必须随之作出调整。调整的好坏程度取决于政治系统的类型。所有处于现代化进程中的社会共同的期待是,再分层将为所有人实现更大程度的平等。然而,实际上,大多数政治领袖将不情愿接受李普塞特所说的"集体流动性"。该词意指特定的社会阶层如熟练工人,或拥有特定教育程度的人,随着社会的快速工业化社会谈判能力的提升,③ 特别是那些象征着现代性的职业和技术性角色。

政治类型和角色关联

图表9所展示的角色冲突的复杂性引出了现代化过程中至关重要的权威问题,因为组成分层体系的不同角色代表着社会的功能定位,同时也是个人识别自己的途径,创造了他们的"自我形象",界定了他们的工作和满足感所在。④

工业社会有着多种多样的角色关联形态(如涂尔干所表明的)。处于现

---

① 当严酷的压制性法律和等级结构结合,系统的灵活性相对较低,难以通过非政治的途径来适应(在这样的系统内,分层的变化仅仅通过直接的政府行动发生)。

② 德拉斯(M. Djilas)的评论适用于大多数动员系统。"新兴阶级通往权力之路是无产阶级和穷苦大众奋斗的结果……当然他们的任务只限于发展生产和征服那些最富于野心和桀骜不驯的社会力量时。"(Djilas, *The New Class* [New York: Frederick A. Praeger, 1957], p. 42). 类似的评论可见于托洛茨基 Leon Trotsky, *The Revolution Betrayed* (New York: Doubleday Doran and Co., 1937), pp. 86–143.

③ Lipset, "Research Problems in the Comparative Analysis of Mobility and Development," *International Social Science Journal*, XVI (1964), 36–37.

④ 角色探寻(role search)阶段总是雾霭迷蒙,即便高度稳定的社会也不例外,这是青年文化总是令人不安的原因所在。如果角色探寻变得完全无序,因为如工厂或其他嵌入共同体内的组织单位的缺位,没有一种将各种角色有效联结的机制,那么权力和声望系统必须重新寻求别的支撑基础。

第四章
分层模式的变化

代化进程中的社会正致力于构建这些关联,常常通过一个政党结构来实现此目标。在这种情况下,角色的相互强化性难以产生稳定的权威模式。①

对于现代化角色分化所引致的政治问题,政府最明显的应对方式是使社会再分层。然而,正像我在先前关于分层的各方面的讨论中已经暗示的,这并非是个容易的任务。唯有最军事化的处于现代化进程中的社会会进行这种尝试。在进行这种尝试的地方,权力和声望都变得高度集中,地方性决策变得无足轻重。上层的工作负担加重了。没有什么能够平稳运转。社会生活的每一个方面都被政治化了。

当中央集权现身时,群体间冲突的数量下降,但强度增加了。特别是新的责任结构产生了党的政治家和技术专家的冲突。动员系统的劳动分工——政治企业家要迎合社会组织的需要而技术性企业家忠诚于他们的专长——很快在实践中出现故障。动员系统通常容纳着这两个相互竞争的责任群体——职业政治家,及其对抗者职业性技术专家。

动员系统的分层政策

和其他政治系统相比,动员系统内的冲突被强化了,因为财产国家化或国家直接控制财产的可能性大大增加了。上述两个责任群体将根据可行性和现代化目标而进行资源分配。

政治录用将基于功能或政治的专业化。这一考量决定等级结构的相关准入标准。

实践中,几乎所有动员系统都没有大规模的再分层。② 角色特别有持续性,很难改变。一个实施再分层的系统被认为是激进的系统,因为一个系统内权力和声望的变动是一种激进的政策。然而,一个动员系统越激进——既是说,再分层越成功——它将变得更加保守。这是许多动员系统倾向于变成新重商主义系统的原因之一。

其他等级制系统的分层政策

需要记住的是,现代化的独裁通过使创新传统化而走向现代化。这意味

---

① 这一点在各种完全不同的环境里都可观察到。例如,在印度,固定的城市社会等级关系,居住模式,以及工厂与工作单位(直到现在)的结果同功能性角色相互干扰。这导致了动荡,管理上的不确定性和低效率。这种状况也演变为一个直接的政治问题,一个等级群体如贱民联合会(scheduled castes federation) 开始扮演一个工会、社会等级和一个挑战国大党的政党的角色。参见 Arthur Niehoff, in "Caste and Industrial Organization in North India," *Administrative Science Quarterly*, March,1959。

② 如果我们撇开大多数动员系统激进的宣言,看看它们的实践,我们会发现极少如宣称的那般改动社会分层。中国、古巴和阿尔及利亚例外。

着既有的等级结构不会有太大的改动。新重商主义社会很可能以同样的方式应对现代化,虽然是在进行了一段时间的再分层以后。现代化角色或者被嫁接在既有角色上或者通过制度化稳固下来。这些系统中的决策在形式上高度集中,在这一方面和动员系统接近(虽然其中责任团体可能更为多样)。

或许现代化的独裁和新重商主义系统最重要的特征是它们整合两个相互竞争和对抗的群体——政治精英和技术型、管理型、知识型的现代化群体——的能力。在动员系统里,这样的冲突常常以政党与文官队伍的对抗形式存在;在现代化的独裁系统,要么是产生新的分工,要么是旧的精英角色通过学习新的技能而扩展。此外,这两种系统能够融合传统角色或新近被传统化的创新角色。

如果人们将日本和拉丁美洲国家相比较,这些差异便一目了然。前者,现代化的独裁成功地整合了新的角色和传统角色。后者,尤其是如秘鲁和墨西哥这样的调和型系统里,封建地主贵族、教会和军队在1825年后成了主宰者,其结果是灾难性的。[①]

现代化独裁对变革的敏感主要依赖于政治等级结构入口的扩大,这又依赖于如下两个方面:采用与政治系统内相互协调的其他价值的新录用标准,及或多或少在始终捍卫着系统必需的和附属(contingent)的其他结构。通常,现代化独裁的扩展基于功能专长的工具性价值,拒斥可能影响社会终极价值的关键的新角色,来实现这一目标。换言之,现代化独裁拒绝自己很难接纳的现代化方面,并且保持相当程度的选择权。

现代化独裁尤其排斥新的政治角色,它依靠角色变化来限制权力和声望的通道,用强制手段压制那些试图创造这些角色的人们。

在现代化的独裁系统中,分层政策最可能以官僚和军事机器来维持分层体系。如果新的政治角色无法阻止,现代化独裁通常的政策是:(1)通过军事机器和官僚系统增加政治录用;(2)分配给军队更多资源和资源的处理权;(3)把军队组织作为一种强制工具。所有这些政策在一个现代化独

---

① 约翰逊写到:"中间阶层未能有效利用统治者们的分歧。精英在主要经济事务上达成了共识。教会被支持继续担当社会价值系统的解释者。结果,精英们的主要争端基本上是政治性的:中央集权还是联邦制;行政权力与立法和司法权力的对抗;文官政府控制军队还是军国主义;教会与国家的关系。这些争端往往导致政治无序和内战,物质的损失不用说,道德也日趋沦落。然而,这些纷争本质上是各精英集团为取得政治优势的相互厮杀,除了要利用群众为己服务外,与大众并无干系。因此,斗争从未创造出社会下层或中层可以闯入的权力真空。况且,一旦主要议题确定,其他分歧变得无关紧要,新的政党难以有成长空间。John J. Johnson, *Political Change in Latin American* (Stanford, Calif.; Standford University Press, 1958), p.20.

第四章
分层模式的变化

裁的社会里能够生效,部分原因是军队往往在政治价值上相当传统,而在其他方面是工具性的,即接受国家赋予的目标。然而,如果军队成为系统里首要的责任群体且还是政府的一部分,从而参与权威决策,那么系统就已经转变为军事寡头制。①

这三种等级化的工具性系统倾向于依赖财产私人所有权,虽然他们肆无忌惮地直接控制着资源的分配,有不同于动员系统的分配偏好。令人惊异的是,两种系统在发展计划上的相似程度。既然发展的选择如此有限,现代化计划更依赖于系统在现代化之路已经走了多远而非类型的差异。②

调和型系统的分层政策

通过各群体间的竞争性谈判进行资源配置,调和型系统力图扩展分层系统中的现代部分。其结果是社会等级、阶级和地位冲突的延续,传统主义者、调和者及创新性力量形成了多样性的基础。这种自我延续的冲突导致了停滞和政治不稳定。只有调和型系统的现代部分能够极大地扩展教育和经济机会,才能防止权力被各竞争性责任团体分割。调和型系统于是就通过将资源配置到现代化的部门,借着公共和私人角色更多样的录用模式提供充分多样的机会,以防止停滞,这种情况极其少见。不仅如此,另外,现代部门的录用很可能不那么公开。调和型系统里的决策者,尽力防止权力的碎片化,招揽朋友和追随者进入现代化的角色(to the modernizing roles)。用来对付很可能颠覆系统的反对者的强制手段,不仅来自中央政府政策,还间接地来自家庭、地方政府或地方党组织。私人经济部门、俱乐部、工会等等,都可能会成为地方化强制的工具。

调和型系统的分层制度,如现代化独裁和军事寡头制一样,是一种控制机制。然而,这种控制可能是非正式和私下的,而非正式和公开的。由于分层依赖于确立着超越-从属关系的价值建构,现代化政策和分层体系的变化是通过间接的方式实现的。所以,资源配置比强制更重要,政治录用则比前

---

① 虽然军事寡头制似乎有现代化的价值取向,一个军事组织因其命令、计划性和技术偏好,其本质似乎是现代性的原型,他们却很少担当成功的现代化者。军队可能招募农民,把他们变成现代人,但它无法有效统治。它也不能把自身价值用于社会。也许以色列军队是个例外。整整一代人都是在军事训练中成长,国家永远处于紧急状态,所有身体健康的男性都是准军事人员,这种状况同现代性紧紧联在一起。此外,既然它是一支公民军队,对分层的影响是平等主义式的。每个人都必须服役,无论欧洲人后裔还是东方人,信教的或不信教的。研究军事化在多大程度影响以色列的决策和责任机制将很有意思,虽然该国民主化的调和型系统运行的很成功。

② 考察加纳的七年计划和尼日利亚的五年计划,然后断定他们的目标和影响有诸多相同之处,这将是最具有误导性的。

两者都重要；这样一来，很容易产生停滞和腐败。

如果我们对比不同类型的分层政策，就会发现，动员系统和其他系统的差异最为显著。动员系统由于实行再分层而危及其合法性。它实现现代化目标的手法十分激进，它必须在其意识形态里同时体现合法价值和现代性因素。军事寡头制相当保守，即使他们在现代化方面的成就可能不亚于甚至超越动员系统。然而，对他们而言，最关键的问题是适应性而不是合法性。调和型系统的政策倾向于中庸，其分层调整仅仅是对系统内不同集团竞争压力的回应。

为完成这种分析，我们必须追问以下问题：（1）从角色角度看，政府政策对权力和声望的等级结构有什么样的影响？[①]（2）政府行为怎样改变了权力和声望角色的相关标准？（3）政府对社会流动性需求作何反应？（4）据其意识形态来评定，等级结构凝聚力如何？

精英主导的现代化

在上面提及的各种政治系统里，现代化在代表极端现代性、地位精英（status – elites）与那些代表了分层体系中的普通阶层或阶级的大众之间撕开了一道裂痕。每个政治系统的精英－大众冲突正是某些引发政治活动的动态的社会交集。

当传统开始瓦解，旧的群体让位于新的、领薪的、城市化和受教育的群体，他们正在等级机构里获得新的地位。那些处于社会天平低端的人们会有地位认同失落的悲叹和绝望感，这又可能造成易爆炸的局势。然而，将焦虑和怨气直接归结于地位与角色变化是不可能的，因为现代化过程中有着太多的可能性。城市化可能导致传统制度衰退，但也可能把传统制度带到城市——不仅是同族人聚居的街区（保留了许多旧的行为和习俗），甚至进入工厂和办公室。在中东国家，在一个商店里告知工头（head man）雇工需求，这种招募方式并不少见；而工头接着便去招募他的亲属。市镇并非必然导致传统地位的衰落，也可能只是修正它。它可能改变等级结构的本质、对个人获取资源的控制以及那些控制等级结构本身的认同（identification）。[②]

借由精英的角度审视现代化，使我们可以区分"自上而下"的现代化

[①] 布宜诺斯艾利斯的迪特拉（DiTella）研究所正在尝试对分层问题进行系统的探讨。其工作取得的成果有将分层变量输入电脑以验证假设。参见 DiTella, "Political Effects of Intra – country Discontinuities"(paper presented to the International Social Councila, Buenos Aires, September, 1964).

[②] 参见 Barber, *Social Stratification*, chap. xvii.

第四章
分层模式的变化

和"自下而上"的现代化。自上而下的现代化是当今最常见的形式，因为有计划改变的压力存在于几乎所有的处于现代化进程中的社会。自上而下的现代化涉及国家的重组，以及根据现代化过程中角色和组织的功能重要性对权力和声望等级结构进行重构。一般而言，这涉及计划、规则和命令的特殊应用，这种应用通过一系列（往往五年或七年为一周期）渐进步骤和阶段的发展计划表现出来。自上而下的现代化需要有一个现代化取向的精英构成的等级权威系统。有时候，这个精英是外来移民（expatriate），如殖民地时期。有时候，他是土生土长的。

通过一个外来精英引领的现代化模式相当复杂。下面的引文，将显示这种现代化模式的优劣之处。

> 许多年来，政治职位的三分之二从印度裔军队中招募，三分之一来自印度裔公务员。他们是被选定的人，是精英中的精英。职位呈现了一种事业的可能性，这种事业如寇松（Lord Curzon）勋爵所说，可能和世界历史中的任何事业一样诱人……外来人并不直接治理；他负责指导、咨询和建议。他直接干预的越少，效果越好。他需要有相当罕见的品质；他绝不能让休闲沦为懒散，也不能把宽容变成冷漠。在殖民者中有许多伟大人物，他们明智而宽和地指导那些国家里所托付的统治者们。他们不是在训练革命者。[1]

分层金字塔的顶端是代表了一种世俗观念和工具性价值的人。他们创造了角色，这些角色让印度人像他们一样生活，同时反对他们。即使是尼赫鲁也在对护卫者（guardian）角色的部分拒斥与部分认可中显示出这种矛盾心理。他在许多方面都保持着一个世俗知识分子的形象，虽然他试图肯定传统。

印度的例子并非独一无二。在谈到双重管辖时期的埃及时，克罗莫（Cromer）说："雇用大批体面和能干的英国官员，也许比其他任何措施有助于制止腐败。英国官员腐败的案例相当罕见。埃及人不自觉地赞美英国人的正直，很少贿赂英国官员。"[2]

---

[1] Philip Woodruff, *The Men Who Ruled India: The Guardians* (London: Jonathan Cape, 1953 – 1954), Vol. II, p. 270.

[2] Earl of Cromer, *Modern Egypt* (London: Macmmillan&Co., Ltd., 1908), Vol. II, p. 424.

发生自上而下的现代化的地方,结果都大同小异:地位(不一定是权力)被赋予具有现代化价值的精英们,即那些具有实用技能和知识的精英。等级权威是必需的,因为金字塔系统无法容纳或控制变化的后果。如果一个调和型系统采用了后一种现代化形式,这更是真理。一个重视工具性价值的调和型精英,将被视平等为终极价值的系统所伤害。人们早就对此洞若观火。亚里士多德曾指出,国家不应该剥夺一些人满足另一些人。① 密尔提到了其他可能的难题,他说:

> 在一个真正的民主制国家里,每个部分或任何部分的人都会有其代表,当然不是不按比例的,而是按比例的。选举人的多数总会有多数的代表;但选举人的少数也总会有少数的代表。就人对人来说,少数和多数一样将得到充分的代表权。要不是这样,就不是平等的政府,而是不平等和特权的政府,即人民的一部分统治其余部分,就会有一部分人被剥夺他们在代表制中公平而平等的一份影响。这违反一切公正的政府,但首先是违反民主制原则,民主制是声言以平等作为它的根底和基础的。②

然而,在调和型系统内,不平等和发展总是共生的。③ 其结果可能是为潜在的革命力量的崛起铺平了道路;例如,印度的阿鲁纳恰尔-安得拉邦。这个邦在1956年由原海德拉巴邦的特勒加拉(Telengana)区和11个安得拉邦组成。邦议会有301个席位,其中300个由成人普选产生。这个地区是富裕与贫穷的有趣组合,选民的识字率是6.2%。④ 在1962年的选举中,共产党获胜,独立候选人和一些地方党派也有斩获,国大党则惨败。

---

① Ernest Barker(ed.), *The Politics of Aristotle* (Oxford: Clarendon Press, 1948), Book V, "Causes of Revolution and Constitutional Change," pp. 203–204.

② J. S. Mill, *On Liberty, and Considerations on Representative Government*, ed. R. B. McCallum (Oxford: Basil Blackwell, 1948), p. 190.

③ 社会主义者试图尽可能减少住房、教育等方面的等级化,却在政治领域内创造了一种严格的等级关系,即"命令制度"(command system)。通过强调人民共性,他们之间(居住、教育、宗教等等)的差异被一种强制执行的一致性所消除,所有人都是平等的,因为他们被改造为平等的。既然他们根本利益是一致的,在政府内不同群体利益代表存在的必要性便不复存在。因而,至少在理论上,代议制没有存在的必要性。在这样一种体制里,民主只存在于定义而非现实中。

④ 印度全国的识字率为16.5%。此数据来自Hugh Gray, "The 1962 Indian General Election in a Community Stronghold of Andhra Pradesh," *Journal of Commonwealth Political Studies*, I(May, 1963), 296–311.

第四章
分层模式的变化

该地区的交通状况极为恶劣。只有2%的人耕种的是自己的土地，"地区的政治家几乎全来自这2%"。① 国大党依赖地方权威，包括地主、种姓的长老、乡村官员，进行选举。共产党组织者着力于共同斗争的议题，利用着由多年前共产党领导的农民起义带来的感情依附。换言之，共产党领导的早期罢工和斗争模式被用于制造更具体的共同遭遇和代表大众的主题。此外，共产党发动了更直接的竞选运动，并且比国大党的政治家们行动更早。格雷引用国大党募票者的话说："当他们进入乡村，有些人说我们在上次选举结束后就没见过你，为什么我们要投票给你？……我们常常看到共产党，不仅是在他们需要什么的时候。"格雷提到了其他有趣的方法差异：

> 国大党发言人强调一个国大党政府已带来和将带来的物质利益，国大党是独立运动的胜利者，尼赫鲁与甘地，他们也给了特定的承诺——电力、公路、学校建设等等——给特定的乡村。共产党谈论地主的统治和压迫，强调自己代表着经济和社会平等，指责所谓的腐败和国大党政治家的贪婪。②

共产党人——作为一种现代化精英——抨击现行制度。他们选举的胜利显示了社区的大部分人疏离系统的程度。他们甚至能让那些身为共产党员的地主们变为受欢迎的候选人。他们攻击国大党的腐败，突出自己的清廉。他们致力于地区性活动，他们建立了格雷所称的"一种新单一均衡（new unitary equilibrium）"，创造了权威集中于党而非一个家族的"党村"……这同一贯相对有效的党组织结合，能够复活团结和暴力的神话。③

印度的例子很有意思，因为它展示了调和型系统最让西方观察家费解的特征，即它在一个处于现代化进程中的国家里，面对共产主义时的脆弱性。另一个方面，一个职业化的精英甚或军事精英执掌权力，可能有相对好的效果。然而，一个军事寡头制常常是一种不稳定的政体形式，甚至当工具性价值使一个行使权力和责任的官员集团合法化时也是如此。在这种状况下，除非官员阶层（caste）同军队相分离，并且成为一个职业化和政治性精英群

---
① Ibid., p.297.
② Ibid, p.307.
③ Ibid, p.310.

体的一部分，结果仍然很可能是政治不稳定。这样一种分离已在埃及发生。更早些时候，土耳其也经历了同样的情形。土耳其革命之后，军队领袖统治着国家。最终，军队精英同军队分离，成为纯粹的政治人物。当然，很多情况下军事官僚制无力应对政治问题，常常腐败，滥用权力和强制。只要举出越南和南韩的例子就足矣。

精英群体也能为政治集团和政党所创造，他们被视为最重要的现代化工具。政党声称他们能做到军队和文官无法做到的事，即通过党员资格来提供平等。依靠一个政党角色的现代化可以自上而下和自下而上同时展开，这在现代化体现为一场民粹主义和平等主义的革命时尤为显著。

动员系统的一大优势是，通过将一个核心政治机构分离出来，以某种不平等的形式，它使精英能够控制变化的后果，例如一个大众政党里的先锋队。所有其他形式的不平等变得可疑，至少在理论上是如此。根据改革的意识形态，先锋队同大众相联。党的领袖把自己看做社会改革者。他们把现代化变为一种意识形态，从而合法化自己的角色。例如，中国1911年革命前的一位推崇德国社会改革模式的改革者，梁启超。

> 梁把自己定义为一个社会改革者，而很显然，他的大多数改革观点源自由德国经济学家和政治家们组成的所谓"社会政策学派"。他常常称赞德国和日本的改革政策的优异，引以为同道。对他而言，社会改良主义是现实的社会主义，或者，如他的一个追随者所说的"广义（broad）社会主义"。它涉及一种集中的社会立法计划和一种混合经济……①

处于现代化进程中的社会也可能得应对旧式精英们，他们仍留存着相当的权力，若是被激怒，可能会运用这些权力。非洲政治领袖最大的顾虑是部落主义，某种形式的不受控制的传统主义，将成为其目标和欲望的有效反对力量。种族或其他部落地方主义几乎不能停止现代化的火车头。然而，在旧精英和新精英、新精英与与其敌对的精英之间的冲突中，许多中介性（intermediate）的角色诞生了，他们是现代和传统的混合物，现代化可能因此

---

① R. A. Scalapino and Harold Schiffin,"Early Socialist Currents in the Chinese Revolutionary Movement," *Journal of Asian Studies*, XVII(May,1959),341.

第四章
分层模式的变化

被阻碍。①

教育和精英的政治社会化

在一个权力和声望等级结构中，对资源的控制状况是等级差异的一种体现形式。换言之，等级序列中的角色，存在着收益差异，而这些差异在某种程度上被认为是合法的，它们体现了共同体的价值，也强化了权威。在这一方面，分层的研究也是对动机和利益的研究，上下主从关系也正是基于动机和利益得以确立。②

在一个处于现代化进程中的社会，教育对分层形式及其对角色形式和政治功能的影响都极具重要性，这依赖于教育政策如何制定。之所以如此，有两个原因。第一是精英的政治社会化主要在教育系统里展开，这意味着教育系统被用于传承公民价值。第二个原因是现代化角色的标准包括了对理性选择与知识相关规则的理解。这些都是胜任现代化领域工作的必要但非充分条件。③

当然，教育的这些功能并不新奇；不妨回味一下引自1913年早稻田大学建校三十年庆典时的豪言：

> 早稻田大学教育的真正目标是实现独立研究、研究的实际应用和培养模范公民。当早稻田大学将独立研究视为其真实目的时，他

---

① 哈尔平（M. Halpern）指出，新中产阶级对革命行动的助推力十分惊人。它本身是未完成和不受控制的革命性转型的产物。它因而致力于组织化社会变革，而不是成为变革的受害者。即使那些没有这么宏大视野，但仍然向往更保守的工业国普通人生活的人，在能指望享受一个稳定的新现实的福祉前，仍将不得不扰动现状。与大多数西方世界工薪中产阶级不同，这一新阶级不能承受传统规范和社会法则延续下去的结果，即便这些法则早已摇摇欲坠。M. Halpern, *The Politics of Social Change in the Middle East and North Africa* (Princeton, N. J. ; Princeton University Press, 1963), p. 75.

② 自马克思以来，几乎所有现有研究都首先要从某种分层的分析开始。的确，如果我们要勾画一个社会的素描，我们几乎不可避免要从描述阶级关系起步。如果我们援用阶级术语来表达，这便暗示了上下流动性将是评判政治生活的关键概念，参与、利益等概念也同样如此。

这是一种非常重要而有效的方法。然而，它却似乎特属于西方。它植根于我们对社会的理解和对西方政治史的认知。当然，另一个维度——意识形态也有助于我们理解（如果我们不把它当做仅仅是阶级利益的反映）。另一种方法不能替代分层研究。它只是指明了社会现实的不同层面。任何深入研究过非洲社会的人都能理解这些方法，即对角色的认知不是根据等级。这意味着被认为居于高社会等级，并因此享有尊重的人，也可以被视为基于亲缘、宗教或其他纽带的社会结构的强化因素，这些纽带让等级问题变得更复杂。例如，在这种情况下，等级结构就可能不是一个激励机制。

③ 工业社会分层的关键是职业结构。教育和职业结构在处于现代化进程中的社会是分层的关键指标。我只希望强调把教育作为对现代化具有战略性意义领域的研究价值。参见 Jamees S. Coleman (ed.), *Education and Political Development* (Princeton, N. j. ; Princeton University Press, 1965), pp. 3-32.

强调研究的自由和研究的原创性，希望能对世界学术有所贡献。研究的实际运用，是希望依靠纯粹的理论探讨，传授运用理论和实践的方式，希望因此而推进社会进步。模范的培养，旨在教育出卓越而忠诚的国民，他们将是自尊的人，能改善其自己家庭福利的人，是国家和社会的有用之才，并且能广泛地参与世界事务。

世界文明的脚步从未停歇，它总是日新月异。在这样一个时代，建设一个国家和社会，或者说发展旨在促进国家和社会进步的大学教育注定是一个伟大的理想。今天的日本正站在东西方文明的交汇点上。我们伟大的理想便是影响、调和这些文明，将东方文明提升到西方文明那样的高度，从而实现两者的和谐共存。①

没有比这更详尽的构想了。它表明了何为教育：一方面和公民训练相关，涉及特定职业的技能培养；另一方面，也许是基于权力和声望等级制的一个社会结构最直观的指南。②

考试有助于解释精英的形成、各代人之间世界观的变化、礼仪（civility）的风格，和一个社会具现在其重要角色身上的价值。全民教育的效果明显异于更精英化的教育。某些国家，如日本，将两者结合了起来，形成了世界观和社会价值的高度同质性。③ 某些社会将教育作为重构角色的基础，建立了一种新的等级制，将现任的政治人物同有资格承担重要角色的新一代政治人联系在一起。④

基于不同制度因素（如经济、政治、宗教和代际）的分层通过一个金字塔或者战略性角色的形式与现有角色数量（roles incumbents）得以体现。教育排 v 名已表明了这一点。例如，如果我们希望将 1930~1958 年法属西非，同加纳或尼日利亚比较，我们将从教育等级制开始。在法属西非，高等教育的范围相对较小，但比加纳和尼日利亚大。在中等教育层次，两个地区

---

① William Theodore de Bary et al., *Sources of Japanese Tradition*(New York: Columbia University Press,1958), p. 697.

② 参见 Mary Jean Bowman and C. Arnold Anderson, "Concerning the Role of Education in Development," in Clifford Geetz(ed.), *Old Societies and New States*(New York: Free Press of Glencoe, Inc., 1963), pp. 247–279.

③ 参见 Robert Unlich, *The Education of Nations*(Cambridge, Mass.: Harvard University Press, 1961), chapter x.

④ 当然，不是所有处于现代化进程中的社会都会大幅度改动角色设置。下面我将会一方面指出调和型系统和现代化独裁间的一个差异，另一方面会表明动员系统便属于这一门类。

之间的差异甚至更大。西非的文盲比例更高。这些国家现代化的差异可以归于其他指标，但是，教育的指标更好用。当然，这仅仅是一个非常复杂的图景的一小块。然而，教育的等级和职业的等级密切相关，在法属领地更高权力和声望对非洲人开放程度比之英国属地更低，虽然法属西非地区给予的是最高层的权力和声望。职业化和受教育（educational）精英数量较少，这一点十分重要。他们可能彼此相识也经常碰面。他们大多就读过同样的大学和学校。他们的职业生涯和生活轨迹紧紧相依。各种亲密和敌对的模式、政治组织与策略，或多或少地循着权力和声望等级里同侪的位置而发展。前法属殖民地民族主义与英属殖民地的民族主义的差异，部分地可从教育的差异中得到解释。

作为现代化角色原型的职业

对现代化角色的分析不同于对分层的一般分析，虽然前者也涉及等级、进入机会和流动性这些宽泛议题。在一个特定系统里我们需要更明晰地确定具决定性的现代化角色群。我们也许期望这些决定性角色群因政治系统类型不同而显示出重要的差异（variation）。

在我看来，现代化角色的核心群由被认定为"职业"的角色组成。职业的含义比"专业"（profession）（实际上它可能包括某些职业）更宽泛，但比"工作"（occupation）要狭窄。的确，我们能根据这三种可操作性的类别区分角色，并按照普遍性的规则对其排序。工作是确认角色最为广泛运用的类别，尤其是在现代社会（教育是工作的一个预测性但次级的标准），专业是现代性最重要的指标，因为它意味着规范、专门技术和一种使命，以及和关系着通过特定规则对选择加以操控的所有特性。例如，"律师"（系统的规则）、医生（健康规则）、公务员（基于技术或管理技能的规则）都是如此。虽然"专业"在决定现代化问题上十分重要，它决没有穷尽对于现代化很重要的角色。"工作"这一类别也不能覆盖所有范围。出于这些原因，包括了某些工作和所有的专业的"职业"概念，便有了用武之地。

一项职业同工作的区别体现为以下特征：

1. 它有一个生命周期（life span）。它有着循环性，有着公认的起点和终点；它不同于工作的雇用或解雇。可以轻易地说一个政治家或商人的职业，但却很难说技工有职业。工人没有职业。一个警察可能有其职业，接生婆也可以，但这些角色处于职业概念的边缘地带。

2. 有明确的收益规则。一项职业的回报内在于职业本身：金钱、权力和服务。

3. 进入一项职业需要准备,那可能如职业准备一样详尽,或者涉及适当的经验。例如,一个生意人的职业,可能需要过去许多不同工作的经验纪录。

4. 在一项事业里,有确立成绩和成功标准的分界线。

这四个因素,周期、回报、准备和成绩都内在于职业的概念里,同公认的关于一个特定职业形象的观念密切相关。换言之,对一项职业的公共期待基于这四个标准。那么,对职业的考察,应该涉及一个系统内的核心现代化角色,职业型角色的比较应该有助于我们确定对现代化的方式的不同选择,以及现代化推进的不同速度。

除了人力资源数据、教育信息和一般统计数据,这种类型的比较研究还需要从以下视角对职业进行测量。假定有一个样本人群,他们的职业是什么?根据以上标准怎样能更好地理解他们?其二,从事该项事业的可能如何?第三,放弃职业现象或移民带来的损耗率多大?第四,系统之间职业的比率(career rations)是多少?第五,职业和支持性基础结构的差距有多大?(在许多现代化中的国家,职业的存在是不稳定的,因为其基础结构薄弱)。

在比较不同环境下的现代化时,职业概念是一种有用的操作性工具。除了将现代职业同传统职业和非职业型角色作比较,我们可以问:当一个国家现代化走向深入时,主要的职业群是什么?只有那时,我们才能依据分层评估收集的信息。也就是说,依据进入机会、流动性、教育、训练等等,或从一般的现代化规范如普遍主义(universalism)、功能明确性和胜任资格的视角,对信息加以评估。此外,在分层背景下分析"",使我们可能理解各种不满(discontent)的意识形态表达方式以及现代化与合法性之间的关系。

第五章 创新、专业精神和职业的形成

多年以前，追寻现代化的国家都将目光投向西方，那里工业化成就卓著。那时，衡量现代化的标准不是经济性的而是政治性的，即体现为带来自由的议会制民主。例如，在拉丁美洲，绝大多数摆脱西班牙统治的新国家的第一个行动就是仿效西方建立宪政框架，而且常常是以美国为样板。在建立了代议制政府的必要制度安排后，他们假定政治形态将带来自由的经济好处。其结果却是一段不幸的历史。

土耳其，一个稍显成功的案例，其现代化始自19世纪，具体体现为：奥托曼帝国官僚机构中的持不同政见者，外籍教师（主要是法国人）的雇用，年轻富有的土耳其人在巴黎对工程和哲学的研习，对官僚系统予以创新和现代化的认可，外语的广泛运用，对西方艺术（以及西方字母）的欣赏。一些核心的现代职业确立起来，有助于将现代化视为解放。然而，政治观念的引入并没有导致议会制政府的产生。① 取而代之的是一个军事寡头制和基马尔主义（Kemalism）的政权。

提及土耳其的例子，是因为它引出一个很重要的问题。分层和现代化的关系有多直接？对土耳其现代化起源的描述隐含的观念是，在西方文化熏陶下成长起来的精英群体，发起了一场"现代化革命"。当一个新的精英群体

---

① "坦齐马特时代（Tanzimat era）的许多土耳其外交官都鼓励甚至要求属下年轻职员和家庭成员去参加新的培训，以提高他们对西方语言的掌握能力。阿里帕夏（Ali Pasa）会法语，穆尼夫帕夏（Munif Pasa）学习的是德语。在19世纪末，美国教育家乔治·沃什伯恩（George Washburn），惊奇于维菲克帕夏（Vifik Pasa）对西方思想了解之广，维菲克说自己在法国时，曾意外地同欧内斯特·勒南（Ernest Renan）为邻，经常同他讨论宗教问题。30年代一位驻伊斯坦布尔的英国大使秘书的评论可以说明修习西方语言的年轻官僚的文化视野：'我们一起读英文经典著作——其中有吉本、休谟的作品——我们还一起研习亚当·斯密和里卡多（Ricardo）的政治经济学，我的朋友朗沃斯信奉商业保护主义的观点。而我则是个坚定的自由贸易信徒。我们经常争得面红耳赤，艾哈迈德·维菲克（Ahmed Vefik）也热情地投入辩论中……他可算是知识渊博……甚至科学知识也略知一二。'"引自 Serif Mardin, *The Genesis of Young Ottoman Thought*. (Princeton: Princeton University Press, 1962), pp. 209–210.

嫁接上现有的权力和声望等级结构,其影响很可能是爆炸性的。这一观点符合大多数关于变迁和创新的精英理论。例如,爱德华·希尔斯在对知识分子角色的探讨中,认为精英中这一特殊的群体代表了一个现代共同体的文化和道德基础。知识分子是传统和现代性之间的决定性调和者。在韦伯主义的意义上,他们是公民德性的支柱。①

毫无疑问的是知识分子对于现代化至关重要。此外,我们不可能无视精英作为现代化力量的价值,他们创造了功能上关联着创新的新规范,并且通常创造了在传统取向的社会里并不存在的动机-激励模式。然而,这一观点最适用于变革的早期阶段——从一个纯粹的传统系统转向一个更现代的系统的时期。在这一时期,一些关键的个人,占据了权力巨大或地位显赫的角色(主流的权力和声望结构无法忽略他们),将发挥重要的影响。在变革后期阶段,知识分子的作用便不那么明显,或者说,此时,其他特定群体的影响可能更显著。伦纳德·宾德(Leonard Binder),在对精英在国家整合中角色的评价中认识到了这一困难,指出现代化创造了社会沟通的巨大鸿沟,同时并不会发展出一种新的整合模式;他认为中层精英对一种新的整合至关重要。②

虽然对中层精英的研究还很薄弱,却是一条新的探寻之路。有一项对印度浦那(Poona)五个私有工厂的有趣研究,运用了和种姓及阶级相关的分层标准。这一研究一个特别有价值的发现是,工厂系统的中层精英构成往往体现着传统的种姓等级制。例如,五个工厂制造和维修雇员中,只有很少一部分来自婆罗门种姓。这一种姓的成员集中于管理职位,这一状况被种姓差异往往决定受教育程度高低的现实所强化。因此,传统阶级和种姓分层在地方工厂系统里得到了维持而不是修正。③

将分层数据同政治直接联系起来的一个问题是发生于权力和声望等级结构里的一般冲突,还有精英的特定及战略性的功能从未成功地找到一个合适的分析层次。指出新兴精英同传统精英之间的疏远模式较为容易,但要用这一概念深入分析则很困难,例如,艾森斯塔特指出了传统建制(setting)的

---

① Edward Shils, *Political Development in the New States* (The Hague: Mouton&Co., 1962), passim.
② Binder, "National Integration and Political Development," *American Political Science Review*, LVII (September, 1964), 630-631.
③ Richard D. Lambert, *Workers, Factories and Social Change in India* (Princeton: Princeton University Press, 1963), *passim*. 兰伯特指出:"新兴工厂里雇佣婆罗门阶层的比例比老工厂更高。婆罗门阶层在新工厂里的优势地位,似乎不是因为社会等级的缘故,而是因为他们较高的受教育水平……虽然三个新工厂的所有者直接管理者都是婆罗门。"(p. 50)

第五章
创新、专业精神和职业的形成

弹性,并将价值系统作为精英研究的关键性互动变量。"足够的弹性使它成为可能:西方化之于传统主义的问题能够构建为一个持续讨论的焦点,而不带来非此即彼的解决方案。"① 虽然这可能非常有趣,但对于分析而言却太过笼统。

一般的社会分层研究与职业、教育、职业化等等个别研究,并没有成功地运用现代化的精英的概念。这一概念,在分析现代化的特定阶段非常有用,但需要选择性运用。在我们的讨论中,我们应该尝试指出一个更具特定重要性的现代化角色集,他们在现代化实现的进程中是工具性的。这些角色属于"职业型角色"的类别。职业型角色很可能直接同在政治现代化方面重要的角色相冲突。通过这两种类型角色的关系,现代化精英的更广泛的影响能够得到评估。

为了使用这一方法,首先必须界定一种职业型角色并指明其重要性。其次,我们将提出现代化精英在现代化过程中有着重要的功能上的政治影响的原因。第三,我们将力图指出在不同类型的政治系统里,现代化精英之间角色冲突的模式。我们也将能讨论一群新的核心职业型人士的兴起,他们不断增强的功能重要性来自于他们的技术专长,他们的权力源泉是对现代性的普遍欲求。这些新的职业有着特别有力(dynamic)的影响,在许多案例里,他们是一个职业化角色的国际网络的一部分,他们的影响与此并非毫无关联。这一网络形成了一个地位群体而不是一个阶级,有着全球化(universalize)自身的力量。在高度发达的国家,相应的职业是法国的新专家(technocrat)、美国研究机构里的军事计划者(military planner)、苏联的社会工程师(social engineer)。在处于现代化进程中的社会,他们对应的是政府统计学家、社区开发者、集体农庄管理者、工会的党干部、办公室人员等等。现代化的精英们的重要性从这些职业而来,虽然处于现代化进程中的社会特别重视的是管理者、公务员、技师和政治组织者的发展。②

---

① Eisenstadt, *Essays on Sociological Aspects of Political and Economic Development* (The Hague: Mouton&Co. ,1961), p. 50.
② 现代化总是同群集于某些机构——大学或学校,一个政府部门,一个教堂,一个公司——的特定群体相连。处于现代化角色的人常常同非现代化人(non-modernizers)相伴却互不影响。虽然现代化人同非现代化人在语言和思想上都大相径庭,但却能进行对话。现代化人往往推崇科学。现代性或许意味着技术进步和机械产品。这些现代工具现代群体有巨大影响。人口学家、统计学家、经济学家开始取代所谓的自由职业者。他们的影响要经一定时间才能被感受到,当现代化群体开始履行上述功能后其影响便愈发显著。

职业组织

工业化是现代化的后果之———当然,并非是不可避免的,只要恰逢机缘和存在适当的选择条件,是可能的。今天,国家实现现代化和工业化的程度可用职业角色的扩展来测量。某些国家,特别是亚洲和非洲的一些国家,正处于现代化的初期。另一些国家——西班牙、阿根廷、巴西、智利和古巴——在现代化较后期的阶段。伴随着取得重要的工业化成就的现实前景,他们展示了一种相当不同的职业网络。还有一些国家,如南斯拉夫、波兰和罗马尼亚在工业化的初级阶段,在将所有的技能型专业事实上转化为了职业。[1]

不幸的是,职业的概念在相关文献里并没有得到清晰界定。它通常和职位与专业等同,再添加上工作稳定性的含义。我给予其更为限定性的运用——"职业和职业模式",它们包括了"一系列制度、正式组织和非正式的社会关系的调整,涉及某工作和一堆工作(sequence)的非正式的社会关系,它们组成了一个人或一群人的工作史"。[2] 我所称的职业——从现代化的角度——尤其应该体现制度变化而非创新性变化。

事实上,我试图分撇开某些已经有相当稳定性的工作。我还希望将职业同包含了传统因素与现代因素的调和型角色区分开。我假设处于现代化进程中的社会的许多工作体现了多重功能。拉格斯(Lagos)的一个渔夫社群可能在组织上是种族的和传统的,在捕捞的方式上或许是协作的,在销售上是商业化的,在管理其成员的方式上有着一个商业化的组织特色。宗教和巫术、商业和投资等因素很可能都混杂其中。奠酒可能被奉献给海神,某些特殊日子可能禁止捕鱼,同时,因为成员资格带来的资源集中,可以购置船、网和现代捕鱼设备。但是,渔夫组织可以在一定意义上是政治共同体之外的。它可以促进现代化,但它也可能抗拒规划、家族的重组、贫民区的消除、丧葬地搬迁等等。

因此,我们很容易承认,虽然这样广泛的功能的即时影响可能被认为是现代化的,其实际影响可能是阻滞现代化。这一易变的后果能产生严重的文

---

[1] 不完善的职业结构令现代化和工业化并肩行进变得困难。工业化今天不再是现代化的先锋。在工业化有可能之前,一支兵强马壮的现代化大军必须占据功能和政治上具有重要性的角色,就像在沙皇俄国和旧中国一样。

[2] Julius Gould and William L. Kolb, *A Dictionary of the Social Sciences* (London: UNESCO, Tavistock Publications, 1964), p. 73.

第五章
创新、专业精神和职业的形成

化和社会断裂。所以，系统复杂性的增加并不必然伴随着文化凝聚力的增加。

定位一个处于现代化进程中的系统的最大聚合区的一种方法是，分离和比较可识别的职业模式的外观。一方面，职业性角色——教师、律师、医生等等需要长期的训练以习得相关的专业知识。此外，这一知识体现为以特定目标指引的信息组合（corpus），例如治愈病患、捍卫平等或教学。和职业性角色相连的是一种伦理标准，而且职业群体会反对这一标准的违反者。此外，一个职业，依据对其客体规律的特殊知识，视自身为这些规律的最佳解释者。因而，职业通常表现高度的自主性。当这一点遭到破坏，后果将会十分明显，如当医生游行时。

另一方面，职业模式更广泛，包括了多种工作角色。一个医生可能从事政治家的职业，这样他的职业角色没有吸引他太多的注意力。在美国，律师的多样性角色是互补的（complementary）。职业也可以同上面提及的那些调和性的现代化角色分开。他们对现代性的影响不是波动的。职业角色的描述可以根据两种可识别的特征：工作或工作群与专业（professionality）。在前者，职业是那些控制一个系统或一个重要的次系统的准则的工作。① 在后者，它们对工作的控制必须基于稳定和相对分殊化的资格领域（differentiated spheres of competence）。因为这些特征，可以说职业比一个专业更普遍，比一项工作更特殊（less general）。

从上一章结尾对职业的讨论中应该清楚的是，我使用这一术语意指一个进程的结果，即专业化规范（professionalization）向非专业性角色延伸。的确，如果它不是如此不规范（barbarism），我们就可以称之为特定工作的"职业化"，尤其是那些有着技术性或管理性特质的工作。然而，专业化规范的延伸并不能将一个工作转化为一项专业。

或许一项职业和一项专业之间最重要的差异体现在了两种角色的担当者的地位上。一个有着特定服务规范和承诺的角色伴随物，即一个职业性角色，被给予了超越角色本身的技术限制而展开行动的自主性和自由。韦伯提

---

① 埃弗雷特·休斯（Everett Hughes）曾把那些给予职业角色的占据者的特殊许可证称为是对垄断有罪知识（guilty knowledge）的授权。他们知道他们技艺的正反面。"律师，警察，内科医生，记者，科学家，学者，外交家，私人秘书都必须要有执照——在某种程度上都要会保守秘密——某些有罪知识的律则。（Hughes, "The Study of Occupations", in R. Merton, L. Broom, and L. S. Cottrell, Jr. (eds.), *Sociology Today* (New York: Harper Torchbooks, 1965), Vol. II, p. 448. 当然，职业性角色所具有的不仅是有罪知识——对规则的自由裁量权。

到的所谓的"天命"概念意味着这种自由的存在,长袍传统（tradition of robe）是其象征。长袍为部长、法官和教授们在公共场合或庆典所穿。这凸显着一种比纯粹的胜任标准更广泛的责任。其他例子也很容易想到。家庭医生被期待对病人所面临的所有问题给出建议,虽然这超出了他的医学知识。律师成了顾问和政治家。那些"自由职业者们"被假设有着广泛的知识,他们也被认定有着个人权威和审慎。内含在这一"审慎性"假设里的是,人们感到隐私能得到维护,隐秘空间不会被侵犯。从这一角度,没有什么比侵犯了隐秘的律师和侵犯了忏悔者秘密的神甫更令人震惊的了。

另一方面,职业,体现了基于技术专长的能力（资格）。一个职业型角色的占据者,其更大的权威来自于职业本身功能重要性和占据者的突出表现。这样一种成功的测量尺度是地位的变化。

此外,职业产生了个体间的竞争。这样的竞争有着许多后果。在行为层次上,它可能产生极度的焦虑和进取性（aggressiveness）。在结构层次上,它倾向于强化职业化的需求。因而,有两种相反的力量在发挥作用。自由职业（liberal professions）逐渐转化为职业。当在许多高度工业化系统里的组织化程度更高的组织逐渐破坏了职业角色的独立性时,这一进程变得越来越快。

这一进程的例子之一是学者的专业化。随着大学规模的扩大,教员和学生的数量越来越多,大学日益变得和其他形式的大规模公司企业相似。教授常常抱怨是他们正在变成雇员,面对着更多的规章和约束,然而,重要的不是对他们的官僚化约束,而是学者从他的一般性责任退到根据他最主要的专长而来的资格能力领域的界定。在这些更狭窄的限制里,他从自己的专长和功能重要性中得到了更多的安全感。

但他的撤退隐含着一种更大的损失。一种更高的"天命"观和服务与责任的准则被削弱了,维持整体的职业的义务感也削弱了。保护学者自由的规范逐渐被弱化。那种规范内在于教授职业角色的自主权而非职业化的职业角色中。的确,职业性角色的削弱减少了教授在其能力权限之外的事务发表意见的权利。学者自由成了大学的一种制度规范而非学者的一种专业性规范。然而,大学如其他大型的机构一样,并不能很好地捍卫这一规范,既然它不可避免地和社会中所有其他主要社会机构连接在一起,负责任的知识和自由知识分子规范遭受着严重威胁。此外,教授们自己也促成了这一情形的出现。他们卷入了其他大企业里面存在的那种地位竞争,而且竞争往往更直接。权力成了自主的基础,而在早年,职业自主性是权力的基础。

第五章
创新、专业精神和职业的形成

"职业"包括了在贸易和工业公司里技术性和管理性角色，高级文官队伍的成员，顶级政治角色等等。但这些角色并不必定是职业。一项在某个环境里被认为是职业的职业可能在另一个环境里并非如此。一个政党分肥系统（spoils system）里的行政角色很难被认为是职业。"职业型文官"这一概念意味着一个稳定的制度、基于考试的竞争性准入、资格能力、晋升，以及其他行政规范。当这些元素都存在，才可能设想行政中存在职业。例如，如今行政中的职业既可能存在于私人组织里，也可能存在于公共组织里。政治家的角色同样如此。在某些国家，说政治职业是很有可能的，而在另一些国家，则可能是从一项职业进入政治然后又退了出去。当然，在许多案例里，两种情况都是可能的。

作为一个一般规则，既然动员系统里政治模式决定着其他所有社会的组织模式，政治的职业在动员系统存在的可能比在其他系统更大。一个系统的组织化程度无疑有助于将职业限定为一组模式。可以说一个社会的官僚化程度越高，职业扩展到政治领域的可能性也越高。

不同系统的职业模式相当不同，这至少有两个原因。第一是现代化的程度有所不同。第二是，无论现代化程度如何，政治生活的组织的变化将体现为职业角色的变化。

此外，职业在一个系统多大程度上被作此理解，决定了公众倾向现代性的程度。因此，不像现代化过程中的调和型角色，它们掩盖了其传统取向，职业是一种纯粹的现代观念，在公众的眼里包含着现代性的价值。因而，一个国家里职业的形象，应该是其现代化程度的一个有效指标。我们也应该能发现一组需求，它们体现着要将一项工作专业化为职业的欲望。职业模式或职业角色的观念因而对于选择的结构和行为都有重要影响。在结构方面，现代化可以界定为许多工作可能被转化为职业的进程。此外，这一转变，是社会流动性实现的一种方式（除了在一个既定等级系统内的个别变动），即通过一种职业的地位就其职业特性的提高（而实现社会流动性）。因此，从事一项职业的人数的增加有助于发展系统的整合性。

从行为的角度，职业带来了抱负激励。既然，这些雄心被引向了现代化部门或一个系统里现代化最快的部门，职业是一种追求特殊类型的训练的重要诱导动机。个人为了成就某种职业，期望将自身的能量全部投入职业之途。他们生活的不可预测性减少了，他们的选择因而更有意义。正如我们后面将会指出的，一种职业的寻求也有助于实现认同功能，成为处于现代化进程中的社会的一个重要特征。

前面已提到，不同类型的政治系统产生不同的职业模式。在一个调和型系统内，职业模式主要取决于现代化的实现程度。职业轨迹（career lines）的建立因此随现代化的进展而变。在一个动员系统里，有着将所有工作转型为职业的趋势；身份由工作地点和社会单元的一致性确认，单位组织（affiliations）构成了整个社会。非职业角色主要包括非组织性角色，即一个政治或工业单位职位之外的角色。因此，独立的小店主在一个动员系统内不可能有职业，虽然他被认为有一个职业。或许举例说明能把问题更清楚地阐明。在美国，公务员制度转型为一个"职业制度"是公务员角色的一个重要变化。公务员制度曾经历的变动现在也在其他许多生活领域展开。其标志之一是一些委婉的头衔的使用，如巡视员、工程师或行政助理；他们其实意指不同类型的工人或职员。这些头衔并非仅仅为了满足虚荣心。他们是专业性的象征，或者至少是对技能或者权威的认定。这些头衔也是一个竞争激烈的劳动力市场的金字招牌，此事实仅仅体现着将工作从职业中分离出来的某些压力。

例如，在苏联，劳动本身就是一项职业。工人（或农民）的概念表达了在一个集体——工厂、农庄或行政单位——一种组织纪律感。在这样一种系统里，有其他恶性的行为后果，例如追名逐利（careerism），或者对某一声望角色在社会分层系统的位阶而非其本质的热衷。如果一个动员系统是一场革命或一场独立运动的产物，并且处于现代化的初期，一如许多非洲国家那样，职业的可能性仅限于少量专业—技术性角色。若没有相当程度的发展，众多的工作不可能扩展为职业。然而，这并不意味着缺乏这种发展（即处于现代化的早期），动员系统就不能在主要的工作群中创造出一个稳定的职业系统。创造职业是强化团结和同一性的一种方式。

精英的功能重要性

在第四章中，我们尝试着将概念化角色与分层关系中的不平等模式建立关联。现在，我们需要将职业同有政治相关性的现代化精英直接联系起来。这种精英具有如下三种功能：目标界定（goal specification）、制度凝聚和集中控制。

1. 目标界定，及围绕着一组界定清晰的目标而对资源的组织。一组目标的选择可能来自企业活动，也可能来自专业技能。就前者而言，作出选择的，既可能是政治企业家，也可能是经济企业家。从后者角度，一个公共服务结构的行政性角色可被认为是职业性的。接着产生的一个问题是，哪一个

第五章
创新、专业精神和职业的形成

角色担负着现代化的目标界定功能?

2. 制度整合,功能就是要将多种角色整合入一个共同体内。例如,那些处于传统角色和现代角色隙缝间的中介性群体,局部适应者和部分抗拒者们,他们的反现代性影响必须被最大限度地减少。方法之一可能是通过他们与更现代化角色的有效联合,使他们能被引向现代化而非回归传统之路。职业模式的确立可以实现这样的联合,当这些职业模式在共同体内广泛得到确立,它们将呈现为一种流动的工具。另外,更常规的联结方式可能是借助政治掮客,他们将能协调中介群体和现代群体的关系。

3. 集中控制功能,涉及一个社会里的强制机制。这种控制可能多少集中于业余或专业性群体。最重要的专业群体便是公务员。

这三种功能由精英角色承担。精英角色越重要,其功能重要性越具战略意义。从经验上可确认,在现代化时期承担这三种功能的角色应该是可能的。我们此处将仅仅指出某些通常被公认的角色。

或许最重要的现代化角色是一个国家的技术精英和公务员。这些群体具有许多专业化特征,包括长时间的教育和训练,行会似的组织,特定绩效标准,特定职权范围。职业特征(aspects),角色的生命周期,一种规范的可预测的行为取向,都得到了相当明确的界定。[①] 我们能够看到,这种的职业表现了一种连贯的模式。这种角色的承担者体现着变化的制度化。

重要精英间的竞争

并非所有的精英角色都是职业型的,也并非所有职业担当者都是精英。当职业型精英角色和非职业型精英角色的功能都相当重要时,便很可能出现两个群体间的直接对抗和权力斗争。精英内部的冲突正是由权力斗争所引发,权力斗争的存在让那些政治上很有影响的精英具有了特殊重要性。

在本书前面几章,我已说明了处于现代化进程中的国家和工业化过程中的国家的一个重要差异。前者,角色是通过政治手段来整合,而在后者,角色由工业系统本身的运转来实现整合。在处于现代化进程中的社会里,控制问题对于那些被认为是现代性原型的职业角色尤为关键。因而,角色冲突的问题不是抽象思辨,而是一种现实,关系着捍卫或赢取对不同功能运转的主

[①] 另外一组精英角色包括了如法律、医药、教育等职业。人们可能期望这些角色同技术官僚和公务员角色有着同等重要性。然而,像律师角色很可能退化为仅具功能重要性,职业性则完全被抹杀了。例如,假如"人民陪审员"(people assessor),或者诸如此类的角色取代了法官地位,而个人为自己申辩或者随便找个人替自己辩护,律师的职业很可能便无足轻重了。

导权的竞争。在许多处于现代化进程中的社会，这样的冲突存在于公务员、政治家、管理人员等之间。

不同的系统在现代化过程中将赋予不同的职业群以不同的功能重要性。这些不同的职业群（sets of careers）可以被视为特定社会中现代化的形象体现。我们可依据四种现代化角色来讨论这些现代化的各侧面，他们是公务员（civil servant）、经理人（manager）和政治企业家、政治掮客。前两种是现代化过程中职业型角色的原型，后两者离职业型角色最为遥远，而且，他们代表着的是创新性变化而非制度化的变化。

1. 公务员

公务员，依靠他们的专长和组织模式，构成了将政府政策转化为社会实践的最重要的一个群体。但对于政治领袖而言，他们也是最难对付或驯服的群体，因为一方面他们的受教育程度通常比政治家们高，对自己的位置颇有些自负，另一方面，他们的职位更有保障，这使他们同政治家的世界观完全不同。

公务员常常生活在一个相对复杂的世界，并从复杂性（sophisticated）中取得了权力。他们认为自身即是现代性。他们兴许是加缪、萨特或"新政治家"杂志（New Statesman）的读者。他们同大学关系密切。他们中许多人将联合国的公务员视为模范同行。德国人和美国人的某些理论和著作，让他们可以得到精神安慰。公共行政方面的学校、研究机构对他们的角色提供着知识支撑。

由于他们的功能重要性，他们同政治家和经理人都有直接接触。其结果往往是在功能性职事分配上的竞争。这一竞争在现代化的后期和工业化的初期格外重要。

2. 经理人

经理人通常代表了其职业领域的高技能水准。他们常常位于一项职业的起点，位阶并不高。①

3. 政治组织者：企业家和掮客

与公务员和经理人相对的是两种类型的政治组织者。第一种是政治企业家，他们将个人组织起来以实现特定目标：党的集会、义务劳动、群众识字

---

① 经理人通常是来自某个商店、工厂的男性，平常人家出身。他是政治掮客在工厂的对应物（但是他往往更加诚实和质朴）。由于被公务员高高在上（或者矫揉造作）的作风弄得一头雾水，他们只想关心实际效率，作风粗野干练。

第五章
创新、专业精神和职业的形成

运动等等。尤其在许多混合了传统性与现代性，容纳了传统角色、调和者角色（accommodationist）和创新角色的机构里——例如教会，分离主义运动，社会慈善组织，俱乐部，还有会计师协会和丧葬协会（burial society）——政治组织者很可能靠着集中于特定的工具性目标，现身为传播现代性价值的角色。另一方面，他们也可能是分离主义、地方主义和非现代价值的潜在中心。为了实现非地方主义的现代化，社会必须通过一种现代主义的意识形态，给它的中间群体灌输一种团体的责任感。这是典型的政治企业家的工作。

第二种政治组织者类型是政治掮客，虽然他们远不能称之为职业，却代表着一种现代化的角色。掮客是那些充当中间群体间磋商者的个人。所有处于现代化进程中的社会都需要大量这样的掮客。两种政治组织者的目标都是非职业性的，但某些政治企业家可能发展出政治职业来。

如果我们想想已提及的那些标准，职业特殊性（career specificity）程度和一个特定精英角色的功能重要性，我们将对角色间可能发生的冲突得到一个粗略的指南。例如，假如一个政治企业家，试图抛开公务员，自己履行三种精英功能，不难想见两个群体间会发生持续冲突。

图表 10　现代化过程中职业的角色冲突

功能重要性程度	职业特殊性程度	
	高	低
高	公务员	政治企业家
低	经理人	政治掮客

注：在任何系统，不同象限的角色将彼此冲突。公务员声称自己专业性最强，在职业特殊性方面也最高。

角色的某些规范导向

我们已指出了职业的功能及其政治重要性，并且指明了某些关键的现代化职业。我们也已确认了某些关键的非职业型的现代化角色。前者有公务员和经理人；后者有政治企业家和政治掮客。这些角色可能相互兼容，但更可能相互敌对。这有行为层面的原因。原因之一是这些角色倾向于遵循不同的规范。公务员很可能是一个理论家。他希望依据一组特定的原则，把他的知识用于广泛的活动。而政治企业家却正相反，他是一个思想家（ideologist），他鼓动人们行动。经理人往往是个实用主义者。他根据经验和专门技术解决实际问题。政治掮客常常是一个妥协者(compromiser)。此外,理论家和实用主义者有先天的职业化趋势。但对于思想家和妥协者而言这却不一定,虽然观念学者如果变成了一个理论家,很可能会对某项职业感兴趣。另一方面,一个公务员,如果不再是一个理论家,而成了一个思想家,他将不再有职业。

当角色规范发生变化,他们的功能随之而变。例如,在动员系统内,依据现代化或工业化的实现程度,我们可以发现两种不同的职业模式。

图表 11a 动员系统 I 的现代化形象

规范	功能		
	目标界定	制度凝聚	中心控制
理论家			
思想家	✕ 政治企业家		
实用主义者			✕ 经理人
妥协者		✕ 政治掮客	

我们现在能够以可能的现代化形象的形式,将这些讨论的结构和行为意义结合起来。当然,这些形象,由于其特征是主观臆测的,所以,应该被当成一种假设。在现代化同工业化的交界点,一个动员系统里典型的模式可能是图表11a。然而,在发展的较后阶段,动员系统的模式很可能是图表11b。

图表 11b 动员系统 II 的现代化形象

规范	功能		
	目标界定	制度凝聚	中心控制
理论家	✕ 公务员		
思想家		✕ 政治企业家	
实用主义者		经理人	
妥协者			✕ 政治掮客

在一个调和型系统内,我们可以在图表11c中发现其完全相反的角色组合。这些现代化角色调控着职业的功能,从而有助于创造和形成职业。

第五章
创新、专业精神和职业的形成

图表11c　一个调和型系统的现代化形象

规范	功能		
	目标界定	制度凝聚	中心控制
理论家			✗ 公务员
思想家			
实用主义者		✗ 经理人	
妥协者	✗ 政治掮客		

一个疑问出现了，如果早先关于现代化的假设是正确的，是否职业组织为思想家（政治企业家）所主导？第二个问题涉及工业化对特定角色的影响。公务员角色在工业化时期承担着更大的功能重要性吗？公务员有助于组织起职业型角色。他的行为很可能使理论具有了新的功能重要性，普通的（vulgar）意识形态因此要为它让路。此外，理论需要知识。信息型角色和围绕着信息吸收与运用组织起来的职业应该日益重要。这些仅仅都是关于职业角色模式众多可能性推测的一部分。

除了图表11a、b和c之外，还可以有其他的列表。现代化的独裁很可能用公务员来进行目标界定、政治企业家作制度凝聚、政治掮客从事中心控制。新重商主义社会很可能用政治企业家来进行目标界定、公务员进行制度凝聚、经理人来施展中心控制。在每个案例里，角色的组合有助于确定系统内的职业模式，职业模式又决定了现代化模式的特征和印记（stamp）。

职业及其现代化后果

由于现代化模式的多样和现代化角色的特定组合，现代化的意识形态可能变得模糊，各群体会混杂，而目标也会变得相当笼统（generalized）。此外，现代化角色的担当者并不是必然坚守某一特定角色。政治企业家可能出身于行伍，官僚可能政治化，政治掮客也许会成为重要领袖。意识形态体现着这种混乱，虽然有所侧重，却尽力融合民族主义、社会主义和传统主义。这些融合使我们本书所介绍的重要系统进程变得晦暗难明，但若要轻视它们将是不明智的。我们的论点是，基本的现代化进程，虽然存在混乱模糊之外，但仍然趋向于一种特定的对抗状态（confrontation），这一点体现和存在于不同现代化职业型角色的组织中。在广泛意义上（at its widest limits），现代化进程是思想家和科学家的对抗，不是因为他们的各自的伦理标准相互敌对，而是因为现代化进程本身发生的变化。

现代化角色的三种功能实际上是同一普遍性进程的不同方面，此进程就是变化的有意识调控。专业精神和职业角色极大地扩展。政治成为职业型人才的储藏地，而职业型人才本身就是一个技术人员。旧的业余性、非职业性的政治企业家被科学规划者与态度调查（attitude survey）的行家里手所取代。重大事务上政府政策的形成过程和一个科技企业（scientific enterprise）越发相似。另一方面，这些变化标志着传统意义上的政治的消退。当政治成为一个技术性职业人才的专利时，政治便消退了。当然，技术性职业角色同时也政治化了。

这样一来，社会生活选择的许多基本方式随着现代化的推进日渐政治化了，传统意义上的政治大大式微。主要工业国家之间的战争与半战争状态充当了持续不断的刺激，深化了这一发展。掌控国家命运和规划未来（更不用说生存）的必要性成了选择机制的焦点。在此意义上，工业化国家的现代化不断有新的技术规范（paradigm），以跟上职业角色的演化。计划和资源分配的技术性角色的政治化与技术的变革亦步亦趋。结果便是科学家、社会科学家和工程师们得到了空前的机遇。这些专业人士在军队、官僚系统和诸如教育机构等地方占据了主导地位。当然，他们来自于大学和科研机构，而不是政府，为他们赢得权力的是他们的功能性专长。

某些处于现代化进程中的社会，它们与最发达工业国家的差距甚至比三十年前还要大，它们的追赶目标明确呈现在现代化的意识形态里（既是合法性的说明也是一个企求的目标）——这些技术工具甚至变得更为重要。它们的声望由于对新技术的掌握而提升了。应用性知识备受器重（而在过去，它却受到歧视）。当推动现代化的政府开始重视科研，希望采用更精确的人口普查数据，分析舆论，进行民意调查，向教育投入资金，研究地域间流动性、移民状况等等，教师和技术人员的政治重要性提高了。处于现代化进程中的社会因而有了明确的趋势意识（trend conscious），而趋势探测者突然变得重要起来，特别是在缺少活跃气氛的公共舆论空间或一个信息充分的反对派的情况下。

第五章
创新、专业精神和职业的形成

在处于现代化进程中的社会里,学校和科研机构都日益强调数学。抽样技术和计算机程序处理技术很快将被应用于他们的项目。赶超态度(the Catch-up attitude)的结果是一个科学精英群体的形成,以他们为中心,一个更一般化(general)的、与科学准则功能上相关的现代"阶级"被组织了起来。国外的大学,民意测验和调查中心,联合国的技术部门,都有助于强化科学性职业角色。国外的援助现在牵连了技术上的一场革命,其重要性更多地体现在观念的形塑、权力关系的改变和科学价值的传播方面,而不是在名义上有了一个项目或工程目标。

此外,对科学依赖性的增加同样影响着个人。这些职业担纲者的认同是基于社会工程的意识形态。对现代化的持久贡献便意味着不朽功业。意义源自内在于现代化理念的发展目标(evolutionary objectives),具体目标则由专业知识确定。创造性、开创性和对自由的真实需要得到了前所未有的强调。

在每种系统内,无论现代化的角色如何被安排,他们都需要创造(create)信息,以履行他们的功能。这是将他们团结起来的首要活动,尽管他们之间存在诸多差异。技术能力必须被获取,以提供给政治领袖充足的信息,使他们可以行动。这一信息不是服务于公众,而仅供专门的群体和特定目的。正是在信息的制造和运用上,现代化精英潜在的功能才开始浮现。

这些潜在功能的一个指针是意识形态。现代化的精英最终都必须接受一种科学的意识形态(无论他们是否同时接受民族主义或社会主义)。这种意识形态是基于对信息、验证(verification)、实验和经验方法的需求。现代化的精英们也必须接受基于专业技能的合格标准的检验。在现代化过程中,技术和管理人员、农学家、统计员、海洋生物学家和经济学家、[①] 公共行政专家、财经专家、心理学家等等,获得了大展身手的空前机遇,他们或将成为政治企业家、掮客、公务员和经理人。为了解决使处于现代化进程中的国家的国内政治最为困扰的问题,这些角色需要和科学家及社会科学家角色齐心协力,两组角色因此也都有了新的特征。科学性角色通常都有某种谦卑态度,对权威有限性的觉悟,对人类能力限度的认识。这好像会驱使科学家们

---

① 今天,在拉丁美洲,经济学家已经取代律师成了现代性的代言人。

对任何一种政治系统都持开放接纳的态度。但当他们同时也是公务员或政治掮客的时候，这种驱动性（obligation）将更微弱。既然他们真正的需求是信息的，他们将需要越来越多的信息以继续推进（get on with）工作。从自由获取信息的需要到对自由权利的诉求之间相去不远。此外，绝大多数情况下，承担现代化角色的科学家都从大学获得了支持，而处于现代化进程中的国家的大学常常是争取自由的中心。

这些论述的意义需要被更清楚地说明。科学家从事政治，并且分享了现代化精英的角色。这些双重角色需要知性和专业空间，从而使得担纲者可以发挥所长。他们需要思考和工作的自由，也需要实践自由。因为这些需要，现代化的精英可能把自己变为了自由的使者。

他们很可能不中意，甚至根本无视代议制或民主制政府形式。但如果他们的活动已发挥了制衡一个专横政府权力的效果，现代化精英群体中的科学家们很可能成为一个强大的负责任群体（甚至可能是一个同意群体［consent group］），根据其技术的优先性而被托付分配资源。他们很可能基于职业训练和技能招揽同志，分享关键领域的决策权；并且随着这一决策性角色阵容的壮大，其政治重要性也随之增加。但即使科学家们代表着支持一个调和型系统的一种稳定力量，他们却不必然是民主政府的推动力量。恰恰相反，绝大多数科技人员的自由价值观还远没达到对这一制度有信仰的程度，因为这很可能让他们面临一大群无知的选民及其政治代表的摆布。①

从前述的分析逻辑可以得出：高度发达和工业化的社会推重科学家的职业（参见表11d）。这一职业也逐渐将社会科学家纳入在内。科学家角色不仅有功能重要性，他也和官僚制的成长相关。科学有助于社会生活的理性化，官僚制因此得以扩展。当理论成了一种意识形态时，公务员摇身一变为科学的思想家（ideologist）。

根据目标界定、制度凝聚和中心控制这三种功能，我们已讨论了职业的

---

① 阿尔弗雷德·诺斯·怀特海（Alfred North Whitehead）引用萧（Shaw）的 *John Bull's Other Island*："我曾梦见一个教会就是政府、人民就是教会的国家：三合一、一为三。这是个工作便是娱乐、娱乐也是工作的共和国。这是一个牧师即是信徒、信徒也是牧师的圣堂：三合一、一为三。这是一个所有生命都是人、所有人都有神性的神许之地：三合一、一为三。总之，它是一个疯子的梦。"怀特海对娱乐是工作、工作即娱乐的台词十分感兴趣，对于崇尚技术专家治国的动员系统而言这是基本的（原则和目标）。参见 Whitehead, *The Aims of Education*(New York: Mentor Books, 1963), p.51.

第五章
创新、专业精神和职业的形成

重要性。这三种功能决定了一种职业的力量。我们已表明，冲突出自高度职业性的现代化角色和非职业化的角色之间。公务员和经理人都属于前者，而政治企业家和掮客属于后者。我们也已指出，每种角色都有些特定的主导规范取向。公务员崇尚理论，经理人遵循实用主义，掮客喜好妥协，政治企业家则热衷意识形态。

图表11d　高度工业化社会的现代化形象

规范	功能		
	目标界定	制度凝聚	中心控制
理论家	✕ 科学家		
思想家			✕ 公务员
实用主义者		✕ 经理人	
妥协者		✕ 政治掮客	

此处所运用的变量的组合，如果和分层的一般模式相对照，将有助于我们发现兴起于每种系统内的某些特定冲突和趋势，以及每种系统处理这些冲突的方式。

等级、阶级和地位这三种分层形式可能同时出现于一个系统内。如我们已指出的，处于现代化进程中的社会常常囊括了这三种分层类型。如果我们要发现一种具备特定功能重要性职业模式对政治现代化的影响，我们需要观察分层的变化。

例如，当一个等级系统内某等级的成员和意识形态导向的政治企业家、实用主义的掮客或公务员发生关联，将会发生什么？在第一种情况下，我们有望看到一场剧烈的碰撞，一种类型的信仰系统可能会面目全非。第二种情况下，我们兴许能看到部分等级成员对等级系统信仰的弱化，还会出现通常被认为是不合法的行为的尝试。第三种情况下，我们有望看到一种顺从模式，对声称掌握更高智慧的公务员权威的认可。

还可能有其他的关系或趋势。每一种现代化角色对分层系统的每个局部都会有影响。例如，对地位等级而言，公务员代表着专业性；经理人体现了适应性（adaptive）技术对效率的影响；政治掮客角色强调对各种替代性选择的包容；政治企业家则将一种导向性的教义强加于地位等级制之上。

无需再添加假设性影响的列表，显而易见的是，只要有创业者（entrepreneurs）和职业人（careers）之间的竞争，就将会出现相互竞争的规范力量，它们给各种分层类型施以压力或助力。如此一来，现代化的努力和政治行动的结果势必引发政治冲突。

第六章　作为现代化工具的政党

我们业已指出现代化的诸多指标（如人均国民收入和教育），以及现代化进程必备的某些角色（如公务员、商人、知识分子和学生）。这些指标和角色与作为一个整体现象的现代化相关，涵盖了社会生活的方方面面。然后，我们发现了精英－大众关系的某些问题，指出了体现制度化变迁的职业型角色与代表创新的政治性角色的必然冲突。在政治现代化领域，没有别的角色比政党政治家更为重要。这是因为政党本身在历史上就和西方社会的现代化密切相关，而且在发展中国家以不同的形式（改良主义的、革命的和民族主义的）已成为现代化的工具。政党在当代的所有社会都是具有决定性的力量，以至于每个社会所采用的现代化模式往往是由其政党决定的。

政党的定义

在对马格里布（Maghrib）政治和社会生活的调查报告中，内维尔·巴布尔（Nevill Barbour）评论到：

> 当代摩洛哥的政治生活有着独特而复杂的特征，无法被列入20世纪政治科学中的任何现有的政治门类。既然所有权力都合法地被赋予国王，摩洛哥不能被称之为民主国家。但因为政党扮演着至关重要的角色，它也不能被界定为绝对主义君主制。如果这儿不止存在一个政党，它也不能说是独裁政权。一党制政体可能是独裁统治，而在政党无关紧要的地方，我们很可能发现绝对主义君主制的印记。①

这段叙述，虽然有些含混不清，略微缓解了界定发展中社会政党外延（scope）的内在困难。克莱蒙特·摩尔（Clement Moore）清楚地表明了定义

---

① Barbour, *The Politics of Maghrib* (London: Oxford University Press, 1959), pp. 109–110.

突尼斯的"新道路"(Neo-Detour)的困难。

……虽然算是有大众追随的一个组织良好的政党,"新道路"既不是一个宪政框架下的群众政党,也不是一个极权主义政党。西方政治科学的政党门类难以充分地解释突尼斯的执政党。新道路党和印度的国大党、加纳的人民大会党(CPP)等组织的相似程度,更甚于欧洲政党。政治科学家们尚未设计出一种普遍被认可的模型来界定这些新型但高度结构化的政党。然而,他们可以被称为之"民族"政党,他们也有许多共同特征。他们在殖民时代诞生,最开始都是精英政党,然后演变为大众政党。他们的领导人吸收了殖民者的政治文化,两者间冲突的基本规则多少来自于殖民势力的建构。①

西格蒙德·纽曼(Sigmund Neumann),试图分解出政党的关键要素,建议:

政党的定义可以从其词源开始。成为一个什么政党总是意味着一个群体的团结性,并和其他群体区分开来。每个政党本质上意味着一个特定组织中的合伙关系,依据一个具体的程序同其他人分别。

这一个初始定义,显示出政党的真正定义预设了一种民主的氛围,使其在任何独裁制中都是一种不当描述。一个一党制系统本身就是一个矛盾物。②

政党之难以定义,有其深层次的缘由。它们的起源很难和现代社会与国家的演进分开;一个政党的角色常常随着一个国家政治环境的变化而变化,特别是在一个处于现代化进程中的社会,各种各样的政治发展可推动一种原始的政体形式演化为一个精心建构的复杂政体;在发展中国家,国家和社会间存在一种特别的关系——他们靠政党的团结一致连为一体。最后一个方面在确立对政体规则认同的基础上尤为重要。

---

① Moore,""The Neo-Detour Party of Tunisia," *World Politics*,XIV(April,1962),463.
② Neumann, *Modern Politics Parties*(Chicago:University of Chicago Press,1956),p.395.

第六章
作为现代化工具的政党

在国家与社会关系方面，政党的一个首要功能是整理公共意见，检测公众态度，并将其传送给政府官员和领导人，以使统治者与被统治者、公众与政府，步调保持相当的一致。政府的完全代表原则依靠着这一关系。从这一角度，我们可以将政党首先视为公众和政府间的中介变量（intervening variables）。

政党的第二个重要特征是，它们的形式由社会的整个社会政治框架决定。他们的多元化和多样化程度依赖于一个社会的现代化程度；它们需要一个适应于他们行动（无论是何种形式的行动）的宪法结构或政治制度；它们的成员身份也依赖于一个社会的组成情况。在此意义上，政党是因变量，而社会和政府组织、选举程序等等，是自变量。

政党的第三个重要特征是，他们依靠其生成权力的方式，成为系统内具有显著重要性的次级团体（subgroup）。这方面对新国家最为重要，在那里，政党常常是未来社会的缩影，政党能被确定为一个自变量。社会和政府变得依赖于党组织、党领袖的决定和政党强加给社会的框架。

如果观察者抛开政党的这三个方面——中介变量、因变量和自变量——将难以洞悉一个国家的政治情势。

现代化冲击

当政党在一个处于现代化进程中的社会组建起来，他们将投入各种各样的活动中。西方观察者对这些活动仍然知之甚少。为了激发政治兴趣（有时这是第一步行动），他们运用技术先进的工具。政治行动意味着喇叭、流动广播车和西装革履。一如公务员那样，公文包成为了政治家的标志。①

无论是在技术或组织意义上，政党与现代化的关系都昭示于各政党的运

---

① 在提及非洲时，托马斯·霍奇金（Thomas Hodgkin）强调了交通工具改善的特殊意义。"一个现代政党必须能够迅速而轻易地部署调动他的领袖和组织者。它必须确保能对地方支部进行合理的集中控制。它乐于借助殖民地和宗主国首都间快捷的交通通讯手段。战后非洲殖民地已具备了这些使党的组织、宣传和行动更有效的技术先决条件。无需夸大一个高效的国内国际航空网络的革命性政治意义。实际上，这意味着马马都·科奈特（M. Mamadou Konate〔已过世〕，法属苏丹〔即马里〕的第二把手）能上午出席他的党组织在巴马科的一次会议，下午在达喀尔参加大议会（the Grand Council）的集会；第二天则在巴黎国民议会发言。恩克鲁玛（Nkrumah）和阿沃罗瓦（Awolowo）以及阿扎里（Isma'il al‑Azhari）能够用类似的方式组建他们的政党、议会和政府部门。更一般的意义上，道路交通条件的改善让党的中层干部可以乘着卡车、私人汽车、面包车甚至自行车进入偏远的乡村。党的宣传和口号得以广泛传播，地方党组织得以建立，地方诉求得以上达。福音被宣讲；新的皈依者被吸纳——甚至在偏僻的山林里也有了党的声音和身影。"（Hodgkin, *Nationalism in Colonial Africa*[London: Frederick Miller, Ltd., 1956], p. 143.

动和宣言中。既然对教育的渴望遍布于发展中地区,现代化作为一个目标,因此极富感召力。

在政治运动中运用各种大众媒体,利用记者、漫画家和海报设计者、小册子作者,都有助于将政治行动同现代性保持一致,并突出政党活动在变革和创新上的工具性角色。同样,选民注册,候选人列表的汇编,投票官员的任命,选票,票箱,用学校孩童做通讯员,甚至把国民组织成一个个选民、选区等,都推动了政治机制同一种现代文化的统一。①

因为政治活动把政党同居民们直接联系起来,他们在发展中的共同体有着最直接的影响力,远甚于公务员、军队,甚至政府本身。现代化的其他主要载体——学校、基督教、回教徒、商业公司和企业、市场、一个货币经济制度等等——都为当代的民族主义政党所用。政党需要金钱和记账。它创建了出版和印刷机构。管理技术被用来召集追随者和规范权威与领导阶层。政党渗透进了教堂和寺庙。声势浩大的运动,从乡村到城市,从乡村茅舍到装有空调的现代办公室,都是政党领袖的工作场所。在几乎所有全国性政党总部门口,都能看到聚集的人群,他们期望得到好处,截住某个政治家以申诉某事,或者仅仅想沐浴一下现代性的恩泽。仅仅在这个地方,和别人闲谈政治和名人,令人愉悦并能感受挣脱日常狭隘生活的自由。

政党这一笼统的标签下包括了多种组织形式。有时它们仅仅是不同组织的联合,有的是直接政治性的,其他的则不是。例如,缅甸人反法西斯人民自由联盟(AFPFL),是缅甸社会主义党中的社会主义者与马克思主义者,缅甸全国农会(the All – Burma Peasants Organizations)、商业组织联合会(the Federation of Trade Organizations)、妇女自由同盟、缅甸穆斯林大会、克钦全国大会等组织的联合体。在1956年的全国大选中,该联盟赢得了250个席位中的148席,此后却因为内部腐败和意识形态的冲突走向分裂。②

和缅甸反法西斯人民自由联盟这类松散的联盟形成鲜明对照的是迪维尔热所谓高度内聚(strongly articulated)的政党,或军事性政党。几内亚的民主党(Parti Democratique)便是一例,这一个军事性政党,致力于"不断革命"。它遵奉民主集中制,有7000个乡村和军区委员会、163个分区、集会、代表大会和在党严密控制下的附属组织,这一切共同构成了其地方组织

---

① 关于尼日利亚1956年5月和1957年3月的选举饶有趣味的记录,可参见 W. J. M. Mackenzie and Kenneth E. Robinson(eds.), *Five Elections in Africa* (Oxford: Clarendon Press, 1960)。

② 参见路逊·派伊(Lucian Pye)的描述, in Robert E. Ward and Roy C.. Macridis (eds.), *Modern Political Systems: Asia* (Elnglewood Cliffs, N. J.: Prentice – Hall, Inc., 1963), p.336.

第六章
作为现代化工具的政党

结构。它的成员构成较为年轻化（平均37岁），无疑是社会中最显赫的组织。政府成了它的附属品，公众是它的原材料。

在几内亚，像在马里和加纳这样的非洲国家一样，政党远不只是殖民势力的一种替代物。它自下而上组织起权力，而下层正是政府鞭长莫及的地方。在某种意义上，我们能说政党实际上创造了权力，塑造了权力，并且将权力施于政府，将之转化为多种决策和行动。

一个处于现代化进程中的国家里的一个政党，在某种程度上而言，不需要承诺于某种特定的利益（如西方国家政党）。它对许多乡下人而言，是其了解一个更宽广世界的窗户，使后者当下的努力同更远大的目标联系在一起。个人突然发现，他不仅仅是一个亲缘结构中的一个小部件，他可能被选为其同胞们的代表或者获得一个职位。他可能从权威中感受到某种蓬勃的成就感。总体权力的（generalized power）的扩散带来了参与感，超过定期选举和公民投票所能带来的即时、地方性的和快乐的收益。

通过政党分享责任在一个一党制国家最为有效，在那里国家事务被排除在公共讨论之外。在这样的国家，政策在地方的变通可能深深地触动人们的生活，成为实验和热议的焦点。政治细节（political trivia）常常是发展政治学的主要内容，毕竟更宏大的政治事务远离个人生活，也难以为个人所理解。

在这种情况下，政党比政府吸引了我们更多的注意力。领袖大多首先是党的领袖，其次才成为政府官员。但这一概括也有很多例外。若将例外同一般规则相对照，则更为有趣。例如，在摩洛哥，巴尔卡（El Mehdi ben Barka）被流放，而哈桑（Hassan）占据王位。在大多数类似案例里，还有其他的情形。如国王和殖民者离开了，党的领袖却安然在位。显然，致力于现代化的政党比他们西方同行能够做得更多，他们实际上是社会的缩影。即使党是垄断性的（那即是说，党的意识形态是国家合法权威的基石），他们的结构包容了如此众多的元素，国家内协商和争论的真正工具是党的代表大会、主席团或党的执行委员会，而不是正式的政府组织。

在处于现代化进程中的系统内，政党显然不仅限于充当传输私人需求给公共决策制定者的消极角色。他们也并非接收不同的诉求、信念和观点的汇集设备。恰恰相反，一个现代化过程中社会的政党扮演着积极的创业者的角色，致力于形成新观念，为那些观念建立一个交流网络，在将公众与领袖相连的过程中创造、动员和行使权力。

霍奇金已指出，在非洲之外也能发现类似情形。在这些地方，除了传统的选举和代议功能之外,大众政党已经发展出了司法、行政、警察、教育和社会福利等多重功能。若是正在反对殖民政权的政党,实际很可能变成一个自立的国家。若是政党处于执政地位,政党和政府及行政机构间功能与责任可能变得模糊不清。①

政党和中介性政治角色

我们曾指出,现代化的独特之处是传统与现代生活领域间的角色的激增。政党及其附属机构充当了这些中介群体或妥协者群体(accommodationist)互动的框架。如果我们考虑到让不同的功能群体具有一种共同的政治语言(即便是在西方社会也相当困难),便明白这是何等重要的任务。如果如斯诺(C.P. Snow)所说,连技术专家和知识分子彼此都难以理解,那么,在一个处于现代化进程中的社会,农民和公务员、劳工、卡车司机和知识分子之间的隔阂更深,所共有的仅是传统的只鳞片爪。②

现代化依据职业和工作、教育背景、海外游历经历和宗教,将人们分为不同的社会群体。这些群体可能有各自的居住区。对语言群体或特定种族关系的依附让位于更一般性的现代式关系。另一方面,新的紧张状态和冲突导致的对立分裂程度丝毫不亚于传统社会,例如教育程度更高的同没有受过教育的,城市同农村,还有所有那些代表着现代建制的人们同一般大众。此外,这些现代的分裂可能在某种程度上同传统的裂痕重合,如刚果,其后果是灾难性的。

现代性带来的分化因而既能加深也能弥合人们之间的裂痕。这是精英大众关系之所以重要的原因。人们可以团结起来制造一台机器或修筑一条公路,但他们的相互理解可能仅限于同机器或公路相关的事。他们的生活风格、住房、亲属关系和一般知识导向(intellectual orientation)的差异很可能前所未有。毕竟,在绝大多数传统社会,每个人都理解何种角色是可获得的。酋长或国王同农夫生活的差别并没那么大,仅仅是更为精致而已。当经济分化导致文化分化,且给一组有效的中介群体的建立设置了障碍,情形便

---

① Hodgkin, *African Political Parties*, p. 167.

② 然而,许多国家的传统极其复杂多样,传统的重述可能使共同体分裂,尤其是当传统是以种族为基础时。因而,在加纳,1954年和1957年,政治冲突体现为族群的对立。最极端的种族冲突发生在刚果,糅合了城乡对立、社会主义者与天主教徒、特权种族和受歧视种族的矛盾。旧的种族问题有助于强化一种新的敌对,以至于在所有问题上的争端其分割线都是相似的。现代政党,特别是要通过垄断忠诚来强化同一性的政党,极力弥合这些旧的、落后的歧见。

第六章
作为现代化工具的政党

大不一样了。

政党将各种功能体联为一体。党组织可能建在工厂、学校、教堂、宗族、大家庭和联营企业,这些组织又通过党联系起来。无论多么不情愿,持有海外学位的公务员可能不得不同某个乡村党干部或一个在党内位居显赫地位的出租车司机沟通。如此一来,本来相互敌视或素无往来的群体间的沟通渠道被扩展了,他们置身于各种关系网中,国家正是产生于这些关系网络。这些关系网的建立在奠定一党制国家成功的基础上,比其他任何因素都重要。一党制国家一体化(monolithic)的结构促成了内部许多中介群体的形成,并将他们结为一体,甚至那些很可能势同水火的群体也被纳入其中。因此,政党获得重要性的源泉正与精英相反。

苏丹军队和埃塞俄比亚公务员的例子证明这一功能并不为政党独有,将传统同现代性接续起来或将传统转化也许是可能的。这样的政治集团常常变成了政府。① 但若缺少一个有效的大众性政党,这种成功的机会微乎其微。

在西方,政党首先是被视为代议工具,即一种通过占据公职的领导人的更迭来确保政府平稳而有序更替的工具。一个多党制民主是为数不多的能实现公职有序而健康更替的系统之一。没有残酷的清洗和寡头间你死我活的内斗或者领导权的冲突(如土耳其、越南、韩国),稳定的多党民主解决了公职和平更替的问题。

无论是何种形式,政党都很重要,不仅为了帕累托所说的"精英循环",而且是作为政治教育和社会化的工具。政治教育化和政治社会化塑造着人们面对政府时的习惯和态度。例如,政党,从政府不连续乃至混乱的作为中,提取了某些能为选民所理解的政策特征。靠着把重要问题同次要问题分清楚,找到当前或过去受欢迎的议题,政党在政治进程中激发出了人们对政治的兴趣和激情。政党帮助人们从孩提时代起,便同化着人们对政府和政治过程的价值观。② 这在处于现代化进程中的国家尤为重要,代沟和政治社会化通常都是变动不居的。通过界定被允许的政治行为,政党的社会化功能

---

① 西方社会的情况相当不同。多个政党共存和相互竞争正是区别民主政府与独裁政府的标志。选举竞争被认为是确保政治领袖对选民负责的最佳途径。定期选举使政府和反对党要不断地赢取公民选票支持,政治美德因此得以维系。

② 在许多新国家,政党着力吸引青年人,影响他们早期的训练和教育。赫尔伯特·海曼(Herbert Hyman)曾表明,即使在民主社会,主要是家庭的影响,儿童们很早就接受了政治偏见和政治偏好的熏陶。在某种意义上,发展中社会政党参与的政治现代化进程正是始自把政治社会化的功能从家庭转如党的青年组织或其他组织。殖民地时期,同样的功能是由童子军来履行的。参见 Hyman, *Political Socialization*(Glencoe:Free Press of Glencoe,Il1. ,1959), chapter iii.

决定着一个社会政治宽容的本质和领导人及其追随者的价值取向。

代议制、公职的和平交接与民主价值的社会化,是一个近似世俗-自由模型的社会中政党的功能;但它们都是实现一个目的的手段。这一目的是公民对面临的问题及其解决方案的不断审查和重估。正如卡尔·雅斯贝尔斯所言,"民主理想依赖于人的多样性和人们中间身份尺度的正义,这从来不能客观决定。在平等的民主氛围中,无人会被轻视或偶像化。越大的权力意味着更大的责任(The greater and more solid carry weight);出于对品质(quality)的热爱仍得以践行,然而无人需要高人一等的认同。"[1] 多党民主有助于制度化和持续强化雅斯贝尔斯所强调的品质。英雄难觅,恶人难消。在对问题与苦难无止境的破解中,政党的任务超越了谋求权位;它们也探查了人、权力和政策的弱点,促使它们面对公开的检视。这本身是一种谦卑的经历。它有助于保持父爱主义和个人主义的社会态度,而这是民主生活方式的基石。

另一方面,在神圣-世俗模型里,那些功能消失了,政党成了动员和规训人民的装置。公职不过是挂名而已,专制政体导致清洗、叛乱和其他不稳定状态交替出现。这些特质不仅使有序的变革难以出现,可能也强化了对法律和宪法的蔑视。取代了妥协和包容的社会价值,国家的道德戒律无处不在,借着否定公民个体的道德与政治个性,它彻底破坏了公民的德性。

然而,这些只是政党和选举的部分功能与影响。比政党的阶级基础或意识形态,甚至他们所训练的领导者的特性更为重要的是他们的特定能力,即代表人民,实现平稳过渡,使人们成为能负责的理性的政治存在。

反对党的角色

政党在不同社会里的不同重要性表明了用单一法则去理解他们的困难。发展中的社会政党的许多特征显然不同于西方政党模式。另一方面,他们通常也不同于他们的原型,如共产党。的确,在几乎所有的新国家,政党是两种元素结合的典型;他们的组织兼具两种政党的特征。

一党制政权是最鲜明的例子。有的一党制政权明确地遵奉民主集中制、马克思主义的意识形态和纪律严明的干部组织。然而,在意识形态上,他们很可能更类似于右翼政党,虽然右翼观念并不构成党的精神武器。仅仅把象牙海岸和几内亚相对照,便可以看到这种组织相似性和意识形态差异性的共

---

[1] Jaspers, *The Future of Mankind* (Chicago: University of Chicago Press, 1958), pp. 310 – 311.

第六章
作为现代化工具的政党

存。例如,在论及象牙海岸时,阿里斯蒂德·佐尔伯格(Aristide R. Zolberg)评论到:

> 科特迪瓦民主党(the Parti Democratique de Cote d Ivoire)在1952年到1957年间是:
>
> 一部成功的选举机器,娴熟地运用各种技术,如招纳、资助和经济压力等。如果政党是在一个完善的宪政框架下行动,这些手法依然有效。在这种情况下,相对低的参与甚至可能被认为在政治上有利。但民主党不仅仅是一部机器。它声称自己是一场全民运动,它的合法性是基于人民各个阶层的广泛支持。①

对西方人而言,一个反对党的存在与否是决定一个政党及其活动本质的关键因素。无疑这是决定性的。无论如何强调传统决策形式或传统型民主都无法掩盖这一事实,即作为现代社会的一个具体结构特征,在一个特定宪政框架规则下,两个或多个竞争政治权力的政党创造了一种不同于一党制政权的政体。②问题在于多党制政府有多么与众不同,能维持多久?许多一党制政权体现了主要群体和一个军事性的"先锋队"政党的妥协;通过实际问题得到反映的诉苦(grievance),他们之间的对话充当了现代化和沟通的一种工具。这种妥协确实可能创造出一种稳定的模式。然而,独立之后,创造权威成了一党制政权的当务之急。这便是一个政治反对派在大多数新兴独立国家的角色变得暧昧不清的原因。新政府很少能看到一个固定的反对党的必要,更不用说接受有反对党是政府的一种正常而优良的特征的观念。大多数处于现代化进程中的国家是在同殖民势力长期的斗争中诞生的,民族主义的领袖在这一过程里已变为独一无二的忠诚对象。此外,反对派本身在存在的某阶段就投身于民族主义,对于那些已经致力于改变一个国家的根本特征,而非在一个完善的政治行动规则下寻求改良的人而言,常常有了反政府的形象。许多现代化过程中国家的反对派领袖

---

① Zolberg, *One-Party Government in the Ivory Coast* (Princeton, N. J. : Princeton University Press, 1964), p.215.

② 关于多党制政府问题的精彩论证,参见 K. W. J. Post, *The Nigerian Federal Election of* 1959 (Oxford: Oxford University Press, 1963);以及 Richard L. Sklar, *Nigerian Political Parties* (Princeton, N. J. : Princeton University Press, 1963).

确实也认为新政府比前殖民政权更不合法。①

反对派将会滋生派系纷争、腐败和分裂,这种忧虑遍及处于现代化进程中的国家。反对党常常被指责造成了某种独立前才会有的状况。当民族主义的纽带被弱化,一种社会团结的新基础必须建立起来。独立不过是议会的一纸法令或大笔挥毫的宣言,接下来,真正的困难才开始。权力被留给了民族主义者们,就如黄金被倒到大街上,在对它的狂热攫取到最后将其锁入国家保险柜的过程中,许多人都伤痕累累。

在这种氛围里,一个负责任的反对党很难成长。即使反对党自己也很少是负责任的。处于现代化进程中的社会因而要么政党林立,要么一党独大,它把反对派的存在变为非法,或者仅仅名义上容忍他们存在,如某些采用名单表选举制度(the list system of elections)(获得选票多数的名单表即得到所有席位)的法属非洲国家。② 在某些政党林立的国家,如苏丹,军队为捍卫独立已夺权(两个主要政党在诸多根本性问题如和埃及、伊斯兰教等结盟上都南辕北辙,政府已堕落为一个大党和许多小党不稳固的联合)。

除了以色列和尼日利亚,独立后能建立一个成功的多党制政权的例子少之又少。在尼日利亚西部地区,最近的事件表明,在多党体制内有一个基于需求而非原则的联盟。在大多数新国家,联盟靠的是一个强人的人格魅力,大家相信他将领导国家走向和谐与成功。这一现代化模式的原型便是基马尔主义和土耳其共和党。③

当然,将所有政治意见持有者集结到同一个屋檐下并不必定产生一个牢固的政党。霍奇金关于大众性政党的评论一般来说还是有启示意义的。

---

① 因而,当我们观察许多二战后追求独立的国家时,反对派的前景似乎十分不妙。在缅甸,对党腐败和自利的控诉导致了军事政变。把非法定居者赶出城市、把食物分给贫民的是军队而不是政治家。军队的热情和效率,让政治家们显得愚蠢之极,他们更精通寻章摘句而不是处理现实问题。在类似问题面前,印尼则陷入党派纷争。党派之争见之于生活的每个领域:军队、工会、公务员系统甚至宗族和乡村组织。这个国家备受党争之苦,即使"指导下的民主"(guided democracy)也遥不可及。政府只是"反对派"的一个组合。参见 Herbert Feith, *The Wilopo Cabinet*, Modern Indonesia Project, 1958), pp. 165 – 193. 在苏丹,同埃及有着紧密关系的政治集团挑战着国家的独立。军队接管;部分是为了捍卫新获得的自主权。

② 尽管在实践中被否定,这一制度至少还有原则上认可多党制的"美德"。

③ 参见 Kemal H. Karpat, *Turkey's Politics: The Transition to a Multi – Party* System(Princeton, N. J. : Princeton University Press, 1959). 卡帕特显示改革如何依靠强制和暴力而推行,暴力的程度由改革的规模和数量来决定。这一观点暗示改革是由一个代表"人民"的精英来决定和执行的。这些精英赞扬"新人",鄙视无知。他们也难免鄙夷无知者,即没能成功接受正式教育或者融入现代生活的人们。

第六章
作为现代化工具的政党

一个大众性政党的地区领导集团,虽然它常常包括了更年轻的激进分子的代表——他们在党内被培养起来、对党无限忠诚——可能也不得不为塞内加尔所谓的部落的领导人、地方显贵及其追随者们留下一席之地。为了赢得联盟或派别的领导权,或者得到与地区关联甚深的行政官员的支持,大众性政党可能发现,自己必须同有势力的部族头领结盟,这些部落的基础可能是地域的、种族的、宗教的、经济的、意识形态的或其混合体。在精英性政党内,这倒不成问题,因为这样的政党本质上是部落的联盟(塞内加尔)。但在大众性政党内,他们通常认为自己是人民意愿集中完整的体现,部落在理论上没有位置。①

但他们却有,就像酋长们在加纳的人民大会党的地区组织里、墨西哥农村的合作农场(ejidos)在革命制度党内。②

印度尼西亚是另外一例。吉尔茨(Clifford Geertz)描述了日据结束后的动荡岁月里,爪哇岛一个小镇摩迪奥库托(Modjokuto)的情况。他指出:

> 在一定程度上,印度尼西亚民族主义的制度建制日渐增加的重要性满足了对新组织模式的需要,虽然总体而言,摩迪奥库托依然在承受有效的社会组织形式缺位之苦。这一制度建制(paraphernalia)主要由印度尼西亚四个主要的政党——印尼国民党(the Partai Nasional Indonesia);现代穆斯林党(Modernist Moslem);正统穆斯林党(Orthodox)和共产党(Communist)——再加上其他从属组织构成。除了正式的组织,每个党都正式或非正式地联系着其他组织,如妇女俱乐部、青年和学生群体、工会、农民组织、慈善机构、私立学校、宗教或哲学协会、退伍军人组织、储蓄俱乐部,等等,并借此同地方社会联系起来。因此,每个有着其专业性附属组织的政党提供了广泛的社会活动得以组织的框架,提供了一种全面的意识形态标准以为这些活动指引方向。其造就的复合物,既是一种社会运动,也是一个正式的政党组织,通常被称为国民觉醒运动

---

① Hodgkin, *African Political Parties*, p. 90.
② 参见 Nathan L. Whetten, *Rural Mexico* (Chicago: University of Chicago Press, 1958), chapter ix.

(aliran)，印尼语指一条溪流或水流；今天形成的国民觉醒运动（aliran），虽然尚未得到充分完全的发展，但它已是摩迪奥库托社会结构的中心，取代了战前传统的地位群体。

在摩迪奥库托，每个国民觉醒运动（aliran）由一个政党理事会领导，后者由其意识形态阵营里不同附属组织的主要领导人构成。理事会成员人数不超过一百人，他们形成了市镇的一个新权贵，也是异质的、尚未巩固的地方精英。①

组织的多样性，亦即每个组织都在共同体内扮演着某种功能角色，而且都以某种方式结合在一个政党里，该事实凸现了现代化过程中地区政党的一个重要功能：联结。不同协会、组织和从属机构的同盟将高度复杂却往往断裂的生活带入了某种组织性的和谐与控制中。的确，谋求和谐的努力对政党关于未来社会远景的意识形态方案有巨大影响。如果这些特征反过来，附带着政党对所有对手和从属机构的严密控制，一种由党组织来决定主要的社会关系、我们称之为团结型党（party of solidarity）的政党形态就出现了。

当然，这种政党兴起的原因很复杂，其中之一便是以旧有裂痕为基础的社会组织间冲突的存在，例如部落、语言和宗教的裂痕。在这种社会里，过去将社会成员割裂开的基本差异将延伸到现代政党结构里，而党将运用其所有的技术和组织技巧来消除这些差异和冲突。

新国家之所以易于产生团结型政党也有其他原因。它可能兴起于一场较早的社会运动，在那场运动中，不同的群体和社团被一个统一的理想——如独立——团结起来。一个英明的领袖成了理想的化身。那是加里波第、华盛顿、尼赫鲁和苏加诺的时代。一旦他们大功告成，社会步入常态，他们的名望便会开始跌落，他们身上的光环也逐渐黯淡。那么，在领袖的英雄时代走向结束后，是什么让运动持续下去？是团结型政党，是其领导权的制度化、权威的意识形态和组织结构的稳固。

吉尔茨先前所描述的状况已经发生了变化，因此印尼提供了另一种例证。团结型政党取代了代议政党。面对苏门答腊岛的叛乱和政党种族与宗教构成的多样性，苏加诺提出了"指导性民主"的教义。1950 年的宪法于1959 年被中止，一个新的政治宣言被发表，一个新的政治口号——"Usdek"（印尼语，"宪法"、"印尼社会主义"、"指导性民主"、"指导性经济"

---

① Geetz, *Peddlers and Princes*, pp. 14 – 15.

第六章
作为现代化工具的政党

和"印尼国民性")被采用。"Manipol – USDEK"成为国家主要的联盟,其他党派被取消或者边缘化。①

因而,一个组织良好的集团能够吸引不同的人群并限制政治分裂,同时赢得广泛支持。实际上,人们更偏好于一个组织良好的集团而非多个政党,当政党间激烈对抗陷国家于分裂状态时尤其明显。对抗越激烈,人们要结束政党冲突的渴望就越强烈。当然,他们并不愿意接受其他政党的控制。因此,他们可能指望一种外部力量(军队,公务员)来拯救他们。对暴政的过度恐惧因而可能带来寡头政治。

在议会中只有一个政党坐大、反对派形同虚设的社会里,宗派主义和党内勾心斗角盛行。政治中渗透着某种官僚作风,每个党的官员都在党内招揽支持者,试图压倒他人。为避免这种状况,大众政党的领袖试图以强调同志友爱来加强纪律。有效组织起来的单个大众政党能够成为社会里变革和规训的武器。队伍里有冲突,但党对外表现着团结一致的形象。这样一来,冲突和差异似乎都不会破坏党的团结;对党的忠诚即是对国家的忠诚。

大众政党政府的政治领袖们常常发现,反对派并未消失,而是潜伏于地下。为了永远摧毁反对力量,政府力图控制信息、舆论和自治团体等等,民主的定义也很可能被修改。一个由成分多样的人口组成、基于地域划分选区的形式上多元主义的大众政党体制,可能变为一个以现代化过程中功能角色为基础的一党体制。在此意义上,某些一党制动员系统的国家社会主义潜藏着一种全民式(corporate)民主的可能,后者实际上既是民粹主义的也是专制的。但是,这样的政党决定着国家的特征。

一种政党发展的形态学

前面的论述可以用图表12来表示。这些各具特色的集团如何兴起?为什么他们如此强而有力?由现代化精英组成的小集团和不同派别构成的联盟已经开始赢得公众支持,并激起了广泛的不满情绪,这种不满情绪不仅针对社会现状,而且朝向了异族统治(即国家权威),当这一时期过去后,他们兴起了。从此,没有回头路可走。政党需要一个新原则,以替代异族统治下的代议原则。团结型政党提出了详尽的未来设想,以之作为政

---

① Michael Brecher, "Political Instability in the New States of Asia," in Harry Eckstein and David E. Apter(eds.), *Comparative Politics: A Reader*(New York: Free Press of Glencoe, Inc., 1963), pp. 617 – 635. 也可参见 Gabriel Almond and James S. Coleman(eds.), *The Politics of the Developing Areas*(Princeton, N. J.: Princeton University Press, 1960).

府的基础（图表12）。

图表12　政党关系与特点

社会单位	代议政党	团结型政党
党	多元主义的：各党展开竞争	垄断性：力图消灭其他政党
共同体	代议的：力求包容多种意见，以赢得最广泛的追随	指令性：力求集聚不满以颠覆既存秩序，或者执政时，将整个共同体引向党的目标
政府	宪政的：政党活动受宪法、协定和选举规则约束	非宪政的：只有迫不得已，才接受法律秩序。掌权时，则使政府和宪法都服从于本党目标，国家从属于党

派系发源于种族的、同质性（syncretistic）会所，例如部落联合会（tribal associations），这种组织是申诉苦难不平的场所。派系间形成了联盟，借着显示广泛的支持来取得效能的最大化。为了通往权力之路，这些联盟形式作为政党被制度化；在这一阶段，他们使现代化等同于政治代表。在寻求更广泛支持的过程中，政党形成了旨在改变政治合法性基础的全国性的政治运动，跨越了（cut across）前现代的联合形式。不久之后，一个军事性的集团兴起，开始面临是继续作为代议政党还是变为团结型政党的选择，后者将否认除自己之外的其他政党存在的权利。如果是选择后者，一种新的派系之争便发展了起来，像一个王国宫廷一般，官僚化的政党政治家们和个人为了获得政治支持而展开竞争。

因而，我们关于现代化过程中社会政党的形态学将从派系开始，可能也将结束于派系。在两者之间，是代议政党或团结型政党。在此意义上，现代化过程中社会的模式与西方模式并非那么截然不同。19世纪末期，印度、西非和拉丁美洲的某些地方出现了校友协会（the old boys' association）和政治俱乐部，其风格和境况不同于英国的改革俱乐部或卡尔顿俱乐部（Carleton）和法国的雅戈宾俱乐部，但这一类型的联合都开启了政治现代化和走向多少有普遍性的现代政治模式之门。某些集团成为革命中的政治运动力量。其他一些则分化为竞争的代议政党，在一个宪法政府的法律框架下运作，并通过妥协强化了这一框架。还有一些成为了团结型的、军事性的意识形态政党，寻求通过转变社会和政治框架，即现代化系统，来普遍化自己的

第六章
作为现代化工具的政党

价值。

大多数发展中国家都能发现政治俱乐部。通常,这些俱乐部开始是学生组织,作为现代化工具,或者至少是慎重地试图体现传统和现代性混合的组织。西尼日利亚的一个例子便是奥姆·奥杜杜瓦·埃格比会(the Egbe Omo Oduduwa),奥杜杜瓦后裔协会(the Society of the Descendats of Oduduwa),奥杜杜瓦是约鲁巴(Yuruba)人神话中的始祖。这一组织由约鲁巴裔学生1945年在伦敦创建,其首创者之一奥巴法米·阿沃罗阿(Obafaemi Awolowo),"行动小组"("Action Group")的领导人,西部地区的前首相,也是尼日利亚反对派的领袖。① 1948年,埃各比(Egbe)在拉格斯创立,当酋长们开始关注年轻人的政治态度和尼日利亚公民党全国大会政治活动的影响,酋长们决定采取以下措施:约鲁巴语、文化和历史的教学;为约鲁巴男孩和女孩提供获得中学教学和大学教育的奖学金;在尼日利亚推进一个强大的约鲁巴国家的实现,在整个约鲁巴地区培养一种单一的民族主义观念;加强酋长的安全保卫;为实现一个独立的尼日利亚联邦而合作。②

行动小组(the Action Group)从此诞生,这是一个奇怪的矛盾的组织,它将其民族主义逐渐扩展到整个尼日利亚,在1959年的大选中仍主要依靠约鲁巴民族主义的力量。③ 为了在非约鲁巴地区竞选,他们同小党和地方党携手,以便自己可以当之无愧地成为代表一个庞大而脆弱的联盟的全国性政党,而不是一个单一的、纯粹的组织。

我们能举出政治俱乐部发展及其在政治组织中角色的诸多例子。有时它们始自一种族、文化的协会或校友会(Old Boy)。有时,他们将是议会组织,或者马克思主义讨论小组,例如在前法属西非。④

政治联盟

政治联盟虽然有多种类型,印度的国大党或可以算得上其原型。如其他政党一样,国大党最开始是一个部分受过大学教育的西方化的中产阶级的俱乐部,他们曾汲汲于各种公务员或专业性职位。他们由相当不同的集团组

---

① 阿沃罗阿酋长那以后已被控煽动叛乱罪,被判处十年监禁。
② 参见科尔曼精彩的分析,Jamer S. Coleman, *Nigeria:Background to Nationalism*(Berkeley:University of California Press,1958),pp. 344-345.
③ 参见 K. W. J. Post, *The Nigerian Federal Election of 1959*(London:Oxford University Press,1963).
④ 202 谈到这种议会俱乐部,霍奇金提及了北方人民国会(the Northern People's Congress),"对于来自北尼日利亚穆斯林的议员而言,北方人民国会就像一个俱乐部"(Hodgkin, *African Political Parties*, p. 156)。

成，唯一的共同点在于他们参与的是系统里现代化的部门，他们经年之后走到一起为推动选举改革（如 1909 年的莫利—明托 Morley – Minto 改革），期望在印度国会中扩展选举原则、发展教育、承认伊斯兰教的地位等等。直到 1920 年，当该党在甘地的领导下成为更系统的整体，更为纪律化，或者用我们术语，成了一个代议政党。① 选举原则的扩展带来了相当不同利益的联合。正如米隆·韦纳（Myron Weiner）指出的：

> 到了 20 世纪 20 年代，主导着印度国会的城市化、专业化的知识分子集团和国家的大众很少有接触。民族主义运动本身最先兴起于受西方影响最大的地区：孟加拉、加尔各答、马德拉斯、卡拉奇、德里。早先的议会会议在中心城市举行：浦那（Poona）、加尔各答、孟买、卡拉奇、德里等。英国的影响，有意无意地，为一场真实的全国性民族主义运动提供了推动力。英国治下印度的统一促进了"印度人"意识的成长。英国建立的高等教育不但引入了西方的自由观念，导致了专业阶层的出现，也提供了不同地方受过教育的精英们可进行交流的语言——英语。②

在其他地方，异族统治、语言和教育对于俱乐部形成有着相同的影响，俱乐部联合为代表大会（Congresses）、阵线（Fronts）、协会等等。在加纳，这样的集团有地方纳税人协会、土著人权利保护协会和英属西非全国代表大会（有他们的妇女组织［Ladies Section］）。③ 而在塞内加尔和法属西非的其他部分，在政治组织建立起来之前，工会和专业组织在"人民阵线"（Popular Front）期间成了准政党。在东非和刚果，联盟常常基于独立派教堂运动、独立学校和地方农民与商业协会而形成。

无论采取什么形式，政党发展过程中的联盟阶段相当令人感兴趣，这有三个原因。首先，它是政治联合的基础；政治领袖们开始对相近和相关社团有了认同，而非仅仅认同政治俱乐部本身，并且意识到与普通群众的共同利

---

① 参见 Rupert Emerson, *From Empire to Nation*(Cambridge, Mass. : Harvard Unversity Press, 1960), p. 342.
② Weiner, "Party potitics in India," 引自 Eckstein 与 Apter (eds.), *Comparative Politics*, p. 708.
③ 参见 David Kimble, *A Political History of Ghana*, 1850 – 1928 (Oxford: Glarendon Press, 1963); Coleman, *Nigeria: Background to Nationalism*; Hodgkin, African Political Parties, and I. Wallerstein, , *Africa – the Politics of Independence* (New York: Vintage Books, 1961). Manfred Halpern, *The Politics of Social Change in the Middle East and North Africa*(Princeton, N. J. : Princeton University Press, 1963).

第六章
作为现代化工具的政党

益。其二，它是一种整合多重的原生性忠诚的手段，这些忠诚可能会阻碍一种有效并动员起来的政治压力的形成。第三，它为发展特定的事项和改革过程提供了经验，这些改革涵盖了温和与激进的，例如议案草拟、宪政工程、意识形态的建构。没有联盟提供这些必要的前提，代议政党和团结型政党就不可能出现。正如卢斯·沙克特（Ruth Schachter）指出的，"政党是西非最久远的国家政治制度，在政府或公务员之前就已完全非洲化了……因此相对于法国人和英国人部分为撤退做准备而建立其正式的政府制度，政党更有资格做非洲政治的指南。"[1]

政治运动

当政治联盟突然间赢得了一大群人对一种特定的意识形态或英明领袖的追随，它就具有了现代民族主义的特点。在接下来的民族主义运动中，我们发现了一种自愿与组织的奇怪组合。自愿来自于人们愉悦的，有时是完全情绪化的甚至是短期的认同感，这种认同感使人民觉得同未来或特定的领袖人物合为一体。有时，运动受到宗教动机的鼓舞，如穆斯林兄弟会的例子；然而，有些中东的大型政治运动，以及西非和北非的提得尼亚（Tidjiania）的商业或贸易运动也富于宗教意味。有时，他们是基于共同的地位或肤色，如直到1958年的非洲民主团结（Rassemblement Democratique Africaine）的支部、地区协会、代表大会跨越了地域的界限。有时，它也是高度地方性、传统性的，如二战后乌干达的巴塔卡（Bataka）运动。无论什么形式，运动的主要特征是自发性和民粹性——领导阶层同人民之间的直接关系，相当强烈的情绪投入，目标的简单性。运动围绕着相当分散和笼统的目标形成，据信这些目标的实现将解决所有重大问题。这一目标有如恩克鲁玛的"政治王国"或民族独立，实际上对所有政治领袖而言都兼具政治性和经济性。

因为包容其他矛盾和冲突的社会群体有助于扩大联盟党的基础，运动至少在一方面——它能产生的非理性狂热的程度——体现了联盟的深刻变化。政治运动同宗教运动极为相似。它们使人们感到存在意义的升华，借由成员身份个体能更好地组织起来。成员身份本身是非正式的。它更是一种感觉，而非仅仅是一张党证，是一种忠诚而非组织问题。因为运动的组织性相对薄

---

[1] Morgenthau, "Single-Party Systems in West Africa," *American Political Science Review* (June, 1961).

弱,它往往很脆弱,一旦其主要目标得到实现,便告终结。当运动转型为一个政党(无论是代议政党还是团结型政党),国家宪政的未来和国家政体的本质往往就此被决定。这是运动中的政治领袖将喷涌而出、席卷社会政治领域的公众能量、转化为更稳定和永久的形式——即制度化的忠诚和权威——的努力的最终结果。

代议政党

代议政党在调和型系统的框架中运转,领导角色被高度制度化。代议政党认可调和型系统,但也需要选举规则和一个党委会的政策决策,这可能采取全国会议的形式。其最终计划常常集中于物质福利和对特定群体的特定利益的承诺。改革既是其典型特色,也是牢固的意识形态。

代议政党很少出自政治运动,而是来自政治联盟。他们扩展了联盟的基础,尽可能地吸收利益或自愿团体,例如工会、妇女组织等等,他们也给予这些组织相当的自主性和自由。他们的主要功能是确保选举时有足够的投票者。因此,附属机构不为党组织纪律所制约;他们是被合并但却自成一体的部分(年轻人、妇女、工人等等),如英国工党那样,有其工会、选区党(Constituency Party)、合作社成员等等。此外,代议政党有大量的直接党员。

代议政党在个人生活与社会生活中不居于中心地位。恰恰相反,党员身份同其他组织——教堂、俱乐部等等并行不悖。它不时会变得声势浩大,尤其是在运动期间。它不是一个无所不包的存在的中心。它的青年组织可以实现一个互助友爱的组织的目标,同时保持着旧的友爱关系。它可能有助于解决政府活动带来的特定问题。例如,在尼日利亚,行动小组(Acting Group)与尼日利亚和喀麦隆国家会议(NCNC),为拉格斯城市再发展引发的地方不满的处理权相互竞争。党的"律师"遍及每个街区以代表有着类似问题的人们。他们组织了居民协会、会议,有时是一场动乱;他们也试图缓解利益冲突,部分原因是希望赢得新的追随者,另一部分是将之作为在新兴地区建立分支的途径。①

代议政党有一种特质。除了消解不满,他们也提供诸多娱乐和消遣。在处于现代化进程中的国家,政党经常经营租借和节约协会,举办舞会,发起

---

① 参见 Peter Marris, *Family and Social Change in an African City* (London: Routledge&Kegan Paul, Ltd., 1961),特别是其第七章。

第六章
作为现代化工具的政党

或帮助发起慈善活动。他们在许多方面做得像西方的志愿协会。教堂、讨论小组、青少年组织常常是由党发起，或者得到了地方党组织的协助。党校也经常开设指导性课程，科目从马克思主义到播种技术不一而足。使代议政党的这些活动与众不同之处在于其组织的松散和自主性。党的附属机构倾向于以一个教堂、学校或乡村市镇的其他制度中心为基地；他们同党中央的关系因而不是直线而是水平的。换言之，党的地方分支的成员资格并不自动带来和党组织相连的地方及半志愿的社团的成员资格。

代议政党的对手通常要么是另一个代议政党，要么就是一个团结型政党。在大多数处于现代化进程中的国家，一个代议政党和一个团结型政党对抗的结果往往是以失败告终。受组织缺乏的限制，前者无法采取可能会改变其多样性特色的行动。甚至当一个代议政党是国家唯一的政党，其自主或半自主的部分往往成了腐败与竞争的中心。代议政党没法作为一个党整体而有效行动。

或许这一点最鲜明的例证就是利比里亚。真辉格党（True Whig Party）自1883年以来便一直当权。如古斯·利伯劳（J. Gus Liebenow）指出的："1869年到1883年之间是唯一存在激烈党际竞争的时期，那时反对党颠覆执政党的机会是实际存在的。"① 由于既没有基于意识形态的内部纪律和战斗精神，也没有对整个组织的有效控制，一个政党就需要用奖赏、施恩和腐败来笼络其成员。在利比里亚，根据利伯诺（Liebenow）所说：

> 真辉格党所以能维持18年以上的统治，端在于他已发展出一个高度发达的机制。施恩是整个建筑的基石，既然在一个高度中央集权的单一制国家，只有一个选举产生的行政官，那么，抢得了总统职位的政党便垄断了不同形式恩惠的分配权。反对派能作承诺，但只有执政党能兑现对信徒的奖赏。选举中不断的失败和真辉格党对反对派持续的分化瓦解，使一个政党一旦一次失败，下一次便很难再继续吸引到支持者。反对派不得不依赖忠诚分子的自愿奉献。另一方面，真辉格党对每个公职人员征收年税，两个月里要缴纳相当于一个月收入的税，而党产管理并没有会计一说。②

---

① Liebenow, "Liberia," in Gwendolen Carter (ed.), *African One-Party States*, p. 359.
② Ibid.

代议政党进化得很慢,他们的成长同核心政治制度的发展相联。即使它们是发端于民族主义意识形态,其意识形态也常常褪变为口号,允许整个系统依靠个人的交易来运转。这常常导致政治停滞和发展止步(immobilisme),如苏丹、巴基斯坦和缅甸那样;外部力量可能很容易取代代议政党,一如军队在许多国家所做的那样。或者说,面对一潭死水这种问题,代议政党可能引入团结型政党的元素,如拉甘伊卡非洲人全国联盟(Ranganyika African National Union)。即使在成功时,代议政党也难以满足大众的期望。尼日利亚的"尼日利亚和喀麦隆国家会议"(NCNU),印度的国大党,在政治上相当成功,但显然不够有魅力。他们的领导阶层往往稳定而老朽。例如,塞内加尔进步联盟(The UPS)有其青年运动组织,然而并不具备加纳的青年先锋队那种战斗精神。[①]

代议政党结构上不见得与团结型政党相差太多。那就是说,他们的正式组织表面看起来可能很相似。党是否强而有力,更多地取决于地方党组织的角色和党员同党的地方单位的关系。地方支部或委员会是按地域而非功能建立起来的。这些支部被编入地区组织系统。协调机构连接着两个层级。最高层的是党的代表大会或由一个全国总书记领导的委员会或行政机构,负责处理日常事务。党的决策是咨询性的,相对非正式的,也不是很严格。党团尽力从不同的下级结构的意见中做选择。关系结构较为松散。

团结型政党

团结型政党发端于改造共同体、重组社会关系、发展一种不同形式的意识和道德的愿望,因而常常出现在动员系统中。团结型政党通过在群众行动中投入人力挖掘为某些基本发展目标所必需的资本。党的生活有着整体性,成员要承诺完全的忠诚。党是个人生活中最主要的中心:他的观念、职业和对共同体的服务围绕着党进行;即使他的婚姻、他的住房、他的生活方式都被党组织所影响着。

与强调老领导智慧的代议政党不同,团结型政党的领导虽然是官僚化和难于取代的,却能在不定期的内部清洗后延续下来,并跨越了党领导人和新人之间的代沟。中间代基本上被认为是不可信赖和机会主义的。因此,党高

---

① 塞内加尔政党模式最出色的分析可参见 James S. Coleman and Carl Rosberg(eds.), *Political Parties and National Integration in Tropical Africa* (Berkeley: University of California Press, 1964);也可参见 Michael Crowder, *Senegal: A Study in French Assimilation Policy* (London: Oxford University Press, 1966); Ernest Milcent, "Senegal," in Gwendolen Carter(ed.), *African One-Party States*.

第六章
作为现代化工具的政党

层富于战斗精神的领袖同党内最年轻的成员站在一起,相互支持。其结果是一种青春和活力振作了每一代党员,使党显得朝气蓬勃。

团结型政党一般诞生于政治运动。党不同的部分经由一种高度的意识形态操控聚合在一起。革命口号和迅速变革的热望强化了组织中各部分之间的相互依赖。这些部分的成员资格往往是强制性的,包括了青年组织、妇女协会和工会。他们不仅有一种明显的政党特征,也是政治社会化和控制的工具。在殖民时期,团结型政党往往像代议政党一般行动;例如,他必须参与选举竞争。为此,他按照地域建立起选民组织。而独立后,功能组织变得更重要,地域单位仅仅是党的不同从属机构官员们管理党务的场所。

团结型政党不断地强调团结和纪律。每一部分都要做党坚定稳固的基石,而不是让党变得多元化。被党放逐和丧失国家公民权一样严重,而入党事实上是一种神圣的仪式。这样的氛围同迪维尔热所称的权力的人格化颇为相似。不遵从党的教义便是对领袖的背叛。领袖是先知、超人,或者是和蔼而又严厉的独立之父,将会领导追随者走向现代化与发展。

对团结型政党的介绍不胜枚举,此处便无需多言。[①] 然而,需要强调的是团结型政党对年轻人特别有吸引力。它热衷于援用革命和巨变的语言。如米歇尔斯指出的,团结型政党有变为寡头制的内在趋势,也有着在修辞上宣扬革命、实践中表现坚决的一种趋势。在处于现代化进程中的国家,随着时间流逝,代议政党和团结型政党可能会变得越来越相似。年轻人是团结型政党的希望。因而,在所有动员系统里,人们都能发现青年先锋队团体、青年近卫军(vigilance brigades),等等。他们的教育是意识形态化的,因为通过意识形态,新的价值被确定和简化。

政党和政府

政党类型学的一个主要划分标准是某种特定类型的政党以什么方式建构未来的现代化模式和系统里权威的本质。代议政党在一个宪政、代议政府的框架下运转,一般履行至少三种主要功能。他们是:(1)控制行政;(2)利益代表;(3)公职录用(recruitment to office)。为使对专横、善变权力的制衡能够有效和规范,控制行政需要某种协商机制(conciliar machinery),

---

[①] 对加纳团结型政党如何发展,它的组织,它的内部问题,这些方面详细的分析,可参见我的论文,"Ghana", in James S. Coleman and Carl Rosberg(eds.), *Political Parties and National Integration in Tropical Africa* (Berkeley:University of California Press,1964).

这一控制机制成了制度化的价值系统的一部分，并同公共的认可和合法性相联结。这是政党在民主化社会里被认为内在于政治进程的原因。其他两种功能同样被认为对于民主是必不可少的。

在团结型政党内部，对这些功能各有侧重，因为它的主要目标是保持团结和指导公众。他们是国家的先锋队，他们被用以维持基于如下三个方面间的关系：合法性、国家目标和公共支持。对他们而言，相对稀缺和不平等问题是极大的威胁；他们的目标是所有形式不平等的消灭和工业化。这就是为什么在团结型政党统治的国家，社会主义独具魅力的原因。它将（或试图）不平等限制在政治领域，从组织角度证明其合理性——实现道德目标的组织手段。

这是现代团结型政党能够在合法性的决定中占有一席之地的原因。团结型政党通常试图改变整个分层等级系统，而代议政党寻求扩大、修正或保存现存的分层等级。前者给政党政治增加了一种强制性和象征性特征。与之相伴的通常是一个先知般或者克理斯玛式（Charismatic）的领袖，他以更高的道义的名义挑战现存的等级制。因此，团结型政党同高度个人化的领导权有着天然的亲和力。

政党在处于现代化进程中的系统的特殊角色，来自于他们赋予或颠覆合法性的独特能力。对团结型政党尤为如此，但对代议政党却不尽然。对后者而言，情况正好相反；代议政党的合法性来自合法的政府（legal government）。①

代议和团结型两种类型的政党都更多地试图以增强在合法性上的否决权而非选举胜利的方式来扩大支持面：（1）靠提高流动性（事实上，它本身就充作流动性的工具）；（2）提供一种综合性（overarching）社会联系机制，沟通不同或者相互冲突的等级；（3）在政府内推动特定目标，这些目标已被植入其意识形态框架中。这三个特征需要予以特别关注。

政党如何增强合法性？一种常见方式是，展示党的领袖所能掌控的大众支持。团结型政党在运用这一技巧方面比代议政党更为熟练；但在许多系统的实践中，都存在两种方式混合的情形，例如，联盟或提名表制度，选举中其提名表大获全胜的政党赢得议会所有席位。在这种系统内，代议政党的原

---

① 这只是通常状况。然而，在尼日利亚这样的国家合法性的基础在哪里，却模糊不清。宪政秩序的基石更多立于政治集团间的僵局，而不是对宪政的信仰，所有的政治集团都只想借助法律框架来让自己的存在永久化。政党对宪法秩序顶多有一种暧昧的忠诚，这与其说是政治礼仪和规范的驱动，倒不如说是一种行动策略的结果。例如，北方地区的政府，几乎难以看到民主的影子。

第六章
作为现代化工具的政党

则及其诸多组织特征,连同团结型政党提供的权力感都被保持下来。这在理论上合法化了一个调和型系统,但在实践中却不尽然。

代议政党通过代表联盟和多种支持力量的利益,声称自己是合法性所在。另一方面,团结型政党,依据某种理想强化着自己的合法性,党员身份便是效忠此理想的证明。被排除在联盟或团结型政党之外的人被认为是政治之外的;而参与其中的人则显示了忠诚,故而被选拔出来。因而,政治公众——即政府合法回应的与政党直接相关的会众——不包括整个共同体,而只是以政党为中心进行行动的那一部分人。

强化合法性的另一种方式是克理斯玛的仪式化。有时仪式化进程终结,制度化的领导角色取而代之,并变为一种官僚化的角色。这是否会发生,部分依赖于领袖本身的个性。例如,李普塞特指出,一个准克理斯玛人物,乔治·华盛顿,靠自我约束终结了角色的克理斯玛特质,使官僚化和制度化的支持得以出现。[①] 政党领袖角色仪式化通常发生于团结型政党内,以及一个有国王般总统的国家。在改变分层和实现现代化的名义下,这一过程伴随着团结型政党内的大清洗和政府反对派的被清除。

两类政党无论有多少相似性和差异,却有一个相当明显的分歧点,虽然这很少为人论及。言辞可以相同或相似,词藻可以华丽,政党的结构实际上也是相同的。由于基于完全不同的政治概念,团结型政党强调社会的有机性或者社群性,不断进化和成长,逐渐释放自身的潜能。他们认为,这些故此或者内在于人的本性和可疑的社会本性中,或者内在于一种超验观念的实现中。那么,现在是为未来而存在。生活有其终极目的,而该目的必须要实现。在这一方面,团结型政党展现了一个动员系统的特性。代议政党却视政治为一种巧妙的交易以寻求支持的精巧制度。它基于妥协而存在。它对意识形态并不看重,因此也贬低了意识形态。它能允许竞争,的确也需要竞争。它是调和型系统的特征。

两类政党共有的一个影响是角色冲突的激化。如前所述,职业型角色和企业家角色之间、企业家角色内部之间都有冲突。出自团结型政党的企业家角色倾向于垄断,党的领导人赶走了所有竞争者。与之相反,出自调和型系统的政治企业家不是垄断性的,反而欢迎竞争,并以之为企业家角色录用的一种原则。然而,团结型政党出身的政治企业家的实践无论多么富于垄断色彩,他们驱赶代议政党的同行们如何成功,他们依然不得不应付职业角色的

---

① Lipset, *The First New Nation* (New York: Basic Books, 1963).

代表们。政治企业家不得不同职业角色担当者竞争。因此，我们将从这种冲突的视角，以及志愿社团而非政党的视角来思考政党问题。

其他政治团体

并不是所有重要的政治团体都采用政党的形式，比如宗教团体和其他志愿性社团，但它们可能同样重要，有时甚至比政党更重要。① （我们的分析必须涉及它们，但篇幅所限，我们不可能面面俱到。）这些政治团体还包括同业公会和退伍军人协会（veteran）、教会、工会、农会等。当代表是以功能（现代化的）而非地域为基础时，这些团体在发展中地区可能具有某种特殊重要性。作为一种现代化系统，合作主义国家（corporate state）理念的基石便是功能性政治团体的有效性。

大量文献探讨了志愿社团和其他形式的政治团体在现代化过程中的角色。这些团体有时能相当有效地融合对立的传统。哈尔彭（Halpern）讨论了一个涉及伊斯兰教和马克思主义的案例。

> 对习惯于生活一元论观点的穆斯林来说，马克思主义并非一种拒斥精神价值的唯物主义方案，而是一种将精神价值立足于物质基础之上的新的一元论。他们说，穆罕默德为了建立一个信徒的共同体，不得不打破亲缘纽带和一种古代的多神论，面对战胜苦难和不义的第一次真正的历史机遇，马克思主义似乎足够激进，能够重组共同体以实现这众多的使命。②

许多处在功能社团和政党之间的极端政治团体的社会主义的确相当令人感兴趣。他们强调发展中国家的作用，但并未有一个系统的哲学。不管是埃及的穆斯林兄弟会、巴基斯坦的贾玛特伊斯兰（Jama'at–I'Islami）运动、加纳的爱国者联盟或以色列的斯特恩集团（Stern Group），他们都靠着设定一种极端的标准，并任意地标准化传统和现代化的新评判准则而发家。虽然他们的政治生命转瞬即逝，其重要性却无可置疑，他们在现代化时期造就了权威和政治正统学说。

---

① 我所谓的"政治团体"，包括了所有力图将他们的代表推到决策位置的团体，如利益集团、压力集团和政治机构（political bodies）。

② Halpern, *The Politics of Social Change in the Middle East and North Africa*, p.161.

第六章
作为现代化工具的政党

当然,有些政治团体只是偶尔才呈现政治性,另一些团体政治色彩的持续时间更长。前者有军队、文学协会(literary)和校友会(old boys' associations)。后者有党内的支系(party wing)、党的附属机构、青年运动等等。一支军队卷入政治的影响显然远过于文学协会。

这种尝试往往使军队堪与政党并驾齐驱。社会生活同政治严格地分离,正常的政治表达形式被抑制。军队代表了传统和工具价值的有趣组合。他们能体现一种特定权威形式,这种权威是以一个命令系统内的无条件服从为特色,而在此方面,这种权威形式可为现代化的独裁所用。技术教育,对效率的强调,军事生活的辉煌色彩,阅兵、操练,以及坚甲利兵林立所呈现的那种威势,都使军队成了一股关键的政治力量,在某些地方,他们甚至代替了政党。党与军队共存的地方,其关系几乎不可避免地趋于紧张。盖伊·波克尔(Guy Pauker)最近曾介绍了印度尼西亚军队的模糊地位。他认为,虽然尚武精神兴起,军官集团并未为改革和进步贡献自己的力量。"他们接受了一群充满激情而极端的民族主义者的同伙甚或工具的角色,分享权力,却并未真正服务于印尼人民的利益。"[1] 军队成了一种镇压而非控制的工具,其内部也存在分裂。在缅甸,取代政党的军队表现更好,军队的作风像一个公务员或者是英国殖民当局官员一样。军队最大的弱点便是其平稳地处理政治冲突的能力。总体而言,军队难以有效地替代政党——无论是团结型政党还是代议政党。

官僚集团也是如此。他们本质上受限于其视野和受支持程度。他们能够操控权力,却不能产生权力。在几乎每项成功的公务服务中,技能规则和内在的服务准则确立了一种在功能上特殊的、不会使权力被垄断的角色。

政党和权威

最容易转型的现代化角色是那些同教育相联的角色,包括教师、公务员、技术专家。这并不令人惊奇,例如,在殖民主义的早期,这些角色通常较快形成,具有特殊重要性,并得到认可。早期的民族主义者常常是记者、律师、教师和医生。无疑,他们角色的现代性色彩是其引领大众走向现代化的一种资格。

从前面关于职业角色同企业家角色冲突的讨论中,我们可能设想,随着

---

[1] Pauker, "The Role of the Military in Indonesia," in John J. Johnson(ed.), *The Role of the Military in Underdeveloped Countries* (Princeton, N. J.: Princeton University Press, 1962), p. 222.

现代化角色的增多，政治权威将主要在那些有职业的人中间分享。然而，这很少是事实。取而代之的是，由于现代性角色的增多，政治等级制的开放很快产生了非技术性的"现代人"之间的竞争。其结果是一种古怪而倒转的角色界定和权威进程：也就是说，政治角色功能上越分化，对权威的需求越大；功能越明晰，控制越有效（more effectively subordinated）。先是专业精英运用民族主义，为大众打开了政治与社会分层系统的大门，而后却被有些群体借民主之名赶下台，专业精英和他们之间似乎有着根本的对立。在等级制的顶端是全能（all-purpose）的角色，无论是克理斯玛，或是企业家，他们都有着某种象征性。除了在政治领域，许多政党精英的权力和声望都不值一提。现代化的扩展创造出某种境况，其中专业性现代化精英的权威被限制和贬抑。这意味着，在特定的现代化时期，企业家比职业型角色有着直接优势。

那么，政治作为一种造成了专家与通才角色、技术人员同政治企业家竞争的动态机制（mobility mechanism），有某些特别之处。我想到的是专家与权威关系这一更大的问题。早期民族主义者对权威的诉求——在地方政治中为民众争得更多的参与——由专家们首倡，这一权利将为所有合格的男性共有。在那个较高的职位只能由一个来自母国的官员担当的时代，技术训练仅是通往权力、声望等级系统的一个狭窄入口。然而，此后，通过把专家吸收进从属性和技术性的职位，基于技能进入系统的诉求得以满足。想要控制国家的民族主义者们常常迫切地想避免这种状况，试图寻求更全面的教育形式而非单纯的技术教育。①

大体上而言，专家和技术人员最先组建了政治俱乐部和校友会——实际上也被政治社会化了，但政党的发展将他们边缘化。在英国殖民地，这一趋势由于对公务人员参与政治的限制而被加强了。

在现代化的政治中，专家和技术人员形成了两种类型的社团：一种是精英俱乐部，另一种是公务人员社团，公务员的规范促使该社团的成员从属于政治领袖。他们的专业技能和功能性角色使他们易于管理。他们享有很高的声望，但在特定功能领域外，他们的权力被严格限制。

职业型角色从属于企业家角色这一政治权威模式的两个例外是军队和工程师。他们都具有将总体（general）权威赋予其技术角色的能力，他们的

---

① 这种现象原因很多。认为技术性角色从属于非技术性角色，这种对技术教育的偏见在许多发展中地区都存在。

第六章
作为现代化工具的政党

技术角色很容易转化为多功能的象征性角色。现代化过程中国家的军队和军事官僚机构在这方面表现得最明显,他们既有崇高声望,也拥有需要费力行使的巨大权力。此外,除了少数例外,他们并未真正参与实际的军事活动。的确,极少新国家的军官们曾有过战场经历。军队成了一种高度政治性的职业。①

因而,在处于现代化进程中的社会有三种类型的政治领导权角色。每种都以现代性的名义,声称自己为合法的继承者,他们是:以精英型政党或专业社团组织起来的专家和技术性职业角色;领导着团结型政党或代议政党的政治企业家;军队-公务员的官僚队伍(没有他们的支持,政权很快便会易手)。每个群体都代表着某种现代化类型的推动力。第一个和第三个角色凭借技能、训练和教育而非政治竞争赢得支持。

当一个处于现代化进程中的国家独立后,三种现代化类型的角色冲突便是常态。每种角色都力图阻挡其他角色的权威诉求。每个都力图操控其他角色。政党领袖寻求控制他们的公务员、军官和专家们,以防止他们对自己的合法性使用潜在的否决权。党的官僚系统、军队官僚系统和公务员系统之间的摩擦和紧张更是政治生活的常态。

这种精英间的冲突存在于所有处于现代化进程中的社会。但在政党强大而社会孱弱的地方,这成为了一个特别的问题。这是需要团结型政党的原因之一——即一党制国家内部党与政府的特殊关系。政府根据与团结型政党的关系界定其相关公众(relevant public),团结型政党控制着绝大部分人口。

因而,在处于现代化进程中的社会,政党的角色根本不同于发达工业国家的同行们。作为一种代议的工具,政党不能在不削弱权威的前提下,如实地表达社群的不满。它需要大众支持。多样性成为党生存准则的一部分(absorbed in the context party discipline),党有自身的官僚系统。党的领袖们为了获得党内各派的支持而相互争斗。然而,最重要的一点是,现代化过程中社会的政党必须提供某些心理满足感,无论他们手中有多少恩惠或奖惩手段可随意使用。这给了他们一种神圣(millennial)的特质。他们不能仅仅是统治者同被统治者之间的信使。党本身已创造了一种权力和声望的政治等级制,反过来又形塑着党员的资格和地位。

---

① 缅甸或许是这一个概括的例外。参见 Moshe Lissak, "Social Change, Mobilization, and Exange of Services between the Military Establishment and the Civil Society: The Burmese Case," *Economic Development and Cultural Change*, XIII(October, 1964).

根据他们在社会中扮演的多重角色，政党有着不同的重要性。制造或表达不满，阐明问题，确立目标，他们代表着整个共同体的一部分。但是，虽然面对着政府权威，像系统中所有的次级单位一样，如工会，他们也通过职位的分配帮助分配权力。运用第一种能力，他们控制政府。他们的成员有了双重的忠诚。动员系统特别利用这一双重忠诚，以国家的名义维护党的至高无上性。因而一个动员系统内党的角色与其他系统内党的角色大相径庭。

很明显，政党不仅仅是从个人到集体的消极的意见传送带。他们代表了一组子群变量，特别是团结型政党，在将鸣冤诉苦和生活窘迫作为特别问题予以具体表达时，他们深刻地影响着社会分层。因而，在现代化过程中通过建构一个以自身为中心的系统，通过成为政治企业家操纵的一种现代化工具，政党扮演着决定性的角色。

第七章　政府的要件

迄今为止，我的目标一直聚焦于提出分析现代化问题的背景。我已提出：把政治变量而不是经济变量作为处于现代化进程中之社会的独立变量，这非常重要。因为，现代化的角色（roles）之整体并非都为建基于理性分配基础上的动态的亚系统所整合，这是工业社会的情形。对亚系统的替代通常是政党或其他一些政治性团体，比如军队或官僚组织（或者在某些情形下的宗教组织）。

政治变量的战略性工具（strategic instrument）是政府，我已将其定义为一种具体的结构。另外，"政府"在此处意指，对于系统的维持或/和适应担负着责任的个体的特定集合，而这些个体是系统的一部分。通过作出把社会成员捆绑在一起的选择而实现这一责任，是政府的主要活动。

这些选择范围或宽或窄，构成了不同政府间的基本差别。一些政府将仅仅迎合共同体一部分成员的要求（并据之去规训其余成员）。寡头政治的特征是代表特定的阶级或等级的利益。然而，今天大多数政府都笼罩在平民政治（populism）和大众参与的世风之中。这种平民政治是如何控制和形成的，以及政府对公众需求的回应程度，构成了政府的典型问题，特别是对处于现代化进程中的社会来说。

实际上，政府为了维持系统应该与特权阶层结盟，这种观点已声名狼藉，今天没有任何政府运用该原则作为合法性（legitimacy）的标准。即使该联盟在事实上存在的地方，也被伪装为暂时性的现象。因此，现代化与建立在特权基础上的政府规范的瓦解相伴而生。已实现现代化的社会通常大都以开放性和团结友爱（fraternalism）为其特征，这反映了对公众的一种尊重，以及对个人潜能的一种承认。由于这种特质的存在，政府可能仅被设想为一种与社会互利互惠的组织。然而，实情并非如此。在现代化产生出此类特征的情况下，政府是典型的积极行动者（active agent）而不是忠诚地反映社会之所是的消极行动者（passive one）。在大多数处于现代化进程中的共同体中，政府根据不同的参与规则，循着充分挖掘人和社会资源（human and social resources）潜力的深层目标，而力图对社会加以塑造。它们的决策（对其选择的责任之行使）决定了该社会的道德特征。处于现代化进程社会中的政府为了激发现代化的力量而对其大多数成员的利益试图给以最大程度的满足，这又被维持忠诚（loyalty）和合法化行为（legitimize actions）的需要所限制。

就这种角色而论，很容易发现，政府不仅是政治的重要机构，而且它在社会的实然与应然之间达成了一种微妙平衡。该平衡在不同类型的政府间均不相同。在起初的篇章里，我们已经介绍了五种政府权威类型：即调和型系统（reconciliation system）、现代化的独裁、重商主义的社会、军事寡头统治以及动员系统（mobilization system）。中间三种类型是同一类型，即等级权威和工具价值混合型的变体。每一种类型都代表了道德和效率之间的特定关系。表现为合法性标准的道德——潜在性或公正性——呈现出为这些类型划界的一系列界限。

政府的边界

对政府的不同分析方法导致了不同的关于现代化进程的理解，这丝毫不令人惊讶。在接近于世俗－自由主义（secular–libertarian）模式的系统内，现代化是由政治精英和企业家的视界所激发的个人和群体行动的副产品。这意味着，首先要强调的是与现代化相关联的生活方式、为获得该生活方式所必需的教育，以及在现代化的部分和尚未现代化的部分之间保持最大的社会距离。只要政府持续投资于教育和培训以确保机会均等，其他社会也可以仿效，这种存在（Stand）类型就得以建构。社会流动部分地是企业家活动的结果；政府的任务是注意机会不能固化或因为任一特定群体的垄断性政治实践而被隐藏或限制。在那个意义上，一个"好"政府在监管其成员活动的同时，也创造了更多的机会。换言之，维持系统规则的同时也能提供经济增长。诸如此类的自由系统在保留权力和名望（prestige）的同时也扩大了它的范围。所有这些进程都透过投票机制而得以规制，这一投票机制为代议制政府所采用①。该系统成功的关键，是持续扩展的利益流动，以及更为重要的进入权力和名望角色的渠道。因此，这是平等的问题。

当现代化产生的不平等引致人口中大规模群体（large groups）从系统中

---

① 这种观点仅仅把马克斯·韦伯在 Wertrationalität 与 Zweckrationalitä 之间的区分，扩展入政治领域；见 *Theory of Social and Economic Organization*(Glencoe：Free Press of Clencoe，Ⅲ.，1957)。

第七章
政府的要件

撤出的时候，自由主义模式行将瓦解。"市场"失灵不仅是因为投票机制对共同体中的偏好等级（the order of preferences）反应过于迟钝；而且当政府抑制全部的社会产品的消费和投资来确保未来的更大总量的时候，它也会归于失败。而且，在现代化过程中区隔人们的许多问题，逐渐累积而成私下的不满，不能在代议机构中得到注意。结果是，敌意、焦虑将逐渐蔓延。与纯粹理论上的自由主义模式所固有的个人需求和政府回应之间的一一对应关系不同，这时政府将愈益偏离公共利益（与特殊利益非常不同）。一个永远存在的可能性是，在增长背景下政府对平等的兴趣可能转变为在控制的背景下对权威的兴趣。

这些论述解释了为什么处于现代化进程中如此众多的新兴国家选择单一政党、英勇果敢的领导阶层（heroic-leadership）的政府模式——该模式容易导向神圣-集体主义模式。神圣的集体主义模式的首要问题是，在通过新的价值系统的确立转换权力和名望的同时，保持权威。如果公正（equity）是市场式系统类型的关键问题，那么权威（authority）就是神圣-集体主义模式所面对的关键问题。前者以分配概念为基础，其中正义是在系统中表达个体和群体要求的抽象途径。后者则以发展概念为基础，其中公正必需推迟到共同体财富已实现实质性增长的时候为止。这正是我在本书第一章所宣称的，即神圣-集体主义模式最终把效率与权威相关联，或权威与效率相关联。

但这两种类型的政府，有一个共同的特征。他们都会作出两组决策。首先是一组关于分层的决策；其次是一组意识形态的决策。阶层分化决策，我意指那些政府通过持续不断的努力，或是在主要阶层范围内或是通过修正阶层体系本身为更加广泛深入的社会流动创造条件。通过一组意识形态决策，较之于满足流动的诉求，政府获得了更大的权威。由于他们要满足心理需求和审美需要，他们操纵着道德。第一组决策关注权力和名望（阶层分化）的决策，可以被视为政府决策的理性方面。第二组决策（意识形态）超越理性而达至非理性的层面。任何稳定的政治共同体都需要这二者①。

---

① 一些社会问题可以通过重新调整再分配资源而得以满足，因此得以终止他们所呈现出的幽怨。然而，无论问题的范围如何，稳定的政府的第一个行动是调整他们所需要的目标。通过这种措施，为满足现代化问题的政策才能被组织起来。

然而这种政治努力，并不充分，特别当问题深陷危及个体的个人认同的道德和文化本性时。正因为如此，创新的过程非常复杂。这并非本质上的创新而是问题。我们可以一而再、再而三地发现它，有时以情绪脆弱的表达，有时以富有侵犯性的表达。一个处于现代化进程中的男人问道，"我是谁？""我的身份是什么？"并且难以捉摸到答案。男人的身份经常由他人来界定。

如果政府被界定为一个系统的决定性战略单位,那么政府失效将意味着整个系统的失效。在这个意义上,这种关联是有效的。如果政府改变阶层分化的决策不足以维持对政体的公共忠诚,或者如果政府权威的非理性方面不再被承认,那么政府就可能会失效。第一方面的失效导源于对公正的否认,第二方面则导源于政治犬儒主义。然而我们所描述的任一模式都存在这些政治难题。

对政府在这样的背景下维持自身所必需的重要条件,有更为一般化的研究方式,即其隶属于更大一级单位并依道德和潜能(potentiality)而与之相联。为分析政府如何良性运作,我们必须详细说明公正或权威可能失效的条件。为此,我将提出一种政府理论,该理论以政府的两个功能要件(functional requisites)和四个附带功能(contingent functions)为基础;另外一种理论则以两个结构要件(structural requisites)和四个附带结构(contingent structures)为基础。功能性和结构性要件都是为政府分析及其变革方式所必需的重要概念,然而附带性功能和结构旨在探出更为特别的(但依然可资比较的)社会和政府知识。这些功能和结构应当容许我们发现现代化以及系统改变的综合性的比较分析途径,并深入探索进行比较的每一系统的独特性。然而,首要的是,要件分析如何展开的某些评述可能会更有助益。①

政府变迁分析

在继续探讨政府功能要件之前,我将重申政府的定义:在一个系统中,政府是拥有担负系统的维持和/或适应职责的最为一般化的成员。就其作为分析单位而不是具体单位来说,探寻此类必要的功能要件,非常困难。例如,这正是戴维·伊斯顿和加布里埃尔·阿尔蒙德曾遭遇到的难题之一②。从功能方面分析政治或权威系统,是了解许多具体的互动着单位的方式之一,但这难以对需要进行经验观察的战略性具体单位进行选择或取样。因此,政府的定义不能过于广泛,以至于涵盖了太一般的现象范围,比如伊斯顿的"价值的权威性分配";也不能过于狭隘,以至于模糊了政府执行权力方式的多样性,比如倾向于集中在更正式的权力执行方面的法律定义。根据我们的政府定义,如果系统是一个社会,那么该社会的中央政府最有可能是

---

① 他们也将试图暗地里反驳这样的论证,即这种分析形势是呆板的和保守的并且对变迁毫无兴趣。

② See Easton, "An Approach to the Analysis of Political Systems", *World Politics*, IX(1957), 383-400; and Almond, "A Functional Approach to Comparative Politics", in Gabriel A. Alomond and James S. Coleman, *The Politics of the Developing Areas* (Princeton, N. J.: Princeton University Press, 1960).

第七章
政府的要件

政府的具体单位。同理，如果系统是地方社群，或省区，或行政区，那么该地区的地方政府可能就是具体的单位。

如果系统是一个工会、教会组织或政党，同样适用于这些条件。换言之，也有可能谈论它们各自的政府。相对于其所在的系统，这些政府中的每一个都可以被分别观察，它们也可在更大视域内作为政府的一个部分被一齐观察。因此，在第一种情况下，有可能检验在系统背景下该系统的政府是如何运作的；在第二种情况下，可能发现不同层级的政府——公共的和私人的、地方的和中央的——如何共享政府的功能要件，或者如果功能要件不能维持，那么系统是如何从一种类型变换为另一种类型的。

赋予政府特别品质的是其在更大系统中的作用。我早先提到，对于社会科学来说，最重要的问题是选择分析。那意味着，最为重要的人类行为是选择性的。个体作出选择，群体亦复如是。政府选择和所有其他群体选择之间的区别在于，政府选择影响着政府所从属的系统的所有成员，并对它们均有约束力。除非清晰地理解了这一点，否则后面的讨论将依然模糊不清。

此后，政府之间才有一系列特别密切的关系，它们的公正和权威问题、决策的效果以及基于维持或改变系统的努力的评估。这些密切关系可以从政府的功能要件中发现，也就是说，如果政府及其所属的系统要想存在下去，所有的政府必须履行这些功能①。

重述我早先曾说过的论断，政府重点关注的是那些事关其所在系统生存的因素。由于政府对强制性权力的实际控制，政府拥有一种捍卫系统不容割裂的责任。在现代化过程中的社会，可从两项特别重要的战略性活动中发现这种责任。在此，文化张力在阶层分化系统的变化、政治团体的形成过程以及在追求现代化的过程中所确立的政策中得以体现：第一，正如我们以前提到的，角色和角色群（roles and role sets）的适应与整合，包括了与角色相关的价值的制度化；第二，对忠诚和支持的鼓励，使合法性被建构、集中和应用于政府之中。我们曾提及，在处于现代化进程中的社会，对于第二项功

---

① 在考虑政府的品质、结构和政府政治之前，另外一点必须强调。它追随我们的定义，即政府是为任何社会系统所必需的一种具体结构。也就是说，在所有的社会系统中，都存在具有上述品质的一些确定无疑的群体。诸如此类的群体可能被详细阐发和适当定义，法律性的以及功能性的；或者它可能非常松散和微妙地嵌入表面上带有其他目的的群体之中。然而，甚至在大多数零散的血缘系统中，根据其定义，也有一种政府，正如在政治组织中所详加阐发的一种。尽管社会（或其他社会系统）的任何结构都与政府的维持相关联，但我们的定义也隐含着政府是最有战略性的机构。这并不是说如果你创造了一个政府，你就自动地创建了一个社会，而是说，政府维持最低限度的需要必须虑及以某种方式两者能共存的问题。

能，政府通常履行得非常糟糕，并且政治团体可能会断然宣称针对合法性的否决权。如果这种情势极端化，那么政府就被简化为几乎没有什么权力的形式上的官僚机构。真正的权力掌握在政治局或其他政党代理人手里。政府通常拥有它们自己的小圈子运作机理（dynamics），它们对整个共同体都影响，但其他次级政治团体的运作机理也可能会也可能不会对整个共同体产生影响。换言之，政治团体被界定为阶层分化和政府之间的中间变量、对二者发挥作用的独立变量。政府必须被视为阶层分化一个阶段与另一个阶段或一个系统周期与另一周期之间的中间变量，并在阶层分化中扮演独立变量。正是这使得政治分析如此之复杂。我们必须能看到具体的权威应用和工具（instrument）转变为一种独立变量。舍此，政治分析仅仅是一些其他形式分析的残余补充（residual）。

变迁的可行性和功能性分析

最近，已经有人做过确定功能类别的尝试。塔尔科特·帕森斯已提出了最佳的一般模型（general set），他把关于控制之维续的四个核心功能问题，即维持模式、目标达成、适应和整合——均编织于此。马里奥·李维（Marion Levy）也确立了为任何社会所必需的一套功能性和结构性要件，于此政府可以被视为处理团结、经济分配、政治分配、角色分殊及整合与表达方面之危机的具有战略性的具体机构。（过去，我认为把李维所设定的任何社会所必需的结构要件视为政府功能要件，这颇有益处。）

可是，在允许我们作出有效的政治分析之前，帕森斯和李维两人都要求我们对社会整体作出系统性的研究，从工作习惯到休闲活动、从血缘群体到相互竞争的亚群体所持有的理念。或许所有方面均不可回避，但我倾向于这样的观点，即一些比较狭隘的限制性探究甚至能够以更加迂回的方式处理更加广泛的功能问题，即政府研究。①

阿尔蒙德在其关于政治系统（根据他的看法，政治系统本身是把政治社会化和政治录用〔recruitment〕、利益表达、利益聚合和政治沟通等功能输入转化为规则制定、规则应用和规则宣告〔rule adjudication〕的结构输出的转换机制）的功能分类中倾向于同样的立场②。正如我曾指出的，对这种类型的分析方面的困难导源于缺乏对"政治系统"的明确定义，结果根本

---

① 这并非试图断言我的研究的重要性，这将根据其价值而非主题宣称来决定优劣。
② See Almond and Coleman, *The Politics of the Developing Areas*, pp. 3–64.

第七章
政府的要件

不可能把政治系统同其他类型的系统分离开来。因此，功能和结构如何运作以及两者之间如何关联，这并非清晰可见。更为重要的是，它们的必要地位依然未被详细阐明。

也许功能分析最大的缺陷在于，除非在极端状态下，否则它难以得到验证。因为像社会这样的大型组织显示出相当灵活的适应性以及它们的领导者在提供替代性工具和操作模式以阻止社会崩溃方面技艺高明，可行性验证——或艾特兹奥尼（Amitai Etzioni）所称谓的基于功能主义的生存模式——只有在一个社会或其他单位已不能独立自存并且系统变迁已按部就班都已非常明显的时候，才能应用于研究。换言之，它只作为极端明显的情况的一种说明。如果这种批评有效，那就意味着功能分析对历史研究较之预测更为有用，即使它的目的是在理论上描绘系统变迁的条件。总的来说，这种批评有其道理。

> 大多数功能主义者均视生存模式有效。这使他们要面对这样的批评，即尽管社会或其他社会单位已在相当程度上改变，功能主义者依然视之为同样的单位。例如，鲜有一个社会失去其履行"基本"（比如，生存）功能前提的能力。据称，这是功能模式难以使研究者留心既存的社会单位变动的理由之一。[①]

当然，功能分析的可行性检验是否科学有用，是分析的目的问题。然而我们必须追问，这是检测命题或真或假的良好基础吗？尽管该方式在操作方面有严重缺陷（并且即使科学的单一检验就是操作性的陈述和实证性的阐释），但它仍然有严格演绎分析的逻辑优势。因此，它能够使与事实相关的逻辑运用最大化，并且因此驱除那些错误概念化为基础的描述性命题。可是，即使纯粹的操作主义和归纳方法也不能提供答案。[②]

被界定为对意义的经验检测具有意义的操作主义（operationalism），在技术上是很精确的。该定义仅认可现实的一个维度作为一种可以接受的主题（subject matter），然而这只是操作主义通常被指控为琐细的一个原因。为了

[①] Amitai Etzioni, *A Comparative Analysis of Complex Organizations* (New York: Free Press of Glencoe, Inc., 1961), pp. 78–79.

[②] 正如亚伯拉罕·卡普兰曾评论道，"如果智能只是由测验来界定，那么我们将如何解释仅仅以那种方式所建构的实验，或无安全建构的实验的原因呢？"（*The Conduct of Inquiry* [San Francisco: Chandler Publishing Co., 1964], p. 40）卡普兰也指出，这并非依赖于理论，而其自身并非理论的操作主义的真正缺陷。

确保精确性而被舍弃的东西，再加之调查者的技能并非完全精细，这都可能显示为关键变量。

亚伯拉罕·卡普兰进一步提出了实体的"操作"实验的问题。

> 也有另一种形式的困难。大多数科学概念，特别是理论方面的，与经验间接相关。它们的经验意义依赖于，其他在理论上被置于特定位置的概念之间的联系，并且只有这些与之相关的其他概念足以直接应用于允许具体操作的经验。我们不能测定群体的士气有多高或通过物理对象的使用以任何方式对关涉气体温度或矿石硬度的所有操作的比较来测定记忆的压抑有多深（两者也都与前两者那样同样"强烈的"重要性）。操作的运用且对其结果的解释，依赖于一系列其他术语的意义。①

我们处理的政治面向的复杂和象征性方面在任何狭窄和严格的意义上都不能被确认为"操作"？在那种情况下，它们有什么效用呢？答案是，它们提供了理论分析框架，于此，形成意义的那些变量就可以选择。再一次引用卡普兰（在对皮尔斯的讨论中）的话，"意义是提出抽象的和普遍的概念以至于适用于任何场合。每一个有意义的陈述，皮尔斯指出，都可以被视作决定欲望与行动之间的相互关系。"② 我们可以说，意义是一个行动计划，而政策则是计划的陈述。政策成为我们归因于政府的经验现象，并且政策分析引致我们对欲望的研究，以及在目的和工具价值两方面均能发现的条件。

功能分析的通常价值，是它有助于我们理解行动的目的和意义。认知性的规划是其任务。可行性方法只是使焦点更醒目，将目的分析限定为对单位生存和以此目的为基础的一系列意义的分析。这有助于我们理解特定系统之性质（properties）和迥然不同的行动，并引致对意义的不同层面的解释——潜在的与明显的、认知的与情绪的。在这个意义上，功能主义首先依赖于语义经验主义；其次仅依赖于操作经验主义；那就是说，在它可操作之前，它就是实用主义的。

然而，这些考虑与现代化以及政府在处于现代化进程中的角色研究有多

---

① Ibid., pp. 41–42.
② Ibid., pp. 43.

第七章
政府的要件

大程度的相关性呢？现代化强加来一系列的问题。这些问题经由特定的经验组合（empirical grouping）解决，它们把这些问题转变为由具体的政治团体所采纳的论题。政府是处理现代化问题的战略性的具体团体。鉴别政府行动的意涵——这些行动不仅与其自身的生存相关，而且与其所属的大型组织相关——是当下必不可少的任务，这要求对政府的可行性条件进行检验，因为政府类型的改变将会带来经验后果。

一方面，可行性意味着单位在特定情境下维持自身的能力，在这种情境下，可行性的必要条件必须适应于所虑及的一般类型的所有情况。另一方面，它也关涉情境本身的改变。例如，从处于现代化进程中的社会到工业化过程中的社会的转变。

从现代化到工业化的转型，关涉到社会的经济基础的改变，例如价值整合，无论是工具性还是目的性价值方面的，都与工业发展相联，新型的或适应性的角色也要随之重新界定。工业企业和它们的附属机构是社会变动（social dynamism）的主要来源。终极价值（consummatory values）并不倾向于工业化，并且工业进程是偏离规范的[1]。在这种情景下，系统变迁整体模式中的独立变量主要是经济性的，而不再以政治为主。因此，合法性的本质已经改变，因为合法性依赖于道德因素、社会的目的性价值（政府必须予以适应和捍卫），而不是具体化为工具价值的效率因素。这两种价值类型是限定政府类型的行为边界。在处于现代化进程中的社会，系统的不同类型体现了工具性和目的性价值之间的不同均衡。只有当它们体现于系统内新的强制-信息平衡的时候，改变这种均衡才是非常重要的。这是一个关键点，因为，非常明显，政治改变最初并不反映合法性方面的改变[2]。

我们曾说过，合法性导源于两种类型的价值，即目的性和工具性。目的性价值以一套特殊的道德为基础。这可以表现为政治意识形态、广为流布的

---

[1] 达到从现代化转变为工业化的变迁点的国家包括阿根廷、智利、巴西和委内瑞拉。非常吊诡的是，随着转型的发生，政治因素变得更为明显。政府更缺乏稳定，并通常更加独裁专制。选择是不确定的，并且不确定性导致决策的非理性行为。这是困扰许多拉丁美洲国家的难题，并使得人们研究他们时既颇为复杂也饶有趣味。但这也是他们的"革命"突然变得严重而非昙花一现的原因。

[2] 只有当它变得在道德上有效，政府的一种特殊类型才是制度化的。因此，合法性与政治体中非常重要的成员所持有的关于政治模式正当性的一系列观念相联系，这又为政治模式提供了一些倾向性。因此，合法性是关涉对政府行为一些限制的一个行为术语。关于合法性即界定官方的正当行为。当合法性萎缩（或在消散于非常多样化和竞争性的团体之中），政府是虚弱的。在这方面，可行性的一个通常功能性检测是描述政府合法性的基础。

一整套文化标准，或为相互敌对的团体所各自所持的对立价值（contradictory sets）。在处于现代化进程中的社会，经常遇到的是最后一种情形。作为现代化过程中社会里的政治价值突出地位的结果，政治领导人要求其他的价值与自身观点一致。这正是处于现代化进程中的社会如此频繁地政治化所有的社会生活，并使私人行动范围最小化的原因。因此，道德是对政府可行性检验的一部分。它由目的性的政治价值所代表。

政府可行性检测的第二个方面关乎它的工具性价值。这些工具性价值的充分性可根据效率来判断。当政府被认为在处理难题方面无效或无力，并且没有未雨绸缪的能力时，人们对政府的支持就削弱了。

合法性的两个方面，目的合法性和工具合法性，设置了政府的可行性（viability）的条件。其他团体破坏政府维持任何一种合法性的努力，提供了政府的"动力"，激励着政府的政策制定。如果这两种合法性类型都限制着政府的运作，那么强化它们的努力，或者至少阻止其衰落，就表现为最终的政治目标。

因此，目标实现依赖于政府作出选择来充分支持合法性，也就是说根据道德和效率而最终被接受。为了作出这样的选择，政府首先要运用信息。选择目标的知识、不同选择之优劣的知识都需要，因为这些选择具体体现了目的性和工具性价值。[1]

政府的功能性要件

维持合法性是政府的一个必不可少的目标。因此，为了解决出现的问题，政府需要恰当的信息。上述讨论会使之清晰，即信息包含关涉到一个选择情景（a choice situation）的价值知识——不论是目的性的还是工具性的。因而，信息是政府功能要件之一。没有信息，不足以在其背景（setting）下维持自身。

信息的概念涵括了公众将会支持行动界限之内的知识。超越这样的界限，公共团结将会崩溃，并且引发对激烈强制性行动的需要，会影响到目的性价值和工具性价值之间的关系。这一关系非常复杂，对于关注公正和高度重视个体的政府特别微妙。因而，它限制着可影响这种关系的直接强制手段。重视全体共同体及其潜能的系统，将共同体目标的实现作为最高终极价

---

[1] 通常这两种类型的价值强加了非常不同的标准，在工具性方面最有利的决策可能会导致与社区的目的性价值相冲突。

第七章
政府的要件

值，而所有其他价值均隶属于它，那么当必须实现这些目标的时候，就能够运用相当程度的强制。后一种类型的系统，通常要求对强制性功能的实际垄断，以实现其加强合法性的责任。因此，政府的第二项功能性要件是强制。

在两种功能性要件之间有一重要的动态关系，即强制与信息之间呈反比。高度强制导致低度信息，只有在低度强制的地方才存有高度的信息①。如果政府的目标是作出有效的选择，并且发现在道德和效率、目的性和工具性价值之间有一种可接受的平衡，那么政府实现此目标的途径将体现在它如何运用信息和强制。②

信息如何获得？一个来源是政府认为对其负责任的社会中的各种团体，假定政府与这些团体之间信息沟通畅通。另外一个来源可被称做决策反馈，也就是已采取的行动带来的各种后果的知识。如果在一个特定的地区，工业已经发展起来，并出现了生产方面的瓶颈，例如生产过程的中断将提供出这一信息来。③

---

① 强制导致信息贫乏，反之又导致政治生活模式的完全混乱无序和反复无常。雅各布·布克哈特从十四和十五世纪的意大利给出了这种形式的绝佳案例。他指出，在那时候，反复无常的规则和意大利城邦与公国的个人专制从根本上使得所有的政府都是非法的。间谍、暴力、忠诚的买卖，所有这一切广为流布，甚至统治者的家庭也为报复性的目的所扭曲。并且，越为现代的专制，占星术成了知识的替代物，而宗教顽固成为道德的替代品。See Part I of The Civilization of the Renaissance in Italy(New York: Harper Torchbooks,1958). 中译本见：[瑞士] 雅各布·布克哈特：《意大利文艺复兴时期的文化》，北京，商务印书馆，1979。

② 这种关系并非总是直接相关的。例如，腐化可能是在高强制时期获取信息的一种方式。

③ 高强制系统不能充分利用有用的信息，这通常是真实的。在苏联，这是一个难以摆脱的困境。"听命于中央委员会，社会科学家发现，他们自己有时候非常不情愿地被强制发挥意识形态专家而不是科学家的作用。"结果是即使当他们从事劳动效率、宗教以及其他有趣的问题的操作性研究的时候，他们被禁止通过追问更加理论化的问题来将他们的发现追根问底。例如，他们曾发现："对工作的不满意可能会削减 10 到 20 个百分点的产量，而工作满意则将提高 10 到 20 个百分点的产量。然而他们最经常的发现是（他们称之为）'工业组织'（the poor organization of industry）"。例如，一个工人一大早就到工厂报到，但必需的原材料并没有准备就绪。然而工人能够获得他们基本的日工资，但不是因为他的过失使之将拿不到生产奖金。这种情形与美国工人的经验完全不同，对他们来说，管理的无效率是其工作不满的主要原因。然而，列宁格勒的社会学家非常清楚，他们的发现已经被划定了界限。他们不会追问：工人可以将工业的组织缺乏归咎于苏联经济机能中哪些因素？在什么程度上，他们视这种障碍为计划经济的内在本质？在多大程度上，他们可视之为导源于官僚机器的滥权、玩忽职守以及无效率？他们已经发现，工业组织的匮乏，是高劳动力更替率，不断从一个工作转到另一个工作的首要原因。为什么联盟没有表达工人的不满？是否存在对他们以政治方式表达他们不满的渴望的压制？See Lewis S. Feuer, " Problems and Unproblems in Soviet Social Theory", *Slavic Review*, xxiii(March, 1964),119,121. 然后 Feuer 指出，他们发现的调查和问卷是令人高度怀疑的，"当一个年轻工人认为他知道他的所有回答能够对政府有效用的时候，他敢于冒丢饭碗的危险说实话吗？在一个极权主义社会，在所有的访谈和问卷中都有一个误差的模糊边界，但模糊边界和模糊的程度的研究对于苏联社会科学方法论方面都是最显著的伪问题。"

当领导者希望抑制信息，或当从先前的决策而来的知识已被忽略的时候，知识贫乏使得强制成为必需。惩罚亦复如是。所有政府都要采取一些强制。强制和信息之间的比例不同。这两个要素的混合体的差异之处，是我所采用的权威类型区分的基础。

由于目的性和工具性价值之间通常会直接冲突（例如，"旧"与"新"），要求强制以限制这样的冲突，且需要信息来避免之。这往往成为创建新的目的性价值，从而尽可能确立不同的团结和认同的政府活动的首要方面。非常典型的是，动员系统通过把意识形态抬高到宗教的水准来如此行事。对此，我将在后面的章节中详细讨论。①

政府所采用的强制与信息的混合影响到系统的类型，因为如果强制和信息之间的比例发生根本改变，则政府的结构性关系也将改变。

政府的附属功能

在根据目的性价值来评估政府合法性的意义上，政府的附属功能是政府可行性的指针。在（非洲）黄金海岸（Cold Coast）从事田野调查时，我开始意识到了这些功能的存在。我坚信，在荒蛮之地追随他们的酋长的个体的行为和那些城镇上追随首相的人们的行为之间具有相似性。对酋长的角色与克瓦米·恩克鲁玛特殊的个人魅力型领导权之间的深入分析，显示出一些令人震惊的相似性。在上述两种情况中，角色的占有者都表现出异乎寻常的特质，呈现出特定的神圣性，或类似神圣的特征。这些特征对于权威的维持较之它们实际的具体成就更有意义。

坚信酋长与其功能等价物个人魅力型领导之间的相似性，我后来认识到，这种功能性等价的原因在于，酋长与个人魅力型权威都是政府的特殊的亚类型。如果说酋长制和克理斯玛领导之间功能类似，那也是因为两者均属于政府之形式。因此，这些功能可适用于任何政府，包括立宪政府。换言之，在我看来，在检视黄金海岸的一个特殊政府的各项功能时，我揭示出了政府的一些普遍功能。这些普遍功能涵括：（1）制裁源（sanctional

---

① 对涉及目的性价值的政府来说，问题在两个领域出现：第一，构建一个社区、民族国家以及一个社会；第二，适于现代社会的性格和个性的形成。第一项目的性价值可被称之为团结，由此我的意思是给予群体成员一定意义上相互责任的共同感情。第二项目的性价值可被称作认同，由此我的意思是个体界定财富的意义以及洞察与其相关的其他人的特征。因而，目的性价值在处于现代化进程中的具体表现是团结和认同；并且政府的功能性要件也就是强制和信息作为道德界限或边界与之相互协作。

第七章
政府的要件

source），也就是社会规范的来源①；（2）象征性指涉（symbolic referent），也就是使得人们聚集在一起把过去和未来相关联的象征符号（人们可以称之为"不朽的声名"，在随后章节我们将会讨论它）；（3）整体整合（integrational integer），也就是政府有责任来有序地安排和履行其在系统中的角色，包括政府角色；（4）种族或亚种族定义（ethnic or subethnic definition），也就是以人种、民族国家等来定义社会成员资格。②

在黄金海岸，这些功能的履行者已经从由酋长及其顾问班子所组成的一个特别的种族圈子掌控的政府，转变为民族社会通过由首相及其内阁所采纳的克理斯玛权威的政府。进一步的分析显示，虽然这些功能非常重要，但它们并不比强制和信息更为普遍化，需视政府处理后者的方式而定。然而，强制-信息平衡变化的影响，只要影响到合法性，那么它们将在被视作"附属"的那些功能中看到，并因此有助于用实质性的术语（substantive terms）来解释系统变迁如何发生。

例如，附属性功能非常有助于解答关于克理斯玛的问题。其构成要件是什么？如果克理斯玛权威变换为另一种形式，将会如何？如果由于强制和信息之混合的变化（并且决策和责任之间的关系也已改变），而发生系统变迁，那会怎样？或者，举另外一个例子，侵害合法性会首先表现在附属性功能上。可能会这样：有效信息显示出，社会问题如此之复杂，以至于为改变对此状况的直接限制，而必须采取强制措施。如果合法性并没有被破坏，那么这将牵涉到对目的性价值的操控。动员系统或现代化的独裁可能是解决这些问题的良好途径，并且较之调和型系统更能促进现代化。如果价值操纵并没有成功，那么强制将会危及合法性，并且政府将会变换为另一种类型。当政府不再被视为一个制裁源泉、象征性指涉、整体整合和种族或亚种族定义的时候，也就是说当其不能履行其附属性功能的时候，也将会戕害合法性。

表面上，政府可能违背非常忠诚护持的规范，结果它不再被视为制裁源。它将为公众所强烈厌恶，正如一个象征性指涉有其消极而不是积极的关联一样。同样，对于整体整合来说，人们会试图绕过它，从而削减其核心意义。最终，人们会决定离开该国，并采纳其他的种族定义和公民身份。所有

---

① 实际上，戴维·伊斯顿曾把这项功能视为其政治系统定义——价值的权威性分配，得以成立的核心。见 *The Political System* (New York: Alfred A. Knopf, 1953)。

② 参见我的著作，*Ghana in Transition* (rev. ed., New York: Atheneum,1963), p.305. 在此，这些功能要件直接被用于现代化社会情境下。也可见于第 xv 章将其运用于环绕总统式君主的再传统化问题。

这些情况的发生，都反映了关于政府合法性的严重的社会状况。附属性功能是描述共同体认同和团结的终极方式。两大功能性要件（信息和强制）的任一失败，都首先表现在附属性功能性方面，并能说明系统类型的转变。

对政府的压力能够以如此一般化的术语来研究吗？这些归类对政府功能要件的履行强加了评价标准吗？我想的确如此，但为此我们需要更为清晰的归类。政府处理负载问题的行动形成了一种模式，该模式可划分为结构性要件和附属性结构。这些结构要件和附属结构可被用以研究政府的产出和行动。产出代表针对通过社会流动而影响忠诚的决策（也就是，针对整个系统的社会分层的决策）以及针对操纵价值的决策，即政治操纵的非理性组成部分。

政府的结构性要件

政府的结构性要件最少有两个。任何政府都需要权威性的决策结构和责任（accountability）结构。权威性决策意指一种为单位成员视之为合法的决策模式。责任指的是政府作为决策者，必须对其除自身之外的团体负责。

不同类型的系统在回应运用强制和信息的比率问题时，决策和责任的比率有不同的混合模式。动员系统倾向于减少责任，可是调和型系统倾向于增添责任。混合（mixture）或比率的改变将会诱使系统类型的改变。因此，如果在动员系统内突出更多的责任，那将引致更多的信息产出，而政府将朝向调和型系统转变。权威性的决策结构越等级化，则系统中的责任就越少；系统中的责任越多，则等级越少。因此，不仅结构和功能要件相互动态关联，而且，据说等级制在现代化社会扮演了如同其在传统社会同样的角色，并有相同的效果。

如同在传统社会一样，现代化社会中的权威性决策也可以是等级化、金字塔式或碎片化（segmental）。命令或军事系统是第一种类型的典型代表，联邦系统代表了第二种类型，区域系统和国际系统代表着第三种类型（在平等的成员之间联盟据特定冲突的本质而形成或打破的意义上）。那些被称作一元化的系统（unitary system），介于等级制系统和金字塔系统之间。

责任的结构性要件，通过非政府或准政府的机构对政府施加影响和控制的程度而得以揭示。这些机构包括法定机构、贸易协会、政党等等，以及通过立法机构或其他代表团体的同意模式（patterns of consent），换言之，由执行受控程度所显示。高强制情形将出现于等级制权威和低责任结构中；

第七章
政府的要件

而高信息情形则出现在高度责任和金字塔式的或碎片化的权威中①。功能依赖于结构，表现如下：政府通过那些程度不同的责任团体而获得信息。政府通过决策及其实施而施加强制。决策与责任之间关系的改变，导致强制和信息之间关系的改变。因此，功能性和结构性要件相互之间的动态关联，其中任一方的自动变更都会导致另一方的变更。这种变更揭示了任一政府所代表的权威系统的变迁。

在以后的章节中，我将回到这些关系的分析中来。可是，现在我想讨论政府的附属性结构，因为这些结构与处于现代化进程中的社会密切相关。

附属性结构

在此，我想强调，结构性要件及其附属性结构将我们引入政策及其后果的分析，恰如功能性要件及其附属性结构引导我们进行权威分析一样。附属性结构非常重要，因为它们把政府的生存能力与效率相关联，也就是与其实现工具性价值的能力相关联。政策是一种机制（mechanism），依靠政策才能切实地处理系统问题。政策导源于结构性要件，即权威性决策结构和责任结构的运作。而它所关涉的实际运作单位则涵括高度组织化和分化的机构，例如政府内阁或共产党的政治局，以及地方化和局部的单位。责任结构显示出系统对共同体内各种不同的相关群体的回应性。实际上，一些团体可能具有否决权（例如，立法机构）；其他一些团体可能是利益和影响团体，比如工会、商业组织或专业团体。权威性决策和责任两者可被视作决策的两个方面。如同生产和消费一样，通过采用超过一定时限的政策决策样本，以及要求通常运用于界定特殊的决策问题、计划产出及其效果、各种为决策者服务的相关团体的标准，能够对其进行最为理想的研究。从本质上讲，决策者和负责任的团体之间的关系是一种特殊类型的关涉团体（reference - group）的问题。关涉团体本身就是权威系统的一部分。实际上，我们所称的附属性结构是对结构性要件的具体阐释，并且代表了政府的分析性亚结构。它们首先是政治征募（录用）（recruitment）的亚结构，即人们借以进入政府机关的机制，不论进入的方式是大选、协商（co - operation）、任命或其他方式。而且，这种结构的影响涉及以下方面：（1）分层，因为它代表了政治等级

---

① 我曾故意避免使用全能主义（totalitarianism）和民主之类的术语，因为这些术语通常与政府和实践的特定形式相关联。毋庸置疑，在高强度信息系统中伴之以低度的西方意义上的民主，这是非常可能。我认为，从长远的观点看，高强度信息系统将会变得以我们西方所理解的那样民主，这也是非常真实的。在随后章节中，我将对之作出评论。

范围内的一个流动性因素；（2）政治团体，因为它们与作为实现自身目标的一种方式的录用过程直接相关。第二个亚结构，即强制和惩罚，它涵括角色（roles）的界限得以界定的机制、对角色的障碍和修补的机制以及对理想的和实际的角色行为之间差异性的宽容程度。在缺乏宽容的系统内，或者在每一违反行为均多少被视作侵害社会（涂尔干所谓的压迫性法律）的标志的系统内，个人期望在法律无以标示和正义被界定为个体化而不是社会化的系统内来发现不同类型的正义。第三个亚结构，即决定和分配资源，它由政府配置共同体资源的工具所组成，政府可以或不可以拥有和/或运用它们。第四个亚结构，是一个同意群体（consent group），负责在决策变成约束之前裁定该决策是否必需。此种同意群体可以是官方的，比如议会；也可以是半官方的，比如共产主义社会中的政治局或中央委员会；也可以是非官方但必不可少的，比如在一些国家，利益集团就具有特殊的权力。

然而，当功能性要件和附属性功能混为一体的时候，则对社会的意识形态和忠诚的本质有所暗示，对政府的象征性存在（the symbolic presence of government）亦复如是；而结构性要件和附属性结构则为社会评价政府的实效提供了基础。后者最鲜明地体现在再分层化过程中，也表现在政府的意识形态操控中。

上述建构主要变量框架的评注，对于分析来说，颇有助益。在最一般的意义上，它由四个主要部分所组成，这些组成部分之间的关系构成一个系统。而这些组成部分自身也由一些变量所组成，这些变量在最一般的分析层次上，形成它们自身的亚系统。四个主要构成部分如下：（1）参数：目的性和工具性价值；（2）自变量：强制和沟通；（3）因变量：权威性决策和责任；（4）干预变量：发展类型（权威系统）。具体单位是一些政治团体，包括作为价值承载者的志愿协会（voluntary association）、政党、利益集团等等，以及政府。

对功能性和结构性要件的研究，并不要求浓墨重彩地重述历经考验的、真正的问题。我们依然要询问这样的问题：政府中领导权的本质；政府工作的方式；以及决策是高度集权的还是分权的，是反复无常且不负责任的，还是对其主张和同意群体高度负责的？或许我们能够为传统上对竞争性的和多元化的系统之间所作的区分，增添更为广泛的意义。这将涉及政治团体和分层系统内的更广泛的部分，以及更精细也更高级的形式。这些都是政治科学研究的核心问题，在此亦然。我在使用时，把这些问题与系统变迁的问题相关联，并展开更大范围的比较。例如，我曾用于分析传统社会的关于变迁以

第七章
政府的要件

及变迁阻力的假设，也可以用来分析处于现代化进程中的社会。检验功能性要件运作的方式将揭示系统的价值。结构性要件和附属性结构，显示出政府政策对所面对问题的回应程度。政策分析也将显示出政府的组织方式、等级制的程度，以体现于其价值内的工具主义的程度。图表13 包括了显示这些关系的一个图表。

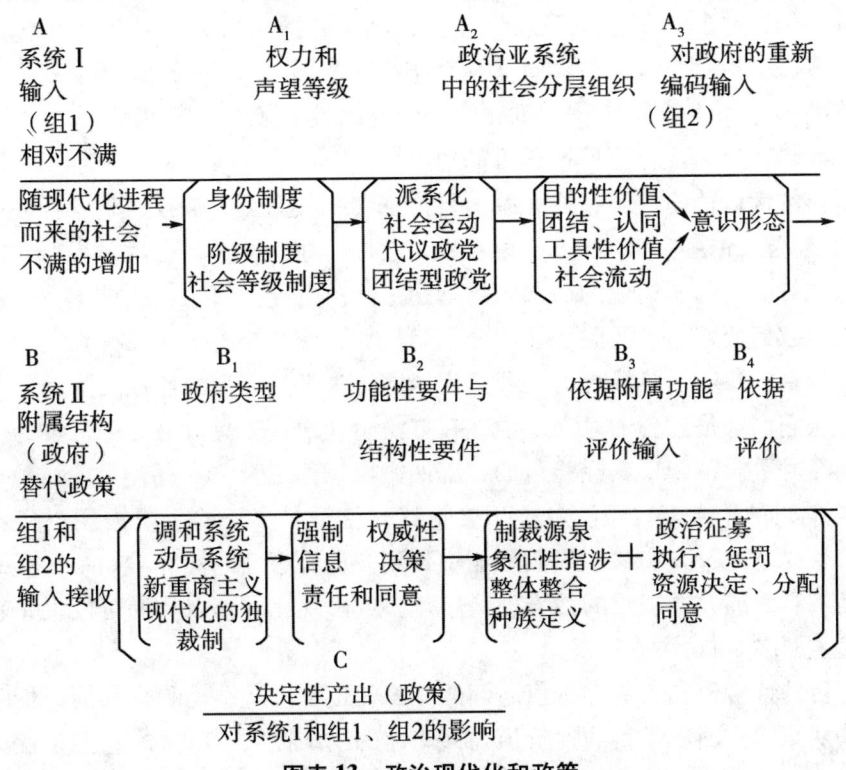

图表 13　政治现代化和政策

对于图表 13 需要进一步分析。分析方法包括两个系统。第一个系统，$A—A_3$，包括现代化、分层、政治性亚系统和价值之间的关系，显示了社会不满（discontent）和意识形态之间的许多关系。该系统可在全社会层次上确认。社会不满的表达，随现代化的发展而增加。它在社会身份、阶级以及职业等级方面也会有所不同，它是被强化或疏导取决于分层的方式。这可见之于 A_1 部分。正如第四章所揭示的，最现代化的社会也有阶级和身份等级这两方面的因素，而另一些社会例如印度或南非，在某种程度上则表现出三种形式。因此，社会分层的变量赋予了社会不满的特定性，并为政治组织提供了社会动员的基础。

这种政治组织，我们在 A_2 中称之为政治亚系统，在第六章中也已力图指出其相关变量。领导者－追随者（leadership－follower）关系的特殊形式，冤屈（grievances）的清晰表达，以及旨在针对特殊的政治成就的社会不满的组织化，所有这一切都可在诸如小集团、联合体、代表性政党（parties of representation）和团结性政党（parties of solidarity）等政治亚群体中发现。实际上，这些群体努力把冤屈转化为权利，并攫取权力、援助（help）以确立权威。在这方面，例如政党是介于社会分层——这体现为关于权力和名望排列的适当性的规范——和价值，即目的性和工具性价值之间的干预变量，两者都代表了合法性被认可的边界（A_3）。

目的性价值与社会分层和政治行为密切相关，但它被投射于各种终极目的的更宽泛的模式中。从方法论上说，它们是非理性的，也就是说，它们对个体和社会行为所造成的后果，远远超过纯粹的经验目的。从技术上，我们可以说它们所包括的经验手段与非经验性目的密切相关。从某种程度上，这些终极目的渗透于具体行为，我们说这些行为都是以目的性占支配地位的。

从它们都是经验的意义上说，在方法论方面，工具价值都是理性的。它们的经验手段契合于其经验目的，正如帕累托称之为"中间型"（intermediate）的目的。大多数经济目标均带有这种性质。当经验手段被用以实现工具价值时，通过其实践，我们就能观察到一种合理性的标准。如果社会的目标是工具性的，并把目的性方面最小化，或碎片化，那么我们可以说，它的价值主要是工具性的。

目的性价值和工具性价值之间的分野，也可以从结构和行为的分析中发现。从结构方面看，目的性价值为共同体的团结提供了基础。它们是社会生活中一种共同体建构的因素。从行为上说，它们为个体提供了身份认同。实际上，它们创设了一系列相互粘连的身份认同。

另一方面，工具性价值影响到一些中间型的目的，这些目的可以在最广阔的背景下，借由对资源的支配而得以识别。因此，从其作为一个极大化的概念（maximizing concept）的意义上（也就是说，个体最大化其对于资源的支配而言），社会流动是工具性价值的关键结果。当社会以目的性价值占支配地位之时，我们可以假设，它将对社会动员和使现代化进程最大化缺乏兴趣。在以工具性价值占支配地位的社会里，我们可假设，它对最大化其资源怀有兴趣，从而关注社会流动。因此，后一种类型的社会与现代化和发展直接相关。

在特殊情况下，社会能够整合工具性和目的性价值。实际上，动员系统

第七章
政府的要件

的特殊价值在于，其把特定的工具性目标（工业化，提高人均收入）提升到行政性和超越性目标的水准上。结果是中间型目标和目的性目标将趋同。然而，我的假设在于，这种境况仅仅是临时性的，并且将在社会团结和身份认同方面产生持久的冲突。

这些价值之间的差异将通过意识形态而得到更为系统的表达。连同行动或政策方略，不同的意识形态代表了不同的排序或价值优先性、目的性和工具性。一方面，它们代表了整合的努力，即把导源于目的性和工具性价值的观念，整合进一个影响团结和身份认同的信条；另一方面，它们会借助适于社会分层的价值。

具体表现在意识形态中的一系列关系，其本身就构成一个系统整体。但作为一个系统，它显示出与政府之间的特定关系，是更大系统的战略性亚系统，$B—B_4$。从这个观点看，在第一个系统中的每一个变量都变成第二个系统的输入（input）。因此，在现代化过程中，输入增加：从社会分层系统，从政治团体和亚系统的行动，并且从通过合法性赖以立基的目的性和工具性之混合物来严格限制政府的边界。而这些输入都由政府所过滤（screened）和编码。然而，并非所有的政府都以同样的方式来过滤和编码。每一种类型，B_1（协同、动员、新重商主义和现代化权威政体），由于它代表了强制与信息、权威与责任之间不同的关系序列，B_2 将评估不同的输入。在高度强制的动员系统内，代表一种象征性的意义重大的输入的东西，在以高强度信息为基础的协同系统内，被视为微不足道的象征性的东西。然而，输入的评价在不同类型的政府间将非常不同，并且指派给每一政府的重要性将根据政府的附属性功能和结构而发现，$B_3 - B_4$。以此为基础，才能制定政策。

第二个系统——政府——由于它在一个更大的系统中占据了战略性的位置，通过其决策，它有独立的权力影响系统Ⅰ的输入序列。实际上，政策 C 只是直接导向那一目标。只要政府系统改变了现代化的特征，从而改变社会分层、政治团体和价值观念，那么它就被视为自变量。只要它仅仅是回应输入，那么它就被视作干预变量。在与处于现代化进程中的社会不同的工业社会里，政府正是被视作干预变量而开始大行其道。政府行动的独立权力，将被工业化进程本身的复杂性所急剧削弱。

最后，我们将进一步表明，随着现代化的进展和更为接近工业化的社会，政府将发现其自身亦困难重重。政府作为自变量转变为干预变量的转换机制非常复杂也难以理解。这是本研究的核心假设之一，即通过某些动员系统的形式，这种转换得以完满达成。

该假设的政策意涵，非常震撼人心。例如，在拉丁美洲，该意涵在于，在现代化进程转入工业化进程时，我们可期望看到右翼权力和动员系统数量的增加，正如阿根廷的新庇隆主义政体，或古巴的左翼政治。非常明显的是，如果进步联盟在拉丁美洲获得了巨大成功，那么极有可能导致更多的动员系统建立，它们在本性上会冒犯大多数美国人。

这些假设的一些意涵将在随后的章节中讨论。可是，我们不会追随图表在呈现材料方面的各种安排。目前，我们关注政治现代化的普遍理论而不是其经验性的具体应用。同时，一些例证将被用以阐明前述评论。

两个假定的案例

让我们来考虑下述诸变量间的不同组合。相对匮乏已经开始下降，在许多非常复杂的分化（differentials）组合中的不平等业已被区隔开来，包括其各成员政党（membership parties）及其利益集团联盟在内的各政治团体被组织为代表性（representation）政党。在很大程度上，政党的政治领导权已经被制度化。事实上，克里斯玛型领导权诞生的空间已被极大压缩。权威性决策透过中央与地方权威的高度组织化的模式，而不是集中于一个单一机构而广为分散。而且，权威性决策与同意机制相协调，有时候该机制具有积极决策的可能性。责任被规范化，并得以清晰表达，且遍布于系统的组织化群体中。附属性结构显示出政治征募是以选举而不是任命为基础；并且，资源决定和分配是分权化的，由政策调节而几乎没有直接指挥。实施和惩罚大多通过补偿性法律（restitutive law）框架而运作。立法机构作为同意群体而运作。

通常情况下，我们是怎样来描述这样的单位呢？我们会把它们描述为多元主义的、宪政的和分权的，有着高强度信息沟通和低强度强制的系统。我们希望发现，它的政策基础是一个相互竞争的团体之间相互妥协的系统。在这些相互竞争的团体中，政党联盟（coalitional parties）的边缘群体（fringe groups）提醒政府之责任所在。我们也会期望，在这种环境下的政府是相当保守的，最多对能扩展系统的流动机会而又不改变社会分层结构本身怀有兴趣。相对匮乏不再是最紧迫的问题，而不平等则最为紧迫。这种情况下的不平等，我意指一种悖论的出现，即当权力和名望等级越来越以教育为基础，而教育本身成为进入等级制的重要敲门砖时，虽然是以平等的名义，但它已经转变为一个才干和能力（自然的不平等）的等级制。

我们的描述契合于美国的政制系统。如果对该描述作出一些修正，英国

第七章
政府的要件

的政制系统也与之大致相符：与政党联盟相比，他们的政治团体是更清晰的代表性政党（parties of representation）。权威性决策更加高度集权，与同意团体之间的界限更加分明。惯例性宪法以及作为习俗之具体体现的王权，充当了一种仲裁源，也成为了一种人格象征以及种族定义的基础；首相和内阁则发挥着整合的功能。

我们考察另一个案例，等级或阶级系统，其中代际性、宗教性和民族性因素产生了文化张力（strain）的许多极端形式。政治运动肇始于通过重新安排角色和建构新政府而实现大规模变迁的意图。这一包含了人口中非常广泛因素的运动，在成员构成方面是如此千差万别、丰富多彩，以至于只有通过能把运动转化为一个团结性政党的克里斯玛型领导才可将其整合在一起。通过占据显要职位，团结性政党的政治性组织演变为有效的政府。目的性价值附身于克里斯玛领袖之上，该领袖担当着仲裁源泉、象征、整体整合者和民族体现者的角色。权威性决策为该领袖及其亲信所独掌。几乎没有同意群体存在。可以发挥这种作用的群体均被剪除（例如，军队领导人、重要的文职人员或其他政党）。因为在权威性决策机构里总有发展出潜在的同意群体的可能性，所以，清洗、整肃成为该机构的基本特征。政治录用在很大程度上是任命制的。实施和惩罚反映了压迫性法律的高强度。资源的裁定和分配为政治领导人所控制。沟通是低度的，而强制是高度的。选择是困难的、昂贵的，也是危险的。由于政治犬儒主义盛行，目的性价值陷入窘境。由于成本过高，工具性价值面临危险。

这两个假定的案例揭示了两种现代化情境，这两种情境是同一连续体的两大相反方向，趋向于我所称谓的世俗-自由主义（secular-libertarian）和神圣-集体主义（sacred-collectivity）模式的规范性理想类型。它们不仅界定其自身的政治问题很不相同，并且看待替代性行为过程的方式也不相同。

政治选择的关键性条件，是政府的功能性要件。没有信息，就没有选择。没有选择，是因为没有可资捕捉的替代性见解或行动方针。仅凭少许信息，选择就是反复无常的，而这种反复无常性制造了紧张和敌对。信息越多，选择就越趋于理性。

没有强制，选择就难有成果。没有后果的选择，与根本没有选择无异。选择并非必须要求物理暴力甚或直接控制。它仅仅意味着，抛弃界定忠诚的特别价值。这是一个公共规训（public discipline）的系统。

然而，选择——所有政府的首要行动，取决于强制和信息之间的关系。

政府选择与其他团体或个人的选择迥然不同之处在于，政府选择旨在把所有的单位整合在一起。强制和信息的混合决定了政府的结构性安排，即决策和责任的模式。权威形式以及目的性和工具性价值的比例，混合于每一种选择情形，成为现代化分析的基础。因此，在传统社会分析中所采用的普遍范畴（general categories），也可用以分析现代化社会（见图表14）。

图表14　现代化社会之类型

价值类型	权威类型		
	等级制	金字塔型	分散型
目的性	A 中国	C 以色列	苏联集团
工具性	B 摩洛哥	D 印度	西方联盟

据我所知，现代社会均没有权威的分散化系统。然而，这类权威出现的可能性不应被忽视。

权威类型和价值

迄今为止，我们已经看到处于现代化进程中的国家在回应各种创新输入时所面临的许多问题。非常典型的是，处于现代化进程中的国家显示出，由于现代化的些许"消化不良"（即不适应，ill-digested bits of modernization）而导致的社会混乱，其对创新的回应鲜有平稳或惬意之状。

一旦现代化启动，独立的政府就试图控制它，于是，一种再传统化即告开始。这种再传统化包括权威模式的稳定化。然而，并非所有重新传统化的努力都将如此。一个典型的做法是，利用传统来确认当前的成效。这种情况通常由对过去的伤感怀恋，并将其功能作用于当前的权威而实现。通常，这是一个审慎性的政策选择（a deliberate policy choice），一个清晰明白的观念操控，就像当政治领导人混合国家的传统符号或古代实践一样，这些符号和实践被作为国家自豪的象征。例如，在一些时下的非洲国家，我们发现试图将它们与古老的文明之间建立关联，并试图根据外国剥削来解释根植于本土文化中的现代制成品之匮乏的原因。[1]

---

[1] 例如，可参见，Cheikh Anta Diop, *Nations Negres et Culture* (Paris: Presence Africaine, 1955). 亦可见: G. K. Osei, *Fifty Unknown Facts about the African* (pamphlet; Accra, 1963)，它包含了这样的一些"鲜为人知的事实"，即普希金有非洲祖先，非洲人教会古希腊人地理知识，以及汉尼拔是非洲人。

第七章
政府的要件

当然，也有许多其他途径来确立权威。克理斯玛型领袖可以非常成功地使其个人权力仪式化。现代化的君主制，可以利用其传统地位来为变迁提供合法性，比如哈桑二世在摩洛哥之所为。[①] 或者精心设计法律框架，即通过协调相互竞争的对改善、创新或特权的要求以便容纳这样的变化。我们注意到，各权威系统对这些问题的处理很不相同。动员系统试图以这样的方式来重建社会，即政府的手段和与变化相关的价值均已改变。例如，这种类型的非洲国家政府已经倾向于相信，为了"新非洲"的诞生，非洲社会的结构性先例（structural precedents），特别是社会分层结构，必须急剧改变；并且必须围绕经济进步是现代化社会的基础这一理念，创造一种新的忠诚系统。对于这些改变，系统的各种目的性价值必须使等级制权威发挥效用，而使同意团体无效。在一党制政治系统内，可以接受的责任团体是典型的政党内的小集团，或者是官僚机构、工会或其他功能上重要的团体之内的小集团。强制和惩罚施加于社会生活的方方面面，因为完全的效忠，或至少对个人忠诚的垄断是必须的。这方面的任何缺失均被视作颠覆性的。在工业化过程中，有相当程度的意识形态操控，它们通过自动强加角色之间的一致性并使得资源分配成为必需来断言：社会需要规训（discipline）。这又反过来促成计划、政府控制，和/或者政府财产所有权的推行。政治征募以下述条件为基础：（1）政治权力（即拥有独立追随者的政治领导人，成为在政治上举足轻重的个人）；（2）政党忠诚（即特别是那些非常优秀的服务于政党或国家的人们，期望获取职位，或在正式政府机关中挂闲职）；（3）技术和才干（即那些对成为管理者和组织者所必需的训练）。最后一类群体的正常扩大是以前两类群体的缩小为代价的，因此困难重重[②]。

[①] 见：Rom Landau, Hassan Ⅱ, king of Morocco(London: George Allen & Unwin, Ltd., 1962), chapter Ⅷ.

[②] 新政府地位的一个蕴涵是征募的三种类型之特殊混合。在一些现代化过程中国家，政府的部委系统是非常有用的，因为它允许那些已经因其政党忠诚而获取了有薪酬的政党机关的职位的人们作出政治决策。他们的永久任期依赖于他们的公共服务团体的有效性以及依然顺从于他们的专家。同样有效的是一些咨询顾问和委员会等等，那些拥有政治权力（也就是非常重要的追随者）的人们可获任命。例如，如果有一些非常重要的土地使用制度，那么就会建立土地使用制度委员会，为他的部长或地方政府的首长提供咨询。如果工会非常重要，那么一些工会的头目就可应邀出任劳工咨询委员会，以备贸易或劳工部长，或其他专业部门，比如为劳动条件、住房等等准备指导计划书的部门提供咨询。能够有效地混合三种形式的征募的动员系统，可以提升旨在对有效的权威类型的长久支撑的志愿组织和非官方的委员会之间的相互独立性。

动员系统有明显的滑向我曾所称的随意性（ominvorous）的趋势。[①]该系统内涵了对持续扩大的社会生活部分的直接控制，最终会渗透于家庭生活和血亲关系、教育和培训领域，完全排除甚至消除隐私的观念。这种社会观，就其极端形式而言，是把国家想像成一种活的有机体，这种有机体是不朽的（immortality of a cause），并通过国家的绵延而与人民相关联。因此，动员系统的最终根据是哲学上的一元论。由于动员系统非常强调忠诚，那么共同体的有机联系可被描述为混合两种相互竞争且相互矛盾的实践、政府功能性要件的确立和改变权力与名望等级的努力。动员系统的极端形式几乎不可避免地表现为极权主义。大多数新型国家还远不及此。

　　或许动员系统所遭遇的最重要的冲突是，政党和技术官僚之间的冲突。正如一位评论家指出，政党有下指令之"痒"（itch），并定期宣称政党团结的重要性。这将表明，系统中目的性价值的占有者是政党团结的核心，而那些掌控工具性价值的人们在技术服务中更常见。换言之，价值观之间的冲突发生在那些被称为政党理论家和技术官僚之间。团结性政党在现代化过程中将扮演协调的角色，直到同一性的特征开始消失。在这个意义上说，伴随着政府中强制的增加，以及因削减那些决策中技术信息的重要性而致的信息降格，团结性政党将牢牢抓住控制权。

　　权威类型的相反形式，即拥有金字塔式权威的调和型系统，具有各种回溯性（retrospective）和残留性的目的性价值，这些价值鼓励表达主流政治目标和观点的团体之间的妥协。由于调和型系统由单一的政治单位组成，尚未失去其政治身份的各种同质性政治单元构成了这一政治单位，它们因此可被视为相对松散的邦联（confederations），它有一个公认的结构或更为组织化的议会政体。但是这样的系统必须显示出公正来，这可能需要社会结构方面的急剧变革，而这在现实中可能难以一蹴而就。

　　调和型系统呈现出多种形式。它们的主要问题在于，在现代化期间，目的性价值要为工具性价值让路，而工具性价值依然不能现实化。无论调和型

[①] David E. Apter, "Nationalism, Government, and Economic Growth", *Economic Development and Cultural Change*, Ⅶ(January, 1959).

第七章
政府的要件

系统是西方的议员模式（councilor），还是一党制体制，这都是一个威胁。在议员模式和一党制下，各种利益集团和小团体之间的广泛联盟表现在它们与其他团体通过协商来调解它们之间的差异上。①

现代化的独裁政体是一个非常有趣的例子，即使工具性价值依然无法实现，它也可以运用目的性价值来维持其权威。并不是这种系统不会为创新所改变，而是创新在某种程度上被人们视为传统。因此，变迁可能对传统社会的特定形式有害，甚或是颠覆性的，比如教育的普及。日本就是一个十分典型的例子。在日本，现代教育直接为国民所用，并普及到全国。另外一个例子是布干达。这些现代化的独裁政体通常都以下列方式与其他的权威类型相混合：通过宗教或政治信仰，国家的一元化特征在很大程度上被局限于政治领域，而社会其他领域则保留大量的私域和多元主义。例如，这种体制并不趋向于接管财产，其理由是，所有的财产无论如何最终都归属于君主，私营企业只不过是为了增进它而存在。社会生活通常由习俗来调节，尽管在相当程度上偏离习俗将使之政治化。现代化独裁体制最为重要的特征是，角色的等级制通过现代化而膨胀，但并不改变其存在形式。这是它与动员系统的最大不同点，而动员系统则通过改变社会分层系统自身的存在形式而实现现代化。

我们再一次提及第三章所给出的例证，在乌干达，布干达王国有能力采用新技术使其教育系统现代化，并扩大社会福利活动。公共服务取代了祖传的官僚系统，同时依然完全保留着权威的传统模式。因此，尽管发生了真正的变革，现代化的独裁体制还是保留了它的特征，并显示出以种族因素或宗教为基础的深刻的内在团结。也正是由于种族或宗教团结这些原因向社会成员提出主张和要求并掌控他们的政治领导人或国王，获得了社会成员的支持。

我们据此发现，这些系统类型的各种价值问题在根本上是大相径庭的。理解这一点，对于界定现代化问题以及国家处理它们的方式有着非常重要的意义。

---

① 后一种类型系统中的政治征募取决于全赢或全输（the all – or – nothing）的提名表制度，也就是说，其中选举中获胜的名额占据了议会中的所有席次，并且以社会的亚群体结构中相当程度的自治为基础。例如，贝宁就可以归于这种类型。

现代化的步伐

在动员系统中，经济增长的目标不仅非常重要，而且逐渐获得了一种特殊的神圣品质。因此，即便许多工业化目标根本不可能实现，这也无关紧要。的确，其中有些目标超过了可资利用的技术和资源的正常承受能力，却又无法束之高阁。这就削弱了工具性价值对确立政治合法性的重要性。企图实现那些实际上无法实现的目标，为政府的合法性提供了基础。制度创设的目的在于消除被视为限制经济增长过程的那些因素。这种支撑权威系统的社会粘合剂，是新型的清教主义。社会主义的某些形式是其现代的化身，它也重视纪律和勤奋工作。这种重视使得重建社会成为可能，对现代经济秩序发挥作用的角色和任务因此将取得支配地位，并取代传统的角色和使命。这正是动员系统非常重视战斗精神和政党组织的原因。国有企业成为经济增长的重要机制。相应的，政府对教育和社会福利高投资的理由是，娴熟的劳动力是经济发展的必要条件。这种系统需要强有力的组织核心来为确立和实现目标而承担重大的责任。

另一方面，有着金字塔式权威和对目的性价值不甚重视的调和型系统，并不能把工具性价值提高到如此神圣的水平。实际上，其神圣价值仅局限于法律框架内，具体表现为调节社会冲突的信仰。调和型系统的合法性，依赖于其法律框架的有效性；如果法律框架本身受到挑战，那么调和型系统就很容易转换为另一种类型。通过对权力和信仰以如下方式进行分配，即所有的系统都以冲突和竞争为基础，调和类型中的工具主义与金字塔式权威直接相关。

正如政治权力在调和型系统中容易分散化，经济权力也是如此。私营企业通常是促进发展的典型工具，而现代化则具体嵌入到企业的行为角色之中，并由法律框架加以界定。当然，调和型系统有可能会在政治上陷入僵局，法律框架松散不堪，然后该系统变为其他类型。为了让人们得到"合理"的幸福，该系统的目标趋于节制，并需求高利率的"回报"。相对匮乏和不平等司空见惯。实际上，现代化的不均衡在很大程度上表现为基于分层的经济标准的不平等。教育机会的差异、有权有势者们之间的地位竞争、贫富之间的阶级斗争，以及常有的门阀等级因素所产生的种族歧视，都会强化这种不均衡性。

现代化独裁体制显示出与动员系统之间的某些结构相似性——政治领域的权威等级结构和目的性价值。然而，正是因为现代化独裁体制不是通过改

第七章
政府的要件

变角色，而是扩展角色和等级制的潜能，来寻求现代化，其结果不仅是稳定性更高，而且将现代化越来越局限于经济目标。因此，经济增长通常较之动员系统越来越受到限制，越来越缺乏象征性。如果现代化的潜在后果催生出对传统权威提出挑战的政治团体，那么，通过工具性价值与以军国主义面貌出现的传统主义的结合而体现出来。

我并没有讨论军事寡头政体，这种政体与现代化的独裁政体有着非常相似的特征，它通常出现于后者取得的成就已开始威胁到系统的合法性之后。例如，1930年代的日本，当现代化的独裁政体正处于工业革命行将成功之时，结果是政党、工会等组织纷纷出现，其中每一方均更为强烈地要求系统民主化。如果这一要求得以实现，那么强制行为无疑将会急剧减少；同意机构（例如议会）将会变得越来越强有力；向调和型系统的转向也很有可能。然而，军事寡头制接踵而来，并通过把传统与工业化相混合，凭借国家宗教而确立了目的性和工具性价值之间非常特殊的关系。混合民族主义和社会主义的意识形态通常是这种情形的最终产物，虽然这种混合在军事寡头制中并非常见，军事寡头制亦非已然出现的政府中间之唯一形式。

然而军事寡头制引人注目的特征在于，它们无法使社会现代化。正如莫里斯·雅诺维茨（Morris Janowitz）所指出的，尽管军事作用是计划化、理性化和官僚化的，并在实质上推动组织化的现代性，但他们缺乏使整个共同体现代化的能力。也许理由之一是，军人职员倾向于把社会的目的视为给定的，并把他们的兴趣局限于实施有限的任务上。甚至当军事人员占有了政治当局的时候，他们也倾向于削减其战友的重要性，并运用军队去支持那些当权者，而不是将之作为现代化的工具。在这方面最为显著的案例是埃及。同样的案例，也可见于缅甸、苏丹和巴基斯坦。

这种失败的其他理由或许可以在军事角色（role）本身中找到。要么它是技术性的，包括了一种以专业技能为基础的特定限制；要么它被设想为浪漫化的，在这种情况下，除非在军事结构的范围内，否则，它既非常不现实，也不可能成功。在非委任军官的（non-commissioned officer）层面上，什么能够称之为"军士长"的心智，取决于组织的存在，而且它最受限制也最官僚化。"个人"的心智如同习惯了监狱生活的罪犯。他们需要系统是为了憎恨它，需要规训（discipline）是为了结构化他们的暴力情感。当然，这仅是我的推测。士兵在军队里比在家里被训养得更舒服，军士长在表面上与职员相似，而且军官感觉像公务员，但他们的训练太单一以至于难以从事民用行业,这或许也是真实的,而且我怀疑,在现代化社会这通常是非常真实的①。

  我已经勾勒了功能性要件及其附属性结构、结构性要件及其附属性结构以及二者与价值观和现代化的关系。现在,我想详尽论述政府的功能方面,特别是它们与政治行为之间的关系。

---

① 现代化独裁制和军事寡头制结构性变量之间的差异是:第一,军事官僚制通常都有小集团(ajunta)或官僚制领导集团,这使其从军事而不是政治角色方面汲取权威;第二,作为一个亚系统军队比其他系统更具战略性。

第八章　政治价值的形成

在前述章节，我曾提出政治价值——可分为两种类型，即目的性价值和工具性价值——可从合法性角度进行研究。合法性的目的性面向，具体表现为团结和认同（identity）。合法性的工具性面向，依据政策制定（policy-making）的有效性来讨论。合法性这两方面的意涵，可以通过结构分析的形式来研究，这种分析形式包括某些功能性和结构性范畴、必要条件和其他附属条件。这种方法直接把我们的注意力导向现代化过程中政府的各式各样的类型，这些不同类型的处于现代化进程中的政府在一定程度上具体表现了合法性的不同样式。这是一种动态分析，它建立在对一种持续进程检验的基础上，在其检验下，政治形式的改变，无论对实际进程还是社会本身都有特殊意义。

迄今为止，人们很容易发现，我们或多或少地在把目的性价值视为天经地义、理所当然（即使它们在此处的分析路径里一直被赋予战略性地位）。有些人可能会得出这样的结论，即这一术语颇有几分神秘的、让人捉摸不透的性质。人们可能会这样认为：虽然这一术语十分有趣，但它太过神秘，以致作为理论范畴来说缺乏说服力。这一术语不能被进一步界定的原因在于，为探求它而引发的方法论问题是如此之复杂，以至于在试图对其解释时反而会弄巧成拙。当然，解释将使我们远离分析的结构形式，而进入行为的分析形式和人的形成层面与特质概念之中。实际上，它将把我们带入政治生活和宗教生活之关系的讨论中。

根据我们的论述，我们旨在把宗教的恰当主旨理解为超越性的目标。这里，我的意思是终极承诺（ultimate commitments）成为个体的个人目的和社会的文化目的。这种承诺恰好是非理性的。因此"政治宗教"将关涉这些超越性的目的，它们把国家界定为道德实体。在这个意义上，政治宗教是社会习俗（norms）的基础①，我们称之为目的性价值。

合法性的行为起源

非凡之人（Men）时常自愿地进入政治，以及教堂的讲道坛；而出于同样的原因，他们在确立权威方面很有效。此外，他们引来了艺术性象征（artistic symbols），其中一些由他们自己来操控——特别是语言。这样的领袖，都是语言艺术家。他们通过道德语言表达他们的经验，道德语言本身因此成为一种艺术。政治中艺术的重要性，在于它表达了领导人的道德体验并用以支持他们的权威。当这种沟通形式在社会普及后，它就变成为特定时代政治宗教的表现（manifestation）和善恶的象征性表达。托尔斯泰认为，"在每一个时代，以及每一个人类社会，都存在宗教感，而为整个社会所共有的善恶是非的标准。正是这种宗教观念决定了以艺术的形式传播各种情感的价值。"② 我之所以引述这段话，是因为宗教、权威和艺术之间晦暗不明的关系是一个非常有趣的话题。托尔斯泰的论述，有助于我们理解，在交流道德经验的最重要的意义上，政治是艺术的原因，以及政治机制部分地专注于发现使这种交流成为可能的途径和方式。它也解释了，那些把他们对道德权威的要求依赖于对未来的承诺的权威系统，不得不把它们相当的资源花费在宏伟建筑（monolithic buildings）、领导人雕像、样板工程（showpiece projects）等方面的原因。

在描述政治宗教的这些面向时，我将竭力唤起人们对政治中的宗教模式某些宽泛意涵和表现的关注。意涵并不止于艺术，而是根植于个体的人格。个体的某些特定的根本需求，只能通过他们接受超越性的信仰才能满足。如我所见，这些需求有三种：（1）接受死亡的必然性；（2）确定个体人格的必要性；以及（3）认同客体的必需性。这三种需求所带来的经典性困惑（classic puzzle）导源于它们的荒谬关系。如果我们所有的人都说，作为个体都是命中注定的，那么为什么在生命中寻求目的是必要的呢？为什么要那么激情澎湃地投入生活呢？知晓我们是谁，我们是什么，就那么重要吗？

---

① 据这一定义，宗教价值为政治规范确立了前提条件。然而政治宗教非常适当地关涉政体规范。对宗教定义的进一步讨论，见 Emile Durkheim, *The Elementary Forms of Religious Life*; Bronislaw Malinowski, *Magic, Science, and Religion*; and Marion J. Levy, Jr., *The Structure of Society*.

② Leo Tolstoy, *What Is Art?* trans. Aylmer Maude (London: Walter Scott, Ltd., n. d.), p.54.

第八章
政治价值的形成

这些都是宗教本身所提出来的问题。显然，我们对生命的承诺并不因为死亡的必然性而失效。通过指引安顿灵魂的超越性栖息地，宗教为我们提供了某些不朽之道。通过展示现在与过去社会的连续性以及确保政治未来的承诺，政治宗教实现了同样的目的。在政治共同体中的个体都感受到，他们都是这个生活空间中先人们的继承者。这种情感被转变为对家庭和亲人的承诺，而唯在国家之内方可得到庇佑。因此，家庭和亲缘关系是所有政治共同体的基石；但是对国家的忠诚总是优先于对家庭的忠诚。然而，对不朽的寻求，表现在教会宗教和政治宗教之中。其中每一种，都提供了在面对死亡必然性时的超越之道。

我们的第 2 项和第 3 项需求，是为个人提供认同和目的的宗教功能。认同是个体之间相互关联的方式，并与目的密切相关。所有的宗教，都致力于阐释我们为什么存在，并确立正当（right）和正义的标准，同时记录不公正和人类的贪婪。如果痛苦、艰辛以及苦难是生命的全部，那么宗教的功能就在于揭示出正义和意义必将是这些苦难结出的善果。

正因为如此，国家才不仅仅是社会的合法表达（legal expression）。这也是国家可向共同体课以责任的原因。因此，意义（meaning）在政治上与认同相关联。社会赋予个体以目的。在社会范围内，个体与其他人相关联。国家本身以表达目的（express the purpose）的优先权为基础，并要求其公民尽到各种责任，这些责任为确保成功所必需。它可以多种方式达成。实际上，其中一些似乎表现为对个体的漠视。因而，认同（identity）借由公民资格（citizenship）定位了个体与其责任之间的关联。

责任与我们的第 3 项需求，即目的相关。正如教会宗教通过正当的行为和敬拜物而表达其道德目的一样——在个人价值的个体意义上，纯洁、净化和提升各种目标——政治宗教亦复如是。它以一种道德上可以接受的混合体的方式，来混合个体的各种终极性和中间性价值目标。例如，在神权政体中，由于国家的终极目的和个体的道德目的同一，这一做法非常容易实现。政治宗教把各种变化引入规范秩序（normative order），并要求个体改变他们的道德人格。在苏联，政治宗教要求塑造一种新人（new type of individual）。动机必须被改变，而自我中心主义必须根除。社会中的无私忘我和平等主义，是道德上的绝对命令。然后，这些道德目标被转化为工作和训练，并通过改变个体的动机结构而转化为效率。因此，道德目的与特定的技术目的相融合，孕育出一种新的政治清教主义。政治宗教的这种效果，对那些动员系统的新国家的领导人颇有吸引力。运用政治宗教的国家尽管与神权国家相似，但它们的进步非常快。例如与动员系统相比,神权国家为自身制订了比较温和的经济与道德目标,角色变化的需求更少。而紧迫感则是他们所缺乏的。

目的性价值的宗教基础

前述普遍性的行为考量,为选择设置了最外层的限制。显然,当我们把政府表述为一种选择机制时,选择涉及到个体和社会两方面的需求。然而,不管特殊的或世俗的决策和选择如何,该整体模式(the total pattern)将会反映这些价值,即最终构成目的性合法性基础的那些价值。这正是我依据共同体的道德基础所意指的东西(其中意识形态表达只是其最为清晰的部分)。① 无论官员以及选举或任命的公务员的行动范围如何,他们的行为之总和必须或多或少同时满足两种类型的需求:对政府的特殊要求,以及对社会的更宏大目的的尊崇和辩护的持续要求。因此,无论政治领导人在何种程度上操控物质利益以之作为忠诚的回报,如果没有一种相关联的道德因素,那么即使在安排上最为公平的社会也难以获得支持。如果有这种道德因素,即使最专制和反复无常的政体也可以持续地引人尊崇。

政治的道德面向里,存在着一些富有魔力甚或神圣的东西。政治仪式和意识形态咒语,在大众传媒中利用最为现代化的技术播放,其分配政治恩典(political grace)不是根据抽象形式而是根据现代发展。如果在教会中彩票(bingo)和救赎同在,那么在政治中工具性和目的性价值亦复如是。这两种价值之间的平衡决定了合法性的形式,对合法性削弱的担忧或许是新的和处于现代化进程中的国家的政治领导人最为关注的事情。② 合法性新模式的确立(它呈现出一些宗教的特征)会影响到政治行动的规定性(prescriptive)后果。领导人成为个人和社会意义的指针。政治既带有预言性和精神性,也兼具世俗性和实践性。

---

① 在我们的讨论中,意识形态可界定为清晰而又派生的政治规范的明确表达。作为政治宗教的特殊类型的意识形态的详细定义和讨论,见第九章。

② 这正是他们坚持如此之多的为殖民政权所采用的实践的原因之一,当权威更坚实地植于政党、意识形态或这些因素的一些混合的时候,由于这些实践而至少允许社会的程序性整合继续下去。对于程序性整合的讨论,可参见我的 *Ghana in Transition* (New York: Atheneum, 1963)。

政治中的合法性观念的不同,取决于权威的基础结构是否被视为理所当然。例如,对殖民地当局的地方政治领导人来说,他们为使权威转移合法化,赞成议会制政府和大众选举是必须的。因此,权力必须由人民以及他们的代表所赋予。W. J. M. Mackenzie 曾写道,"只有西方提供的对权力合法化问题的一致答案在于政府必须建立在自由选举的基础上",但自由选举必须反映广泛而又深入的习俗,否则其即告失败,正如一些新国家所显示的那样。(Mackenzie, *Free Elections* [London: George Allen & Unwin, Ltd., 1958], p.11)。

第八章
政治价值的形成

所有社会都有神圣性的一面,即使我们很少把它们与我们通常所称的宗教相联系。就宗教思维模式而言,显而易见的关注点是道德问题,无论对个体还是社会都是如此(道德为行为设置了规则,一如对这些规则和原则的本性进行探求的形而上学)。在道德意义上,政治可被描述为接近宗教,正如教会在组织意义上被认为接近政治一样。

当然,对此有一些非常重要也非常简单的评判标准。所有社会均有其神圣性的客体。所有社会也都有其预言性的英雄或祖神。所有社会都有包括对(例外、违规惩罚的)行为的道德训条的经典。所有社会均有一种逐出教会、剥夺权利或公民资格的机制。这最极端地表现在"原始"社会里。当时,违背习俗惯例的人们通常都被视为反社会的罪犯。在圣经时代,罪大恶极的违背者可被乱石打死、流放、毁伤或者卖为奴隶。这种惩罚之严厉,使得涂尔干名之为压迫性法律。因此,压迫性法律和权威的目的性方面紧密相连,可互为对方的指针。在某一既定的社会中,目的性价值的另一个指标是"宗教艺术"与政权相关联的程度。我的意思是,宗教艺术,比如公共建筑、绘画、雕塑等及诸如此类的东西,是初创政体及其权力清晰可见的迹象。政治宗教已产生了许多非常糟糕的艺术品,而教会宗教却产生了许多最经典的艺术品。

行为、价值观和权威之间的关系

在考量社会组织的变化和个体的个性变化时,乔治·赫伯特·米德(George Herbert Mead)曾论述到:

> 我们所推动的社会秩序的变化,其中也蕴涵着我们自身变化的必然性。在一个给定的组织化的人类社会中,个体成员间必然存有社会冲突,为了消除这些冲突,必须有意识地或有智慧地通过个体而重建或修正这个社会,也同样需要通过那些他们的本我和个性来重建或修正。因此,社会重建和自我或个性重建之间的关系是相互的且内在的,或者有机的;通过任何有组织的人类社会中的个体成员的社会重建,在一定程度上也需要个体承担起自我或个性的重建,反之亦然。因为他们的自我或个性都是由他们相互之间的组织化的社会关系而建构的,所以,如果同样没有在一定程度上重建既定的社会秩序的话,他们就不能重建那些自我或个性。[1]

---

[1] *Mind, Self and Society* (Chicago: University of Chicago Press, 1934), p.309.

米德继续通过强调在个性发展中的领导者的角色,而把自我与社会之间的关系与政府和宗教之间相联系。例如,在讨论君主制的时候,米德认为"通过与国王密切关联的情感,个人形成了对一个诸多群体的聚集体(congeries of communities)的情感。"① 当个体对群体的认同导致非常复杂的团结情感时,扩大存在的感觉便应运而生。对这种情感的激励,构成了政治中非常重要的一环。这就是政治生活由如此之多的因素组成,而非仅仅为物质目的之满足而组成的原因。因此,米德认为,正是由于自我不能在孤立的环境中产生,因此自我的型构是共同体的非物质性目标的基础。这些目标都有一种道德要素,也就是我们所说的目的性价值。目的性价值以不同的方式丛集,其界定一个社会的自我基础和社会基础的方式也不相同。让我们更详细地来讨论最后一点。

让我们来考察迈尔·福茨(Meyer Fortes)在其对俄狄浦斯和约伯的最为有趣的研究中所讨论的范式。福茨认为,这两个象征性的人物因相互融合的不同的命运观念而名闻遐迩。对于前者:

> 命运如同魔力一样,是一种偶然的力量;并且作为最终的安慰,只有在回顾中才能知晓。由此激发出人们预先发现它的努力,并竭尽全力地试图控制它。因此,人们才诉诸神谕。但是神谕在事实上并不能使人掌握命运。与魔力一样,它们只是有助于人甘心接受命运的不可逃避性。实际上,最后是接受命运,而不是傲慢自大地探求命运。②

另一方面,约伯是一位义人,他反映了某些作为奖惩均衡和对个人责任的依赖的社会生活观念。

> 约伯面对与我们完全不同的人类和道德观念。在此并没有指出,从他诞生那一刻起就规制个体生命历程的深不可测的影响。随人类生命历程而自然增加的善恶,通过全知全能的、人格化的上帝来予以奖惩。但上帝并非行为专断或反复无常。他受到与其创造物

---

① Ibid., p. 311.
② Fortes, *Oedipus and Job in West African Religion* (Cambridge: Cambridge University Press, 1959), p. 15.

第八章
政治价值的形成

——人类——之间契约的约束。这几乎是一种契约关系,其中上帝一定要公正和仁慈,而人类则在正当与罪恶之间自由选择。①

这些不同的存在观念,隐含着自我与社会之间非常不同的观念。约伯的观点暗含对自然正义观念的信守,这一观念的核心是个人责任和个体性的观念。俄狄浦斯宇宙观的核心,在于血亲和集体主义的观念。如果一个人继承他父亲的命运,那么共同体也分享这一命运。

以前,我曾讨论过,这种观念与政府系统密切相关。在处于现代化进程中的社会,自我和社会两者都和再生与重建的意识形态相联系。在某些社会,个体和社会都与共同体密切相关,该共同体形成有能力生长和发展的有机体。命运的观念是积极和进步的,而不是破坏性和消极的。对目的性价值的最高奖赏,与命运相符合。这样的命运是激动人心、暗含乐观景象的,也是现代的。在新国家,像约伯这样的态度归属于早先的时代,或许是殖民主义的时代,当人们可以谴责通过对外在规则的被迫接受而失去自然平等的时候。对命运的"俄狄浦斯"的态度是动员系统的特征,约伯的态度则是调和型系统的特征。也许在克理斯玛现象中,这两种态度混合一起,从而创构了以先知人物为核心的一种新型的权威系统,他尊贵的礼物或许正意味着正义和伟大的命运。② 当然,问题在于这将如何发生,而且答案必然是非常复杂的。在本章,我们的分析将关注作为结构性原则的团结,作为行为原则的认同,以及作为政治价值的经验标尺的意识形态。

权威的团结面向

对目的合法性的团结面向,马克思第一次作出了清晰晓畅的论述。马克思的观点可以简要归结如下。人类物质生活条件的改变表现为两种形式:(1)阶级斗争的激烈化导致不同类型系统的出现;(2)意识形态上层建筑

---

① Ibid., pp. 15–16.
② Etzioni 曾竭力主张克理斯玛及其分配的条件如下:"(1)涵盖必要的本性(道德 VS 计算或价值);(2)在不同的组织配置之间对手段-目的决策的分配;(3)在不同的组织配置之间对工具性和表达性活动的分配;(4)对不同的组织配置所征募的行动者的典型的心理特征;(5)在精英和底层参与者之间互动的频率,以及对底层参与者控制的严密性。"(Amitai Etzioni, *A Comparative Analysis of Complex Organization* [New York: Free Press of Glencoe, Inc., 1961], p.214.

的演化要与生产系统模式的演化相一致。①

尚不清晰的,是他的决定论的程度。马克思将其归因于生产关系。当然马克思理论中的这种模糊性,一直是以后一些重大争论的基础。例如,如果生产关系决定社会生活的方方面面,那就无需研究意识形态。然而马克思主义者是非常关注意识形态的。实际上,政治宗教通常是以意识形态的术语来表达的。

例如,列宁作为马克思主义的理论家,强化了高级智慧要求的辩证法。通过分析"物质条件",他认为理论家能够为公众制定可供追随的"正确的"政治路线。高级智慧变成意识形态权威,并因此以这种方式,驱使公众来追随政治路线。② 实际上,意识形态的纯洁性成为对付异端的磐石,如

---

① See George Lichtheim, Marxism: *An Historical and Critical Study* (London: Routledge & Kegan Paul, Ltd., 1961). 里希特海姆指出,在此存在自相矛盾之处,而马克思主义者在他们的"客观主义"方面并不乐意承认之。也就是说,尽管"以符合于马克思本人的方式,来历史地检验他的工作成果,这种方式预设了一个由反映在马克思主义系统内超越阶段的发展所形成的有用的优势地位——换言之,它假定马克思主义的范畴不再适于分析当代历史。由于显而易见的原因,正统的马克思主义者很难承认之,同时其他一些人不禁困惑,这种特殊的踌躇审慎为什么应当出现在起始阶段呢?出现这样的情况,要归结为这样的事实,即黑格尔及其追随者马克思采取了一种他们并非娴熟的实证主义历史观。他们把历史视作过程,它的意义由历史的不同阶段所显示,后续历史阶段将反映人类在创造历史世界的过程中的作用的自觉成长。为了理解过去,人类必须将自身提升到更高的水平之上;因此,我们理解先辈的能力暗示我们已经达到了一个新的高度。"(p. XV)。

曼海姆也关注这一问题。尽管马克思主义支持思想的客观主义学派,但是他的立论的后果则导致只是社会学的新马克思主义的主观主义学派。然而,曼海姆及其追随者也难以避免马克思已遭受到的同样批评。

② 这非常微妙地导致"经济学家"和列宁之间的冲突。例如,批评瞄准了列宁创办的刊物"火花"(Iskra),以及列宁的答复。经济学家是这样批评的:"'火花'对论辩的过分偏袒主要由于它夸大了'意识形态'(规划、理论……)在运动中的作用,而且也是对内部论辩冲突——该冲突在西欧的俄罗斯移民中间骤然兴起,他们急速以大量的小册子和论文来向世界宣告——的部分回应。在我们看来,这些分歧几乎没有对俄国社会民主运动产生实际影响,也许除非它通过在俄罗斯工作的同志们之间的分裂而伤害到运动。由于那个原因,我们不得不表达我们对'火花'之论辩热情的不满,特别是当它超越了论辩的严肃性的时候。"列宁的回应非常有个性。他严厉指责"经济学家们"落后于群众的革命性觉悟。他指控攻击"难以理解的'思想家'是一个令人赞赏的称谓,只有当他站在自发运动的前头的时候指引道路,以及当他超越其他人,并有能力解决理论上、政治上、策略上和组织上的所有问题时。这些问题是运动的'物质要素'同时伴随的。为了考虑到'运动的物质要素',对其进行批判是必须的;指出其危险和缺陷,并鼓励把自发性提升到自觉性。然而,断言意识形态理论家(例如达致自觉的领导人)并没有偏离由社会环境和物质要素的互动的方式发起的运动,这忽略了最基本的事实,即参与到这种运动和创造的觉悟。"

对于列宁来说,意识形态远胜于观念的简单操控。它是那些对社会事物有着高度自觉和受到良好训练的人们所创造的。他称那些意识形态"要素"为"根据计划运作的有意识的要素"。见:Nikolai Lenin, "A Conversation with Defenders of Economism", in Alexander Trachtenberg (ed.), *Collected Works of Lenin* (New York: International Publishers, 1929), Vol. IV, BookII, "The Iskra Period", pp. 66-67.

第八章
政治价值的形成

果异端思想不顺从于革命潮流之下的话，它们必须被清理。①

列宁既是理论家（ideologue）也是意识形态大家（ideologist）。在他手上，共产主义变成了革命教条。共产主义并不是哲学，却包含了哲学；它不是认识论，却被描述为认识论；并非价值系统，但它是为了实现价值系统的计划。然而，意识形态依然差不多等同于宣传。是乔治·索雷尔而不是列宁论证了整全的、"完善的"马克思的团结意涵，"而不是对其文本作出评论，就像其糟糕的信徒长期所做的那样。"②

索雷尔关于合法性的团结功能的研究的特点是，他对神话角色的精准界定，这非常具体地表现为，总罢工（the general strike）的神话。神话是隐喻的社会等价物，或换一种说法，神话之于团结，就像比喻对于认同。索雷尔认为，要使这些神话发挥作用，它们必须与更有价值的道德趋势相合拍。对意识形态的评价，必须基于道德的基础，而非基于在辩证演讲之下的模糊信仰。他责备马克思主义者没有认识到，为了修正历史进程，古老的神话可以复活进而引致反动的革命。

> 看起来，马克思没有扪心自问过，如果经济系统处于衰退过程中，那么将会发生什么；他从来没有幻想革命的可能性，这种革命将回溯过去，甚或把社会的持守（social conservation）作为其理想。
>
> ……
>
> 这是些被马克思视为反动且结果可忽略不计的梦想，因为在他看来，资本主义正处于一个不可逆的进程中；可是今天我们看到许多支力量结合起来，运用法律手段竭力改革资本主义经济系统，这非常接近于中世纪的理想。议会道路的社会主义意欲与道德主义者、教会和民主联合起来，共同致力于阻遏资本主义的运动；并

---

① 意识形态的这一面向——在社会中建构团结，并屏蔽混乱和弱点——是作为意识形态的马克思主义吸引一些新国家的年轻领导人的原因之一。马克思认为意识形态是这些观念，即代表了社会组织的特定模式。"考虑到作为一系列规制思想的意识形态已经与规制个体相分离，并且被赋予独立的力量，一种社会事务创造性的要素"是没有意义的。意识形态的坚实基础，马克思认为是社会生活的物质条件，特别是社会关系、劳动分工以及生产力。因此，意识形态是现实的显示器，或斗篷。Karl Marx and Frederick Engels, *The German Ideology* (New York: International Publishers, 1939), pp. 41, 42, 43; see also Karl Mannheim, *Ideology and Utopia* (New York: Harcourt, Brace & Co., 1946), p. 110.

② Georges Sorel, *Reflections on Violence* (Glencoe: Free Press of Glencoe, Ⅲ., 1950), p. 59.

且,在懦弱的中产阶级看来,也许这并非不可能实现。①

神话和乌托邦为每一个重大的社会事件装配了道德维度计。索雷尔问道:"……当我们偏离反对联合的大规模战争和平民的壮阔胜利的时候,革命还剩下什么呢?剩下的并不是非常可口的菜肴:警察机关的操纵、放逐和奴颜婢膝地就坐于法庭……"②

对于索雷尔来说,激发出阶级斗争并使之不断发展的是无产阶级总罢工的神话。在这个意义上,我们可以说索雷尔把马克思带入一个意识形态结论,因为没有无产阶级总罢工的神话,无论物质发展以及辩证唯物主义的演化趋势如何,革命也会失败或变成反动的。意识形态是社会进步的必要构成。③

索雷尔依然让我们感兴趣的,与其说是其无产阶级总罢工的信条,或他对暴力的证成;毋宁说是其对意识形态的吁求。它的作用在于构建团结,而团结是社会的道德基础。索雷尔把团结界定为建立在阶级基础上的道德系统,并由神话统合起来。该系统是变迁的基础。当它们导向更高层次的道德之时,产生团结的神话就是"好的"(good)。因此,他对团结的要求,也就是对更高层级道德的社会性格的要求,也是对更高层级的人类共同体的要求。

团结与道德之间的关联既是权威的本质,也是由新兴国家的领导人所精心构建的事实。在意识形态中所表达的团结和神话,通常被人为操纵,以为各种政治形式(political forms)提供一种道德维度。在这个意义上说,神话的创构、共同体的道德团结以及领导者的权威是密不可分的。

权威的认同面向

索雷尔帮助人们认清了团结在支撑权威方面的作用,即:团结在共同体成员、社会责任感和历史视野之间提供了纽带。他分析得出的自然结果,是不过于拘泥他本人的意识形态的辩争方面,而更多关注各式各样而

---

① Ibid., p.107.
② Ibid., p.118-119.
③ 尽管对马克思心怀敬仰,但索雷尔决不为其教条所迷惑。他饶有兴趣地引用这位"社会主义的一位渊博的阐释者",他说,"利用毫无意义的与对立面妥协的艺术是最为明显的后果,这一结果是他对马克思的研究中获得的。"(Ibid., p.138.)。See also Ernst Cassirer, *The Myth of the State* (New Haven, Conn.: Yale University Press, 1946), Part I.

第八章
政治价值的形成

又具体的以意识形态的形式表现出的团结。这些结果，包括历史神话的运用、历史的重新书写以及对黄金时代的追求——所有努力都旨在提升政治共同体的目标。迄今为止，社会中的意识形态一直是我们的参照点。但是意识形态，如同语言和梦想一样，是通过普遍的心理因素而与行为形态相联系。平衡、掌握和控制，都是意识形态行为所意欲的结果。思想观念有助于人们控制并改变他们的环境。这正是弗洛伊德的观点："一定不要假定：通过纯粹沉思而渴望知识，人类将创造其自身的第一个世界系统。掌握世界的实际需要已助力于这一努力。"① 弗洛伊德的这些观点，可以运用于信仰的所有形式，包括万物有灵论、魔术、宗教禁忌，据推测也适用于政治信仰。②

对于弗洛伊德来说，意识形态是个人理性化的一种形式（对此，也许马克思会赞成）。弗洛伊德和马克思两人，都把思想观念看做为"本体"（reality）躲藏在其后的一个斗篷。当然，尽管两人对"本体"有着不同的理解。对弗洛伊德来说，如果意识形态都是为理解个性观察者必须深入其间的精致的假想之物，那么，意识形态是非常个人化的。希望理解意识形态的学者，必须像正揭开其病人之心理合理化的精神治疗医师一样接近它。很难说，这种推测对于弗洛伊德来说是否构成了意识形态的一个病理条件。但可以肯定的是，他会认为，从情感上来说，政治极端主义者是值得怀疑的。他对离奇的东西（bizarre）并没有太大的兴趣，尽管这是他的学说的创新之处。

弗洛伊德把摩西作为心理分析历史研究的一个象征。爱利克·H. 埃里克森（Erik H. Erikson）在研究路德时也关注过同样的事情，并在他分析导致伟大（grentness）的令人敬畏的心理难题时，进一步推进了费洛伊德的传统和思想。他关注导致创造性个性形成的条件，这涵括了他对意识形态及其在人格发展中的作用的研究。在意识形态研究中，埃里克森认为，当他寻找证据、线索和数据的时候，较之社会分析的其他任何形式，研究者更须依赖

---

① A. A. Brill (ed.), *The Basic Writings of Sigmund Freud* (New York: Modern Library, 1938), p. 867.

② 也许，与意识形态最为直接的关联，是弗洛伊德对"上帝选民"神话的分析。弗洛伊德对摩西神话的转换以其想像力技巧而闻名于世。非常中肯的是，弗洛伊德认为，"人类智识本身并没有在任何其他地方被赋予对真理的特别敏感，人类的大脑也没有显示出任何特别的接受真理的准备。相反，通常的经验表明，毫无疑问的是，人类智识非常容易犯错误。没有什么事情比满足我们的愿望和幻觉间的东西——不管真理如何——更容易为人所信。"（Sigmund Freud, *Moses and Monotheism*, [New York: Alfred A. Knopf, 1939], p.204）.

于非正统的敏感性，其中很多是先前的分析者所没有触及的。埃里克森比先前的历史学家或社会科学家在社会分析方面更为特立独行。埃里克森的观点是，精神治疗医师连同社会科学家，如同他在人格背景下研究意识形态一样，能够对理解个体如此之善于接受意识形态的原因作出非常大的贡献。埃里克森确立了一种人格形成理论，该理论建立在他所称之为寻找认同的成熟面向的基础上。因为寻找认同与角色探求一致，年轻人（以及那些从未完全发现自我的人们，像土著那样）非常容易受到意识形态的影响。这将意识形态研究的另一个面向添加到马克思主义者所提出的概念即动机之中。没有任何一个马克思主义者可以解释阶级利益必然存在的原因，他们非常难于否定这一命题的普遍性，即一些人有能力从其阶级利益中解放出来。这是马克思主义理论非常重要的缺陷；因为尽管马克思很有可能否定行动的观念能独立起作用，但是不得不为接纳非工人阶级的马克思主义观念留下一些缺口。因此，物质条件和阶级行为之间的关系并非是昭然自明的。结果是一种不完全的和非决定性的意识形态应对方式。埃里克森把意识形态界定为：

> 潜藏在宗教的和科学的以及政治思想中的一种无意识倾向：在一个既定的时间，这一倾向使事实符合观念、使观念契合事实，以创造出一种说服力足以支持集体认同感和个人认同观的世界图景。为意识形态简约化所创造的整个图景，并非可以被独断地或有意地操控（尽管它有如所有人的无意识一样可资利用），通过它对历史事件表面逻辑所施加的支配性影响以及通过对个体认同形成的影响（从而对他们的'自我力量'的影响）而显示其力量。[①]

这一论述有助于我们理解个体通过揭示权威满足了认同方面的需求而容易接受权威的原因。通过把认同与成熟相联系（对年轻人来说，这是一个重要的问题），埃里克森认为这正是意识形态对年轻人特别有吸引力的原因。第一点，提供了对个人冲突之条件的一些洞察，这些冲突导致对意识形态的接受或拒绝。它也有助于解读预言家、克理斯玛领导人以及意识形态的操控者。第二点，与新兴发展中的共同体特别相关，这些共同体重视年轻人，力图将他们提升到卓越的水准，这正是他们寻求认同的时刻，也是其最

---

① Erikson, Yong Man Luther: *A Study in Psychoanalysis and History* (London: Faber & Faber, 1958), p.20. 他进而把其著作描述为对"认同和意识形态"的研究。

第八章
政治价值的形成

关键的成长阶段。①

由于已经讨论了目的性价值背后的行为需求——这体现为共同体的团结和个体的认同，我们就可以审视我们讨论的这些需求在不同的政治系统中得以满足的方式了。②

神权政体中的权威面向

请允许我引用古代希腊作为神权政体的范例。巴克（Ernest Barker）评论道，在古希腊城邦，"国家是为每一个体成员的道德发展和完善而存在"。"个体的成长和完善意味着而且仅仅意味着，国家的完善。"他指出，"为其成员道德完善的国家将是一个教育机构。它的法律将服务于公民的良善。"因此，它的官员们在理想上将归于"有道德鉴别力的贤人。他的主要活动将是培育和支持正义（righteousness）的成熟。这就是我们可以把这种国家视作真正的教会的原因所在：如同加尔文教会，只从事'神圣教义'的训导。政治哲学因而成为道德哲学的一个分支。"③

巴克所描述的古代希腊国家与现代世界的某些新国家所追求的政治系统，以及一些古老国家、军事共产主义国家比如中国和苏联之间，有着诸多的相似之处。当然，作为古代世界重要部分的一些特别的宗教性内容，一直处于衰退中，现在则被视为前科学的。毋庸置疑，国家提供了美德和目的的形象。个体意愿（will）服从和服务于国家决定的重要目标。可是，该类目标并非通过体现专制精神的方式实现的。毋宁说，存在一种道德的和物质进步的理想类型——这种理想类型被用以颂扬、美化政治秩序的一些显著形式，或许它将担保人类的幸福。

在神权政体中，政治组织和宗教组织合二为一。某些政治角色的专门化是可能的，但这些角色在宗教观念系统中，有其非常重要的意义。国王既是

---

① "无论是个人生活还是在社会生活方面，年轻人都处于过去和未来之间。他们也处于生活方式的交替变化之间……"意识形态为这一年龄段的青年人对那些模糊的内心状态和来源于认同冲突之后果的那些迫切的问题提供了非常单一而又清晰明确的回答。"意识形态为年轻人的强烈的热情和激烈的禁欲主义以及对刺激的寻求和对社会界限的强烈愤慨——在此保守主义和激进主义之间斗争最为活跃，提供了发泄的管道。在这个边界上，狂热的意识形态家从事着忙碌热闹的工作，而丧心病狂的领导人做着一些非常卑污的工作；但是同样在此，真正的领导人建构了意义重大的社会团结。"（ibid., p. 39）.

② 对权威的这些面向的充分分析，是完整的、令人满意的处理所必须的，但它会使我们过于远离现代化的主题。

③ E. Barker, *The Politics of Aristotle*（Oxford: Clarendon Press, 1948）, p. li. 也可见于巴克在 *Social and Political Thoughts in Byzantium*（Oxford: Clarendon Press, 1957）, pp. 6 – 7 中的讨论。

一名精神顾问,也是一名战士。他既是信仰的主要捍卫者,也是一名立法者。正义要与神灵指引相契合。过去神权政体面临的最大困难,是对专横腐化的国王和祭司——他们对法律的亵渎,既冒犯人类社会也有违自然秩序的控制。

在早期神权政体,政府的权威乃是上帝的更大权威的一部分,并且与之分享权威。革命、政体变迁、诛戮暴君以及其他形式的不稳定性,被认为与风暴、地震以及其他自然灾害并无二致。这是神圣与世俗的混同,但神圣秩序不能被世俗世界贬斥。

大多数神权社会都不会置疑它们置于一个更大的秩序框架中这个事实。苦难有着宗教的意涵。国王或祭司是阐释者和立法者,他在宗教实践的广阔背景下行事。例如,在古犹太人那里,有一种明晰的神权政治观念:

> 以色列的君主政体并非以教士为基础,而是以使徒预言为基础。以色列的国王们有权利履行祭祀义务,并要求承担祭坛和神庙的维护工作。但他们从来没有获得正式的"祭司"头衔;他们的宗教功能只是辅助性的(by-role)。以色列国王而不是祭司继承了宗教裁决的任务,后者从来没有在以色列获得过世俗权威。未来理想的以色列国王是一名公正的法官,虔敬事神且有权有势;他并没有任何祭司特征。作为模仿使徒的预言家——法官,国王由上帝拣选。他并没有表现任何神圣的本质;他也没有通过祭仪而控制宇宙万物的命运。他仅仅是神恩(god's grace)的承负者,由其信使先知所任命。因此,国王是另一种观念的具体化,即统治地球的乃是上帝的意志。①

中国和日本亦复如是。例如,在政府的儒家传统中,政治秩序由先王所创设。"先王依靠他们崇高的智慧和机敏,接受天命,而统治世界。他们同心协力旨在为世界带来和平与恬然。"②

如果神权政体的国王是由上帝所拣选,那么人类社会只是上帝的宇宙之一部分,根据上帝的法则来统治。然而,这种权威并不意味着,国王甚

---

① Yehezkel Kaufman, *The Religion of Israel*, (Chicago: University of Chicago Press, 1960), p. 266.
② Ogyu Sorai, "The Confucian Way as a Way of Government", in *Sources of Japanese Tradition*, ed., William Theodore de Bary et al. (New York: Columbia University Press, 1958), p. 426.

第八章
政治价值的形成

至专横的国王能够怡然自处。他们的责任虽然包括人类事务，却通常超越人类世界而流溢进入自然世界。例如在某些非洲王国，国王要对食物供应、雨水和其他重要的自然现象负有责任。在早期闪族王国，有许多国王作为神的代表而对雨水、歉收以及其他自然灾害负责的遗存。"在巴比伦王国的前历史时期，有这样一种信仰，即国王要对农业耕地的状态负责，要对季节现象适时出现负责，而且这种信仰直到今天依然零星地存在于东方各地。"①

在神权政体中，领导权通过某种祭司身份而被分享。因此，领导阶层的许多形式都是可能的，但所有的形式都有两个主要的特质。第一，领导者占据着既是个人化也是制度化的角色。第二，他们都是神的代表。即使他们普遍由公众所选择，他们的权威也都源自这两种品质②。

许多神权政体，在自然秩序和国家、生与死，或真实的此岸国家和超越的彼岸天国，亦即在人类王国和上帝的王国之间并没有作出非常明确的区分。

法律倾向于同习俗、仪式和其他宗教实践相关联，并且有其预言起源，无论是神谕的，还是个人的，抑或法令的。变迁出现于保持且强化既存系统的努力中，而不是改变现状的尝试里。

共同体中神圣要素的一个重要部分，是由宗教实践以及其他特殊的单个阶层所维持，这些特殊的阶层为仪式和习俗而存在。它们的功能是维护社会的纯洁性，并阻挡世俗世界对神圣秩序的玷污。

在古代世界的大多数社会，包括希腊和罗马，都是神权共同体，就像当今世界的非洲、中东以及亚洲一样。他们的革命，如果有一些话，仅涵括政体变迁而不是权威和共同体观念的根本变革。这些社会的问题被认为是宇宙的一部分，因而并不比生命和上帝本身的大奥秘更令人焦躁

---

① S. H. Hooker, *Myth, Ritual and Kingship* (Oxford: Clarendon Press), pp. 27–28.

② 罗格·克罗伊 (Roger Callois) 指示如下："权力，如同神圣一样，似乎是神恩的外在标志，是个体临时居所的标志。它通过神授、创设或者献祭仪式而获得；由于蜕化、轻蔑或滥权而丧失。它从整个社会的支持而获益，社会整体构成其存放处。国王佩戴王冠、手持节杖以及身为上帝准备的辞色华衣。他有卫士保护自己。他执行强制的所有类型，以有能力强制背叛者归附。但是必须指出，这些意涵都不能解释，他们显示了权力的效验。在某种程度上，人们视他们为强有力的，或令人归附，或让他们感到害怕，但人们献殷勤和顺从的动机却不需要解释……

每一个国王都是承自上帝的上帝，或是上帝神恩的统治者。他是一个神圣的个体。从而，必须将其隔离，并在国王和对其亵渎之间构建密不透水的间隔。他个人拥有一种神圣的力量，这种力量创建繁荣，并维持宇宙的秩序。他确保季节更替的规律、土壤和女人的繁殖……" (Callois, *Man and the Sacred* [Clencoe: Free Press of Clencoe, Ⅲ, 1959], pp. 90–91.)

不安。

有政治宗教的系统把俗世提升到神圣的层面，并把神权要素置于其间。它们使得宇宙万物屈从于人类，从而扩大了人类以及人类社会的范围。在神权政体，宇宙和自然并不与国家相分割；它们均大于国家，并主宰着国家。在有政治宗教的系统中，人类是宇宙的中心。调和型系统是神权政体的对立面，尽管不应忘记的是，所有的西方调和型系统均始于基督教神权政体，并由此获得了它们的目的性价值。

调和型系统中的政治宗教

调和型系统，姑且不论其工具性价值，首先起源于神权政体。在某种意义上，这可以解释其对权威工作般（job-like）的态度，即对平等和正义的关注。也许对其最常用的描述，是"法治政府而非人治政府"。按照这一习语，这是宪政民主的根基，不仅要求人们遵守法律——这是所有共同体的特征，而且法律体现了比单个人更高远的智慧。因为这种情况，法律是因其自身的缘故而为人所崇拜。经由法律的审慎采纳和实施，人们完善其个性，并阻遏其他人的伤害。虽然在《理想国》中，柏拉图并没有考虑到法律，但是他的真理与和谐的观念本身就是通过理性而得以认知的抽象法律——善（the good）。就法律被作为一种标准和框架而言，柏拉图开创了西方世界的自然法传统。

自那时起，法律一直是非宗教理论家的心病。如何型构法律以满足人类的需要，而又不影响其从人类的虚幻念头中摆脱出来，引致了对法律的很多评论，这也成为西方文化传统的一部分——查士丁尼和盖尤斯的法典、阐释法学派和评论法学派以及布莱克斯通、梅因、麦特兰和维诺格拉多夫的工作成果。作为智慧之具体体现的法律一直是人们研究的对象。解决法律的客观层次与管理日常生活中天天面对的普通法律之间的一些悖论的努力，是一场在自然法和实证法之间划界的一个永无休止的论辩。该论辩，在中世纪开始包含其他一些划分，即神法和教会法之间的划分。这些不同类型的法律需要被挑选而归入不同领域，在这些领域，它们的权威是特定的也是有用的。

在西方，对法律的关注是一个共同体发展的重要组成部分，即将其法律框架作为人们生活、活力和繁荣的唯一的和终极的托付——调和型系统。但这并不是与社会发展相关联的唯一要素。第二个要素是政教分离。我将竭力揭示，政教分离和法律观念，对这一系统的发展有着根本的意义。对此，无

第八章
政治价值的形成

需过于强调,因为政教分离并没有伴随以对法律的客观性品质的强烈信仰,对我来说,这似乎是政治宗教发展的一个原因。在以政治宗教为基础的系统(人治而非法治),主权的合法性置换了法律的合法性,结果政治被赋予神圣的特质。

政教分离的观念,是一个奇特的信条,特别是对基督徒来说,更是如此。无论基于何种历史的原因,我确信,存在许多诞生于政治顺服的基督教会,这些教派认为基督教的地位应该通过赢得宽容而得以强化——并不是说它们仅仅满足于宽容,或者不愿意把共同体转变为神权政体,倘若它们可以的话。但大体上,它满足于宽容,并生活在与世俗权威相对和谐的共同体内。神法和自然法从来都不是一模一样的,但通常被人们视为可相互补充。神示真理和理性并非相互对立,而是同一硬币的两面。实际上,托马斯·阿奎那的最大成就是,强化了政教的和谐,并为之提供了一种理论综合。

阿奎那为基督教一直在原则上得到确立的一种观念提供了坚实的基础。它最初表达在圣保罗的教诲中,即授予恺撒的即归恺撒。教皇盖拉西厄斯(Gelasius)在五世纪末期,对此作出一个根本性的论定:

> 皇帝……是教会的儿子,而不是其指导者。宗教事务是其学习而非教导的对象。他拥有为了公共管理而由上帝的意旨所赐予的权力特权。
>
> 在基督时代之前,……有些人同时拥有国王和祭司的职位,在异教徒时代,恶魔僭越了这两个职位,而且异教帝王还占据了最高大祭司的职位。但是拥有国王和祭司两种身份的基督从来就没有把这两种职位托付给同一人,而是把这两种职位、功能和尊严恰当地分付给两人,因此基督教帝国为了永生必须依靠祭司,同样祭司对现世之物也要采纳皇帝的命令。
>
> 从原则上,有两个权威统治着世界,主教的神圣权威和王权……①

---

① 引自 Charles Howard Mcilwain, *The Growth of Political Thought in the West* (New York: Macmillan&Co., 1932), pp. 164-165.

历史上那些人们为之而进行的奋战强化而非削弱了这一信念。这种信念最重大的后果是，教会和国家之间的冲突——世俗的和神圣的权限划分。这一信念的最大好处是，两种权力之间应该，而且实际上也是相互独立的。无论一个君主如何富于宗教性，即使在国王的神圣权利信条的高峰期，都不会削弱这一原则。

对此，其重大意义是什么呢？它容许一种在目的性和工具性价值之间的互补平衡。它为限制行政权力提供了哲学基础，因为制衡的观念依赖于一种信仰：这种系统有助于对人类治理的自然和谐，其中个人能够发展其真实的本性。法治的市民社会也依赖于个体行为的一种先验的精神裁决。新教代表了由基督教伦理所指引的关于正确行为观念的一种混合，它设定了人类自由（甚至最终代议制政府）于其中能够发展的界限。个体行为高度的自我约束，是自由民主政体的本质。

即使在现今，宗教的影响已经衰落，市民社会的负担极为沉重，有限政府的观念在西方依然强大。这是对政府之专横权力的恐惧，议会和法律的观念、宪政和社会契约的观念成为公民治理（crvil rule）的象征性器具。西方世俗政府中的神圣一面，是其制度框架本身。其他所有的意识形态均已衰落。法律的宪政框架，尽管难称崇高，但也给人们在该框架内重塑社会的机会。在某种意义上而言，通过代议制政府，法律成了我们的文明中最为重要的政治内容。这意味着由此我们可以修正我们的生活方式，而无须放弃个体权利。平淡无奇以及相当程度的乏味是必要的；这种情况下的变迁是非常缓慢的。个体和群体之间的竞争、带有相对主义价值的多元世界，是其主要特征。实际上，所有的价值都能归于两个方面：一是个人的尊严，这只能通过法律的尊严得以保全；另一个是代议制政府的原则。

这一系统的一些更为实际的品质是什么呢？或许有两点最重要。法治政府通过修正案可以提高法律的权威，修正能够调节和改进公民所面对的一些困难。在这方面，当其功能良好之时，它已解决了社会稳定和政府连续性两大难题之一。而且，它也考虑到了与工业化密切相关的世俗价值的存在。一旦确立起来，该框架就能够持续下去，即使与世俗显著不同的神圣之"剑"衰落之后，亦复如是。然而，这并非是轻而易举就可以实现的。宗教的衰落已经影响到西方民主政体。一个非同寻常的问题是，如何提供所有人在一定

第八章
政治价值的形成

程度上都需要的意义、信仰和精神生活的替代性源泉。① 因此，存在这样的可能性，即由西方社会难以满足的道德渴求所引发的危机。我们的政治框架已非常忠实地反应了这一弱点。正是由于我们的问题出在道德领域，所以那些已经发展出一种政治宗教系统的新兴国家现在似乎呈现出更高的道德清晰度。甚至新兴国家的政治宗教并未以神权政体的典型样式出现，但以世俗信仰系统的形式出现，它们界定政治的和道德的目标是"二而一"的，就像早期系统那样，失去的是个人主义的观念。西方文明的特殊禀赋，即个人与法律之间的关系，被视为禁锢的、反动的和狭隘的。我将在最后一章，讨论这一困境的广泛涵义。

民主制本身正面临重重危机。调和型系统正在经历一场危机，该危机由于宗教领域的世俗化而愈益严重。对这一论点的合理回答是，作为走出困境的方式，建议回归宗教信仰。无论这种路径的优点和逻辑如何，都不大可能被采用。很有必要发现新的解决方案。经常存在的内在危险是，调和型系统可能诉诸于政治宗教以强化他们的地位，或者以一种虚幻的努力来根除内外敌人。

动员系统中的政治宗教

政治宗教的兴起本是为了回应信仰的失落，这是当下调和型系统所表现出的典型特征。我一贯的主张，可以重述如下。现在，神圣性（the sacred）可用以拓展一种政治合法性的系统，并为着世俗目的而有助于动员社群。这与宪政民主毫不相干。将政治教条转化为政治信仰，领导人试图通过使信仰形式化作为手段从而实现重大目标。② 没有任何一个新兴国家取得完全成

---

① 实际上，不仅宗教衰落引起了我们论题的变化；它也影响到我们对早期目的的意识，这已失去或至多令人伤感而已。T. S. 埃里奥特曾以非常生动的方式评论道："许多人在不同的场合谈论宗教信仰的衰落；宗教体验的衰落并没有引起如此之多的关注。现时代的困境不仅无力相信关于上帝以及我们的前人所相信的特定事情，而且也不再感受到我们的前人曾相信的上帝和人类。你不再相信的一种信仰是在某种程度上你依然能够理解的一些事情；但是当宗教情感丧失的时候，人类急于表达之的言辞也变得毫无意义。"（Eliot, *On Poetry and Poets* [New York: Farrar, Straus&Cudahy, 1957], p. 15.）对西方社会转型所做的宏大分析参见, Reihard Bendix, *Nation - Building and Citizenship* (New York:John Wiley & Sons, 1964), pp. 55 – 104.

② 但是，如前所述，如果实现了目标，那么它们将失去其自身的意义。因此，政治宗教需要有目标，但并非所有这些目标都能够实现。这样的目标之一是把人类转化为更高存在的等级。下面的苏式论点是，从长远来看资本主义是人类社会中的腐朽性因素，而且显示出资本主义特性的个体在这个意义上也是腐化的。新兴国家往往对部落社会有着同样的看法。后者如果失去神宠并被殖民主义所侵蚀，那将依然腐朽不堪。

功，虽然加纳、马里、几内亚、埃及、中国和印度尼西亚作出过一些特别的努力。

有政治宗教的国家视自身为没有原罪的存在。这种情感来源于复活的观念，也就是说，新型政治单位因着革命和挣脱殖民状态，具备了新生的所有纯洁性。他们的主要目标是，重建并把公民性从落后状态和其他障碍比如种族歧视中解放出来。复活附着于以救世主自居的政府，这使得法治根本不可行。重建的努力使得个人主义看起来落后而又有局限性，结果对政治权威的公开制衡是非常困难的。或许 J. L. 塔尔蒙给出了我所竭力传达的东西的最好描述。他指出，"宗教权威的衰落暗示了人类良知的转变与解放，但是，不仅如此，它还表明其他某些事情，即社会世俗道德观念必将很快取代宗教伦理观念。否认教会和否定超验的正义，除了国家，便没有道德源泉，也没有道德认可的标准。"① 在其对自由主义民主和极权主义民主的区分中，塔尔蒙认为这两种传统：

> 都断言自由是最重要的价值。然而，一派发现，自由的本质是具有自发性质的，并且，是在没有高压政策下自发产生的；另一派则相信，自由的本质只有在一种绝对的集体目的之追求与获取中才能被认识到。自由的民主是否有这个信心，即极权的民主宣称有一个终极目标，不在我们论述的范围之内，无可争议的是，自由民主的那些终极目标没有同一个具体而微的特征。它们宁愿以消极的态度设想，也不愿用视之为罪恶的强制方式去达成目的。自由民主主义者依然认为，在没有强制的同时，人们及其社会是通过审判和错误的途程，渐次达到实现理想和谐之状态的。在极权主义民主下，这一理想的和谐状态被予以精确限定，并被视为当前最为迫切的问题、径直行动的挑战、火烧眉毛的事件。②

从新兴国家中不难发现政治宗教兴起的原因。信仰是权威的一个来源。新国家面对的第一个问题，是创构各种首要的忠诚（overarching loyalties），它将超越那些种族成员、宗教归属和语言认同的原初忠诚。这样的忠诚，既难以处理也不易置换，对此我们可以从诸如印度、印度尼西亚和尼日利亚等

---

① Talmon, *The Origin of Totalitarian Democracy* (London: Secker & Warburg, 1955), p. 4.
② Ibid., p. 2.

第八章
政治价值的形成

新国家的经验而揭示出来。迄今为止，在种族分裂严重的社会建立新国家，问题变得困难重重，就像赞比亚、肯尼亚或坦桑尼亚那样。

但这种忠诚并非是缺乏判断力和非理性的。种族、种族划分、宗教和语言是人们借以表征自己、组织社会、为他们的情感需求意义和表达自己的信仰的工具。如果这种附属工具变得越来越没有意义，个人必须在一个更大的共同体内发现一种公共利益，由此认同、情感和信仰能够得以扩大和强化而不是缩减和削弱。重要的是，政治宗教试图做这些事情，并使巨变呈现出英雄史般的壮阔、愉悦、富有感染力和解放性。因为这绝非简便易行，故而在政治宗教发展过程中出现了冲突，这些冲突一如昔日的战争般激烈而持久。

除了（与之密切相关的）地方性依附的断裂之外，新国家所面对的第二个重要问题，是构建权威的问题。为了一个系统安享宪政框架，对首要忠诚的特定共识必须在更为广泛的社区达成。在处于现代化进程中的国家，如果缺乏这种共识，则政治权威依然是最为敏感的政治问题。就是某些工业化国家也从来没有能力克服同样的困难。例如，法国就从来没有充分制度化其宪政秩序。政治权威在法律框架之内未能被完全整合，结果是不论其现代法律结构多么精巧，法律框架本身都被降低身价。

新兴国家的政治领导人只是最近才试图挑战殖民权威，并弱化人们对过去政治规则的顺从。当大众的狂热和革命激情开始衰退时，这些政治领导人继承了一种不稳定的政体和权威，这部分地是他们的行为所致的结果。如果他们给这些角色赋予神圣的光环，那么他们的权威就会变得更为坚固，政体也会更有保障。而且，由于对领袖的一切大家都心知肚明——他们的过去、家庭、日程表——他们难以与大众隔离。相反，他们依然典型地保持着友爱和兄弟般的关系。然而，如果这种亲近感并没有导致对权威的漠视，那么神圣性一定会转变为优势。政治领袖鼓励公众对宗教慷慨施舍的流布心怀感激。因为神圣性的存在，使他们感受到自己被净化。他们认为，"受民众欢迎的人"（man of people）依然与人民心连心，但他们再不会把自己与一般百姓相混同。权威以这种方式被安置于领导人的角色之上，而且该领导人对权力的操控和友善被人们接受为最高权威的象征。

新兴国家领导人面临的第三大主要问题是，国家物质财富的发展。每个人都会欲求世俗之物，而一种政治宗教因为能使人于俭朴苦行中趋向它而得以存续。在满足人们的需求方面，政治宗教一直比教会宗教乏力，因为前者必须许诺不同类型的奖励，也就是说，在政治王国中，物质财富得比较丰富才行。

因此，政治宗教比之教会宗教更需要具体的意识形态因素，而且在其中置入一种特殊类型的理性——经济生活的合理性。这既有优势，也有劣势。其劣势在于，政治宗教缺少教会宗教那种长久的超理性（extrarational）驱动力。他们同样缺乏坚持的耐力（sticking power）。其优势是，由于它把人们的心灵转向实践任务，并鼓励理性必需完成这些任务。在某种意义上而言，发展只是作为结果而出现，所以社会可以考虑用宪政秩序来取代政治宗教。这是西方对苏联的巨大期望，也是我们对处于现代化进程中的国家的希望。

在国家和政体呈现出宗教特征的地方，宗教通常延伸到民法（civil laws）领域。正如我先前曾提到的，涂尔干在压制性法律和恢复性法律（repressive and restitutive law）之间所做的明确区分，最适于解释这种现象。压制性法律在象征性的层次上作出惩罚。共同体的神性品质如果受到侵害，那么就必须给予报复。处以叛逆罪是压制性法律的一个例证。在政治宗教薄弱的共同体内，很难发现人们因为偷窃而被处死的案例。在政治宗教笼罩一切的共同体内，因偷窃而被处死却是非常普遍的。①

国家和政体的神性对于在共同体中维护团结也有着根本性的意义。由此，政体获得合法性，并以各种方式而得到强化。一种方式是通过复兴对半神秘的过去的兴趣来为政体寻找先例。另一种方式是一直持续不断地攻击一个特殊的敌人。例如，对殖民主义的攻击可能会被扩及到新殖民主义身上来，新殖民主义因此而成为一种高级的罪恶（villainy）形式，新兴国家必须对此高度警惕。

---

① Sekou Touré 的评论是有说服力的，即："如果你喜欢，我可以说，政党是我们社会的纽带，而国家是政党的执行部分，它根据政党的精神和意图而运作。

"国家解决了大量的社会、经济、财政或行政管理特性的问题，在政党决定实现的目标的鼎盛时期。

"因此，决定为了人们的最大幸福而创建一个新社会的政党，现在提出要克服一些困难。在当代社会，始终都有盗窃犯和谋杀犯。他们使得社会的其他成员忧心忡忡，感到不安全；他们损害其他人的财产和生命。他们从来都不以任何方式关心，环绕他周围的人们的财产和生命；他们认为根本没有必要尊重他们生活其中的社会环境，他们没有与组成这个社会的其他人协作的观念。国家的作用是保护社会免受这些人的罪恶行径的伤害。

"这就是在论及政党的时候，政府决定非常严肃地对待它们的原因。将来，没有任何人会对盗窃犯心怀同情。我们将对其施以最严苛的惩罚。我们曾说，如果你抓住一个正在破门而入的小偷，你可以开枪打死他。在我们看来，小偷是罪恶的存在。无论他偷了几百万还是一点微乎其微的钱财，他的行为都来自我们意图摧毁的思想状况。无论他是谁，也不论他偷窃的条件如何，我们都应该最为严苛的惩罚他。任何人都不能例外。" *Toward Full Re - Africanization* (Paris：Présence Africaine, 1959), p.46.

第八章
政治价值的形成

除了强化与早期历史的连续性，也可用神秘的过去划分出一个特殊的阶段，以作为羞辱和不幸的时期。在新兴国家，这一时期就是殖民主义统治时期。不论是新时代，还是美好的过去，都是对苦难和屈辱的暗示，由此可向公众传达并夸大独立的成就。因此，国家的诞生是一个神圣事件，由此带来了政治自豪感的基金，这个基金可以被提取很多年。

国家重生的代表通常是一个人——恩克鲁玛、杜尔（Sékou Touré）——他们作为政治运动的领导人，都被视为重生的助产婆。有时候，这被表达于歌曲和圣咏中，有时也在政治祈祷中得到表达。

> 塞古·杜尔，
> 我们对你的谢意无以言表，杜尔，
> 为了几内亚的解放，
> 我们从不屈服；
> 饥寒交迫的人们可以嗅到，
> 诱人的肉香就在不远的地方。
> 塞古·杜尔，
> 哦，你是几内亚的天纵英才，
> 我们向你敬礼，给予你祝福；
> 哦，杜尔，你是几内亚的恩人，
> 民族解放伟业的使徒，
> 哦，你这个神赐的几内亚之子。①

政治领导权集中于一个掌握着神启真理的个人身上。从领导人到国家再到政党是一个单线式演进，且体现在个人权威和集体责任两方面的观念里。社会的各种目标由上而下制定。通过实现这些目标，人们变得有荣誉感和道德感，重生而接近于完美。有时候政治领导人的这种影响，被视为超越了国家的界限。人民大会党的前主席和加纳总统事务部长，在一本正式散发的小册里写到：

> 今天……在加纳诞生不到三年后，对于数以百万计的生活在非

---

① From a poem, "Independence", by Diely Mamoudou Kande pinted in *Presence Africaine* (Paris), December, 1959—January, 1960, p.95.

洲大陆的人们来说,克瓦米·恩克鲁玛就是非洲,非洲就是克瓦米·恩克鲁玛。当人们问道:"在非洲将会发生什么?"每个人都试图寻找的答案就是:克瓦米·恩克鲁玛。对帝国主义者和殖民主义者来说,他的名字是他们念念不忘的诅咒;对于殖民者来说,他的名字是一种警告,即以牺牲非洲为代价而过上的好日子一去不复返了;对于在外国统治下多灾多难的人们来说,他的名字是希望的气息,并意味着自由、兄弟情感和种族平等;对于我们,他的人民来说,恩克鲁玛是我们的父亲、教师,我们的兄长,我们的朋友,实际上,就是我们的生活本身,因为没有他,我们都难以置信自己的存在,而我们也可能不会活下来;我们将一直没有医治心灵创伤的希望,没有在长期遭罪之后品尝胜利果实的味道。我们所归之于他的甚至比我们呼吸的空气更为伟大,因为他创造了我们就像他创造了加纳一样无可置疑。①

如果领导人就是国家,那么政党也是国家。那些不接受这种一致性的人是可疑之徒。恩克鲁玛本人曾写到:

  人民大会党就是加纳,加纳就是人民大会党。有这么一些人,他们不仅选择忘记这一点,而且还以各种方式教导别人也忘记这一点。有那么一些人,不论是加纳大学的职员还是学生,他们错误地认为,"学术自由"的话语带给他们一种对我们的政党和政府的仇恨精神,对于党的工人和农民,对于出资建立、维持学校的政府也是如此。政府为他们提供了教育,期望有一天他们能够用他们的忠诚和精诚服务于人民政府而回报同胞。
  人民大会党不会容许这种把学术自由同背信弃义(disloyalty)以及反政府思想相混淆。
  将来,我们应高度重视年轻人的意识形态教育。少年先锋队的建立将是进一步朝向该目标的步骤。党的青年团在国家书记处青年局的密切指引下将充分动员起来。我们将使我们党的意识形态为我

---

① Tawia Adamafio, *A Portrait of the Osagyefo Dr. Kwame Nkrumah* (Accra: Government Printer, 1960), p.95.

第八章
政治价值的形成

们国家每一个角落的人们所理解。

我们必须把它作为属于人民大会党的一项光荣。而我必须重复,我们一定要忠诚地工作,并为了真实的政党精神的本质这个单一目标而奋斗。这一精神把帝国主义从我们的土壤和精神中清理出去;我们必须为重铸这一引领时代的精神而奋斗。①

加纳的情形与其他国家非常相似。政党接纳选举。控制是集权的。有一种归属的圣洁感、同志情谊的舒适感、对民主的忠诚、成员之间的兄弟般的感受。② 例如,在几内亚,政党的分支组织延伸到村村落落。该政党有一个等级制的理事会。在高层:

政党承担着国家生活的引导角色,并因此而控制了国家的所有权力:政治权力、司法权、行政管理权、经济权和技术权,这都掌控在几内亚民主党手里。然后通过直接的普遍投票来指派国家的元首。③

再如,塞古·杜尔写到:

我们曾经常说,在我们的眼里,没有战士,没有公务员,也没

---

① Kwame Nkrumah, "What the Party Stands For", *The Party* (C. P. P. monthly journal), Ⅰ(September, 1960).

② 加纳总统如同弥赛亚般的品质,在某种意义上,一直被仪式化,并得以更为持久地存在,不论是在庆典还是在思想上,都比过去更深入。宗教本身并不能直面这种发展,但在这些缝隙中,即在国家哲学的形而上学和个人的超越与个人化信仰之间,或多或少地能发现一些不同的层面。这种混合被称为"良心教"(consciencism)。

马里的情形与之非常相似,尽管马里很多人都是穆斯林。政府对伊斯兰主动接受,通过审慎的政府政策修正传统的宗教和社会生活。最近,在马里我出席了一个婚礼,也显示了这一点。政府承认传统上扩大的部落单位,尽管其首领已经被清除出官方机构,就像大多数传统的首领都曾服务于法国殖民当局一样。一位出身高贵世系的老人一直当选其职位。他把庆典之剑带到婚礼上,所有的团体都对此非常尊重。庆典的实际领导人是在政党中有着很高地位的一位非常重要的苏丹联盟政府官员。部落里各式各样的传统部分——妇女、老人、儿童和男人们——欢快地跳舞,并参加庆典,不仅是作为他们的传统角色,而且是作为部落妇女队的成员,青年组织和政党派别或许也是如此。祝福的话语既以新婚夫妇和部落,也献给政党和国家。从而,这是一个新与旧、教会和政治宗教,在古老的文化和社会群体中的混合物。

③ Sekou Touré, *Cinquieme Congress National du Parti Démocratique de Guinée, Rapport de Doctrine et de Politique General* (Conakry: Imprimerie Nationale, 1959), p.38[my translation].

有知识分子；只有政党的支持者。在政党的支持者中间，价值观、信任、勇气以及大公无私都是标准化的。那些已被确立［原文如此］使得加纳的繁荣富强有可能的人们将成为政党的支持者，就像那些使得加纳独立的人士一样。如果政党希望国家按照它的目标运作，那么它应该强化其基本组织，并确保民主依然是其活动的根本的和永久的原则。①

目的性价值向国外扩散一直是其意图所在。在刚果确立动员系统的努力失败了，但在那场悲剧中，政治宗教主义者之间的某些关系得以显现出来。在名闻遐迩的致卢蒙巴信件之一，"亲爱的帕特里斯（Patrice）"中，恩克鲁玛写到：

> 在任何危机中，我都将动员亚非国家和其他友好国家来应对当前试图把您赶下台的企图。无论什么时候，您都可以和我协商。兄弟，我们的战斗已有时日，而且我们知道如何对付帝国主义者和殖民主义者。我唯一信任的帝国主义者和殖民主义者是他们的尸骨。如果您不想把刚果带入毁灭之途，请听从我给予的建议。②

这一来自几内亚和加纳的经验的例子揭示出，目的性价值如何在极权主义民主内发展为一种明确的公民宗教。当然，还有一些其他例证——印度尼西亚、中国、马里。当然，中国是一个非常独特的案例——正如其问题一样——因为大多数动员系统都不是共产主义的。失之于区分更普遍的政治宗教现象和特殊的政治宗教以及苏联或中国共产主义的结构形式，通常导致理解非共产主义动员系统时更大的误区。

如果政治宗教能够满足我曾界定的个体的需要，那么他们能指望哪些手段呢？首先，需要预言家通过自身个人化的神恩来解释不朽声名、认同和目的。他们要成为父亲和教师以及共同体的创建者。他们是神权政体中的祖灵，或那些与古老社会的创建相关联的神话人物的现代化身。

---

① Sekou Touré, *Toward Full Re-Africanization*, p.89［my italics］.
② Quoted in Colin Legum, Congo Disaster (Baltimore: Penguin Books, 1961), p.154［my italics］.

第八章
政治价值的形成

这样的预言家需要点燃人们在日常生活需求层面上易燃的希望。① 在新兴国家，这可以通过造就一些新事物，以及为后代创建新型政体而得以实现。因此，政治宗教是为年轻人提供的，并且是面向未来的。他们提供了正在实现的希望和信仰。创构行进中的希望和信仰将强化那些可通过家庭、血缘和社会本身所获得的不朽声名。

通过追随预言家，个人加入了一个被拣选的群体。认同和同志关系、人情关系和群体功能混合为一，而且每个人在发展规划中寻找自己的位置。目的和个人尊严、有用的角色和满意的工作，通过它们提供的与救世主般领袖之间的纽带而得以强化。角色提供了更加功能性的满足：它们也能分享神宠。

然而，为实现这一新型政体，不仅仅需要预言家。它也需要有效的组织。实际上，没有组织化的斗士追随的预言家将绝不会获得荣誉——他不会成功。为组织动员系统，政治宗教变成了意识形态，并通过单一政党机制而得到表达。我们已经看到，领导人、政党和国家代表了同一权威。通过把政治价值经由领导人转变为一种大众的但被控制的角色系统，共同体被组织了起来。

在初级阶段之后，政治宗教开始聚焦于三大主要目标：单一的中央权威系统的发展，国家的物质发展以及工具价值的制度化。所有这三个目标最终都作为发展进程而紧密相连。所有这些都可以非常重要的方式藉靠政治宗教而获得辅助。

更为具体的是，动员系统中的政治宗教使个人的道德目的和生活方式适于技术活力（dynamism）。只要能扩展那种活力并分享它，那么个人的角色就是可以接受的。因此，个人扮演的角色既有道德功能，也有技术功能。根据这种定义，个人目的和国家目的就合二为一了。动员系统中的旧角色，是令人厌恶的，被附上敌人的标签，或者连同古老的服饰、古董以及过去的其他象征物被令人伤感地摆放在一个令人愉悦的博物馆中。实际上，通过变得令人触景生情，它们可发挥有益的功效。

不朽的声名、认同、意义和目的，是不论教会宗教或政治宗教都要满足的深刻的个人需要之一。通过满足它们，有时候在同一领域，有时候在不同领域，给人们一种目的感——甚至在面对死亡的时候也是如此，并促进团结

---

① 一些预言家可能会变成克理斯玛领导人，但这是非常特殊的情况。对于大多数人来说，预言家清晰地表达了流行的规范，并指出了规范与其现实化之间的差别。克理斯玛领导人则创设了新的规范。

和协作。

对政治宗教特征的概述

在动员系统中,政治宗教的特征或许可概述如下。它与教会宗教有许多相同之处,都有圣徒和恶棍,都有预言家和传教士。对于每个人来说,政治呼召的可能性替代了宗教呼召的可能性。两者含有神秘主义和权威。根据平等表达正义比根据目的——朝向集体目标的目的——要少些。对意义和身份的寻求导出了诸如"非洲人格"、恩克鲁玛主义或苏加诺五项原则等观念。他们作出一种真诚的努力以把新意义归结于群体生活。

终极目的与国家直接相关。是国家而非教会,将满足隐藏在政治宗教背后的心理的和社会的欲求。这些手段包括现代性和发展、工业化和科学,这与人类的潜能相一致,并被提升到超越信仰的地位。在这一点上,产生了一大困难,因为实际上它们并不是超越的而是具体的,同样地,它们也对社会机构产生了一种世俗化的影响。这种影响最初通过把具体目的与"科学"相一致而得以抑制。现代性和科技成为人类规划的引领性(prevailing)"法则"。①

当然,所有这一切与围绕宪政框架建构的系统形成了非常鲜明的对比。后者的意义超越了国家的范畴,这与教会宗教早期阶段控制国家形成很大偏离。国家仅仅是为了调和成员之间目标多样性的一种手段而已。这种类型的国家不能够提供认同,只能提供成员资格。它也不能提供意义,因为它的政策是许多群体和个体之目的的混合。目的留给个体,去尽其所能地寻找。教会宗教扮演着被如此分离的角色。在调和型系统中,正义和政治道德更多的是个人良知和社会良知的事情。实然通常是应然的标尺。

因此,我们可以这样说,处于现代化进程中的国家很少通过正式的政治结构来区分,它们更多地以是否有政治宗教来区别。那些没有政治宗教的国家有一种宪政框架,它能提供个体目标实现的条件。如果这些目标都是低级的和贬值的,那么社会也会呈现出低级和贬值来;如果公民们有某种比较崇高的价值观念(loftier conception of its values),那么这种观念也将反映在社

---

① 在一些动员系统中,领导人也是教会宗教的支持者,也就是说非政治的宗教团体和信仰的支持者。然而,他们可能会对具体的教会心怀不满。换言之,政治预言家也可能是通常意义上的宗教人士。

第八章
政治价值的形成

会上,因为宪政框架是为劳动群体(working community)树立的一面镜子。在非常真实的意义上而言,这就是民主所意指的一切。那些政治宗教国家里的领导人,很难理解这一点。或者即使他们理解并接受它,这也要看且考虑他们本人及其扈从的需要和欲望。

据以上陈述,政治宗教取得了"宗教"的资格。尽管我早先曾说,教会宗教比政治宗教在道德上更有力量。它在调和型系统中的衰落以及由此导致的精神空虚,已给政治宗教一个唯一的机会来满足个人寻找永恒、界定身分以及决定他们命运的基本需要。

作为一个政治共同体,由有预言能力的领导人(他是最终权威所在)领导一个团结型政党的动员系统,通过动员共同体的资源以适于新兴发展中国家的意识形态和组织化的需要来表达自身。通过把广泛参与社会和物质生活,以及军事训练的政治控制汇集起来,动员系统以奉献和崇高目标的名义增强了稳定性和组织性。

那些带有政治宗教的动员系统能够将自身转变为调和型系统吗?它们的承诺是创造一种法律的自由框架吗?这是西方非常关注的问题。推动动员系统愿意转变为调和型系统的一个因素,是它通过成功地促进经济发展来直面其自身成功地转型的终极必要性。它将要求把权威分散化,并提高其经济效率。这将产生如下的影响,即削弱预言性因素以及分散权威(diffusing and spreading authority)。(我们可以从苏联看到这一进程的肇端。通过羞羞答答的承认和缺乏有说服力的解释,我们可以从赫鲁晓夫在苏共二十和二十二大的演说中找到蛛丝马迹。)即使人们能够认同这种趋势的可能性,那么问题依然是:政治宗教本身是否拥有足够的弹性以容忍从一种系统类型到另一种系统类型的转变?

可能有助于政治宗教衰落的另一个因素是,只要终极目的和物质目标被高度整合,它们才能获得成功。只有在物质目标和真正的潜能(genuine potentialities)之间被称为"期望差距"的东西(aspirational gap)足够宽广时,这种融合才能保持完整。物质目标具体表现为幸福、繁荣、安宁、尊严和成就,以及对各种终极目的的崇敬。当然,知道物质目标不过如此,才是富者的智慧。不容置疑的是,工业化国家取得了一些值得骄傲的成就,其技术和政治都领先于那些贫穷的国家。但西方的证据也显示,尽管它们取得了很高的物质成就,但在一个教会宗教已衰落的社会里却导致了其成员情感上的饥渴和危险的道德沦丧。因此，我们可能会期望，物质财富的增加将会强化世俗化，并弱化政治宗教国家的组织和意识形态两方面的力量。

有助于政治宗教衰落的另一个因素，是一种代际因素。一旦一场革命已经巩固，其革命成就对下一代人来说就非常遥远陌生。除非其预言能比预言家的生命更为长久，其宗教因素才能被制度化。如果没有成功实现这一点，那么革命热情可能会变得比英雄传说更少，甚至显得滑稽和荒唐。有预言能力的政治家失去了预言的权力，而"少先队"则与其他人一样试图走在最前列。通过时间和代际的侵蚀，政治宗教果真失去其创造性了吗？这是一种可能性，因为政治宗教是动员系统中政府机制的一个有机部分。如果国家成为对抗的中心，那么信仰本身也会黯然无光。犬儒主义是对政治宗教的一大威胁，正如破坏偶像的理论是对教会宗教的威胁一样。

政治宗教的仪式化

我曾提及，在现代化社会中，动员系统有强烈的神权因素。然而，由于这个特征，它们也易于被政治犬儒主义熏染，这可能会威胁到国家目的性的合法性。一些非常有趣的可能性将会自行呈现。其一是，动员系统向调和型系统的转化。我将在本书的随后章节中讨论这种可能性。另一个非常直接的可能性是，处于现代化进程中的独裁制和军事寡头制的形成。实际上，当权威从一位克理斯玛型领导人转移给其继承者失败的时候，军事寡头制的发展在现代化系统中是非常普遍的；结果导致了对权力青睐的竞争者之间的权力斗争把军队提升为一种政治力量。

然而，对我们的目的而言，比军事寡头制更重要的是新重商主义系统。如果动员系统通过仪式化其领导身份，传统化其目的性价值，使新旧之间建立一种新的和高效的联系，那么新重商主义这种非常重要的替代性系统的出现就成为可能。

在一个新型社会（即新重商主义社会）中，政治宗教的仪式化，可导致对某些可能出现的特征颇有意味的思索。[①] 这些趋势可能已经被发现。正式的君主制几乎不可能确立。更有可能的，倒是总统制，或者更精确地说是"总统式君主制"（presidential monarchies）——总统式君主制既带有角色的

---

① 对此的一般讨论，见 S. N. E Isenstadt, " Institutionalization and Change", *American Sociological Review*, xxix(April, 1964).

第八章
政治价值的形成

各种非王朝特征（non-dynastic aspects of the role），也带有与国王的仪式功能相关联的王朝特征。总统式君主可以通过利用高度集中的权力和仪式化的宗教角色，以及通过代表整个国家的各种象征性品质而发挥积极的政治作用。这种角色的仪式化，容许从一种主导性的目的性价值向主导性的工具性价值的平稳过渡。

在新重商主义系统，民族主义的单一政党开始形成为国家的捍卫者和监护者的新型群体。这些群体成员通过国有企业和领导阶层而继续承担企业家的现代功能。作为被拣选人，他们是仪式的承包者。在这些人中间，有那么一些人，他们承担向公众说明和解释学说与礼仪的事务。如果没有高级祭司，那么毋庸置疑的是，他们即被任命为神圣文本（the sacred texts）的护持者。这种精英的形成，有助于保持承自先前动员系统的等级化权威系统。

这些文本本身是一种意识形态同神学的混合物。作为各种神秘主义和实用主义的混合物，他们如此倾向于非教条主义（non-programmatic），以至于创新将不会被任何严格的信条所冒犯。然而，它们为道德行为提供了非常简明的指南，并帮助界定个人与国家以及领导人之间的关系。超出常规的意识形态（ordinary ideology）之外，它们努力通过把个人与作为国家创建者的领导人相连接而提高个人的永恒性，通过界定它而提供目的，以及描绘一种通过政治而实现的美好未来。人们将会期望，平等主义的标准、社会生活中的大众参与、机会和富裕（这些价值都表达在极权主义民主传统中，正如塔尔蒙曾描述的那样），所以这一切都能得以实现。这些文本的语言（其中有些已经存在并主要由领导人自己所撰写）运用了最广泛意义上的社会主义术语。我们可以举出两个非洲的例子。其一是，几内亚总统们的著作，他们这种对黑人传统的自豪感的军事社会主义版本，把非洲传统生活中的集体性和美学特征与现代社会主义的价值和实践相混合。另一个是加纳的恩克鲁玛主义，它企图把社会主义的哲学系统与对非洲特性的重视以及特定的传统习俗和社会样式而混合起来。值得注意的是，其中缺少社会主义学说的两大要义：财产和阶级。

在新重商主义系统的领导人眼里，敌人包括资本主义（不同于投资的资本）、新殖民主义或新帝国主义、种族歧视、传统主义以及那些与领导者、政体或政治宗教相对抗的个人或群体。罪恶的概念有时候被推及这些角色，它们对现代社会的运行以及国家所支持的政治活动毫无作用。通过区分

"好"与"坏",并把它们与处于现代化进程中的国家的需要相联系,政治宗教可能会对这一任务有所裨益。

当然,我们只能对新重商主义的某些可能特征予以简略概述。毋庸讳言,并非所有新国家都会遵循这种模式。那些遵循的国家,也会有非常不同的实践。在有些国家,公务员被该国"积极的中立主义"所环绕,这将他们排除在仪式化的实践和宗教仪式之外。代表教会宗教的群体也同样被中立化。①

政治仪式化能有助于把领导人、牧师和被选中者的新角色混入一个由仪式化教条所支持的高效系统,该教条是现代化价值(例如社会主义)与特殊传统(如对黑人传统特色的自豪感)的混合物。这种努力强调变迁的连续性,并构成社会中权威的基础。因此,各种价值的仪式化是制度化政体各种新角色的一种方式,最为独特的便是总统式君主的角色。②

结论

政治宗教的重要性恰好在于,它给社会和平转型——神权政治转向非神权政治,与之相应的动员系统转向调和型系统——所设置的障碍。因此,竭力抗拒世俗化的动员系统——无论它来自导源于把物质目标提升到神圣水准的终极不兼容性,还是来自幻觉与犬儒主义的增长——无疑将转变为新重商主义系统。

如果这些假设都正确,那么稳定的政体之最可能的形式就是一种新重商主义系统,这一系统通过仪式化——一种将限制宗教的功能性后果而又不损害其与权威的关联的过程——从动员的早期演变而来。政治领导层也从强有力的仪式化的角色中产生。事先难以对这些角色精确分类,但至少表面上它们烙上了强烈的传统印痕。我们可以从恩克鲁玛在加纳的头衔中发现一些蛛丝马迹,除"Osagyefo"(军事救星)外,还有许多传统性头衔。在这一点上,托克维尔对法国大革命的评论可谓一语中的:

> 他们将会说,由一个绝对统治者统治的国家是一个民主制,因为他依法统治并维持那些为广大群众所赞赏的机构。据说,这样的

---

① 对这方面的详尽分析,可见于印度尼西亚、日本、非洲以及中东,参见 David E. Apter(ed.) *Ideology and Discontent* (New Yrok: Free Press of Clencoe, Inc., 1964).

② 参见我的 *Ghana in Transition* (New Yrok: Athenaeum, 1963), chap. xv, 对加纳总统式君主的详尽分析。

第八章
政治价值的形成

政府,是民主的,一种民主的君主制。

但在这些语词的真实意义上,民主政府,民主的君主制只意味着这样一件事情:一个或多或少人民都参与的政府。它的意义最终与政治自由的观念紧密相关。给一个没有政治自由的政府以民主的绰号,显然是荒唐的,因为这偏离了这些语词的本来意义。

人们通常采纳这种错误的或荒唐的表达:(1)由于期望赋予大众以幻觉,用"民主政府"来表达,总会唤起某种程度的诉求;(2)由于难以找到单个术语来解释绝对政府(absolute government)的复杂形态,在这种政府中,人们根本就不参与公共事务,而上层阶级也没有特权,并且立法机关也旨在尽可能地提供物质福利。①

托克维尔所谈论的现象与新兴国家的动员系统中的情形——它已经变为新重商主义——非常相似。它们都是"总统式君主制"。通过共有的戒律,国家为个人提供永恒、意义和目的。但即使当这种政治宗教因其他原因而引人注目时,它们也不比教会宗教更深刻,因为它混合了神圣与世俗。政治宗教几乎不会掺和精神上的或更为广阔的人生意义,尽管它们可能搞清楚甚至能使得社会生活中比较狭隘的方面神圣化。他们不会反思命运这一观念本身,尽管事实上它决定了个人的职业和机遇。即使当它们提供了种族的不朽、保护了官吏以及确保了家庭和社会的安全时,它们也不能带来永恒。

应该清楚的是,宗教的某些形式是确立系统权威的一般条件。甚至自然神论者在社会契约方面也有他们的信仰,以之作为人类意志和理性的具体表现,这是一种有深刻宗教基础的观点。无论是用一元论术语还是多元论术语来表达,处于现代化进程中的国家的权威系统基础的信仰在于,首领、国王、总统或其他核心政治人物都是公众的代表(这是一种比人民主权更为广泛的民粹主义解释)。那些代表公众的个人也担当了象征性指涉。角色可以被切割,比如立宪君主,或者与其他角色相重合,比如总统式君主。这在分析政府的各种附属性功能的时候便可以确定。领导权能够担当象征性指涉吗?形成环绕象征性指涉的政治群星的角色是由这样一种信仰——寄居在高智商和特殊天才人物身上安排的特殊性——所决定的吗?仲裁源是通过内在

---

① Alexis de Tocqueville, *The European Revolution; and Correspondence with Gobineau*, ed. and trans. John Lukacs (New York: Doubleday & Co. , Inc. , 1959), pp. 102 – 103.

于领袖的特殊智慧或一些有神谕般力量的文本和人物来昭示的吗？

因此，政治宗教是政府团结和认同的一种基础。目的性价值和工具性价值的混合可以不同，但有两件事是明确无误的——在关注权威确立的所有社会，目的性价值在不同程度上都是根本性的；当它们从事相反的目的的时候，目的价值和工具价值之间就会呈现出紧张关系。因此，并非任何政治宗教都会这样。隐藏在现代化过程中的固有特性是，发现一种政治意识形态的需求，这种意识形态足以在政治领域维持目的性价值，同时它也鼓励足以实现物质目标的工具性价值。

第九章　现代化社会中的意识形态

迄今为止，我们的讨论一直聚焦于权威的一般问题。我们讨论了一些规范性因素，并通过界定合法性，设定了政府获得合法性的条件。在本章，我们的任务是揭示出治理与政治宗教和意识形态之间的关系。在分析政府政策制定和效果的过程中，这种关系将清晰可见。

先前我们曾提出，可以通过影响基本的权力和声望等级（hierarchy of power and prestige）的一系列决策，发现政府对各种工具性目的（instrumental ends）的操控。根据它们对社会分层的影响，来评价包括附属性结构（同意、执行和惩罚、政治录用〔political recruitment〕以及资源决定和分配）在内的行动①。

通过意识形态操控，政府政策影响到目的性价值而不是工具性价值。因此，意识形态"政策"在其象征、制裁、整合和定义方面与政府各附属性功能密切相关。在第八章，我们已经探讨了这方面的原因，其中我们企图把各种附属性功能和关乎认同与团结的各种目的性价值相联。在这一点上，我们需要对政治宗教可能会采用的意识形态形式进行更为直接的讨论。

对意识形态的一个定义

意识形态远非教条所能涵盖。它把各种特殊行为和世俗实践与一种更为广泛的意义序列相关联，赋予社会行为一种更加荣耀而又尊贵的品质。当然，这是一种一般性的视角（a generous view）。从另一种角度看，意识形态是一块各种卑劣的动机和表象的遮羞布。而更一般性的观点，着重强调在一种行动原则（action–in–relation–to–principle）背景下的个体行为。

"意识形态"是一个适用于各种普遍观念的普遍术语，这些普遍观念在行为的各种具体场合下均有效力。例如，它并非是所有的理念（ideals）而是政治理念；并非是所有的价值，而是那些确立一系列偏好的价值；并非是

---

① 见本书第四章。

所有的信仰，而是那些控制特殊的思维模式的信仰。由于它是行为和根本信仰之间的连接点，所以意识形态更有助于使行为的道德基础更加清晰简明了。

而且，意识形态并不是哲学。作为一种抽象物，其处境尴尬，该抽象物尚不如它所内涵的抽象观念抽象。各种强有力的意识形态和创造性的理论家（ideologists）都致力于扩展个人的重要性（就像宗教观念和有创造性的传教士之所为）。这就是意识形态角色对于各种革命性的思想如此重要的原因之所在。对他们来说，一种意识形态的创设是揭示各种新观念的道德优越性的一种方式。

政治意识形态是对各种集体（collectivities）的特殊的道德法则的一种应用。任何意识形态都可以变成政治性的。黑格尔主义成为了普鲁士国家的意识形态证明。马克思主义-列宁主义是共产主义社会的意识形态。这两种意识形态所自命的优越性首先在于，人类意识的高度发展和生产进程的高度发展之间的一种假定性关系（a presumed relationship）。理论家（ideologists）是这样的人，他们作出了智识和道德的跨越式进步。由于他的过人智识，他的观点也应该大行其道。①

卡尔·曼海姆认为，许多思想具有意识形态性的这一发现挑战了思想本身的有效性。

> 自远古以来，个人的思想对他来说好像是其精神存在的片段，而不只是一个无关联的客观现实。在过去，重新定位常常意味着人们自身的改变。在这些较早时期，大多数的情形是，价值观和规范缓慢移位，人们的行为偏离其终极目标的偏好框架而渐次转换。但是在现代，它则成了更深刻的解构性事情。诉诸于无意识有助于开掘出产生各种观点的土壤。人类思想从中取得其营养的根源被揭露出来。对于我们所有的人来说逐渐变得明了的是，一旦我们知道了我们的无意识动机，我们就不能以像我们过去忽视它们那样的方式继续生活了。我们现在经历的不仅是一种新思想，我们提出的问题也不仅是一个新问题。我们在此所关心的是我们时代的基本困惑。这可以概括为一个具有代表性的问题："当各种意识形态和乌托邦

---

① See George Lichtheim, *Marxism: An Historical and Critical Study* (London: Routledge & Kegan Paul, Ltd., 1961), Parts I and II.

第九章
现代化社会中的意识形态

的问题作为主要的问题被提了出来,并根据它们的全部含义来加以思考时,人们怎么可能继续思想和生活呢?"①

然而揭示出人类思想的各种意识形态面向,并非使意识形态思想变得不可能。这只是将其划分为许多新形式而已。其中之一便是教条,它可以轻而易举地导向暴力和纷争。那些用各种陈词滥调来理解世界的人们试图捍卫他们的信仰,以免遭到那些可能会破坏这些信仰的人们的毁坏。②

更有希望替代意识形态的是科学。在这个意义上,据称科学已经成为一种意识形态。科学是对抗犬儒主义的最后护身符。它通过探究的逻辑而界定其目的。许多年前,迈克尔·博兰尼非常清楚地指出了这一点;他当时所谈论的科学也同样适用于今天的社会科学。

> 职业科学家构成了社会上的极少数——或许只有万分之一而已。如此之小的团体,其观念与观点竟如此之重要,乃是借助于他们在普通公众当中唤起的回应。这一回应对科学是不可或缺的东西,有赖于此,才能获取用于研究费用的资金,才能招募到人员来补充职业之需。……为什么民众决定接受科学为有效的东西?他们是不是看不到科学证明的限度——它的证据乃是预先选定,它的理论经过预先设想,它总是在根本上缺乏证据?或许他们看到了这些缺点,或者使他们看到了这些缺点。然而事实是,针对他们的各种物质环境(material surroundings),他们必须得以这种或那种方式来决定自己的态度。人们对物质宇宙,总需形成些观念,就这一主题也必须要怀有些肯定的确信才行。人类的任何部分,若没有此类确信的系统,总归意味着智识上的绝种。因此,公众必须在是相信科学还是相信对自然的某种其他对抗性的解释——比如亚里士多德、圣经、占星术或者巫师提供的解释——之间作出选择。在所有这些选择当中,我们时代的公众多数会选择科学。③

"博兰尼选择",在某种意义上是虚幻的。"公众"无法作出选择;只有

---

① Mannheim, *Ideology and Utopia* (New York: Harcourt, Brace & Co., 1946), pp. 37–38.
② See Robert Lane, *Political Ideology* (New York: Free Press of Glencoe, Inc., 1962), *passim*.
③ Polanyi, *The Logic of Liberty* (Chicago: University of Chicago Press, 1958), pp. 57–58.

个人才会作出选择。在处于现代化进程中的社会,拥有这种机会的个人少之又少。在工业国家,那些钟爱科学的人则把其他人弃置不问。

我们可以在四种意识形态趋向的背景下讨论这些事情,其中的三种趋向我们将会给以特别关注。这三种意识形态趋势是民族主义、社会主义和科学(作为一种意识形态)。第四是国家社会主义,或法西斯主义的某些新形式,它们可能作为人们可依赖的一股力量而崛起,特别是在新重商主义社会。在此,我们将会关注前三者之间的关系。我们将用各种特殊的案例来简要说明,并显示出由政府和各种政治团体所提出的意识形态的某些用处。一个根本性的假设是,社会主义和民族主义将会呈此消彼长关系,而且在现代化过程中,特别是工业化阶段,科学意识形态将会日渐兴盛。

科学意识形态以及与之相联的专业角色和标准,在处于现代化进程中的国家和工业化国家之间架起了一座非常重要的桥梁。计划者、人力资源专家、社会调查团队、管理专家,所有这些人在其专业角色中具体表现了科学伦理的某些因素。在处于现代化进程中的社会,他们成为该国与联合国各种专门委员会及其在工业国家的分支机构之间的重要中介。就像印度上一代人,印度公务员代表了现代性的核心,如今处于现代化进程中的国家的技术人员以及与之并肩作战的政治领导人正代表着现代性的核心。

这意味着在大多数国家,现代化的不均衡性已经创构了一个特殊的人群,他们的专业-技术生涯对现代化有着根本性的作用。一方面与知识分子联合,另一方面与政治领袖们联合,他们都是一种功能性的群体,他们从工业国家里更为强势而显赫的同行那里寻求支持。因为在工业化国家,科学家和社会科学家正变得越来越强而有力——实际上,他们如此之有力以至于技术建议在现实中几乎涉足了所有重大决策。在这个意义上,科学是现代性的意识形态,与之相对照,其他意识形态,无论他们如何宣称自己科学,都已变得"粗鄙不堪"。

在工业社会,尽管科学和科学的意识形态日趋重要,但在现代化过程中的社会,它却极大地刺激了现代化过程中教育和技术-专业人员队伍的形成,后者却很少能像工业社会那样同样发挥专业-技术人员的作用。更常见的是,技术-专业人才代表了一种类型的展品;形式上备受尊崇、多蒙垂询,但他们的意见却从不被采纳。如此行事的理由往往是自有其理由。例如,经常碰到这样的案例,一位在工业化国家大学接受教育的专家,对于本国的实际状况来说是受教育过度,结果他们的建议都缺乏现实性。由于偏离亟待解决的实际问题,他感到无助和恼火。过去,这是医学领域的情境;今天是那些完

第九章
现代化社会中的意识形态

成哈佛商学院学位教育的计划、财政和管理专家们的典型特征,他们没有能力应对现实世界。

然而,人们发现,毫不奇怪的是,当政治决策被优先于技术事务时,使精心制作的计划被一直搁置,这使计划制定者备感失望。这通常都被归咎于政治家缺少深思熟练,而实际上,相反的情况才是真的:科学家们太过天真。

这就产生了现代化的标准,以及现代化与意识形态标准的关系这些重要问题。实际上,尽管现代化意识形态通常都表示它们是科学的,并与那些科学一样具有客观性,但它们依然是不科学的,因为它们的目标是不科学的。它们需要权威,并且将其用以构建一个国家。如果意识形态把公众的注意力引向现代化目标,这当然就足够了。然而,这种功能非常不同于科学意识形态的扩散。原因不难发现。对于公众来说,处于现代化进程中的国家的意识形态,它的具体内容不如作为不满的象征性表达那么有意义。并且,当人们离开原初社群(primordial associations),且发现了环绕其四周的各种不同层次的标准,他们就开始接纳它们来作为自己的标准。[①]

意识形态是如何形成的

由政治领导人所表达的各种融贯性的意识形态,代表了一个进程的顶峰。在这一过程中,个体身份通常都在隐喻中得以表达,以此人们在一种新型道德系统中把自己描画为各种有价值的栽培者(cultivator)。在这个意义上,现代性是一种道德意识形态,而不是科学意识形态。这种意识形态,需要创建一幅社会之完满性和整体性的图画。因此,意识形态和政治宗教密切相关。通常,意识形态是政治宗教的表达。

意识形态并非一种突然的意外显现(a sudden revelation),而是首先经历了一个潜伏阶段的。当信仰混乱表现为愤怒和仇恨的时候,该潜伏阶段即告终结。

为检验意识形态的重要性,让我们来考察各种权威类型,我们曾把它们描述得一直与意识形态的三种类型相关联。其中两种类型是现代化社会的特征——社会主义和民族主义;而第三种则是工业化社会的特征——科学。每

---

① 对意识形态和原始情感的讨论,见 Clifford Geertz, " Primordial Sentiments and Civil Policies in the New States", in *Old Societies and New States* (New York: Free Press of Glencoe, Inc., 1963). 也可见他的论文,"Ideology as a Cultural System", in David E. Apter (ed.), *Ideology and Discontent* (New York: Free Press of Glencoe, Inc., 1964).

个社会的各种参与者，殖民或后殖民的、老的或新的、古代的或现代的，都以不同的方式遮蔽着现实。这一过程可以在中东民族主义或纳粹运动、欧洲农民反抗以及法国大革命期间雅各宾俱乐部的兴起中检测到。这些对现实的意识形态化理解，一方面，通过政府的功能性要件而与权威相关，另一方面，与各种政治团体相关。

意识形态所导致的结果如下。第一，由诸多精英和反精英人士所设定的多重图像（multiple images）的增长。这些多重图像，是社会上不同群体观测同一事件、给他们所观测到的东西以不同评判并得出不同结论的方式。在这一过程的初始阶段，各种图像相互转化，以至于意义的共同点也被分享。①

认知循环的下一步是选择性回顾原则的操作。有意义的对话领域萎缩了，这只因为每个多重图像的突出特征保留了下来；而语境意义则已丢失。这一阶段强调各种分歧点，而早期的共识开始完全退出对话。分歧变为相互关系的焦点。

过一段时间之后，我们所称的相对阈限（relative threshold）就消失了。现在被选择性回顾的东西，成为感性现实的基础，而回溯到前一阶段的道路皆已堵塞。在一个系统中，相互反对的团体之间的最初对话，无可挽回地丧失了。从其他观点来理解各方，则仅是用来确认既定立场。

下一阶段是通过这些意识形态争端之意蕴的那些关键人物，在更广阔的理论背景下把一种对对方行为的解释融合进来，从而拼凑在一起。这样对意义的追求界定了各种目标，识别朋友并批判敌人。这是激励性现实主义（hortatory realism）阶段。

下一阶段可称之为政治幻想（political fantasy）阶段。它通过把意识形态的义愤和如何解决问题的诸多简化观念相混淆而产生。操纵政治幻想是克里斯玛型领导人的特殊禀赋，它也适于创构新的目的性价值。

意识形态形成的最后阶段是实践性现实主义（practical realism），其中正起作用的关于各种角色整合的共识被反映在各种观点之间的一种普遍雷同性。

这一过程的重要性——多重图像、选择性回顾、相对阈值阶段、激励性

---

① 举例说来，以赫鲁晓夫在二十大的讲话为基础，对马克思-列宁主义的意义有了明显不同的解释，特别是关于现在广为人知的斯大林主义。然而，即使每一方都强调不同的解释，在这些多重图像的持有者之间也有一场很有意思的对话。

第九章
现代化社会中的意识形态

现实主义以及实践现实主义——在于，它把意识形态与意识（consciousness）相关联。这里意识特指冤屈和冲突的意识，它以这样的方式，即论题的两极分化和尖锐化而渐次澄清。这些论题开始具体表现为各种强有力的道德情感，这些道德情感与个体认同和共同体团结相联合。当某种意识形态可以与这些术语相联系时，它就成为权威合法化的一个因素。否则，一种意识形态就只是诸观念的一种特殊集合，而不会有很多政治结果。

这一循环在与其他各种事件的关联中发生，并描述着这样一个阶段，在其中，原先的意义发生了变化，而人们也接受了新的意义。选择性回顾建构或扩大了冤屈。一旦相对阈值阶段过去，冤屈就被当做了神话。它成了一种具有牢固持续性的遗产，从父辈传给子辈，从领导人转递给追随者。这种普遍化的冤屈在某些处于现代化进程中的国家表现为自我愤恨的形式、对失败痛恨的形式，这样政治领导人就指向了对付一种外在的目标，特别是以前的政体或以前的宗主国权力。激励性现实主义阶段允许一种新的自我鉴定，并承诺从自我怨恨和社会怀疑中解放出来。特别是政治领导人，试图通过谴责外界剥削和压迫来解释国内落后的情状。实际上，这正是社会主义在发展中地区成为如此强劲的意识形态的原因；它为落后状态的原因提供了一种最简单明了的解释，非常有效地把罪行归咎于外国。

当乌托邦因素出现时（连同合法性的诉求一起），政治幻想阶段开始了。在这一时期，政治领导人为了进步而把各种理想化的规划整合在一起。一种新型的社会被勾画出来。一种千禧太平盛世般品质被热情洋溢地引入。大多数政治领导人在要求权威统治的时候，采取了激励性现实主义和虚幻政治的混合——一种对经验理性解释和一种在道德上提升社会的解决方案。

在这种情况下，它是非常"粗鄙不堪"的意识形态，一种带有风格化的计划目标的更简化的意识形态。这也显示出它与政治宗教的密切关系，并可能会包含政治宗教的信条。在这个意义上，现代化最为有效的意识形态，是新教主义和马克思主义。两者都混合了目的性价值和工具性价值，以使之相互强化。

在意识形态形成的过程中，我们还可以发现在系统中权威类型和形成意识形态的各种效用之间存在一种非常微妙而有趣的关系。在意识形态方面，调和型系统倾向于弱化，以至于冤屈从来没有达到这样的阶段，即个体可能会穿过一个相对阈值阶段。与此相反，系统中的不平等可能会有助于产生前两个阶段，即多重图像和选择性回顾，但此后它们即被用于个体和群体之间的相互区别，并以冲突为基础而给予它们身份认同，以对影响力和权力的竞争为基础而给予局部协同。如果调和型系统不证明回应和转化的到来,那么相对阈值阶段很快过去是有可能的,此后冤屈将变为一种新型的目的性价值的根本和基础。正是在这一阶段,政治宗教非常重要,而克理斯玛型领导人发挥关键作用成为了可能（become strategically possible）。

一旦相对阈值时期过去,意识形态形成过程的余下部分很快就会发生。激励性现实主义界定了新型的道德标准。政治幻想引进了千禧般的品质,我们以前将其描绘为政治宗教。如果实践现实主义阶段随之而来,那么它会以政治犬儒主义的形式行事。然后,意识形态在多重图像形成后产生的新一轮冲突中被打破。

这种意识形态分析的方法直接引致我们对诸观念操控者的讨论。有一些理论家（ideologue）,他们盲目相信自己的教条。另外一些理论家在分析过程中,把智识技巧和对变化方案的寻求混合起来。尽管这种领导表现为多种形式,但有三种特定角色——"罗宾汉"、理论家和科学家,产生了最为重大的影响。

角色和意识形态

如果形成社会的责任网络在变迁期间破裂,那么人类存在的保管面向（custodial aspect）——从过去接受遗产的意义上——就必须予以悉心培育、扩展,并传给将来;当这种遗产失去的时候,结果是一种对自我和自信的迷狂。于是,人格的定义、地位的获取、技术和能力,就成为了主要的动机。

当然,在现代化期间,这种传统责任的断裂非常普遍。工业社会中的法人团体成为连续性的单位,个人角色都来源于此。这些角色是科层化的,由特殊的企业所组织,并从该企业的规则序列中获取责任。如果在这种情况下,个人联系被削弱,责任本身却不会削弱;实际上,它变得越来越契约化、正规化和可执行。我们所称之为职业的这些角色,通过专业化而凸显出来。这些成为现代化阶段草创者的职业角色的占有者,有着专业主义的所有外貌特征:一套伦理规则;体现伦理规则和行为标准的俱乐部或协会组织;影响雇佣条件的权力。职业角色虽然拥有权力,但从本质上说,它几乎不是权力角色。从积极方面说,专业主义在人们中间产生了谦逊与纪律。这导致他们被贴上"组织人"的标签,这一表达涵盖了所有积极和消极的蕴涵。各种官僚职业角色和专业角色,是工业社会中的典型。在意识形态形成中非常重要的各种角色中,科学家的角色是一种职业角色,而罗宾汉和理论家则都是创业角色（entrepreneurial roles）。

第九章
现代化社会中的意识形态

罗宾汉角色

罗宾汉角色是现代化过程中的社会里非常重要的角色。在政治幻想阶段,罗宾汉角色得以产生,这也是角色混乱的阶段。它由角色检测者填补——那些把自己的角色界定得比生存还宽泛的人们,鼓励其他人来追随。典型的"罗宾汉"必须以公众的名义,或者以操控美德的一些广泛而又比较重要的群体的名义行事。罗宾汉的角色处于法外之人和政治家角色之间。它有少许支持者角色(support - roles)、"团伙"(the band),并且总是带有部分秘密会社的性质。

在最极端的形式下,罗宾汉角色会导向克理斯玛权威。或许在开始于很小的、如同俱乐部一样的组织的团体内,也能成长为强有力的我们所言的团结型政党。特别是在现代化过程中的社会,当各种旧的责任模式破裂时,罗宾汉角色既是由各种相对不满(relative - grievance)的模式所创造,也是基于对新的发现的权利和义务个人化、道德化的首肯的需要。①

理论家的角色

英雄人物——哲学家、神秘主义者、政治家——可能有助于把一系列观念组织成意识形态。当这些意识形态已确立的时候,把它们转化为大众的意识的问题就是劝诫皈依(proselytizing)和宣传的事情了。那些劝诫、动摇及以各种方式试图混合和形成环绕于某种意识形态周围的人们之态度的人们,我们可以称之为理论家。他们是那些投身于坚定不移的狂热分子角色的个体,确信他们自身公正无私,并遵循简化的治疗性教义而行动。围绕这些学说,公众得以组织起来。

在意识形态形成的起始阶段(多重图像时期,multiple images phase),理论家鲜有机会,尽管他们可以对同一现象提供不同的图像。在第二阶段(选择性回顾),通过强化特定的、显而易见的事实,同时允许其他事实消失,他才略显重要。然而当相对阈值阶段过后,并且个人不同的认知开始对个人和社会产生影响——也是对认同和协同的影响,然后理论家在操纵不同的政治价值时显示出领导作用。从而,政治幻想才得以可能,并且正是在这个阶段,理论家最为成功。

在激励性现实主义(hortatory realism)和政治幻想阶段,民族主义和社

---

① 最近的罗宾汉一直是菲尔德·卡斯特罗。

会主义理论家是典型代表。这样的阶段，通常直接发生于革命之后或新国家刚获独立之后，它为政治领导人在道德领域行使领导权提供了千载难逢的机遇。根据社会主义和民族主义，领导人可以为新社会描绘一幅图画，这两种意识形态都被操纵以阻遏实践现实主义（practical realism）的运作。

粗陋的意识形态，可能以某些有意义的真理观念为基础，但由于在政治领域，它们都不是经验性的，因此在这一阶段，它们并不是很重要。只有在实践现实主义阶段，科学意识形态才发挥作用，并最终与其他任何意识形态形成对立，即便短期内它可能也会为其他意识形态所用。因此，那些因政治原因而运用各种意识形态以支持权威的处于现代化进程中的社会的理论家们，对科学是不能完全接受的。

科学家的角色

在一个功能化和理性化的世界，科学家（连同社会科学家）在政治生活中被给予日益强有力的权位。这并非因为科学家拥有一种柏拉图式的领导癖好。恰恰相反，他们之中的大多数人与其他人共享环绕权力位置的模糊性。但通过获得对其同胞行为的更深刻的洞察力，他们创建了一种新型角色，以及由此而来的意识形态——建立在智识能力基础上的权力和声望的等级系统，在其极端形式上，这就是米歇尔·杨所称谓的"精英统治"（meritocracy）。一旦科学家发现，在观测到的行为和感知的行为、行动和认识、意识和下意识以及美德和行为之间存有差异，那么他就为自己塑造了一种新型角色——理论上无所不能的发现者。对他来说，人类的秘密只是技术问题。在诸多现今的发展中地区，人们要求运用科学家的知识。他取代医生成为一种卓尔不群（aloofness）的新标志。

这三种角色中的任何一个，都与意识形态形成过程密切相关。罗宾汉角色在多重图像形成阶段非常重要，理论家在激励性现实主义和实践性现实主义阶段非常重要，而科学家在实践性现实主义阶段非常重要。所有这三者均影响到目的性价值的形成。

如果基于角色的狭隘的功能性定义，科学家的角色从属于罗宾汉或理论家的角色，那么这三种角色在意识形态方面可以相互兼容。功能性专长有了重要性，但等于有了资深权威。使得功能性的特殊角色重要而居于从属地位的机制，是职业鉴定和专业化。依据定义，专家几乎都有一种有界限的能力领域，逾越于此则不能期望其有效行动。

第九章
现代化社会中的意识形态

意识形态如何变得有效

在激励性现实主义和政治幻想期间,通常有大量的意识形态实验。有些观念魅力十足,并有比其表象更深远的象征意义。或者换言之,意识形态语言是趋向隐喻性的。实际上,在处于现代化进程中的社会,罕有意识形态是教条化的,而很多意识形态都像是古代和现代观念的混合,带有一些福音书的暗示,以此来使其精神层面得到提升。但如果它们易于变化和实验,那么它们的影响力将从何而来呢?

必须指出的一点是,处于现代化进程中的社会的大多数意识形态仅在相当短的时期产生影响。在极为罕见的情况下,意识形态被用于对社会和政治生活的作出非常令人满意的解释,甚或一种有用的纲领性指南。换句话说,意识形态并非一直是构建共识的坚实基础。然而在激励性现实主义和政治幻想期间,意识形态总是特别有用。从历史上看,在一场革命或其他系统形式变化之前或期间,它们被拼凑在一起。例如,这一阶段存在于大约从1957到1961年的几内亚,以及从1949年直至将近1960年的加纳。这并不是意识形态的消失。与此相反,它仅改变其重点,正如我们即将看到的。但在这些阶段之后,它不再有非常相同的影响。

在其最有效的阶段,赋予一种意识形态以真实的力量和令人信服的东西是,该意识形态对确立认同和团结的贡献。如果一种意识形态能够减少焦虑并增添自信,如果它能够摆脱对外国或外来团体的恐惧,如果它能赋予个体自身价值的感觉,那么这种意识形态在个体层面上就是强有力的。换句话说,它必须满足一种认同的功能需求。

对于政治领导人来说,如果一种意识形态能够充分普遍化,如果它能为共同的情感奠定基础,并为许多劳动者在一般性沟通的意义上提供可以理解的普遍语言,那么这种意识形态在建构社会团结方面就是强有力的。因此,强有力的意识形态就是那些在认知循环期间的关键时刻赋予个体一种认同感,以及与其同伴的团结感的东西——所有的一切都处于政治背景下。

对这些目的而言,民族主义、社会主义以及或许国家社会主义都比科学意识形态更令人满意。

作为意识形态的社会主义

发展中地区的大多数领导人都承认自己是社会主义者。这种意识形态使他们能够批判现有的权力和声望等级，这种等级制通常都与传统主义或殖民主义相结合。而且，社会主义有助于把（仅仅作为经济增长的一个阶段）商业"市场"或"集市"经济视为临时事物。① 尽管社会主义接受市场的世俗主义，但它拒绝其形式；也就是说，与市场相结合的那些角色的重要性要最小化。

在这个意义上，对于新兴国家来说，社会主义有着一种非常特别的意涵。它成为重视科学的政治规训系统的伦理——科学因其自身的缘故而作为进步的标志，并且也是一种形式的政治智慧。为达到这一目的，社会主义提供了一系列统一的发展目标，这些目标重视有助于现代化的那些角色，以及达成一种技术精湛的、理性的社会，其中人们互助合作，因为他们感受到自己都是朝向工业化奋斗的共同体之一部分。

这种形式的社会主义很少谈论宗教。他们对阶级对抗也常默不作声。而且他们对财产的作用也含糊不清，而在西方社会主义意识形态看来，这可是核心要素。例如，当前各种社会主义的非洲变体都倾向于描绘适于现代化的那些核心价值，而不是将自身过早地局限于特定的经济形式。

在这个意义上，非洲式社会主义，同他们在其他地区的同类一样，都倾向于同时瞻前顾后。虽然以"革命"的名义行事，但是在大多数情况下，因为使系统对现代角色开放，政治领导人被迫缓慢地推动变革。结果通常是，非洲的社会主义仅仅是民族主义的另一种名称而已。②

各式各样的社会主义的一般要素，姑且不论它们的其他要素，是重视发展的目标的，为此，个人必须作出奉献。国家被认定为发展的主要源泉。国籍、象征性统一是效忠的关键形式，没有任何忠诚可以优先于对国家的忠诚。在统一的背后，是一种把社会视为自然的、有机体的观念，每个部分都履行特定功能，包括与发展进程相关的部分，这些部分有着最重要的功能。

---

① 对于集市市场的讨论，见 David E. Apter, " Political Organization and Ideology", in Wilbert E. Moore and Arnold S. Feldman (eds.), *Labor Commitment and Social Change in Developing Areas* (New York: Social Science Research Council, 1960), p. 337.

② 民族主义同殖民主义相比，可能是一种革命的意识形态，但对于社会生活的其他方面来说，这并不是正常的。在很大程度上，它对经济组织形式问题默不作声。关于这方面的讨论，见 Charles Andrain, " Democracy and Socialism: Ideologies of African Leaders", in *Nationalismes africaines* (Série D: Textes et Documents , No. 4[Paris: Fondation Nationale des Sciences Politiques, October, 1962]).

第九章
现代化社会中的意识形态

人们认为社会主义比资本主义更为理性,因为社会主义重视计划,更科学、更世俗化以及更适于结合和发展诸多功能性现代角色的需要。于是,社会主义有两个方面的特征。作为一种意识形态,它界定了现代性。作为一种意识形态的应用,它把社会规则(social disciplines)体现在团体的团结性上,而该团体所存在的理由(raison d'étre),就是扮演一个向前发展的角色。这种功能,依次设定了个体认同的条件,并确立了重视成就的新型动机系统。[1]

作为一种意识形态的民族主义——以日本为例

民族主义要么保持了一种认同,这种认同从昔日传统中承续而来;要么创建一组集中于现代国家的新归属感。有时候,在新兴国家,这两种形式的民族主义比肩而立。它们之间相互冲突,但新兴国家的领导人通常试图整合它们。处于现代化进程中的社会所流行的大多数意识形态,都尽力强调与过去的连续性,同时它们也为创新创造条件,以期推进一种容纳先前所有组织类型的社会团结。在非洲,这种意图反映在寻求一种非洲"个性"以及根据传统价值而解释非洲社会主义的新观念。这些混合使变迁中的认同和团结最优化。

这种意识形态综合是许多新兴国家的特征。由于它们包含传统主义、民族主义以及社会主义因素,所以根据需要,其重心也在这些因素之间变化。而且,不同的群体可能会强调不同的因素。一个国家中的种族型民族主义可能会与民族国家的更普遍化的民族主义并存。

我们所作出的区分更着重于侧重点的本质,而不在于现代化意识形态之间的绝对差异,这是一种折中的方法。

无论如何难以界定,社会主义通常被分解为许多相互竞争的教条、对弱化团结和混淆认同产生影响的一个过程。当这种危险产生的时候,发展中地区的政治领导人可能会选择民族主义作为主要的意识形态。民族主义把原初的忠诚整合为一种非常易于理解的合成物,并开始整合由社会主义的失败所遗留下来的认同和团结方面的涣散状况。具备相当弥散性,并包容忠诚和传统的所有特定形式,这把它们提升为一种国家的遗产。民族主义的价值,正

---

[1] See David C. McClelland, "The Achievement Motive in Economic Growth", in Bert F. Hoselitz and Wilbert E. Moore (eds.), *Industrialization and Society* (Paris: UNESCO – Mouton, 1963), p.74. McClelland 指出,成就动机成为认同的纽带,因为它并不代表为了社会承认或声望的缘故而进展顺利的愿望,但代表"获得个人成就的一种内在情感的"愿望。最终,作为一种平等系统的社会主义力图削减这种成就动机。

在于其功能上的可行性。①

M. J. 赫斯科维兹（Herskovits）曾指出：

> 面对经济增长的挑战和确立较高生活水平的需要的非洲领导人，开始用塑造它们适于新经济秩序的必要条件来重新审视传统的公社模式。这种重新审视发生在那些个人努力的模式已经确立的地方，以及社会主义取向的计划寻求运用传统公社主义作为一种使新体系发挥作用的地方②。

在这一进程中，某些古老的价值——年龄、世袭身份、血亲关系以及酋长——不得不抛弃。而传统生活保存下来的面向要融入更为现代的情境中。

在这种情况下，民族主义呈现出一种更为清晰可辨的意识形态面向。最好的例子，也是研究得最成熟的，或许是日本。使得日本的案例如此之有趣的是，国家在传统文化的外壳下迅速发展的能力。既存的社会信仰，其总体上的工具本性容许一种为人们易于理解的制度的混合与形成，尽管有所修正，但它提供了一种公共意义上的连续性。这些信仰中的一部分，出于工具性目的而被用于提升教育中。罗伯特·N. 贝拉指出，在日本为学习而学习"为人们所轻视。一个知识渊博的人不值得尊重。相反，学习应该表现为实践效果。一个真正博学的人应是一位有真正忠诚并孝顺的人"。③

同样的意见也可以适用于日本的宗教。"几乎显而易见的是，作为一种教育体制，它有助于表达忠诚的自我牺牲行为的遂行"。④

宗教和教育、社群和家庭，所有这一切都在国家中得到自然而切实的表现，因而它有能力思考变迁，因为它对其成员的忠诚信心十足。（我们要记住，当德川政权被明治日本所取代的时候，产生了大量的替代性选择。）政

---

① See, for example, Janheinz Jahn, *Muntu: An Outline of Neo-African Culture*, tans., Marjorie Grene (New York: Grove Press, Inc., 1961). 也可见于，对"传统"和"原创"的有趣讨论，L. V. Thomas, *Les ideologies négro-africaines d'aujourd'hui* ("Publications of the Faculty of Letters ans Human Sciences, Philosophy and Social Science", No. 1; Dakar: University of Dakar, 1965), pp. 12–20.

② M. J. Herskovits, *The Human Factor in Changing Africa* (New York: Alfred A. Knopf, 1962), p. 467.

③ Bellah, *Tokugawa Religion* (Glencoe: Free Press of Glencoe, III, and Falcon's Wing Press, 1957), p. 16. See also Ruth Benedict, *The Chrysanthemum and the Sword*, (Boston: Houghton-Mifflin Co., 1946.

④ Ibid., p. 17.

第九章
现代化社会中的意识形态

治价值的首要性以及对政体的重视,容许在社会制度中作出修正,特别是在经济领域,而无须激烈地冲破日本的价值观和社会信仰。

这一进程不是我的关注点,我也没有资格讨论许多相关因素。然而,某些后续发展对我们的讨论意义重大。即使在日本,日积月累的变化也没有完全被民族主义意识形态和政治框架所吸收。结果是,从1900年以后,日本军国主义增长。如果明治政府代表了一种"政体观念在逻辑上的实现,这已经存在于德川时期",正如贝拉所揭示,那么军国主义就是两者的自然结果,因为它混合了经济领域的工具主义和政治领域的民族主义。[①] 军国主义是对贸易组织崛起、自由主义和左翼政治思想以及吁求真正议会制政府之人的帝国主义式的回答。

结果是,教育、宗教和政体以一种清晰明白的正统形式整合在一起,也许在日本的文献——《国体主义》(*Kokutai No Hongi*;或 *Cardinal Princiles of the National Entity of Japan*)中,得到最清楚的说明。该文件显示出在构建和维持日本的团结和认同过程中意识形态的作用。(它也揭示了,作为一种团结之工具的意识形态如何通过教育而得以应用。)正如编者在其导论中所指出的,这"主要是为教育家书写的教科书"。[②] 这几乎不是一本通常意义上的小册子,这是一本宗教文件。该文件把神秘的历史(在治理国家中的帝国的庄严之意志一直清晰地反映在我们的历史中)、天皇在宗教仪式中的作用("天皇亲自崇敬帝国祖先的神圣精神,越来越在本质上成为其中的一部分")、忠诚("忠诚意味着崇敬作为我们中心的天皇,并默默地追随他")以及家庭和国家的和谐("为了把国家和谐变成现实,这毫无方法,除非是国家中的每个人都完成国家为其分配的任务并赞美之")连接在一起。于是,国家如同家庭一样,天皇就如同父亲一样,而在两者的教化下,人们荣耀了自己,并实现了更高的目的。[③]

该文件十分有趣之处在于,其公然拒斥西方的个人主义和自由主义。战争被视为一种将导向更和谐的发展的表达。尚武精神是神圣的。生命和死亡基本同一。"一元论真理在那些生命和死亡均被超越的地方得以发现。穿越于此就是生命,也是死亡。然而,把生命和死亡视为两个相反的方面,并憎恶死亡而寻求与个人之利益密切相关的生命,这是那些武士引以为耻的事

---

① Ibid., p. 20.

② *Kokutai No Hongi; or Cardinal Principles of the National Entity of Japan*, ed., Robert King Hall (Cambridge, Mass.: Harvard University Press, 1949). p. 30.

③ Ibid., p. 94.

情。履行忠诚的途径,视生命与死亡为一的是武士道。"①

在此,我们对忠诚和孝顺的限度要特别强调,其扩展了牺牲和服务的观念远甚于任何西方的意识形态。同时,国家团结的首要性与特殊的机构相关联,这些机构的谱系可以追踪于遥远的古代。因此,现代化和工业化的最直接的影响都已扭曲,而没有阻碍经济领域的发展。相反,教育、工业雇员以及城市生活的扩展,所有这些都有助于强化而不是摧毁社会的有机观念。个体认同通过服务于国家和天皇而得以获取。团结通过家庭义务网络而得以表达,这包括皇室在内。因此,那些在其他体系中的紧张源、孤立以及文化限制在日本都被转化为优势。一种鲜明的传统主义的意识形态,它内含了工具性目的,被有意付诸使认同和团结问题更趋简易化之中。(例如,这方面的例证是,十九世纪教育系统非同寻常的发展)。日本民族主义能够做到的,发展中地区的社会主义却做不到,也就是说,在传播一种科学氛围时,应同时服务于其功能性目的。②

民族主义与社会主义之间的某些联系

> 形成新原则或改变旧原则的进程并非不存在张力。人们几乎可以说,一种意识形态取向的政党和现实之间存有一种'辩证'关系。意识形态政党试图改变现实,在这方面,它是革命性的力量;新的、已经改变的现实暂时符合于意识形态,即使当其逐渐改变自身时;这时,意识形态就变成保守性的力量;一种新的调整最终成为必需,而意识形态又变成了革命性的力量。③

在新兴发展中社会,这种"辩证"关系可在民族主义和社会主义之间发现。这些意识形态力量中的每一个都强调不同的归属、意义以及团结、认同和动机的估量。④ 社会主义倾向于更加普世化和世俗化;而民族主义则为了确立牢固的、有意义的认同和团结感而混合一些特殊的传统因素。

那些从殖民地走向独立的国家,民族主义阶段成长缓慢。起初,它们

---

① Ibid., p. 145.

② See Robert A. Scalapino, "Ideology and Modernization—the Japanese Case", in David E. Apter (ed.), *Ideology and Discontent*. See also Reinhard Bendix, *Nationg - building and Citizenship* (New York: John Wiley & Sons, 1964), pp. 177 - 213.

③ A. K. Brzezinski, *Ideology and Power in Soviet Politics* (New York: Praeger, 1962), p. 115.

④ 对意识形态的这方面之更为全面的讨论见 David E. Apter, "Political Religion in the New Nations", in Clifford Geertz (ed.), *Old Societies and New States*.

第九章
现代化社会中的意识形态

强调一种导向在统治机构中更有效的参与以及更多的教育机会的普通公民权。原初的忠诚继续充当社会独特性的基础,并提升认同方面的自豪感。因此,在民族主义阶段,它接受社会的主要结构以作为其寻求更大机会时的支撑。只有在一种政治情形下——殖民主义,才称得上是"激进的"。

通常,民族主义运动在其争取独立的最后阶段趋于左倾。"民族主义的激进化"导源于一种政治重点的变化。独立不再是问题所在。从外向内改变权威的显著行动,比其表现出来的要更为简单。因此,民族主义发现,采用社会主义作为一种发展的意识形态非常必要。一种世俗的忠诚体系代替了其传统形式。激进化增加共同体的感觉——在社会科学演进中,它是平等主义和共享目的之感觉——即民族主义对民族国家范围内共同的成员资格的强调。

激进化也更为直接地影响到了个人。对于那些一直卷入民族主义的人们来说,认同与那些大胆创新的角色密切相关,这种创新通常涉及个人冒险,例如罗宾汉式角色。

第三方面的影响是独立阶段的罗宾汉角色的转型。对政治意识形态的主要推力无论是民族主义还是社会主义(虽然采用其一能强化另一方面),罗宾汉的角色都发生了根本的变化。在第一种情况下,敌人——殖民地政府——不再迫在眉睫,虽然它仍然被攻击为新殖民主义,也远离了人们的日常生活。罗宾汉们本身不再是一个从秘密之处冲出来攻击已确立的政府的患难与共的小圈子成员。相反,他们占据政党或政府的角色,并成为政治系统的基础。因此,当成为系统中的权威性角色时,罗宾汉及其随附的那些角色所含的特别的英雄品质就改变了。

在至少捍卫罗宾汉角色的某些方面时,社会主义意识形态比民族主义意识形态更为有用。前者有能将大众敌意从政府转向外国公司的代表人——他们带入外国资本、本地企业以及其他经济的私人部分——的优越性,以此为基础,他们或多或少地限制了国家权威并侵犯其主权。尚未获得完全独立和权威,创设了一种罗宾汉角色的诸特征均得以保留的客观条件。通过操纵交换比率、税率、国有化以及其他措施(有时候,反复无常地改变政策以炫耀权力和引发对抗),国家本身能够操弄一种穷国对抗富国的国家化的罗宾汉式游戏。

民族主义与社会主义之间关系的第四方面的影响,随时间发展而日渐重要。无其是团结型政党内部,当忠诚的追随者逐渐常态化地进入党的官僚体制时，某些次要的罗宾汉们就被赶出政治舞台，由接近于终身制的职位占有者所取代。民族主义和社会主义意识形态之间的反复摇摆，使政治领导人消除一些角色而提升另外一些角色。例如在社会主义阶段，当对政治运动或政党团结而言保持地方民族主义者及其追随者的忠诚和支持成为必要时，提升公共服务计划中农业、市场及诸如此类角色的水准和地位——那些作为对地方民族主义者的罗宾汉角色提供政治服务的回报，可能是重要的。通过把他们的角色转变为专业化的或与专业化相似的角色，他们的权威从罗宾汉型转变为专家型，从个人忠诚转变为制度义务。

从社会主义到民族主义的转变中，相反的过程也可能发生。特别是如果任职者被认为敌视新政权的话，这些公务员的角色将被政治化。

也许图表将更清晰地展示社会主义和民族主义之间的关系（见图表15）。

图表15 民族主义与社会主义之间的关系

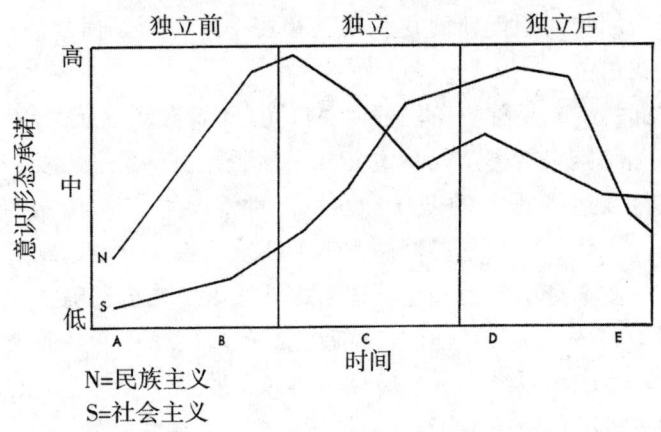

N=民族主义
S=社会主义

这一图表来自于印度尼西亚、埃及、几内亚、加纳等国意识形态取向的变迁，每一个国家均具有自己独特的模式。不同的结合显示出不同的模式。对意识形态的信奉通过信奉的密集程度、时间长度来进行测量，即通过追随者和支持者的人数进行测量。

在图表15的A部分，我们汇集了各种各样的社会团体，当他们寻求用政治术语来严格定义国家社会（national society）时，他们变得越来越"政治化"。在B部分，一个社会主义者的"革命的"意识形态通常与一批新型的政治企业家（political entrepreneur）相契合，这些政治企业家从长者，也许是共同体中与传统关系更密切的成员那里攫取权力。也正是在这一点上，出现了一种对法人共同体和各种功能性的重要角色的强调。在刚刚独立之后，民族主义就走过了神化，狭隘的个人利益在独立的成就而益显得苍白无

第九章
现代化社会中的意识形态

力。然后,在 C 部分,团结和认同与成就相关联。旧制度变得令人尊重,而新制度则令人振奋。在 D 部分,在文化、社会团体以及团结和认同方面的矛盾已经导致以进步的名义对社会进行一场更彻底的再评价。这是社会主义的顶峰。D 部分是一个国家政治生活中的主要意识形态之危机点,因为国家将要么变成军事社会主义者,要么变成采用温和社会主义观念的调和主义者。至于非洲,意识形态对话中的这一刻是在更革命的社会主义观念和非洲社会主义观念之间进行选择。这不仅影响到领导人之间的竞争,也影响到关于教育和教化的政策,甚至也影响到广为人知的政治社会化。当达到 E 阶段时,则民族主义和社会主义能够被混合为一种国家社会主义的形式,或两者均开始衰落,而青睐我们所称的科学意识形态。然而,实现这一条件,将花费很长的时间,并且是一个非常复杂的过程。

我们所一直讨论的四个主要变量间的变化,构成了评估民族主义和社会主义之间关系的基础。例如,当民族主义削弱而社会主义强化时,则团结和认同的条件也会变化。或者,相反的,对民族主义或社会主义的需要也可以视为团结和认同变化的结果。每一组变量,无论是意识形态性的还是功能性的,出于研究的目的,又都视为独立和非独立变量。

当社会主义是主要意识形态时,则团结和认同方面的削弱可能导致政治领导人给予民族主义更大的关注。这种变化可能会对地方认同和乡土团结产生有害的影响,这将又不得不被更具普遍性的社会主义诉求所阻击。[①]

民族主义和社会主义均是意识形态,它们在变迁过程中,极有效地为重新传统化提供了连绵不断的必要凝聚力。例如,民族主义有助于集中权威于传统的某些特定方面,确定社会的连续性,以及把当前与过去相连,以此来宣称社会的永恒、连续和富有生命力。在社会中界定成员资格、对过去的神化以及政治形式的象征主义,都被明确地制成、强化和规定为现代化文化的一部分。

意识形态变迁与作为政治亚文化的青年

民族主义和社会主义之间的意识形态转向,相应着政治新生代的权力欲求。在处于现代化进程中的社会,这样的时代都比较短——或许 4 到 5 年。

[①] 另外一些非常有趣的假设性条件,将显示出迄今为止在意识形态因素和功能性因素之间的可能的动态关系。See, for example, O. Mannoni, Propero and Caliban: *The Psychology of Colonization* (New York: Frederick A. Praeger, 1964), *passim*.

随时间流逝，那些当权者越来越多而不是越来越少地沉溺于他们自己的狭隘观念，而青年亚文化通常则对他们心生反感。例如，在后革命的情境下，特别是政治领导人拥抱某种形式的激进主义，无论是社会主义还是民族主义，年轻人都可发现，如果没有某种特定的意识形态主张，则难以进入权力和声望等级结构中去。因此，如果政府在意识形态倾向方面占主导地位的是社会主义者，那么年轻人将倾向于成为民族主义者；如果政府在其意识形态方面占主导地位的是民族主义，则年轻人拥抱各种形式的社会主义。然而，两者在这两大倾向上相对立——普遍主义和特殊主义、民族主义和社会主义。结果两者的混合代表了青年一方对合法性的反诉（counterclaims）。

然而年轻人不仅仅为政治利益（political gain）的各种基本动机所驱动。所有社会都面临青年人亚文化的难题。在处于现代化进程中的社会，意识形态在青年人中间采用如此鲜明形式的原因在于，他们的认同问题被夸大，而他们的认同选择通常导致文化上的断裂后果，导致不协调且通常都是误导性的行为。①

由于对导源于寻求认同或角色寻求而来的焦虑极度愤懑，新兴国家的青年人非常典型地通过背叛既定体系而寻求他们的认同。这就是年轻的社会主义会导致对民族主义的攻击，并迫切要求普遍主义的原因，同样那些通过民族主义而攫取权力的"社会主义者"，可能会通过民族主义的方式来作出回应。长远趋势是，社会主义的民族主义化。譬如，塞古·杜尔在非洲曾被认为是军事左派的代表人物，却广被法国的非洲学生联盟的成员们视为右倾分子。②

那些发展主要依靠培训（政治和技术两方面）与青年人奉献的地方，通常会产生许多疏离化的反精英主义者（counter elites）。这些亚群体用建立在疏离主流社会基础上的团结，来发展他们的意识形态和身份认同。实际上，如果把团结和认同作为独立变量，那么建立在疏离基础上有着高度团结潜力的青年人群体，为了维持发展中地区更大范围内的团结，他们非常普遍地表现为触发意识形态从社会主义转向民族主义的扳机。

---

① 而且，当角色检验和观察都处于最高峰时，年轻人对认同的这种寻求与相对的社会自由阶段——角色寻求阶段——相一致。角色寻求导致对早熟的认同选择的焦虑，这样的焦虑是寻求过程中的关键要素，这可能会导致与社会的短暂疏离。有些问题一直在惹恼青年人。然而，在严重依赖于青年作为社会支柱的新兴国家，认同问题破坏了团结，这导致严重的政治难题。

② See ,for example, the study by J. P. N' Diaye, *Enquête sur les étudiants noirs en France*(Paris: Editions Raélités Africaines, 1962).

第九章
现代化社会中的意识形态

我们一再强调了社会主义和民族主义之间的反复,有两个原因。第一是,两者本身都是政治生活的一些重要主题的经典表达,它们同时提供远甚于源自政治活动的纯粹合理性的满足。在社会主义与民族主义中,由于对功能性技能的重视,把技术人员和科学家置于非常重要的政治地位,虽然显而易见他们要服从于高层领导集团。其次是保留了这么一些人,他们能表现出远超过科学,并有能力履行所有的需要领导能力的非经验的责任,包括那些意义的满足以及在极端的文化转型中为人们所渴望的认同。这是意识形态的通常用处,今天在发展中地区,其意义和重要性已达极致。事实上,有时意识形态已经几乎等同于一种政治宗教。[①]

处于现代化进程中的社会的一些意识形态,利用反西方主义、反资产阶级,突出对人民群众大公无私的呼吁,一种新创的文化优越感与一种伟大的民族复兴措辞,以及对神秘要素、神圣目标、永恒的活火等混合的需求,等等。简言之,当民族主义和社会主义纠缠,某些现代化意识形态可能就已经与法西斯主义很相像了。如果对功能性团体的强调导致该团体在政治上的代表建立在它们对现代社会部门的贡献的基础上,可对现代化扩展产生一种非常重要的后果,这与传统法西斯主义下法团代表的情况非常相似。

工业社会中的科学和意识形态

民族主义和社会主义意识形态与激励性现实主义和政治幻想密切相关。民族主义几乎不可避免地嵌入高度的政治幻想。相反,科学意识形态则涵盖了高度的信息流通和求实精神。事实与确证(verification)的逻辑是合理性的基础。声称在所有采纳求实精神的体系都盛行科学意识形态是非常愚蠢的;可事实是,实事求是思潮最契合于科学意识形态。

科学意识形态不只是一种思考问题的风格,也不单是在工业化世界里对科学的功能性意义的一种背离,尽管这是其权力的明确来源。毋宁说,这是理性方法和实验主义在社会事务中的应用。在这方面,科学意识形态接受了作为其终极合法性根基的潜在性原则。那些一直与科学意识形态演进相联系的人们(尽管我们可以包括马克思以及最近的 J. D. 贝尔纳,他的《科学的社会功能》一书或许是一个重要的意识形态文本),由成员广泛的无名英雄组成。这类群体在绝对数量上的规模恐怕比之下述事实就不那么惊人了,即"科学每十二年左右即成倍增长,以至于事物变化越来越快的主观表达可在

---

① 这一面向,在第八章曾经论述过。

定量方面确定。幂指数增长意味着，每一代人的生活和问题非常不同于其先辈的生活和问题"①。

随着社会现代化，人们期望社会主义和民族主义意识形态对科学——在今天也包括社会科学意识形态——的普遍化让步。当下述条件已经满足时，作为一种意识形态的科学具体表现于高度发展的社会里：（1）社会普遍成员权的广泛接受，结果是民族主义内化而隐性化；（2）已经实现了相当发展，以至于社会混乱（social dislocation）需要细微调整而不是宏大的"解决方案"；（3）在对发展的持续性有用的角色问题上，共识基本达成。工业社会不再处于从传统转变到现代的社会生活方式的过程中。结果，它们将简化的补救建议置于各种纲领性的意识形态（programmatic ideologies）之上。它们的显著特征之一，是在原则方面的广泛共识以及各种次要问题的相应扩大。工业社会的重大问题在于，其科学意识形态并不能被所有人所共享，而民族主义或社会主义则能。后者包揽一切，而前者必然排斥一切。这种差别表现在科学精英与社会的其他成员之间的区隔。

作为一种意识形态的科学之特征可归结如下：（1）科学是一种界定明确的意识形态，拥有经验主义、可验证性以及合理性标准作为行为的指针；（2）社会科学正被人们接受为科学，而科学标准越来越被接受为社会行为的指针；（3）无论在发展中地区还是发达地区都有一个普遍趋势，即关注未来的、面向计划、计算以及合理性目标；（4）在发展中地区，普通（vulgar）的意识形态通过与国家独立运动相联系的各种形式的社会主义而采用科学的价值（例如，非洲社会主义、埃及社会主义以及印度尼西亚社会主义）；（5）在工业化国家，新的意识形态在精英领导中表达自身。人才招募以院校间竞争和大学考试为基础，教育机构和官僚机构之间的联系日益密切。

然而，科学意识形态对促进团结和认同少有作为。恰恰相反，科学倾向于削弱其他意识形态所能促进的信仰。由科学的意识形态所强加的社会法则是专业主义。科研"机构"（establishment）的关键是其专业身份。权威来自于"出色的"知识。科学有一个崇尚诚实的伦理规范。而且，研究人员的诚实只稍逊于其源泉——学术自由法则，学术自由又与自由探讨的观念相关联。在自由探讨引致对决策者的更宽泛的技术性社会替代的地方，其具体优势便显示出来了。

---

① See Maurice Goldsmith and Alan Mackay (eds.), *Society and Science* (New York: Simon & Schuster, 1964), p. 13.

第九章
现代化社会中的意识形态

理论体系，一整套具有通用性并体现着将为各种专业角色的艰辛工作而扩大的知识传承的观念簇，会与日常生活隔离。实际上，原先的专业角色开始被及时地视为功能性的而不是专业化的。相反的运动——进入科学机构——真的出现了，虽然，无论何时，一个特定的群体采用一套伦理规范、建构该伦理规范付诸实施的某种理论，某种能够称之为"科学的"、可传递的观念集合体。①

因而专业化赋予角色和组织以认同和团结，但却不能将之赋予社会。它只把专业化与机构相关联，而普通的意识形态则把个人和角色与作为整体的社会相关联。

此外，专业化过程恰好超出了我们通常所设想的"专业"建构。各种专业化涉及一个长期的训练阶段，以巩固其在某一行业中相对稳定的位置。专业化的结果，特别是专业训练使广泛的职业出现，这并不局限于单一职业或一个特殊行业，而可能是许多职业的一种混合。职业和专业之间的模糊，各种职业生涯（careers）可能表现为一簇角色，这些角色管理那些掌控资源、信息或人力的规则。

随着职业生涯的扩散，它们也越来越分化。那些高度专业化的社会倾向于具体表现作为一种意识形态的科学标准。那些操纵资源和人力资源的技术人员代表了这种分化的团体。因此，系统中日益增加的职业角色分化和科学意识形态之间存在关系。实际上，有人可能认为在特定的人口中，某些成员能够感受和识别职业角色的程度也显示出对科学意识形态的接受程度。

这种新的意识形态较之旧意识形态更加复杂，并且同样重要。实际上，它把政治家的权威奠基于一种对科学理性的普遍诉求。那些有着职业角色的人们，如科学家或技术人员的建议，通常是政治行为合法性的基础，无论问题是发展、公民权、共同市场、核裁军还是其他非常有争议的话题。鉴于要应对新手所雇用的那些专家提出的指控和辩驳，政治家们的战斗规模多少被扩大了。在西方，这种冲突极大促进了科学意识形态。它也契合于我们的传统，因为诉之于理性——为了最大程度地完善信息，这能带来正确的行为进

---

① 公共关系专家就是典型，他们操纵民意测验并对以契约为基础的私人公司做简单研究，并由此研究大学与商业企业之间的关系。哥伦比亚大学应用社会学研究所、芝加哥大学的全国舆论研究中心以及斯坦福研究所，所有这些机构都做契约工作（contract work）。下一步是为大型的私人企业要求同样的专业地位，以技术更加精巧的广告技术人员为基础。通过这些措施——传播理论必须的技能和对广泛的道德考量（比如公共态度和意见的决定）的理论之间的关系——专业化应用而生。See Caryl p. Haskins, *The Scientific Revolution and World Politics* (New York: Harper and Brow, 1964), *passim*.

程——要求多重观念的竞争。在新社会，专家成为进步的标志。他是政治家们树立的典型。社会科学家也开始呈现出以专业地位为基础的认同和团结的新形式。诉之于科学就意味着诉诸权威。科学机构本身是建立在才华等级的基础上的，其中公平的机会带来不公平的角色分配。

作为该科研机构中一个组成部分的社会科学家，被假想为现代化过程中社会的新生力量。他的意识形态在外表上不同于其他形式的意识形态。这并非诡辩，恰恰相反，其从业人员内含了"科学的"谦卑的规范。社会科学家是第一批警告本学科在应用于社会问题时存有局限性的专业人士。

然而在谦卑的外表下，是对与科学相关联的规范和价值以及政治生活中社会科学的有用性的鲜活信仰。对任一主题的专门研究，从种族关系到核裁军，代表了社会科学技术在日常社会生活中的运用。培训、专业化以及研究是知识的基础。正如我们早先提到的，这正是把公众越来越划分为专家（包括社会科学专家）与门外汉的原因。作为公民，他们这些门外汉并不懂得重大决策赖以为基础的某些事实。在面对诸如此类专家的时候，他可能被激怒，但却难以提出反驳。实际上，作为政治机构成员的社会科学家的重要性提升的标志之一是其遭受的攻击，特别是来自那些"旧"机构中的人士，即法律人士和医学人士。①

如果科学意识形态在发展中的社会变得非常重要，那么其自身的优缺点应首先在那些已变得非常重要的社会里得以估量。所以在本章剩余的篇幅内，我们将偏离现代化的主题而讨论这种新型意识形态对工业化国家的意义，我们要特别提及美国。在最后一章，我们也要回溯这一论题。

在大多数西方工业国家，科学专家和科学文盲之间的分叉越来越大。能取得权力和声望的老一代通常都已衰落，例如小商人和医生就是这样。②

一种（基于成就的）功能性等级制，强化了来自那些等级制之底层的敌意和个人怨恨。没有人能够从底层的身份角色中获得满足。现在高度发达地区面对的前景，是功能性剩余人口的数量日益增加，特别是那些技术含量较低的职业，失业队伍也主要从中产生。

---

① 律师被界定为习惯也就是法律的操纵者。一个发展中地区受法律施加的限制要小于更为稳定的体制。不能期待法律跟上发展的需要。在医学界，现在重视医学理论家或科学家而不是从业人员。

② 这有助于解释在不安定高层运作形式方面缺乏一种特设的个人限制。知晓他们的身份任期是暂时的，他们并没有对社会的义务感或责任感，而比较高层的群体则有这种义务感或责任感。当身份竞争是一种激烈性系统，结果是严重削弱了团结和对认同的痛苦寻求。See Seymour M. Lipset, "The Sources of the 'Radical Right'—1955", in Daniel Bell (ed.), *The Radical Right* (New York: Doubleday & Co., 1963), pp. 260–264.

第九章
现代化社会中的意识形态

任何重大的政治争论都可显明这一情形。任何政治冲突很快就变成了一个证据评估问题。利益集团雇佣他们的专家，引介与他们的观点相一致的发现。而门外汉必须对接受哪一个专家的建议作出决断。但是专家一直卷入决策过程。这对非专家意味着什么？特别常见的是他跟不上论辩。他退出了争论，而作为结果的分离（the resulting separation）较之最初的想像更为彻底。因此，据说现代社会由那些规模狭小但强有力的团体所组成，这些人士理智地参与公共事务，接受过良好的训练和教育，并深思熟练；而越来越多的人们被挤压到底层，因为他们是科学文盲。

当然，现实中并不存在单一的专业化群体。对于某些课题智识超群，而对其他课题则一无所知，这很有可能。因此，在科研机构和非专业群体之间没有十分严格的界限。有全职的机构，也有兼职的机构，而未接受完整系统训练的人们可以进入后者。但他们对政治问题的参与以及他们社会的兴趣大致受限于他们的专长。结果是他们公民责任和义务的衰退。

异化与科学意识形态

民主制是一个要求政府高度自我约束的调和型系统。在这种约束稀缺的地方，政府则迅速堕落为一种抢劫系统（a system of plunder），它只能由社会上有敌意且敌对的群体的制衡来加以限制。社会改良变成了谈判要点——政治生活的副产品。在这种情况下，民主改革"无有任何一致性诉求，也不能给予青年人他们想要的'自我表达'和'自我界定'的突破口"。[1]

也许这种异化是民主社会的永久特征。[2] 甚至科学团体也能感受到，特别是如果其成员敏感性较强时。新的科学团体不易为权力所腐化，却易为权力所破坏。从总体上说，科学人格是谦和的，其高层更是如此。科学会由于其自身的成功而异化。科学不愿意成为政治游戏中的爪牙。专业"科研"机构的模糊性态度，可在世界上几乎所有的科学家都厌恶政治却又参与政治这一点上得以体现。为了维持免予政治教条干扰的、一定程度的科学纯洁性，苏联科学家也可能会把政治事务弃置一旁。尽管显然会转瞬即逝，特别

---

[1] Daniel Bell, *The End of Ideology* (Glencoe: Free Press of Glencoe, Ⅲ., 1960), p.375. See also Reinhard Bendix, "*The Age of Ideology: Persistent and Changing*", in David E. Apter (ed.), *Ideology and Discontent*.

[2] 异化是民主社会的永久条件吗？马克思的异化概念来自于19世纪他对英国的分析，当是时"不列颠生活方式"正导致一种普遍的装腔作势，这种生活方式凌驾于所有其他工业和企业精神之上。

是生物学领域，但他们坚守着如同等级标志一般的专业身份。

科学意识形态有非常特殊且多种多样的影响。一方面，它服务于区分出自视甚高的一群人，因为他们能够掌控科学文化。另一方面，它把某些人逐出这个魅力十足的圈子，因为那些无望的人们无力理解它。但并非科学本身导致了异化。即使对异化带来了自怨自艾，那么这也是个人能力限度的体现，它熄灭了对抗系统的无限希望和仇恨。而在现代社会，大多数人确实都展示出相当程度的自怨自艾。

分岔的某些后果

我们自己的社会常在其精英结构内出现有趣的分岔，这对整个社会分层系统来说意味深长。这种分岔发生在日益增加的科学机构（它的地位以功能为基础）和先前存在的精英（他们的地位以阶级和财产为基础）之间。功能性地位群体（functional status group）登上咨询性和任命性的职位（posts），而原先的地位群体则通过选举而获得地位（status）。由于专业知识为现代角色所必需，所以新的地位群体非常有效地制约着旧有群体。

此外，一个非常有趣的反转出现了，在旧传统中，地位要求建立在特殊性标准的基础上，而新机构的地位则以普遍性的标准为基础。卓越能力以及长期的教育和技术培训，为踏入新机构门槛所必需。结果是一种特别的情形，其中地位等级（Status hierarchy）较之阶级等级有更为普遍化的门槛标准，但也相当难以进入。这种情形对于"体制外的中间阶层"（disestablished middle）来说，尤其难熬。如果它不能进入地位等级，则有沦为以前被称之为"工人阶级"之一部分的危险，而后者随着工业化和自动化的发展，其越来越快地变成功能上的冗余群体。实际上，工人阶级的衰退与功能上冗余人员的兴起不断对中产阶级造成压力，他们选举的那些代表，渴盼保持自己的地位，却发现他们的权限因依赖于专家的建议而受到限制。一些从阶级等级的底层进入地位等级的机会的确存在，人们也在努力增加这样的机会，但它们依然稀缺，企业里的黑人成员所遭遇的巨大障碍昭示了这一点（极端的例子）。中间阶层竭力限制从底层到中间的流动，并限制机构的增长（在比例和重要性两方面的增长）。由于新机构和功能性冗余人员的挤压，体制外阶层既通过攻击社会科学和科学意识形态，又通过确保其后代能进入体制内接班而进行抵抗（见图表16）。

第九章
现代化社会中的意识形态

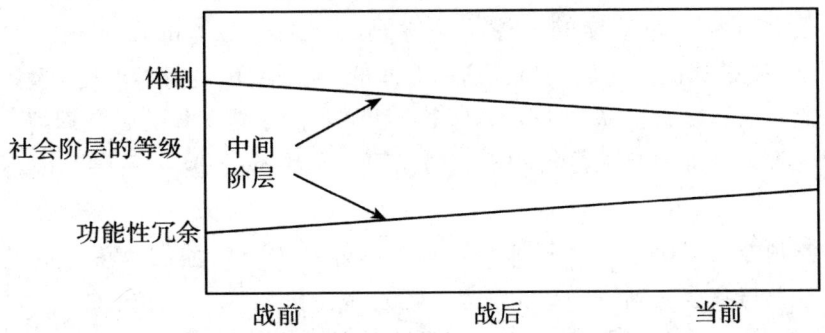

图表16　社会中的分化

在工业社会，发掘天资在很早就开始了——英国的升学考试以及美国小学中的能力倾向测验和智力测验就是明证。意欲自己的孩子成为"新机构"一员的父母竭力鼓励他们对学习和工作的兴趣。以机构为中心的团结整合，致使体制外（non-establishment）的人们变得越来越冗余，因为那些功能性角色都与从事计划、政策以及研究的人们相关。新的科学意识形态，越来越扎根于那些受到良好教育的人们的专业性基础结构。内部团结——外部疏离；内部认同——缺少外部认同。罗伯特·S.韦斯和戴维·雷斯曼关于工人阶级的理论也逐渐适用于西方社会的非专业人士。他们指出，工人阶级工作的问题之一，在于它们是工人阶级的工作。"在依据收入来衡量个人价值的文化中，没有特殊技能的劳工或服务人员知晓他们所得甚少，虽然他们可能还得定期表达对劳动光荣的虔诚。"①

技术性过剩导致社会性过剩。这不仅仅是一种技术问题。稀释不幸的程度以及规划与计算的必要性考验着现代政治，无论在城市发展还是海外援助，都有助于为科学家建构一种新角色。商人，西方社会曾经的英雄人物，日益成为行政管理者。资本主义的旧式理念，特别是其各种更加乡土化的形式，已成为其本身及其他旧式专业群体对抗社会置换（social displacement）意识形态的防御工事。②

三种团体中团结和认同各不相同。机构中的团结集中于高层的团队精神（esprit）以及对学科之间和专家之间更有效的沟通的期待（desire）。C. P.

---

① Weiss and Riesman, "Social Problem and Disorganization in the World of Work", in Robert Merton and Robert Nisbet (eds.), *Contemporary Social Problems* (New York: Harcourt & World, Inc., 1961), pp. 484–485.

② 一个有趣的角色是销售人员，该角色把作为冗余的一种估量与一种模糊但真实的功能性价值相结合。众所周知，销售人员不仅在现代商业企业成功过程中扮演了关键性角色，而且他也与欺骗、缺少自尊以及冗余相关。

斯诺的瑞德讲演堪称一种对知识分子和科学家之间团结一致的忠告。在他看来，他对他们之间差异的关注，是就假定了某种观点的根本一致性而言的。① 用斯诺的话说，团结将包括更宽阔的知识幅度，和对现代科学共同体之价值的一致赞赏。认同来源于对个人所从事的重要工作的宽泛理解，他本人的个人满意度也是他在机构中获得认可（acceptance）的一种程度不同的反映。

体制外人（the disestablished）则被排除在外。对他们来说，认同和团结在过去与商业共同体一直相联系，而且地方化为遍布全国的农村、城镇和城市。机构（the establishment）则是民族精英所在。体制外人，直到最近才形成地方化的精英，其团结则环绕着各种教会、志愿组织以及同业团体（similar bodies）。② 这些地方团体越来越狭隘化，不再能提供团结的满意感。在一些体制外人的内部，就导致了与激进权利相连的爱国主义组织的影响增加。这些群体试图把地方与国家相联系，并因此而展现出一种新的联合，依赖于此体制外人又一次变得强大起来。同时，体制外人正丧失由中间阶层商业价值观提供的认同，并在这种丧失中，仅剩下迷惑和危机感。

实际上，功能性冗余人群没有团结，甚至连组织起来都非常困难，因为他们不仅专注于基本贫困（basic poverty）及其所有后果，而其也多少——在一个丰裕的社会中——趋于逃避。因此，他们几乎没有永久性的认同性标志，只有交替流行的标志，其行为游移在冷漠和歇斯底里之间。对于"多余的人"，形势十分严峻，几乎是毁灭性的。

结论

正如我们曾指出的，处于现代化进程中的社会把政治置于首位。社会福利、发展、改革以及革命，所有这些都赋予政府新的责任。为了尽到这些责任，政府寻求建议。随着责任变得更为复杂，权威也被扩大。权力行使为由技术专家提出的、无休止的政治改革的远景所证成。

这些条件已经产生使认同两极分化和团结碎片化的效果。英雄主义的缺乏以及广泛的知识歧视，把自然不平等的重负压在了共同体的成员身上。

---

① See Snow, *The Two Cultures and the Social Revolution* (New York: Cambridge University Press, 1959); see also my article, "New Nations and the Scientific Revolution", *Bulletin of the Atomic Scientists*, XIII (February, 1961); and Caryl P. Haskins, *The Scientific Revolution and World Politics*.

② See Bryan R. Wilson, "An Analysis of Sect Development", *American Sociological Review*, XXIV (February, 1959).

第九章
现代化社会中的意识形态

迄今为止，我已经提出，意识形态有助于在社会确立团结，也有助于个人认同。我们已指出，在处于现代化进程中的社会，社会主义意识形态有助于产生某些系统整合以及为功能性角色提供纲领性的指南，而民族主义意识形态通过诉诸于原生的归属感而提供认同和团结。我们也阐明，社会主义之科学性的宣称为发展中地区的政治领导人提供了权威，但他们的社会主义意识形态并不属于同名的知识体系，对此，一如十九世纪的社会主义或马克思主义。

自称社会主义的传人能够使发展中地区的政治领袖建立起与马克思主义哲学遗产的普遍联系，虽然他们并不需要应用后者。大多数工业国家已经超越了这一阶段。

> 冷眼观之，社会主义已成为一种不证自明的假设，一种经济处方的杂烩，一种对现存制度喋喋不休的批判。鲜活的自信、发现的惊奇、道德正确的自信氛围以及对一种全面的——且重要的——社会整体生活的转变之期望，自本世纪中叶以来，几乎从社会主义运动中和社会主义思想中消逝。这种信念——社会主义的目标能使每个人观察现实且生活得更真实而丰富、社会主义是一种"生活方式"而不仅是管理工厂和大型企业的一种方案——已基本消逝。①

然而，应该明确的是，不仅不同的意识形态的政治后果非常不同，而且它们预设了非常不同的社会条件。就提供团结和认同方面而言，社会主义和民族主义在维持权威方面的用处，与科学的用处并不一样。前者的运作在政治幻想和激励性现实主义阶段最好；而后者则在实践性现实主义的气候里茁壮成长。民族主义和社会主义可能求助于科学，并且在实际上，可能自称是科学的，就像苏联的马克思主义列宁主义那样。但科学家迟早将明确地无视这种自命，并可能拒斥它。

应该非常清晰的是，处于现代化进程中的社会公众与工业社会中体制外的人有诸多共同之处。然而随着前者的发展，它们将会面对这些同样的分化，如同工业国家当前的情况一样。同时，那些在知识世界里赞成科学意识形态的人们与那些赞成社会主义和民族主义的人们非常不同。事实上，在它

---

① See Edward Shils's introduction to Georges Sorel, *Reflections on Violence* (Glencoe: Free Press of Glencoe, Ⅲ., 1950), p.14.

们之间存在着对同一境况的多重认知图景。这就是在处于现代化进程中的社会创造实践现实主义的条件，并构建一个能够在社会推广工具性价值的科学化知识精英群体如此重要的原因之一。该精英的力量很可能根本不足以掌控一个处于现代化进程中的社会，但至少在保持有关政治领导者的意识形态狂想的一些核验中可能是重要的。

　　本章一直关注意识形态及其在权威方面的特殊作用。现在是转向社会的工具性价值，考察各种对权力和声望的要求，以及这些要求在现代化过程中对于权威的重要意义的时候了。

第十章　作为现代化原型的动员系统

当然,现代化是一个太过宽泛的进程而不能据道德术语来理解,抽象的方式尚可。它不仅仅是一个宽泛的、温和的、波浪式的演进过程,而且不时为激烈的冲突和剧烈的对抗所打断。诸多特定的政治人物、他们所开创的各种社会运动、他们的各种政治组织如陡峭之巅震动那些与其条件类似的国家以及更为宽广的世界。二战前印度的甘地是如此,二战后加纳的民族主义运动亦复如是。其他的例子,如 1958 年的几内亚和今天的古巴。诸如此类的突发情状(promontory situations)代表了某种意义非凡的道德力量。从一种最宽泛的历史视角来看,它们并非总是导致动员系统诞生,但它们的确代表了一种使革命世界化的努力。最富戏剧性而又令人困惑的案例是军事动员系统,马克思关于资产阶级革命的说法也可以适用于此:

> 资产阶级革命,例如十八世纪的革命,总是突飞猛进,接连不断地取得胜利的;革命的喜剧效果一个胜似一个,人和事物好像是被五色缤纷的火光所照耀,每天都充满了极乐狂欢;然而这种革命为时短暂;它很快即达顶点,在其清醒地认识到在消化吸收暴风雨般的革命期间的成果之前,社会会处于一个长时段的压抑氛围中。①

如果马克思的描述是恰当的,那么现代民族主义革命更像资产阶级革命而不是无产阶级革命。在"革命"期间,或者至少在自治和独立的过渡期间,兴奋可以达到入迷的极点。人类精神就像人们把自己从旧的枷锁和控制中解脱一样光芒四射。然而,好像为阻止预期的"长期消沉",继续革命的条件必须得以确立,这种革命的主张被马克思描述为追求纯洁的情感和对目

---

① Karl Marx, *The Eighteenth Brumaire of Louis Bonaparte*, ed. C. P. Dutt (New York: International Publishers, n. d.), pp. 16 – 17.

标的诚实追求。斗争要继续，以反对真实的和虚构的敌人，就像英姿勃发的新国家击垮一个然后取而代之那样。这些情况使那些处于现代化进程中的社会进入现代奇迹的剧场——不真实但道德上成立。这些情况在动员系统中尤为典型。

当然，动员系统有一些变种；它们囊括了从各种单一庞大且极权主义的政体到各种比较松散的碎片化的而又较令人惬意的政体。那些为了追求迅速而无情的工业化的系统也许会倾向于极权主义政体形式。追求快速现代化的系统（工业化仅仅作为一个可能的长远目标）将倾向于更自由和适中的类型。第一种常常转为第二种，那仅仅因为政体不能为工业化而动员起来以及缺少"工业法则（industrial discipline）"。无论单一庞大的动员系统将如何改变（无论它有多么强多么弱）都明显地依赖于许多因素，其中至少包括其成员的民心向背以及他们对内部团结所需要的确信。

在很大程度上，政治支持以及创新性的领导集体依赖于政治组织的有效性。大多数极端的动员系统的引人之处在于，它们承诺实现当今世界所一致认可的价值。他们的领导寻求创造权力，以此来纠正先前系统的不平等，并在道德和物质的基础上扩大共同体。对团结的重视，是创造权力的一种途径。通过平等来实现公正，革命奥秘的基本特征是承诺给每个人开始一种新生活的机会。通过这样的革命，领袖们声称一种奠定人与人之间关系的更好基础必将建立。

动员系统和国家建构

让我们回到动员系统。在此，强调的是使潜能得以实现。就如同我们曾一直使用该词那样，它蕴含一种权威的等级式系统。各种工具性价值被提升到目的性价值的层次，由此导致的结果是国家的目标，特别是现代化和工业化的目标变得极其神圣。对各种即时消费欲望的阻滞，不仅被等同于社会法则（social discipline），而且被视为一种个体对群体所持态度的一个必要表征。节俭、储蓄以及其他的各种节制形式与未来社会的创建密切相关。在该社会中，产品丰富、个人尊严以及自然的善行是生活之本。除去在所有动员系统中所发现的，且为其社会法则提供了道德基础的强烈乌托邦因素之外，它们的目标还指向未来。它们是为青年的，而不是为老年的；是将来的，而不是过去的。

它们还有更多更典型更具体的特征。通常他们会有一个团结型政党，该政党或者公开地垄断权力，或者用其他的方式使其他组织依赖于它。团结型

第十章
作为现代化原型的动员系统

政党通过像一部统一的机器来运作而有助于创设政治权力。这样的政党通常分为三部分：(1) 作为创立者或领导者的工具的军事性先锋队；(2) 一套功能性的辅助机构，如工会、青年团、农业公社或合作社；(3) 以地区为中心被组织起来而遍布全国的普通成员。事实上，这个网络是新社会的结构。创立者通常具有超凡魅力或者显示出强烈的超凡魅力品质。他们强调通过结合整体的行动来实现共同体的重生或重建；声称领导权是建立在政治纯洁性之上。领导人无私和超凡的智慧具体体现在特定的意识形态中，意识形态以政治宗教的形式呈现。也就是说，即使它并没有以领导者的名字命名，它仍是不可避免地与他的生命和思想联系在一起。

拥有一种关于未来的意识形态，它强调行动的紧迫性，这将动员系统转向直接性的计划（direct planning）和剧烈的社会重组。动员的气氛，是一种危机和攻击的气氛，常态或被动状态甚至会被认为是危险的。即使在最平常的活动中，个人也要被呼召表态。没有关于法律上的个人隐私空间，隐私也不被认为是一种价值。所有的社会生活都变得政治化了。在最极端的动员系统的形式中，生儿育女甚至被赋予至高的民族重要性。最后，国家在任何事情上都被置于首位。

在这些方面，动员系统无论在种类还是程度上都与其他等级式的权威形式不同。军事寡头政体并未将所有社会生活都政治化。恰恰相反，他们竭力把政治活动限制在对权力的切实掌控中。处于现代化进程中的独裁政体热衷于使过去的传统适应于当前必需的革新。无论哪种情况，通常都没有使社会重新分层的打算。处于现代化进程中的独裁政体可能会像动员系统一样有一位个性化的领袖，但他绝不是克理斯玛型的。他至多是把角色中所固有的仪式化的克理斯玛而非他自身体现出来（在动员系统，克理斯玛起源于个人，而不是其角色）。

这些评论似乎暗示，动员系统不过是意味着一种对公众情感非理性的感召力，这种感召力借助于某种已被植入特定政治学理论的关于世界的蛊惑人心的观念。在某种程度上，的确如此。即使这是完全正确的，那么现代动员系统的重要性也绝不会减弱。它有无数的非理性诱惑力，但它并不仅限于此。在更现实的层面，动员系统能够提供一个政治框架，因为过多的政治分裂、公民情感的缺乏、经济的停滞，让其他的可替代者无人问津。事实上，停滞的危险减弱了调和模式的吸引力。多元主义、隐私、个人目标（individual ends）和分享的权力似乎比动员系统所生成的可控秩序、盲目与狭隘的地方主义更不具有吸引力。

现代化的政治

在许多处于现代化进程中的国家，对种族群体、语言群体等诸如此类群体的最初忠诚确保了冲突的广泛传播，而在一个协同系统下，政府的活动几乎处于停滞状态。对于公路、水路、电厂、城镇、水库等诸如此类的设施，能够为经济生活提供基础设施，但只有在足够的协调一致时，他们才能起作用。没有这种一致性，建立国家所必需的合作将会因此缺失。正如鲁柏特·爱默生所指出的，这既是新生国家如此经常地以英雄般的领袖为中心的原因，[1] 也是调和型系统很少成为民主制的原因。

在一个共同体中有各种利益多元的群体，这并不必然产生多元社会。如果在很大程度上它们将社会分裂，那么它们可能会将民众迷惑到这样的程度，即在某种意义上根本就没有社会存在。相反，产生的是敌意、紧张、对抗和毫不妥协。这特别可能导致冷漠。这正是刚果的现状。[2] 僵持状态（immobilisme）就是其结果——跟冲突和内战比起来，或许这是能够期望的最好结果了。对持续不断的冲突的恐惧，是当代政治领袖为什么用团结型政党以地方政党机构为中心来重新组织各种相互竞争的团体，以此打破其相互隔绝封闭的藩篱的原因了。

政府所拥有的处理忠诚与效率之间关系最优化的实际手段，可以被视为一种自然资源，也就是说，这种自然资源是各种原材料和社会资源的储存，包括人类的技能。所有这些，构成了共同体的财富。这一财富是否为了现代化的目的而被动员起来，这在很大程度上是企业家的问题。调和型社会大大依赖于私人企业家，通过组合各种生产要素，他们积极地从事于所谓的动态现代化（dynamic modernization）事业中，或者换句话说，将产生更多的现代化机构，如雨后春笋般涌现的工业企业、股份公司等。在动员社会里，重心是各种政治企业家。政府承担了现代化的首要责任。

政府的经济角色又导致对社会动员的强调，以此来弥补在自然资源方面的财富缺失。劳动力是财富的源泉、储蓄的基础以及投资的来源。为了有效地动员社会资源，关于紧迫性（stringency）的基本原理，是提高效率的需要。

---

[1] See Emerson, *From Empire to Nation* (Cambridge, Mass.: Harvard University Press, 1960.)"人格化的忠诚和运动很大程度上必须归于政治经验和民众思辨的缺乏，民众要求人格化的领导将政治吸引力降低到现实中可理解的水平。其他政党可能与国家危机时权力通常集中的现象有关，正是在战时，美国总统的地位在上升。依据这样的理由，我们就不难解释为什么亚洲和非洲国家的领袖角色在他们为独立、民族的巩固和经济发展的努力抗争时，这种角色应当扩张。"（第281页）

[2] 见菲利普·惠特克和乔纳森·西尔维亚在"A Visit to Congo, Rwanda and Burundi"一书中有趣的描述，*Makerere Journal*, No. 9, 1964.

第十章
作为现代化原型的动员系统

在大多数动员系统中，社会资源动员的两大主要工具，是行政机器和团结型政党。行政机器执行各种特殊的任务，而政党除了承担群体间的调解者或联系者角色外，还对全体公民施加社会规训。由于政党扮演了"自发性生产"的角色，故此它着重强调中央计划。动员系统中的关键事业主要是政党和行政事务。

团结型政党的角色

鉴于团结型政党在许多动员系统中的地位，政党经常成为执行政府各种动员目标的工具，也就不足为奇了。作为新社会的缩影，政党的纪律成为国家的纪律。这种双重角色带来的问题是，虽然它本身也是强制的工具，但它一定不能远离人民。它仍然与人民保持密切联系，并以此收集信息。政党陷入了与影响整个系统相同的窘境。

团结型政党的特殊角色是，直接作为强制的工具而发挥作用（运用各种社会压力，例如排斥、控制任免权以及资源的偏好性分配）。然而，它的各种公开活动和声明，则显示出其对民粹主义的热情。这种民粹主义可在政党与社会分层关系中观察得最为清楚。既然团结型政党也是社会动员的一种机制（它控制着权力和声望的等级），通过它，政府的许多附属结构切实运作起来，所以在动员系统中，它是最重要的单一的政府机制。

通向权力与声望的独特路径，就是招募与政党疏离的人（the alienated）和潜在的持不同政见者，这些疏离者对更加完美的社会系统有着强烈的渴望。团结型政党用那些只有将社会作为整体来改造才能满足渴望体现出自身价值的个人充任它们的中间阶层。他们是一群不安定的人，他们多才多艺，虽然这些技能可能有些偏。①

在团结型政党中也能找到政党技术专家——组织中的专家。虽然通常缺少为行政事务所必需的培训或纪律，这些组织人员却雄心勃勃，并精于来

---

① 在许多非洲政党中，团结型政党的中间阶层接受过小学和中学教育，已有一些技术训练和学徒经历，已作为电工、药剂师、办事员和医院护士工作过。很大一部分已经参加了一个教师培训项目，并开始教书。这是中间领导层在几乎所有团结型政党中形成的特征。他们对现状的疏离是对其自身地位的疏离，而混同于一种提升（包括他们自己的提升）的欲望。这个动机由此能被那些受中层领导尊敬的更有效的高级领导动员起来。前者主要是记者、医生、律师、承包人和其他一些人，这些人的优秀素质已使他们具有成功的职业，但还不太辉煌，在某些方面没有"灵魂满足"，这种不满是从社会本身缺少一定的尊严产生的。高级领导者更经常被吸引参加政治，是因为他们的疏离更个体化，也更为重要。从历史的观点看，这是一些有能力为自身而混同于某种角色的人。这仅存于那些政治相当混乱，并且也有可能改变的时刻。这在国家发展过程中是一个创新的时刻，正如我们在第一章所述，它有助于新国家为实现现代化而如此热烈地去学习。

事。当政党技术专家开始显露峥嵘时，团结型政党却在经历一个微妙的转型。它令人激动之处、创新性及其被用以通向地位和权力的方式，都在衰落。技术专家走红，政治企业家靠边站。

无论团结型政党在动员系统中有多么重要，它的权力总是通过政府而合法化的。就系统而言，这是确凿无疑的。在这些系统中，所有的角色即分层化的等级系统都被剧烈地改变和修正。一旦分层系统被有效改变，其结果是强加了新的一致性、新型权威的传统化，同时团结型政党开始丧失其重要性。现在，团结在国家中形成。英雄般的领导集团开始改变；党派之争重新出现。伴随着现代化，一系列新的群体变得日益重要——它们是具有功能而非政治一致性的团体。政党技术专家和文官队伍在这些群体中更加突出。

阻止这种演进的唯一途径是定期清洗（periodic purges）。但是这样的清洗是危险的，因为动员系统和团结型政党是相互创生的。作为其他孤立团体和相互敌对的各种社会群体之间的中间性社会结构，团结型政党有助于产生权力。如此，政党成为把各种群体整合起来的重要工具。政府雇（借）用政党通过其他社会交易去加强这些联系，如彼此的角色适应和调整。这也是为什么政党成为权威的重要工具的原因。清洗极易削弱政党的能力。因此，从根本上来说，动员系统是一个不稳定的系统。除非存在延续性转型的条件，否则它很容易改变成另外一种类型。这种条件只可能在工业化早期阶段存在。

政治宗教的用处

在所有已经列举出来的系统类型中，动员系统发展出政治宗教的倾向最强。这种倾向来源于部分领导者改变现行的权力和声望等级而不仅仅是重新分配旧的角色的愿望。为了改变等级制本身，他们必须根据各种明确的道德原则而重新界定角色。政治宗教是可资利用的手段，因为它能把道德感转化为权威。

如果没有政治宗教，更古老也更稳固的传统就可能有效地抵制革新。也就是说，新角色如不能成功地取代与权力和威望行使有关的旧角色，动员系统的权威就会被削弱。通过创立一套新的有助于现代化的角色并赋予它们道德的因素（明确界定或进行仪式化展示），不是削弱而是加强了权威。由于附加了政治宗教，动员系统成为别的系统校法的原型或榜样。国家不仅对其国民来说是导师和指引者；对于广大国外异教徒的改宗而言，这个国家就是一个宗教中枢。将政治道德转化为政治宗教成为一门实践的艺术。教育新一代（需要加以教化灌输）是一项重要的使命，建立传教机构和代理人体系

第十章
作为现代化原型的动员系统

则是另一项使命。

因此，政治宗教有许多用武之地。为了建立和加强与努力工作、节俭相关的各种价值，企业是使之能够运用的一大阵地。它也可以被用以通过纪律来强调个人的创造性。这些价值被塑造且融入集体主义背景之中。社会变成创造性得以表达的工具。"集体导向"变成对目的性政治价值的描述，具体表现为社会的合法性。政治宗教的另一用途，是将组织强加于社会的政治结构之上——即在一个世俗化的教会中党的干部开展教化青年的基础工作。最后，政治宗教可以扮演一个普适性的教会（universal church）角色。它的代理者是各种传教士。与之相对的是，一种帝国主义的新形式。

青年的角色

最有可能皈依政治宗教的人选是青年人。面向未来，青年发现过去的观点没有吸引力。（当然，不可能任何事情都可唤起怀旧情绪。）那些发觉难以忘记过去（因为这样做意味着否定他们自己的个人历史）的老人，在面对年轻人时想到自己的优势正慢慢被边缘化。年轻人对动员系统天生的亲和力，可以从年轻人在系统中被赋予非常特殊的位置而得到回报。这种对青年的青睐有两个效果。它否决对老人的尊敬，并由此而限制了他们的影响力。（年长者变成过时文化的承担者，而年轻人则成为新文化的承担者。）它提供了愉悦感和权力。这被青年解释为"系统"中惊人的默许。[1] 在他们足够成熟之前，他们就能在很长时间内发挥作用。[2]

然而，青年的这一特殊角色，尚有其他原因。青年地位的存在，先于其

---

[1] 青年的角色是特别矛盾的。一方面，青年是反抗的亚文化，它改变了大多数正在发展的领域。但在动员系统发展的特定阶段，青年是温顺的，并与政府有着良好的关系。

[2] 塞古·杜尔下面的论述被其他众多领袖所回应，从苏加诺到纳赛尔。"自从我们获得独立和充分的主权以来，鉴于我们承担巨大的建设任务，青年要充当领导角色。这对政党的每个支持者，特别是对青年来说是绝对必要的，通过一个国家主要目标的明确概念来解决青年的具体问题。此外，青年的行动必须反映国家的首要关注。"

"我们被一个本质的原则引导，政党从来没有停止赋予其无比的重要性。在一般的政党行动范围内，它对构成青年行动，他们的国家行动，是绝对必须的。青年必须变成国家活跃的部分；他们必须认识到他们的责任并准备我们分配给他们的充满活力的角色。"

"另一方面，年轻人可能充满敌意、陌生和危险性。他们必须被管理、指导和统一。首先，他们必须投入工作。""民主党（The P. D. G）和 the J. R. D 在整合青年的运动中，已恰当地认识到，整个国家所有青年的行动要与 J. R. D 统一起来。"

"我们想在国家所有方面创立一种真正的工作秘诀，特别是在那些将是我们国家工作的灵魂、最有活力的青年中间。事实上，政党已经为公共利益的或者生产而组织了巨大的集体性的生产领域，在我们经济和社会发展的许多巨大的纲领性计划中间。" Toure, *Towards Full Re - Africanization* (Paris: Presence Africaine, 1959), pp. 83 - 84.

他地位的获得。青年较少被区隔开来,从而有很大的团结潜力。团结的削弱被青年认为是一种成人现象,并且从其定义来看,也是一种对未来的偏见,这为机会主义和多样性等其他各种弱点大开方便之门。例如,法国的非洲学生热切关注的是,青年人展现出来的情感的纯洁性及其可以转化为组织力量的方式。这有助于解释,为什么年轻的非洲人通常在表面上,沿着单一的政治标准——社会主义,以及单一的种族标准——黑人,而直接交流。

对个人之间差异的否认是动员系统具有更高道德性的一个关键。差异被视为无足轻重和有损人格的,是对自我中心主义和个人主义的掩饰。最终,现代动员性的意识形态都被认定为反对个人主义,也就不足为奇了。个人主义及其与自我中心主义之恶、卑鄙、灭绝(deracination)的联盟仅仅威胁到了把人们联合起来的那些情感。对于动员系统中的青年人来说,关键问题不是自由而是如何将精英与大众、受教育者与未受教育者联系起来。青年人把社会想像成阻止个人陷入沉沦于其个体性的一种方式,因为这不仅会导致孤单与隔离,而且与各种社会目标相背离。此外,他们没有真正的时间感,只有普遍化的紧迫感。对于他们而言,动员系统必须消除时间。所有的历史服务于一个目标,即创造当下。耐心已被耗尽。攫取权力的渴望也变成摧毁所有那些联盟之线——代表着一种令人厌恶的遗产——的渴望。

然而,对时间的破坏危及到自我憎恶的深沉感觉。只为当下而活意味着接受外人所作出的判断,即过去的弱点和平庸性。J. P. 恩戴耶对在法国的非洲学生的研究支持这一观点。对他们同学的性格和个性持不赞同观点的同学是持赞同观点的两倍。① 这在外国学生中并非独一无二。相当程度的自我憎恨是动员系统中人们的典型特征,这种自我憎恨经常被表达为对"过度个人主义"的对抗。个人主义或团结感的缺乏,被视为机会主义的表征。

青年也许和动员系统中的许多人一样,事实上也渴望从限制他们的囚笼中解脱出来,渴望那些让他们微不足道的力量,甚至甘冒自我毁灭的危险。

---

① 在非洲学生详细列举的负面因素中,有政治行动中缺少责任意识、理想等。相应的优点是兄弟般的团结、大公无私和爱国精神。这些学生排列他们最钦佩的国家的顺序如下:俄罗斯(25%),中国(20%),以色列(12.4%),古巴(12%),法国(8%),瑞士(6%)和美国(3.3%)。见 J. P. N' Diaye, *Enquete sur les etudiants noirs en France* (Paris: Editions Realites Africaines, 1962), p. 243. 说法语的非洲人与那些不说法语的人们有着显著的差别。恩戴耶的发现与勃兰特对那些在法国受过教育的中国共产党精英的分析具有很大的相似性。同样具有历史的自由力量与历史在当下终结的紧迫性,标志着今天的非洲和昨天的中国共产党精英的许多态度。见 Brandt, " The French - returned Elite in the Chinese Communist Party"(Reprint No. 13, *Center for Chinese Studies*, *Institute of International Studies*, University of California, Berkeley).

第十章
作为现代化原型的动员系统

但这种自我憎恶是无权无势者（statusless）的独特品质，而不是如威望及新继承者的独特品质。当权力进入各种青年运动、承诺等中时，会发生什么，这是真实的吗？当一个学生从国外回来或者完成学业的结果是什么？他能否在政府中得到一个好的职位？如果他得到了，他是不那么倾向于从他自己的个人主义中解放出来的。然后，他开始认为社会成就依靠于自我。与这种温和的快乐相伴随，犬儒主义登场了。只有那些毫无幽默感的人们以及那些在其历史感中蕴含悲剧意识的人们，才能继续保有革命性的人格。①

革命性的人格需要政治宗教及其目的性价值来支撑。各种日常行动都必须与道德相一致。政治宗教家需要先知、理论家和政党组织者等。道德与技巧融为一体。如果没有这些政治宗教因素，动员型社会的基础就像会像年轻人一样消失。中年人（middle age）很少能够成为动员系统的社会基础。②

军队的角色

军人是政治道德家和技术人员合为一体的一个特别有趣的例子。军人以其务实和坚强而闻名遐迩，军官是革命传统的象征。与高大宏伟的建筑及英雄塑像一道，列队行军的军队是美德的代表。就如当地的农业机构不能简单地教授农学和牲畜管理，而是要教育学生，土地是神圣的土地、牲畜是神圣的牲畜一样，军队必须除了教授新兵以技术责任外，还要教育他们去保护神圣的牲畜和土地、塑像和高大雄伟的建筑。为了理解这一任务，革命化的军队必须拥有政治意识但同时要避免政治质疑。现代化提供了各种宏伟的目标，也提供有限度的技术能力。军队不仅仅是人民的军队还必须是技术先进的军队。正如约翰逊·W. 派伊所说："这些在前工业社会的军队是工业化组织形态的典范，这一事实对他们的政治角色有诸多蕴涵。他们的特征之一特别重要：现代军队在技术和功能上所要求的专业化与对暴力的掌握几乎毫不沾边。"③ 他们必须将爱国心与技术结合起来——事实上，这是现代化动员系统中所有功能性团体的新的行为模式。军队干部，如同各种展览式

---

① 也许近年来这种政治人物最好的例子是，阿尔及利亚的本·贝拉，他的节俭、干劲以及战斗意志已经表达在由非洲学生所描述的团结感之中，驱逐所有反对派，包括那些当本·贝拉自己在法国监狱憔悴不堪时仍在为阿尔及利亚的独立进行最为有效的战斗的人们。

② 这个统一体的实际影响是什么？一方面，知识分子被挤出去。动员系统对他们的知识分子是严酷的；他们逼迫知识分子要么作为政权的宣传者，要么视其为无用。模式化的个人是那些公正无私、品格高尚的技术专家，他们的诚实标准和技巧来源于政体的各种目标，这些目标是他们所不敢质疑的。知识分子正被混同于自我中心主义者。他们滋生了一种政治厌世主义（dégoûtisme）。

③ Pye,"The Process of Political Modernization", in John J. Johnson (ed.), *The Role of the Military in Underdeveloped Countries* (Princeton, N. J. : Princeton University Press, 1962), p.76.

（show-piece）项目和技术机构，在集体主义中表现其团结。庄严与权力相一致。这就是军队武器、服务和阅兵这些工具有助于社会抵抗恰当的服务精神堕落的原因。每个训练项目都是一场教化活动。

这样的军队没有独立的权力，除非它们从公众中分离出来。团结型政党注意到，他们被诸如民兵、侧重军事技术的运动俱乐部和志愿为意识形态献身的各种准军事青年组织等附属机构所围绕。

动员系统把军队角色转换为涵括专业技术在内的职业。（不同于军事寡头政体中的军官，他们是民族主义的体现者、宪法的保护者、市民美德的储藏地，以上述名义它可以干涉平民政治生活，而动员系统中的军官显然只是政党和国家的功能性附属物。）动员系统对待军事官员与对待文职人员无异。

文职人员的角色

在动员系统中，文职人员的角色取决于两大倾向。第一个倾向是，强调角色在功能性意义上要提升，因为要重视现代化。第二个是第一个倾向的结果，文职人员政治重要性的增加，导致政党和政府更依赖于他们。因为这些原因，文官通常和高级政治领导人发生冲突，这些高级政治官员一般都没有接受过很好的教育，也对技术事务（除了组织业务）一知半解，在文官在场时往往感到自卑。动员系统的领导人限制文职人员权力的方式，是将他们的角色限制在相当狭窄的专长范围内。从功能上界定的各种角色削弱了专家的潜在权威。结果是政党官僚和政府官员之间在文官角色上的一场战争博弈。当两个群体间的交易陷入僵局时，由此产生的典型反应是腐败的增加。第二个反应是由政党发动的公务员机构定期的改变。通常来说，动员系统必须依靠公务员和政治家之间的特殊的暂时妥协。

今天，我们能够观察我已经描述的各种动员系统进程的不同阶段。在一些可能的例子中，动员系统正让位于调和型系统。领导阶层扩大了。权威性决策的范围在扩大。各种负责任的群体越来越重要。压制性法律的适用范围在缩小。作为一种政治手段的惩罚的使用在减少。资源决定和分配常常发生在地方层面上，并伴随新的模式被接纳。新的同意团体出现。也许最有意思的例子是南斯拉夫，在那里工人参与和决策分权都是重要因素。伴随着这些机构性发展，权威象征、整合、种族界定以及仲裁资源等方面都发生着变化。或许，加纳可作为另外一个例子。在加纳，总统正试图以总统式君主的形式将他的克里斯玛权威制度化。显然，这种倾向将偏离目前的动员系统而迈向新重商主义系统，这种情况正在埃及上演。随着意识形态上的国家社会

第十章
作为现代化原型的动员系统

主义者的增加,埃及的动员系统可能以一种新的法西斯主义形式来维持自己——一种发展的法西斯主义。

当然,对历史尚浅的多数处于现代化进程中的国家进行归纳是危险的,即使这些国家对于分析最有挑战性。几内亚正沿着偏离革命修辞的路线慢慢演进,虽然它仍然在保持着所谓的革命精神。我们被告知,几内亚的社会主义意识形态遵循"民主集中制"的政治信条的指引。对此,几内亚总统说道:

民主集中制秉持下述原则:

(1) 所有党内负责人都由那些在党内享有完全良心自由和表达自由的支持者直接而又民主地选举。

(2) 几内亚所有的国家事务是所有几内亚公民的事务。政党计划被民主地讨论。在决定没有作出之前,每个人可以自由地说出他的思考和希望。但一项决定在议会或集会上被广泛地讨论,并通过无记名投票或大多数决定时,支持者和领导者必须正确地执行它。

(3) 领导责任不是分享的。仅仅对于某个决策的责任是分享的。因此,违反纪律行为应被坚决禁止。①

塞古·杜尔的这个声明奠定了几内亚动员系统的基础。权威性决策的结构在形式上是高度集中和等级式的。虽然政党机构和本土议会(territorial councils)都不能单独为一个选举群体服务,但责任是它们所共同分享的,虽然无一可成为否决群体(veto groups)。同意机制、国家集会被政党所紧紧把持,以致政党的权力在名义上比实际上更大。地方性的政党集团、特别法庭以及地方行政官员,它们共享司法权(administering justice),它们变得政治化并且涉足压制性法律的领域。尤其是对于偷窃,偷窃被视为对共同体的犯罪因而要以最严酷的方式惩罚。政治招募是一种双向结构,在地方议会和党委会都采用任命与选举同增补(cooptation)混合的形式。

资源分配主要通过国家计划来决定,以社会国有的形式强调政府的所有

---

① Sekou Toure, "Address to the P. D. G. Congress, Conakry, September 14, 1959", quoted in Colin Legum, *Pan–Africanism: A Short Political Guide* (London and Dunmow: Pall Mall Press Ltd., 1961), pp. 124–125. [着重号为我所加]

权。特别是对私营商人,政府控制通过严格的发放许可证程序而延伸。强制性积累包括人力资源投资(investissement humain),这是共同体的自助项目。

几内亚第一个三年计划就其对一个希望革命性转型的社会而言是相当简单的。

——让我们再次回到一幅简单的画面。在森林中,两个男人正在为决定谁将拥有一段树枝而决斗,这段树枝是他们共同发现的并且他们同时需要它来加固自己的屋顶。如果放弃争吵和决斗,他们把这些时间和精力放在再砍一段树枝上,他们将都会感到满意。

因此,社会中的不和谐、利益冲突,这些来自于非理性的因素、社会中道德的平庸,就像许多消极力量,制约着生产的发展,进而制约社会的发展和进步。

在确定自己行动领域中的具体目标时,进入计划经济的社会能够超越消极的社会力量并将它们转化为生产力。

这样的社会创造出一种新的精神,这种精神将提高其生产能力、促进其社会进步。①

例如,对计划的道德和智识方面的重视,可能想掩盖政治生活的实践远远落后于如此宏大的目标的事实。难道不是吗?毕竟,几内亚像今天其他大多数正在现代化的国家一样,在其社会主义中更注重实用而不是教条,在社会生活中更无序而不是有计划?②

这也许就是几内亚的民主集中制的意识形态具体体现于非洲社会主义者共同体(共同体社会)(the société communaucratique)的原因。现代化和政府发展机构提供了制裁的源泉。已获认可的各种角色之间的联系是由塞古·杜尔建立起来的(象征性指涉),并且三个机构的部长都是党的政治局的一部分(有机的整合)。种族定义是由假定的政党身份来确定的。由单一民族、尚未分殊的共同体组成的国家,其中阶级、部落或者乡村及城市居民的

---

① *Plan triennial de developpement economique et social de la Republique de Guinee* (Conakry: Imprimerie Nationale, 1960), Book V, pp. 104 – 105.

② 关于几内亚的政治生活,我想说的是它更适用于像印尼之类的国家。在那里,革命意识语言和革命发展的实践之间的差别是非常大的。在某种意义上,几内亚和印尼之间比中国和印尼之间更像,即使后两者的政治语言更相似。

第十章
作为现代化原型的动员系统

分化不被承认。制裁的源泉就是现代化本身,如上所述,是由杜古和政党来体现;新的意识形态是通过将过去的共同体版本理想化为社会主义者的共同体而与传统相连接。然而,在那些更中意社会主义普世模式的人和那些更中意非洲版本的人之间会有冲突(当然,这会表现在仲裁根源的不同——是现代化的效率还是共同体的持续性呢?)

这种系统重视平等主义、发展和动员。它试图消除商人、私人企业家等诸如此类的反社会主义因素(虽然作出了努力,但已经被迫妥协)。削弱了过去大城市作为现代化角色源泉的意义,它已经使自身对工业国家——无论东方国家还是西方国家——的依赖多样化了。几内亚是运转中的动员系统的一个有益例证。通过终结旧的权力和威望形式,能够相当可观地改变传统的社会分层(例如,它已使酋长无权)。通过工会运动,它已提升了码头工人、搬运工人等的地位。它试图通过大力扩展教育系统来消除种族歧视。虽然在很多领域其目标并没有实现,但几内亚给人以意欲实现革命的普遍印象,就上层而言其本质上是民粹主义的。

几内亚的各项目标拥有一种清教主义氛围的优势,在某种程度上是通过与法国的急剧断裂而体现出来。克理斯玛因素的稀少使用(与加纳和埃及的情况相比),这一行为本身意义深远。与其他非洲国家的动员系统相比,特定形式的鲜明性以及各种目标的明确表达,就是几内亚的典型特征。怨恨(grievance)转化为激进(行动)主义,挫折转化为能量——这大概就是它的表现。几内亚的分层政策的目标,是在功能上把各种角色纳入现代化。此外,通过成功地操纵道德,几内亚建立起一个道德共同体,并期望成为其他非洲国家的榜样。

对几内亚的简略描述,或许有助于揭示出动员系统吸引那些新国家领导人的原因所在。它是一种动态的形式,并为围绕现代化功能性的各种角色来实现国家整合提供新的基础——所有这些都处于道德的背景下,政府的权威以此为基础。

动员系统是激奋人心的;但在几内亚,它能持久吗?一方面,民主集中制主义的影响已经在共同体的关键群体(特别是在公务员)中引起了恐惧和怠惰。尽管具有完善的咨议机构模式,但要想获得关于各种分层决策对忠诚者们影响的准确信息已困难重重。在计划和再分配中的错误,已导致人民怀疑政体的效率。当基于传统的支持已被如此激进地重新阐释,以至于变成感情上的而不是实质上的时,基于效率的支持已然削弱。通过血亲关系或国家来提供永恒感,已越来越困难(即使仍然有可能通过宗教,这是宗教宽容在非洲存在的原因之一）。目的正越来越个人化。对于大部分人来说，这些状况仍是潜伏的；它们对于几内亚实现现代化的能力有多么严重的影响，在目前仍然是一件值得深思的事情。

几内亚的危机程度赶不上加纳。在加纳，克理斯玛型领导的转型已经将调和型系统转变为动员系统，而现在则处于转变为新重商系统的进程中。虽然总统仍是系统的象征指涉，但约束力来源（sanctioned resources）逐渐变得混乱，责任已急剧减弱，作为同意团体的议会只是徒有其表。对于约束的各种目的而言，该正式能力（指代议制的参观议政功能——译者注）尤为重要，而对其他则微不足道，因为议会组织的日常活动已经缩减。在最有趣的段落里，J.M.李用下述话语对这些改变做了评论：

> 西方首相模式从英国移到加纳是个根本的讽刺，它几乎完全颠倒了白吉特（Bagehot）曾谈及的政府机构的"装饰"和"效率"。加纳总统是从英国学习而来的职位，与普通法下的英国国王的特权很相近，然而它仍保留着宪政"效率"的部分。比较而言，加纳的国家议会恰好可以被视为"装饰"部分。从心理上讲，在加纳很难借助政党部长会议的方式来取代英国下议院，因为这种行为有悖于国家起源的宪政神话。该建议将会面临一场道德愤慨的风暴，这与把不列颠回归到共和国的任何建议非常相似。加纳的下议院必须保留其"装饰"价值。加纳总统的特权使他没有法律义务来公布他的命令，甚至他的行政指示，在外交事务中他代表国家签订的条约或指示无需寻求议会的同意。议会为总统希望引起大众关注的任何项目，提供了一个相当具有"装饰"价值的展览场地。①

加纳的系统是一个特别有趣的例证，因为那里的动员力已经衰竭。政党派别、附属机构、官僚组织以及地区性的和选民的组织之间的党派之争已开始作为具有压倒性优势的政治特征而出现。结果是阴谋、不信任和恐惧。政治权力行使中的反复无常无处不在，特别是在中层领导中间体现得最显著。真正有助于加纳的，是殖民地政体遗留下的一套实践残余（这种帮助在几内亚是被否定的）。例如，对比一下加纳日常出版物中的宣传主调与公务员

---

① Lee," Parliament in Republican Ghana", *Parliamentary Affairs*, XVI (Autumn, 1963), p. 389 - 390.

第十章
作为现代化原型的动员系统

和经济学家在讨论七年计划目标时的温和口吻,是非常有趣的。

我们社会主义政策是建立在特定的基本原则之上的,包括:

(1)经济必须快速有效地发展,以保证在尽可能短的时间内为每个就业的公民提供高度的生产率和高标准的生活。

(2)逐年从我们固定财产和我们的人民劳动中获得的收入必须用于社会的目标。公众需求和私人财富从来不允许在加纳共存。共同体必须为之支出的各种最重要的目标,应该是教育及其孩童的福利,以及经济的继续发展。

(3)通过政府,共同体必须在经济中扮演非常重要的角色,以此来保证高水平经济活力的持续、充分的就业机会的提供、国家产出的重新分配以及满足那些崇高社会目标的各种手段的有效性。相应的,公众最快速成长的需求和生产企业中的合作部门必须是政府政策中的优先事项。①

这个计划中所体现的各种政府目标读起来更像费边主义小册子而不像是革命的宣言。

动员系统的衰落

我们曾说过,动员系统利用权威的等级式结构。权威来自被动员起来的大众,体现于国家的某些特别手段,例如单一政党或军队,在其内部政府的功能集中在单一的政治领导人身上。如果动员系统拥有等级式权威和高度的目的性价值,那么每项行动都要求神圣的意义。更为重要的是,领导的目标逐渐被这些目的性价值所证成。其后果是对大众奋斗精神的激发,他们创造力的发展以及兴奋感,还有个人的解放和升华。各种军事社会主义意识形态特别适合于该目的,因为尽管他们的哲学重点在唯物主义,但他们从根本上是反唯物主义的,恰如他们对资产阶级的攻击所显示的那样。那些希望破坏新耶路撒冷的自由企业家是多么的贪婪!

因为有这些特征,动员系统声称比调和型系统或处于现代化进程中的独裁政体更有道德。熔铸在一种更具英雄主义的模式中,它们坚守再生和自我

---

① See Office of the Planning Commission, *Seven Year Plan for National Reconstruction and Development* (Accra: Government Printing Department, January, 1984), p. 2.

改善的承诺而不是权宜之计和妥协。即使失败，它们仍唤起对具有崇高目的世界的思念。如果它们毁坏了许多自己所最为珍视的目标，其领导者变得困扰不已、反常或反复无常，那么，它们也至少辨识了一种政治景观。这也许是它们如此之重要的原因。在政治生活中，它们代表了棘手的道德岬角（promontory）。相对于它们在现代化期间对各自目标的理解，动员系统在具体实践上更接近于调和型系统。

甚至在最为单极化的动员系统中，就某种意义而言，政府也是具有两面性的。这就好比系统中作出选择的战略机制，它只是维持所有其他的选择系统的边界。其局限性依赖政治支持。因此，所有政府都试图在某种程度上接近公众的愿望，并将这些愿望与国家的长远目标联系起来（当然，并非所有的公众愿望都被有效地接受）。对政府具体活动的分析揭示了世俗的和神圣的、政治的和象征的、工具的和目的的因素之间的联系。

政治宗教的衰落

非常典型的是，动员系统在政治宗教方面遭到衰落，与之相应的是个人对共同体认同感的丧失。

使神圣的和世俗的、目的的和工具的因素相混合，具有削弱目的性因素的作用。也就是说，当政治宗教的各种象征已变得仪式化，那么这些价值的影响就削弱了。

随着目的性价值的削弱，社会的动机结构也开始变化。工具性价值日渐重要，也越来越强调世俗性。逐渐增长的个人机会主义，导致纪律松弛和组织软弱。腐败日益严重。当各种目标不再足以对唤起支持和自觉奋斗的目的性价值襄助时，国家就运用越来越残酷的强制。当政治宗教开始丧失其有效性的时候，强制就广为流布。① 不满首先在青年中出现。

代际冲突和权威

动员系统中的政治世代是非常短暂的，大致只有四年或五年。在这之后，新的世代（intimates）作为政治权力的索取者而出现。后革命时代的"愤青"并没有特别的目标，只能用反对他们的领导者来就发泄自己旺盛的精力。随着动员系统日益成熟，会出现一个较长时期的角色寻求、疏离和不负责任的阶段。尽管有对新社会的共享感，青年不用太长时间就形成了异化

---

① 在理想的动员系统中，目的性价值如此有效地激励着人们，以致强制几乎是没有必要。由于它的象征性严厉，压迫性法律被用于那些粗暴干涉共同体政治价值的人。然而，通常像印尼、加纳、马里和埃及之类的国家都有工具性价值，它们是在相当宏大的意识形态中体现出来的。

第十章
作为现代化原型的动员系统

的反精英的群体。作为一个亚群体,他们的团结建立在对政治共同体的背离之上。这些具有高度异常而又高度团结的潜能(a high-deviancy-high-solidarity potential)的青年群体的出现,可能触发意识形态的转换。如果这样的情况出现了——动员系统中的政府会竭尽全力阻止它——那么青年和政府之间的关系就变得极其脆弱。正如S. N. 艾森斯塔德所言:

> "几乎所有这样的现代运动都发展出一种青年意识形态。"这些意识形态的本质(从我们分析的观点看)在于那些青年人所倡导和为之奋斗的那些改变,这多少与反对"旧"秩序和旧的一代是同义的,青年的反叛,是国家和社会精神恢复活力的证明。[1]

动员系统的政府只有继续对青年提供特殊的待遇,才能阻止他们的反对,但即便如此也不一定能成功。在许多发展中地区,如此"控制"下的每个青年群体,都变成在掌握权力的政党或其他控制群体的内部进行地方性反抗的新核心。这已在几内亚和加纳发生。[2]

允许青年在为国家服务的过程中公开讨论其理想主义的动员型政党,可能会以一种有效而富于活力的政党形式来获得红利(dividends)。但如果政党官僚化非常严重,迫使青年获得政党位置的阶梯越来越延长,使他们疏远党并在政治上变得不可靠的可能性将越来越大。甚至最为军事化的政党也要经历自然老化的过程,并试图延长老一代在有效的政治生活中的生存期。在现代化期间、在刚刚独立之后,青年的前途是光明的。为了高层领导与青年保持和睦的关系,动员系统必须持续不断地限制其中层干部。

团结型政党的衰落

先前已表明,团结型政党最经常地出自政治运动,运动将那些陷入重建社会兴奋中的所有阶层的人们团结在一起。将运动组织纳入比较稳定的结构,能创造出管理角色、中层领导以及越来越有竞争力的高层领导。作为动员系统中的民粹主义组织,政党把各式各样的群体联系起来——商业、官僚、军队和年轻人等群体。由此导致的联盟模式给新一代提供机会来寻找新的追随者,并创造新的领导地位。因此,首先导致政党形成的那些条件即派

---

[1] Eisenstadt, *From Generation to Generation* (Glencoe: Free Press of Glencoe, Ⅲ, 1956), p. 311.
[2] See William J. Foltz, "The Radical Left in French-Speaking West Africa", in William H. Lewis (ed.), *Emerging Africa* (Washington, D. C.: Public Affairs Press, 1963), pp. 36-38.

别和联盟，又出现了。联盟间相互竞争，引致团结型政党的内部冲突。派别涌现；清洗变得稀松平常。阴谋不仅扩展到各地区和选区，而且扩展到各地方政府、工会和青年组织。

这种状况，有助于犬儒主义和机会主义的传播，也可能导致党的瘫痪。政党的政策修辞与任何动员系统中在乡村实际运行的政党行为呈现极大的反差。事实上，国家的动员系统和团结型政党的所作所为在首都或者主要城市就能一目了然。

所有志愿组织、工会、军队和官僚机构都必须不断地向政治领袖表忠心。出版和其他传媒被政府所控制。为了补偿那些通常用于发展的基金转移，在发展初期，团结型政党倾向于运用未经训练的且"自愿的"劳动力。有才能的人们都聚集在中央。行政管理的过程同经济发展的政治控制密切相关。第二层级的政治领导人和行政管理人员都担心被逐出权力和阴谋的中心。

联盟和派系之所以重要，不仅是因为它们会带来阴谋。它们的意义对于整个社会同样重要。它们会导致作为联结和现代化工具的团结型政党的衰落。随着它的衰落，所有的关系均受到影响。但团结型政党不会立刻消失。它的框架仍然保留，变成庇护（client－patron）网络的基础。裙带关系、亲缘关系和徇私舞弊产生了。政府成了超级庇护者（恩主）。

效率评估

政党衰落的一个可能后果，是现代化效率的降低。[①] 为评估效率损失，需要分析目标、投入、信息和强制。

首先，我们需要由政府作出重要决策的样本。它们可能表达在公开谈话、声明和其他官方文件之中。或者，它们可能体现在发展计划等等之中。[②]

第二，我们需要对投入的评估，即实现目标的支出。这是效率分析的核心所在，因为所有的政府都竭力使目标最大化、投入最小化。然而，如果要比较成本，将它们标准化为各种条目将是必要的。这是一个非常困难的过

[①] 效率可以定义为，在尽可能短的时间内通过最合理的资源配置实现目标配置的成效。目标有两个主要类型，工具性和目的性。我们可以在考虑时排除目的性目标，因为对它们的满足很大程度上是道德的和审美的而不是物质的。然而，动员系统把现代化和工业化作为目的性价值，我们需要把这些目标内在于发展计划、政党规划等，就好像它们是工具性价值似的。

[②] 当然，区分由比喻性的短语所表露出的渴望和幻觉（例如"大跃进"和人力资源投资〔investissement humaine〕）与设定的实际目标是必要的。这比听起来更困难。

第十章
作为现代化原型的动员系统

程,不仅因为预算的实际分配,还因为它涉及的替代方案、机会、成本。①

第三,我们需要评估向决策者公开的信息,即对于系统维持的决策后果的信息——不是技术信息,而是忠诚和支持的知识。(关于特定企业的纯粹的经济效率的技术信息,不难获得。试点、初步研究等都有助于提供技术知识。)最难获得的,是关于决策对公众愿望和供给满足的机会的那些决策的效应的信息。在"无信息"(non-information)的情况下,政治犬儒主义和机会主义会产生关于个人的谣言和谎言;各种关于不端行为的流言蜚语,成为日常性的政治营生。官员通过篡改统计报表来掩饰实际发生的事情。对成就的乐观评估,要求下属间共谋,他们通过给上司提供谨慎的欢欣鼓舞的错误信息来欺骗上司。当他们巡视工厂和商业机构时,官员偶尔会听到一些抱怨,但更有可能的是,无论真实事态如何,他们都被告知太平盛世。不满的迹象通常会消失:罢工、纪念、请愿、对抗性的政治群体等等。结果是,目标的设定没有考虑它的政治后果。

最后,我们需要观察暴力行为中的强制情况,譬如拘留,或政府对付个人和群体的强力威胁,这些会导致"无信息"的情况。

在动员系统中,这四大因素对于效率分析尤为重要,因为政府在积极从事技术变迁和经济发展。此外,政府的组织特征成为政治生活的核心特征。以组织的身份行事的组织总是有点独裁;政府的组织工作变得普遍深入,并覆盖新国家社会和经济生活的方方面面。结果,人们被"外在"系统(即政府)推动。这又使对社会普遍控制的等级性和意识形态性得以强化。目标变成目的性的,具有这样的特征:(1)神圣不可侵犯;(2)在未来一段时间,成就的模糊性。因此,这些目标都烙上了深深的进化色彩、象征性和不可实现性。这种系统类型也会将工具性价值转变为目的性价值。甚至经济发展的各项目标,在象征性上都变得很重要。重视未来的社会收益,这些目标(都是不现实的)在一定程度上体现了政体的合法性。然而,动员系统依然试图实现这些不现实的目标,并使可资利用的资源和技术如此之紧张,以至于它们必须依赖于越来越频繁的领土扩张行为。

这种模式对经济发展有诸多影响。迄今为止,强制的成本使用于投资的

---

① 依然使事情错综复杂的是,根据它们的长期效率和短期效率的比较来评估不同目标进度。例如,动员系统可能建立的目标,在协同系统就是"不真实的"。但是通过依赖承继于目的性信念和权威的等级式结构,与后者相比它们可能迫使更高的储蓄率。这又可能增加培训机会,为各种现代化角色培育更多的人,并以非常快的速率创造新企业。因此,在某一阶段所谓不真实和低效率的,可能在另一阶段就呈现出较高的效率。

税收转移到军事和警察活动以及其他惩戒性机构。国内外的安全要求比较强大的常备军和比较优良的军事技术。结果,政府的花费不断上升。由于政府机构膨胀而花掉投资基金所导致的种种困难,都通过提高公共财政和动员过程的激烈化来得以疏解。同时,日益增长的财政份额转到非生产性领域,也就是为了维持系统而非为了发展。最为明显的后果,是资源浪费。

这似乎表明,动员系统非常迅速地达致其效率的顶点,然后就开始衰落。如果新国家有如此多的群体和派别,以至于难以动员共同体努力创造财富,那么为限制这种多样性而使用强制只会降低信息、增加成本,不可能导致发展。因此,动员系统的唯一优点,就在于它能在调和型系统所不能达到的条件下开始现代化建设。①

人们不能指望,政治权力将会代替财富(由于团结而产生政治权力)。那些纲纪松弛、缺乏团结和奉献精神的贫穷国家将会发现,即使它们成功地创造政治权力,权力也很少被成功地运用来解决经济问题。

结论

动员系统扩张现代化的领域,改变角色之间的权力和声望的关系,且通过操纵政治宗教将角色传统化。为了完成这些目标,它们推进并不现实的工业化目标,并严重依赖于强制。只有在动员的第一阶段之后,效率问题才变得极为重要。

动员系统比调和型系统趋向于高强制,结果导致了信息失散。如果能表明信息失散引起决策的不确定性,那么对选择的限制也将会强化,因为政府将会无视与替代选择相关的所有可能性。信息缺乏的标志是,政治反复无常的增加,其本身即处于不确定状态。甚至那些尊崇科学、坚决把理性置于世界观中心的政体,也可能表现出不稳定和非理性。几乎没有政治领导人为这种情况做好准备。更为狂热的革命性和对自由的雅各宾式定义、革命政府的强制性反应越强烈,那么在一种实践现实主义氛围中处理事务的可能性就越小。修辞与现实、策略与价值、意义与动机都混淆了。领导人都很古怪,富有侵略性,并习惯于创造他们的行为准则。通过承诺未来,他们推卸掉当下的责任。通过操纵政治宗教,他们赋予上述行动以道德性。

---

① 这让我想起,我曾经认为,在合法性方面,处于现代化进程中的社会比其他社会更依赖结果和潜力。因此,效率是维持权威的重要因素。在这方面,处于现代化进程中的社会与它们在殖民地期间的样子没什么不同。效率和道德提高,仍是为政府辩护的理由。

第十章
作为现代化原型的动员系统

从本质上说，迄今我们对动员系统衰落原因的讨论，一直是经验性的：政治犬儒主义引致对政府支持的衰退；日益增加的复杂性蕴藏着机会主义和反对派；信息缺乏加重了有效决策的困难。

动员系统也可能转向比较严厉的极权主义和纯粹的神圣－集体主义。它们若不如此，部分原因在于这些控制类型要么需要比较精细的技术和管理人才，要么需要规模小而简单的社会。前者在处于现代化进程中的国家是不成问题的；后者却正好是它们批判的对象。因此，处于现代化进程中的社会变成严酷的极权主义的机会不大。

然而，动员系统的衰落有更基础性或更纯粹的理论原因。这个原因与第一章提出的最初假设相关。据说，与神圣－集体主义模型相吻合的系统是建立在决定论的基础之上。从而，完全的强制意味着完全的信息，因为冲突是不可能的，而每个人都要遵守指令。当然，这种情况从经验上讲是不可能的，但这正是隐藏在极权主义背后的假设。

我们认为，在系统里信息越充分，则强制程度就越低，而评价问题也越多。例如，在调和型系统里，对信息的解释是一个重大的问题。这意味着，随着各种可能性被不断估算，政治抽样在调和型系统中得以持续。另一方面，在动员系统中，确定性的原则在发挥作用。由于信息缺乏，故减少了不确定性。但显然这是一个悖论。无知并不能导致信息。如果我们考虑到动员系统的政治领导层所拥有的知识来自系统外部（从外国专家、新近培训的技术人员等），或者在以前阶段、在不同的系统类型中已被改编，那么悖论就能解决。例如，那些推动构建动员系统的政治领导人，已经在他们成功之前就获得他们的政治信息。在他们成功地建立起动员系统后，他们的信息渐渐过期，因为强制，他们的新信息变得贫乏或虚假。

对未来的计划和其他蓝图是以在新社会之外形成的普遍性的技术为基础的。动员系统并不创造新知识。至多，它们争强好胜，复制其他系统及其技术知识。只有信息领地被"保留"，也就是说进入研究可以进行的自由地带，才能创造出新信息。[①]

因此，在动员系统中，决定论力量受到限制，一方面是因为处理不断增长的复杂性的新信息的需要，另一方面是因为需要知晓何种强制是必需的。因此，动员系统显现为假装决定论式的系统，它建立在外部信息的基础上，

---

① 前苏联斯大林时期，纯粹数学和物理学在某种程度上就是这样的保留领域，即使一些优异的科学家像彼得·卡皮查（Peter Kapitza）也曾被拘留过。

而不是自我生产的知识上。它也必须处理不确定性的问题。该结果显示在政府反复无常的行为、胁迫和更严格的强制中。

这表明，在从一种系统类型转变为另一种系统类型这一点上，动员系统是最有适应性的，因为在这一点上关键信息是如此之明显以至于强制而不是信息是重大的问题，而强制有不证自明的优势。例证是从依附到独立的情况，以及从现代化最初阶段到重要的工业化阶段。当需要创造政策的时候，处于现代化早期阶段的新国家就说明了这一点。然而，在这一阶段，如果基本的社会和经济基础设施是非常脆弱的，动员就不可能，而系统将借助政变、群众起义而转变为另一种系统类型，或者通过仪式化而转变权威。动员系统堪当重任的另一关键点，是在从现代化后期到工业化早期。在这一时期，通过施加政治控制来分配对于发展非常关键的功能性角色以实现大规模的经济变迁，动员系统可能是一种稳健的方法。在这一阶段，动员系统在力量上可能会增长，直到高度工业化到来那一刻，这时作为对信息之巨大需求的结果，它开始衰落。随着强制的削弱和透过分权而扩大责任，动员系统将会转变为其他类型。

第十一章　动员系统的各种替代形式

对各政体类型的分析，要求我们识别一些因素，它们能够在政体的两种功能性要件——强制（coercion）和信息（information）——之间引致某种变化。这种分析最基本的假设，就是功能性要件之变化导致整个系统的变化。这种变化的结果，可以在三种分析范畴中观察到。第一种是，一系列的附属功能。强制和信息之间关系的不断变化改变了权威的性质，即：象征性意义的改变，整合和制裁两方面具有了不同特性；种族定义采用了不同的内容。从经验上说，这将导致依据合法性的一种现代化分析。但合法性太复杂了，它关系着个人认同，并最终关涉到对永恒、价值和目的的需求。因此，功能性要件直接会导致对权威的研究，这种权威因现代化而变化，个体的态度和动机亦复如是。

第二种主要分析范畴是，结构性要件。功能性要件、强制和信息的变化导致了结构性要件的变化。也就是说，以这种方式，权威和同意之间能相互比照。这些变化标志着政治系统从一种类型转换到另一种类型，因为强制和信息的相应变化也会改变决策和责任（accountability）。这些关系的不同安排（arrangements）可以称之为政治系统或发展类型。在经验上难以发现的具有说明性的极端事例或理想类型是各种世俗－自由主义和神圣－集体主义模式。居于上述两种模式之间的许多各具特色的模式，都是各种具体的政治系统的比较现实的对应物，即调和型系统、现代化的独裁政体、军事寡头统治、新重商主义社会和动员系统。每种系统应对现代化的方式是不同的，尽管在实践中，它们的活动可能会有诸多相似之处。对这些差异的检视，为经验研究提供了重要的基础，这些经验研究是对政治形式（political form）影响现代化的诸多方式的研究。

对功能性要件变化的研究，导向第三种分析范畴，它有四种不同的附属性结构：强制和惩罚、资源决定和分配、政治征募以及同意结构（the structure of consent）。根据各种附属性结构来组织研究资料，对结构性要件的分析颇有益处。

对现代化来说，在各种政治系统中所能达致的最佳效率点，就是强制与信息的交叉点，在此可用最低成本来实现最佳的目标。动员系统能比调和型系统更为迅速地达到该点。可是，调和型系统一旦达到该点，即能长久保持。在调和型系统中，很少重视人力投资（investissement humain），而更为重视乡村活力（animation rural）、社区发展或农村社区事业。

强制和信息的关系可用下述假设来重述。如果一个国家想要尽可能以最有效的方式实现现代化，它将会寻求一种政体，该政体能提供一种强制和信息的关系，以尽可能低的成本来实现现代化目标。

致力于寻求这些变量之间的最佳组合，处于现代化进程中的社会将会从一种政治类型转换成另一种类型。有时这些变化泾渭分明且来势迅猛，比如古巴。而在其他时候，变化则非常缓慢，其变化更多是实质上的，而非形式上的。然而，无论变化的方式如何，现代化的一般过程是通过政治系统类型的阶段性变化实现的，这一点现在已经清楚了。

许多主张来源于这样的分析方法。我们已经提出，在那些政治形式需由政治宗教和意识形态来强化的社会里，各种价值性目的（consummatory ends）是世俗的而非神圣的。通过这些评价，我们可以预期，这些系统很容易感染上政治犬儒主义和机会主义。大多数面临合法性资源衰落的政府首先竭力仪式化政治宗教，其方式是把它变成可以学习、消化并最终成为行动指南（这不需要太多的思考）的教条。这样，政治仪式化就是这样一种企图，即确立一种行为标准和各种对权威的习惯性遵守。这种仪式化难以成功，不仅在于向民众灌输的试图很可能会失败（在某种意义上，政治宗教的规范难以接受），而且在于强制程度的可预期的增加。至少，仪式化的表面现象（如果不是实质的话）必须能够被观察到。

第二种基本假设是，强制的迅速增长致使信息缺失。在这种条件下，不确定性导出并体现在事关各种重要的工具性目的的政府决策之中。实际上，在日常生活的方方面面，都弥漫着阴谋的气息；秘密状态十分常见（实际上，秘密被视为控制有效信息的一种图谋）。在这种境况下，机会主义、腐败、错误和不称职等现象就会滋生。社会变成官僚政治的同谋，在这种社会中，每个人都试图逃避责任。因为没有人想对失败负责，责任群体无足轻重。同意群体（consent groups）并不存在，而年轻的领导者害怕作出各种决断；取而代之的是，他们拖延不做，或者"往上级推"。由于越来越缺乏信息，驱使着（统治）变得越来越专制，政府为了保证其权威而变得反复无

第十一章
动员系统的各种替代形式

常。各种决策相当于"投机"(speculation),① 政治投机是基于由无知所作出的各种决策。

在南斯拉夫或者在苏联,动员系统失去了它的政治宗教信仰,因而使之仪式化,并且至少在表面上得以遵守,实践证明这种投机成本高昂。如今,系统变化悄然进行。等级制权威系统正被修正。随着等级制度的分权化,信息从四面八方喷涌而来(points)。随着越来越多的人参与决策,在各种责任群体的成长过程中,结构性要件反映了这种变化。

有两点应该牢记。其他系统也需要强制;在该词的西方意义中,调和型系统不必然是民主的。在动员系统中,强制运用的显著特点在于,是从更高层(中央)权力向下铺展开。这种强制意味着系统内的成员都要遵守政府制定的各种行为目标和形式。从另一方面说,调和型系统以分散和分权的方式来运用强制,但应用无需遵循权威的各种框框。实际上,政府通常是作为对抗地方化的和私人性的各种强制性行为的诉求机制。在动员系统中存在一种完全不同的情形,在这种情况下,制裁被用来保证人民群众一致遵守实现国家的各种目标。对此,最为融贯的说明,可见于列宁对民主集中制(democratic centralism)以及政党的先锋队角色的论述中。正是意识形态的这一特性,有利于吸引处于处于现代化进程中的国家政治领导者去寻求对他们的社会的根本性变革。②

政府需要的信息通常有两种:第一,决策者需要具有何以保持或扩大对政府支持的知识。拥有了这种信息,他们就能够预期各种不同的政治选择的受欢迎程度。第二,为了促进共同体的现代化目标,他们需要各种行动之效用的信息。因为信息的这两个方面不一定协调一致,所以政府的重要工作就是尽可能去建立最佳环境,也就是说,在尽量获得充分支持的条件下,如何

---

① 爱德华·伯恩斯坦对资本主义投机和企业家精神的论证适用于动员系统中的政治投机。"投机是由对各种未知状况的可知性的联系所决定的。对后者知道得越多,投机就越活跃。受前者的限制越大,该情形就越受到它的妨碍。在资本主义初期,商业投机的精神错乱迸发已经过去。投机会颂扬最狂野的放纵,这通常会发生在资本主义未成熟的国家。"See Bernstein, *Evolutionary Socialism* (New York: Schoken Books, 1961), p. 83.

在这一阶段,处于现代化进程中国家开始出现。为了构建新的社会秩序并为社会确立不同的框架——一个尚不能被感知但呈现出提出希望和改良的模糊的轮廓的框架,而利用财产和国家的生活。人们发现一种对新形式的近乎狂热的寻求,由此人们所希望的新的解决方案将自行提出。在竭力把国家从既存状况下解脱出来的努力中,人们认为,所有的政治和经济冒险都可以采用。在一些处于现代化进程中的国家,政治投机是政治的现实,因为强制是其原因,而信息则是其目标。

② 关于列宁主义的讨论,参见:Adam B. Ulam, *The Unfinished Revolution* [New York: Vintage Books, 1964], pp. 168 – 195。

促进系统的现代化目标。这里再重复一遍,动员系统与调和型系统有明显的差异。为了获取对它来说所必需而对于快速现代化或许不利的那些目标的支持,动员系统将会操作意识形态。在调和型系统中,政府可能会设置一些更具有现实可能性的目标。

在这一进程中,政府的这几个方面将反映在共同体的变迁中,以及政府形式最为适应于每个发展类型的各种目标的实现之中。对于许多新兴国家来说,时间太仓促以至于不能详细地说明它们的行动对未来产生的后果。然而,我们确实知道即将发生的许多迹象,例如在墨西哥,动员系统已变成了一党(single-party)的调和型系统;再如在老牌共产主义国家中,特别是在苏联、波兰和南斯拉夫(尤其是后两者),已经被注入了调和型模式的诸多因素。在这些国家中,政治宗教仪式化如此之彻底,以至于它们不再要求去支持权威。渐渐地,它们正合并入等级式权威中一些金字塔式权威的因素以及工具主义,尤其是在政治领域。

根据迄今为止所采用的标准,把现存的国家排列成一个样本,这是有可能的(见图表17)。简单回顾现代化过程中政治变迁的方式,我们就能够揭示出在现代化过程中除动员系统之外诸多系统的不同类型。

图表17 根据权威类型予以分类的国家

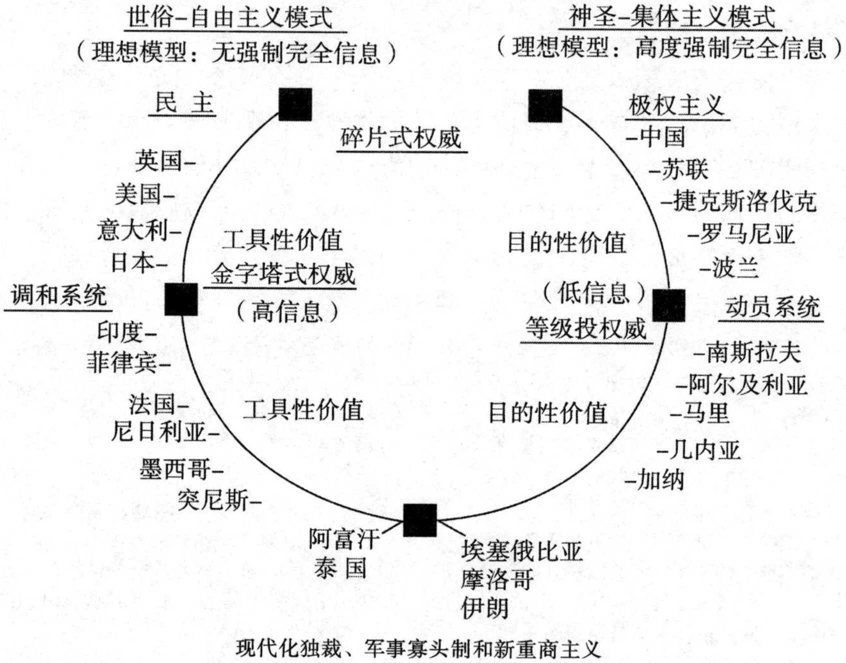

世俗-自由主义模式
(理想模型:无强制完全信息)

神圣-集体主义模式
(理想模型:高度强制完全信息)

民主
碎片式权威
极权主义
-中国
-苏联
英国-
-捷克斯洛伐克
美国-
-罗马尼亚
意大利-
-波兰
日本-
工具性价值
金字塔式权威
(高信息)
目的性价值
(低信息)
等级投权威
动员系统
调和系统
印度-
-南斯拉夫
菲律宾-
-阿尔及利亚
-马里
法国-
工具性价值
目的性价值
-几内亚
尼日利亚-
-加纳
墨西哥-
突尼斯-
阿富汗
泰国
埃塞俄比亚
摩洛哥
伊朗

现代化独裁、军事寡头制和新重商主义

在前面章节,我们描述了动员系统的某些特定特征,它呈现出急剧衰落

第十一章
动员系统的各种替代形式

的趋势,特别是在现代化的早期阶段,当重新分层的可能性已经终止,而权威的仪式化刚刚开始的时候。极有可能导致的一种系统类型,具备了本分析中所运用的动员模型的特定特征,即等级式权威和各种工具性价值。就像我们已经提出的,动员系统很有可能以军事政变的形式突然终结,转变成为军事寡头制,或者逐渐转变为新重商主义系统。这两种系统作为现代化的独裁政体处于同一范畴,虽然在亚类型的诸多特性上,动员系统、军事寡头制和新重商主义三者有较大区别。军事寡头制是由军队权威统治的国家;处于现代化进程中的独裁政体通常采取传统的君主政体形式,但它具有吸纳创新的能力。新重商主义系统倾向于带有仪式化的克理斯玛和稳定的一党制政府的总统式君主政体。在进一步讨论这些类型之前,我们将会简要地评述动员系统的最明显的对立面——调和型系统。

调和型系统的发展过程

与动员系统相比,无论是调和型系统还是现代化独裁政体,领导层更愿意提供适应公众需要的那些目标。为了促进经济发展,动员系统通常会通过技术变革来改造(overhaul)社会。准确地说,由于在这一过程中各种意识形态需求的引入,动员系统就为各种普遍目标赋予了重大的象征意义,这又成为各种强制性政治(coercive politics)的道德基础。

调和型系统的目标是基于信息而不是基于对未来的想像。它们是高度信息化的系统。社会中各种利益集团、志愿组织以及政党所制造的"廉价"信息对于决策者颇有益处,这些团体向政府表达它们的要求。目标同资源与公众需求(public desires)密切相关,政府无需大量依赖于各种强制性的技术。另外,由于调和型系统是建立在对内在于其权威结构的政府权力的诸多限制的基础上,所以,这些政府在制定各种强制措施时很少能够达成政治共识。只有在非常极端的情景下,比如战争,调和型系统才能独断行事。

基于信息而不是基于强制采取行动,政府必须渐次制定各种灵活的策略,才能使其得到遵从。各种可资利用的资源有相当大一部分(a high proportion of available resources)被用于经济发展。然而,在该境况下至少内存一大实际限制:强制性储蓄的高比率(a high rate of forced savings)在政治上是不可能的。资本投资的利率可能会低于动员系统中资本投资的利率,从而妨碍了不可预见的意外之财。政府所做的各种努力就是采用刺激非政府式发展或鼓励地方企业的形式。通过为私营企业提供各种信贷资源,通过扩大政府与私营企业合作的可能性(比如各种工业发展公司以及类似的项目),

以及鼓励国外投资的方式，政府的上述努力就能实现。

在调和型系统中，政府的角色并不是组织化（organizational）的；毋宁说，政府致力于协调各方不同的利益；政府仲裁、整合，尤其是调整，而不是组织和动员。与动员系统（它向社会"开火"）相反，调和型系统通常是社会的囚徒。例如，在停滞存在的地方，高度信息仅仅揭示出，在缺乏强制措施的条件下，政府无力实现公众所期望的那些目标。如果公众不愿为了未来的消费而牺牲现时的消费，此外也不愿为了实现这些目标而修正其行为，那么结果会是（即使政府是民主的）个人挫折、政治腐败以及折中妥协。因此，调和型系统中的现代化程度依赖于高层政治领导各种坚定的动机与和公众实施自我约束的决心之间的平衡。只有这样（伴之以经济企业的地方参与），高水平的发展才有保证。当接受各种经济目标或实现它们的各种自愿手段（voluntary means）存有障碍的时候（新政府成立后，巨大的文化断裂持续很长时间时），各种协调类型的政府将因如此之低的经济进步率而受到谴责，这为其自身制造了大灾难。实际上，至少从短期来看很可能如此。[1] 当然，从长远前景看可能会有极大的不同。

由于需要通过不懈的努力来寻找地方的才智资源（sources of talent），并将其应用到发展过程中，调和型系统会利用许多半传统但商业化的群体，这些群体视野狭隘但在现代化的初始阶段十分有用。技术精英会逐渐同那些半现代式的群体分离开来，结果是这些精英在分权化的经济内无用武之地。当经济增长的进程都被分散开来（不但在私营和公营经济之间，而且在中央和地方之间）的时候，正是由于现代精英从半现代的中间群体中分离出来，他们的效率要比其应该具有的低得多。地方决策和地方资本投资意味着，发展过程大大依靠于乡村和地方委员会。然而，在调和型系统中，快速的经济增长在满足下述条件时也是可能的，即广泛的自律，大众参与，公民忠诚，尤其是计划机制（planning mechanism）。这些先决条件，在处于现代化进程中的国家里非常少见。[2]

调和型系统并不必然是民主的。它们接近于西方的民主观念，仅在这样

---

[1] 在这一方面，人们只需比较印度和中国即可。关于经济增长和计划的讨论，可参见：*The Report of the Commission of Enquiry on Emoluments and Conditions of Service of Central Governmental Employees*, 1967–1969(Delhi, 1959)，pp35–45.

[2] 关于这个问题的精彩讨论，参见：Edward·Shils, *Comparative Studies in Society and History*, II(1960)，part II.

第十一章
动员系统的各种替代形式

的程度上,即它们接受了世俗-自由主义的各种规范内涵。各种早熟的调和型系统普遍见于 1805 年到 1825 年间拉丁美洲所建立的共和国之中。我说"早熟"是因为它们大多数都备受暴力和革命折磨。今天,颇为成功的例子可能是尼日利亚和塞内加尔。它们都表现出高度的多元主义,甚至在塞内加尔有一个单一的支配性的政党,它在本质上依然是各代表性政党的联盟。这两个国家仍然是具有低度强制和高度信息的系统,并且决策责任分散于包括省级与地方政府和政党单位在内的广泛的各种政党和政府团体中。

但是,即使这些案例也都在走向新重商主义社会。在尼日利亚,是否建立总统式君主制的斗争正风起云涌。在塞内加尔,总统对其选民而言,一直都是这样一种角色(尽管对其国外的那些政治朋友表现出温和与"民主的"态度)。①

个中原因不难发现。调和型系统几乎没有目的性价值来超越其功能性的或功利性的基础。我已经指出,在西方,深深根植于法律的该系统的各种价值来源于对传统宗教所孕藏的各种价值的一种普遍信守,这些价值又来源于早期神权政治时代。代议制政府的兴起,被看做是各种特殊的犹太-基督教信仰的现实化。但是,在缺乏直接的宗教性目的价值的情况下,有什么能够把金字塔式权威系统结合起来呢?也就是说,只有非常高的回报率、对群体的许诺和报偿的混合,才能安抚那些足以制衡政府的群体,防止其"反侧之行"。今天,为了获得成功(尽管他们对年轻的政治世代很少有吸引力),调和型系统需要变得富足,而在新兴处于现代化进程中的社会,情况极可能并非如此。毋庸置疑,有时它们比其表面上表现出来的更有效率。例如,在资源的分配过程中,渎职和腐败比动员系统因过分计划所导致的严重失误有可能被快速证明为更有效率。但是,它们的最大问题在于,阶层分化很容易固化和僵化(fixed and hardened)。伴随着经济钳制(economic strangulation),贫富差距愈来愈大。拉丁美洲历史上的调和型系统,正是如此。他们说起民主理想信誓旦旦,而在分配机会时却失误连连。不平等现象在增加,进入权力或声望的通道愈来愈受到限制——不论是基于血缘的、经济的、政治的和代际的,还是教育的标准。这样的政府必然不稳定,也就不足为奇了。拥有制裁资源的那些国家反对殖民主义,因此也排斥调和型系统。

---

① 坦噶尼喀已经采取了这种行动。关于朱利叶斯·尼雷尔对一党制民主政体原则的讨论,参见:Searhead: *The Pan-African Review*, Ⅱ(January, 1963).

代议制政府的象征意义甚至被看做是非常滑稽的。政府的整体功能被不同政府部门之间内部冲突的浪潮所淹没。换句话说，这种结构的功能缺陷最终会削弱政府行使其职能的能力，其结果是系统将逐渐改变成另一种类型。①

此外，现代化的各种调和型系统仅仅显示着社会上疲弱的公民参与。虽然压制性法律是有限的，公平仍然是不同群体之间相互讨价还价的事情，并由政府所调解，由各种规则来规制。但由于参与者如此之少，以至于谈及这种系统就如谈及发生在真空之事。

现代化的独裁政体的发展过程

现代化的独裁政体是一种出自对动员系统和调和型系统的奇特替代品。它比动员系统更易于修正其目标，因为现代化的独裁政体保留了许多特定的传统的强制技术。② 这些技术可能并不会直接导致对信息流的诸多限制。

很可能那些政治决策者可资利用的强制性技术，是那些具有悠久的传统并为公众所熟悉的技术。与这些技术相伴，公共表达的规范化补偿性方式已经逐渐成长起来。具有代表性的是，后者已经（通过习俗和信仰）强化了对决策者权力传统上的或传统化了的诸多限制。结果会有许多表达公众偏好的特殊方式——尤其是精英的偏好——关于政府政策的偏好。现代化的独裁政体所面对的困难是这样一种可能性，即那些影响经济领域的变迁最终会威胁到政治领域内等级式权威的原则，随之而来的则是要求系统的实质性改变。对这一系统类型多说几句，可能会有助于澄清这些评论。

典型的现代化的独裁政体，是带有咨询委员会的君主式官僚统治系统。它是按照传统组织起来的，但其传统也是富有弹性的，而其价值则是工具性的。统治者的象征性地位得以着重强调。对统治者来说，确立起继承之物的机会是颇有益处的。随着经济发展，大量受过教育和技术训练的人员会被纳入传统的等级。这些新的等级成员可能会热切地期望参与决策过程。因此，技术改革和发展的政治而非经济后果为现代化的独裁政体创造了许多最为严重的困难。在实现现代化的时候，这种系统通常先于现代化而存在，并保持其完整性。最明显的例子是日本。如今，则是泰国、阿富汗和埃塞俄比亚。

先例、习俗和传统的行为准则（prescriptions）是控制领导人并导向现

---

① 这暗中揭示出，政府的各种民主形式作为旨在现代化的系统，很可能失败。
② 即来自于宗教、宗族、家庭等各种传统的压力。

第十一章
动员系统的各种替代形式

代化的独裁政体的主要机制。与此同时，等级式权威和独裁导致其领导人不用像调和型系统的领导人那样对公众负责。因此，他们在革新中扮演非常重要的角色。现代化的独裁政体重视技术变革，并鼓励公众去接受它，因为政府推行的革新可以通过传统的权威模式而生效。就政府制定许多现实的经济目标而言，在无需提高强制成本，与之相应的，也无须丧失信息的情况下，相当程度的遵从和接受均能得以确保。现代化的独裁政体通常是历史性的，但是它们几乎不能持续到超越现代化而进入工业化的主要阶段而又避免诸多严重的内部困难。普鲁士和沙俄就是两个合适案例，前者最终形成一种新重商主义的、统合主义式的系统，即纳粹主义，而后者演变为动员系统的极端形式，即列宁主义。

典型的现代化的独裁政体都以国王为中心，他代表着等级式权威，体现绝对的和令人敬畏的权力。他是国家的人格化。他是每个公民的领土——国王和他的臣民之间的关系是直接的和即时的。[1] 他的顾问班子（council）就是法院，却并不制衡权威的机构。基于这种关系，两种相对应的行为方式随之而来。首先，权威的直接运用是可接受的。其次，臣民体会到如果他有诸多抱怨的话，他个人可以跪倒在国王的脚下，乞求补救措施。（动员系统和现代化的独裁政体有一个共同的特征，那就是倾向于个人化政府（personal government）。[2]

这些境况的结果之一，在于制度化良好（well-institutionalized）的现代化的独裁政治能够试验那些目标，而无需付出马上遭遇政局不稳的代价。例如，尽管工业化初期（在重商主义期间）经济变迁规模颇为巨大，但英国仍能保持相对的稳定性——与经济能力不相关的因素同它一样迅速扩张。经济发展也有助于英国从现代化的独裁政体转变为调和型系统那样的民主类型。（沙俄就没有那么幸运。在1861年农奴解放之后，官僚、腐败、战争和贫穷的严重程度要求更有效的、更激进的结构重组，而这是政府所提供不了的。就此而言，世纪之交的俄罗斯、日本和德国的现代化的独裁政体有许多共同的特征。）

现代化的独裁政体只在短期内能够促进经济发展和维护秩序稳定，因为

---

[1] 我对现代化的独裁政体的讨论，参见 *The Political Kingdom in Uganda*（Princeton, N. J.: Princeton University Press, 1961）, *passim*.

[2] 在前一种系统类型中，意识形态化的证成遮蔽了不确定性；而在后一种系统类型中，习俗限制了它。See Thomas Hodgkin, *Nationalism in Colonial Africa*（London: Muller Ltd., 1956）, chapter v. See also William Kornhauser, *The Politics of Mass Society*（Glencoe: Free Press of Glencoe, Ill., 1959）, chapter iii.

它们没有能力充分地把新型精英吸纳到传统的等级政体中。新型精英成为政治改革的先锋，对此，现代化的独裁政体只能在相当有限的程度上承受。（罕有的例外是英国，它在保持原有政体的形式下改变了系统的运作。）[①]

在现代化的独裁政体中，目标会因为其对等级式权威系统的诸多影响而受到限制。那些似乎要在社会的政治框架内引入各种实质性变革的目标，必然为政府所憎恶。那些容许系统继续存在同时又能满足大众的——尤其是关于物质需要的繁荣和收入水平的提高——目标则会被政府采纳。像埃塞俄比亚、泰国、阿富汗和伊朗这些成功的现代化的独裁政体是非常罕见的。实际上，鲜有君主式的系统在现代化过程中能把他们的权威结构维持得完整无缺。

军事寡头政体

也许，军事寡头政体的重要意义在于，在所有的民族主义力量极为强大的系统中都蕴含着军事寡头制的可能性。军队代表着国家的主权和独立，亦即它是国家范围内的最高强制性力量。从这种意义上说，它在所有社会中都是非常重要的亚群体（subgroup）——军队的作用越大，那么它与作为政府功能性要件的强制之间的关系就越密切。

在不同的政治系统中，军事寡头政体的形成方式也不同：（1）在调和型系统中，军事寡头政体常常会通过政变的方式诞生。这在拉丁美洲和东南亚部分地区时有发生。（2）在动员系统中，并不如此。行政管理的等级式结构可以为军事化的社会创造诸多条件。实际上，社会生活也变得军事化了。工人是国家的"士兵"。所有人都需要军事训练。实际上，罪犯不是由陪审团审判而受到惩罚，而是由军事法庭（courts martial）来处罚。也许，在某种程度上说，这已在中国发生，作为 30 年代的长征——更不用说内战——的结果，它制造了一种准军事系统（尽管它仍是一种带有革命表象的动员系统）。（3）在现代化的独裁政体或新重商主义社会中，军事寡头政体通过使权威制度化和专业化而获取权力，而这要依靠一个有组织的军队。

[①] 新型精英们更偏好调和型系统或动员系统。当他们开始表达他们的偏好时，经济目标会受到君主的限制，因为他力求防止他本人难以控制的变化。然而，反对团体很容易地把这种系统看做是封建的和陈旧的。各种政治难题内在于系统之中。土耳其仍是进行该研究的诸多有趣的案例之一。土耳其自奥斯曼帝国垮台以后就走向了基马尔主义，这可以被视为从传统变体的现代化的独裁政体向动员系统的转变，二次世界大战以后的几十年期间逐步转向调和型系统。如今，这一转变否定了自身并突然转变为新重商主义社会。See T. Feyzioglu, "Les parties politiques en Turquie," *Revue Francaise de science politique*, I (January – March, 1954).

第十一章
动员系统的各种替代形式

这些不同的形成方式意味着，军事寡头政体本身采取了不同的形式。为了导向政治生活的"军事化"，它并不公开表明其军事性（在某种意义，它是内在于军队之中）。例如，在我们的观点看来，尽管中国显然是一种动员系统，但是它却向我们显示出许多军事寡头政体的特征。也许所有极端的动员系统都是如此，但这并不意味着军事领导者获得权力后，仍然需要保持军人身份。以埃及为例，在那里军队领导者已逐渐平民化。对军事寡头政体进行分析的合理性在于，它是其他系统类型蕴藏的重大趋势，其本身也构成了一种独特类型。领导权是等级式的和官僚化的，而并不是个人化的——一个在高层没有单一英雄式领导的命令系统。在这个意义上，军事寡头政体与其他任何一种系统相比更像是一种新重商主义社会，虽然它具有不同的领导模式。[①]

然而，军事方面是非常重要的。军事寡头政体向我们展示出在工程和行政管理方面的专业化效果。军队越来越像是有自身独特认同感而运转的职业团体。此外，尤其是在拉丁美洲，军官们开始自认为作为一个团体，他们才是现代性的代表。实际上，他们代表了现代主义对所有传统主义的对抗，无论是世袭等级、阶级还是各种前现代的文化属性。

另外，由军官代表的军队往往是一支接受过最好教育的团体之一，他们有机会使用权力的诸多方式。他们因专业化的需要而支持高等教育。随着军队代际的缩短（结果是，在现代化过程中，一代人的整个观念部分地发生了改变），那些掌握政权的寡头逐渐年轻化。然而，在早期，他们往往要比他们所替代的统治者年龄要大。这样会产生两种结果：首先，军事寡头统治集团很容易俘获年轻人，并认同他们浮躁的情绪。其次，军队参与政策制定的时间会延长。又如在早期，军事长官并不是合格的行政管理人员，因为他们得心应手发布命令的阶段非常短。他们的大部分工作是服从上级的命令，而不是发布命令，是执行政策而不是制定政策。这种状况现在越来越少见。实际上，就像那些经典的案例所展示出来的，现代军事寡头政体不再表现为旧守卫者与先锋队之间的对立。他们经由摆脱高级军官的控制，而变得更加年轻化。在这一方面，军事寡头政体将继续代表着对现代化的最常见的回应方式之一。

新重商主义社会

迄今为止，我把现代化断定为一种政治现象，我也已经讨论过这一点。

---

① 参见第一章，图表2。

我把这种神圣－集体主义模式看做是一种标准化模式，这是与其他系统比较而言的。在世俗领域，服从、命令和政治宗教的普世化——实际上，是以科学的名义——是其所有的特征。因为，工具性效率是低的，成绩的获得需要付出巨大的成本和遭受更多的痛苦。①

动员系统源自这类系统。如果它们对强制的运用很难影响到全体民众，这是因为政治宗教已经转变成政治犬儒主义（尽管在政治社会化方面进行了灌注和付出了努力）。通常，他们试图把各种世俗的目标（现代化和工业化）提升到终极性目标的层面上，他们以社会主义的名义来如此行事。几内亚、埃及和印度尼西亚便是这种系统的例子。许多动员系统都偏离了极端神圣－集体主义的方向，而迈向现代化的独裁政体的一种形式，就是我所说的新重商主义社会。例如，在加纳和几内亚，诸多克理斯玛式的领导衰落了，权威正被逐渐仪式化到总统式的君主的角色之中。这两个国家都是现代统合式国家（corporate states），它们采用了政治宗教的各种仪式化形式，其中相当程度的多元主义幸存下来。权威被分散于单一政党的各种强有力的功能性辅助机构之间。

在现代化的独裁政体和新重商主义社会之间，有一点不同。后者可以达致作为再传统化之过程的结果的一种特殊的形式，其中各种接近于现代化进程的价值和目标都能够合法化自身。换言之，新重商主义社会的各种价值内容不同于现代化的独裁政体的价值内容，因此，当系统的承诺不同于其先前的承诺时，相似的政府结构形式就具有了不同的用途。② 正如我们先前所言，在最初或早期现代化阶段之后，新重商主义社会是最佳的结构形式。当其他各种形式的政治系统陷于困境时，它们的发展方向就是新重商主义系统。

如果一个处于现代化进程中的国家开始是调和型系统，那么在现代化的过程中，通过增加强制，它将会走向新重商主义社会。相反，动员系统通过减少强制而走向新重商主义社会。这说明，在付出最低代价的情况下，实现现代化目标的最佳平衡就在于由新重商主义社会所提供的颇具代表性的强制和信息之间的交叉点（图表18可说明这一点）。如果这种假设是正确的，那么新重商主义社会也会提供为实现这些目标所需的纪律。

---

① 神圣－集体主义系统的极端情况具有高强制和低信息；这种理想——即完全强制和完全信息——是不能实现的。然而，试图获得理想政治目标的努力可以变成目的性价值。

② 这种基本结构的相似性是总统式君主的人格化角色，他在功能上相当于旧式现代化的独裁政体中的国王。

第十一章
动员系统的各种替代形式

图表 18　信息和强制

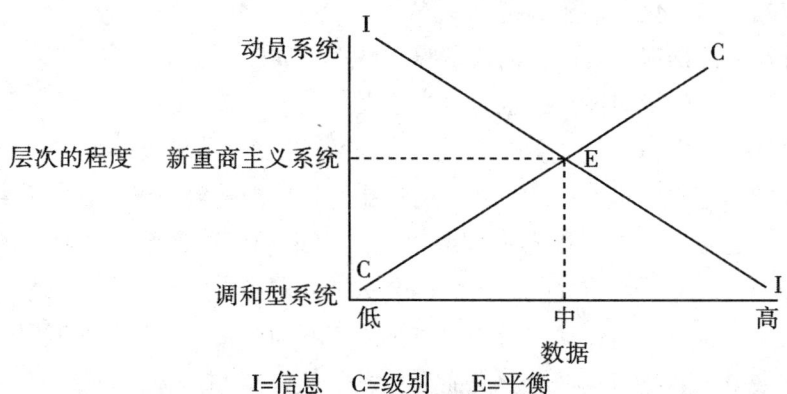

I=信息　　C=级别　　E=平衡

也许，我们应提醒自己这种发展类型的诸多特征。它大概是君主政体或共和政体。政治框架之中的目的性价值都从属于并服务于工具性价值。动员系统的修辞可以应用于此，新重商主义社会多被描绘为如同军事性马克思主义式社会主义国家那个样子。但是，这在很大程度上只是修辞而已。实际上，创新与那些被恰当理解的象征相关联，它们既模糊又能满足那些听到它而又容许被予以多重解释的人们。那些根本不可能实现的目标都被排除在外。在新重商主义社会中，让位于权威仪式化的政治宗教创造了新的传统。

新重商主义社会能保持多长时间的有效性呢？总的来说，我认为，它将比动员系统有更长时间的有效性，也比调和型系统更稳定。然而，就像我最初所提出的，这些系统中的每一个都容易遭受其他系统的伤害，没有一个可以代表终极类型。也许，我们最应该说的是，当整合角色的各种政治手腕均告无效时，那些已经成功地现代化的系统的长期发展趋势，是在现代化进程的末期而又在工业化过程之前会变得很不稳定。现代化进程已经实现而工业部门又没有相应的增长，像阿根廷和巴西就是这种处境的例证。

然而，新重商主义社会与其他形式一样，易受到同样的长期不稳定的影响。通过领导权的制度化，可以尝试去推迟这种结果的发生。新重商主义会变成王朝统治。围绕"总统式君主"的那一撮人会类似于皇室亲贵。他们用非常特殊的方法来选出政治机构的成员。只有通过他们内部与其支持者之间的冲突，才能打破他们的权威。这会导致一种不稳定的后果，并引入不同的政府形式。很久以前，伊本·卡尔敦所提议的那些观点大概仍然是切题的，即一个朝代是基于许多支持者来巩固其力量，但当有很多不同的部落和群体时，则难以建立起王朝。他认为即使最好的王朝也不能维持三代以上。

权威孱弱；奢侈盛行，这腐蚀了那些在危难时刻可资信赖的人们的品性。随着强制程度的变化，政权也将改变。①

有什么证据来支持这样的命题吗，即新重商主义社会在面对现代化时能够提供相当大的稳定性？我认为事实的确如此。首先，至少在第一任总统式君主的任期之内，总统式君主制是最高行政长官（chief executive）的一种比较稳定的形式。这种形式与下述趋势相一致，即强调把民族主义而非社会主义看做是意识形态（虽然大部分总统式君主都声称自己是社会主义者）。向海外推行信仰的努力失败了，而社会重新分层亦告中止。这个过程的关键是权威的仪式化。当伴随着现代化目标的实现而产生相当多的强制时，对于现代化来说，新重商主义社会可能是最好的政体形式。

虽然从政治上看，在其权威结构上，新重商主义社会都与动员系统更为接近，并且具有后者的某些政治优势，但从经济上看，新重商主义社会在工具价值方面更接近于调和型系统。在政治上以某种方式控制私营企业但无须国家所有，这是可能的。② 实际上，新重商主义经济模式可以被称之为"国家资本主义"。

究竟是何种关键因素决定系统类型的变迁呢？首要的因素是社会的效力，以及与之相应的目标都能实现。其次是实现这些目标的系统的组织化。③ 在存在这两种因素的地方，权威的象征性和裁决性方面就难以削弱。

---

① Ibn Khaldǔn, *The Muqaddimah*, (New York: Pantheon Books, 1958), Vol. I, pp. 327–353.

② 早期实际上是现代化过程中的独裁政体的例子，是普鲁士和日本。它们涵括私人银行业、财政组织和各种各样的财政活动的国家干预，无论对于商业还是工业，都有助于刺激私人资本化。在许多发展中国家的公私混杂的企业中，我们只能匆匆一瞥古老的包租公司模式（old charter company patter），在该模式下，租约来自于国王，企业的绅士们开展火红的贸易和制造活动。这就是今天的新重商主义，虽然用的是社会主义的语言，即都重视共同体责任、社会节约、科学与产业。在拉丁美洲，它被称之为新俾斯麦主义模型。在非洲，乌加埃-博瓦尼称它为"国家资本主义"。

③ 在存在高度强制地方，各种目标呈现出超越普通成绩标准的目的性品质。实际上，其主要目的是赋予一种终极目的的意义，而不是一种现实目标。极端的等级制是由这种系统来支撑的。直到现代化变得如此之复杂以至于需要引入一些多元主义的措施之前，现代化仅仅提炼使系统成为全能主义的各种组织技巧。这些系统最初开始于一种政治运动，它能唤起并联合对制度化等级模式的道德义愤和对相对削夺的愤怒。这种运动有它自身的组织动态学。它的"系统"问题与它的成功一起成长，也就是说，它通过更严整（greater）的一元论来回应对多元论的需要，通过严厉的强制来回应对更多信息的需求。正如我们所见，这是因为其隐含的假定是：彻底强制等于彻底的信息。虽然，因为完全强制是不可能的，所以只剩下了一种带有不现实的目标的高成本系统，其长远存在依赖于人们持久的冷漠和绝望。由于它是一种高成本的系统，所以它的效率是非常低的。因此，它不能基于利益来获得支持（这超过了成本），也不能基于道德命令（因为这种系统建立在欺骗之上）。随着它接近无效率和不道德的极点，动员系统的不稳定性增加。

第十一章
动员系统的各种替代形式

但是,什么才是每个人都不信任的政府裁决的源泉呢?而且,旨在为系统提供更多的信息并弱化强制的结构变迁将被用以阻止权威的两种附属功能的崩溃,但是人们不应该期望决策下放和责任扩大,尤其是在现代化进程的初期。这就是我重视新重商主义社会前景的原因。

新重商主义社会中的稳定前景

新重商主义社会不同于其前身,即神权政治形式和现代化的独裁政体(但仍然被看做是相似的),新重商主义社会分有调和型系统与动员系统的许多特征。它比现代化的独裁政体更具多元性,但是权威结构仍然主要是等级制的。各种工具性价值存在的范围很广。实际上,整个社会的当务之急就是那些中间目标(intermediate goals)的最大化。它提出的各种目的性价值都采取了过渡性神话的形式,以至于使新事物看起来耳熟能详和赏心悦目。从特征上说,这些意识形态既是民族主义的,也是社会主义的,因为新重商主义者倾向于政府企业(government enterprise)而不是马克思主义的企业。有一个被广泛认定的转变权力和威望等级的理想,但在扩展机遇的同时扩大与政府经济活动相关的职位的数量,才能使之实现。这种理想的实现主要靠拓宽这些数量的机遇。政府仍然是受过培训的个人的最大雇主。这些系统比动员系统具有更好的信息和更少的强制。因此,它们具有相当多的有关人们的心态和忠诚度的非常精确的知识。然而,当政治犬儒主义对权威的象征性和制裁性方面均表怀疑时,它们倾向于使用强制。因此,总统式君主的出现为卓异或英雄式领导人提供了诸多机会。然而,这一系统大体依赖于各种技术的和商业的角色,对权威的功能性要求仍然非常重要。因此,以专业知识为基础的权威就成为该系统的多元主义的一部分,技师和专家并不完全为国家训条所束缚。

通常,新重商主义社会出现在动员系统中的政治宗教衰落之后。政治宗教的变迁会伴之以非常激烈的冲突,在过去这种冲突是各种宗教运动的特征。只要有可能重建正统的信仰或新的意识形态变体,他们会极力去消灭对手或者羞辱对手。于是,以政治宗教为基础的系统易受信念领域变化的伤害(亦即目的性价值领域)。当冲突趋于激烈的时候,等级式权威会利用其全部力量来压制其中一方。然而,在新重商主义社会,政治宗教很少能够达到这种程度。实际上,颇为有趣的是,即使在那些具有极端等级式权威和目的性价值建制的处于现代化进程中的国家(诸如加纳和印度尼西亚这样的动员系统),教会宗教也未被限制。允许教会宗教继续存在的原因必然是复杂的，但在某种程度上，人们的确是这么做的，他们的政治宗教多少都有点半心半意。领导人神圣的著作和文本可能缺乏可信性。然而，如果"个人崇拜"仍然存在，那么它将越来越作为仪式化权威而体现于创建者身上。

在新重商主义社会，这种仪式化过程已告完成。这种现代化的独裁政体的新形式的特征包括，政府中人格化的领导权、高度的中央集权和立法机关在很大程度上以一种咨询职位而运作。立法者的职责主要是分配庇护权（dispensing patronage），通过这一权力，额外补贴和收入都被配备给那些忠诚的政党追随者。政治是围绕行政事务和政党而组织起来的，两者都有自己的官僚体制，都争相向总统式君主献媚，总统式君主把国家元首和政党党首角色一肩挑。各种功能性的附属机构在社会上带来特定数量的纪律准则，在政党内创造了多元主义，而它的领导人被用以在地方层面实施国家的各项目标。

重点是扩大教育、各种功能性技能和技术培训，技术专家，包括政党和行政事务的成员在内，发展出了同志情谊。意识形态的重心有两个相反的方面，其一是面向过去，依此传统的生活被当代术语赋予意义；另一个是面向未来，以及在特定政体和总统式君主下对美好生活的承诺。过去和现在之间的鸿沟由总统式君主的智慧和家长式作风而架接起来，虽然他是传统的代表，但他仍然是以科学的名义来表达。不仅是民粹主义者和平等主义者，而且作为组织化等级制的最高层，总统式君主急于扩大他对社会的经济和政治控制，以及引进计划和现代工业技术。因此，大部分经济部门要么由政府直接拥有，然后政府会考虑从海外聘请技术人才来运作，要么仍然为私人所有，但为了规避外国资本对国内施加政治影响而设置诸多限制。在这种情况下，新帝国主义者和新殖民主义之类话语的运用就会成为一种冗长而又枯燥的故事，一再重复它的目的是，当面对外人的实际依靠时能够保持政治自主。

这是对新重商主义社会运作方式的一般性描述。它之不同于动员系统，仅在于它能被再传统化的程度；当克理斯玛式的领导权仪式化入总统式君主的比较稳定的角色之中的时候，这一过程即告开始。当许多新型习惯性行为被稳固地确立起来时，这个过程就会真正加速。新重商主义社会甚至堪称是动员系统的一种更加稳定而又不那么政治化的形式，在这种形式下，连续性、对新的领导干部的培训以及更重要的是实践性现实主义的萌芽都可以被观察到。但是，因为权力和声望等级是有选择性的局部改变，而不是全部的

第十一章
动员系统的各种替代形式

转换,所以它是相当保守的。民族主义－社会主义是其意识形态的恰当称谓。作为一个相对稳定的系统,新重商主义社会是统合式国家的新形式。它是现代化的独裁政体的现代功能等价物,后者几乎已成过时之物。作为统合式国家的一种新形式,新重商主义社会的前景,至今尚难以辨认,但是它可能导致法西斯主义的复活,同时削夺其诸多隔代遗传的特质。新重商主义社会也可能因工具性价值而不是目的性价值为主导,从而与动员系统显著地区别开来。除了系统的意识形态内容之外,这种区别的最佳标示就是阶层形成的模式。动员系统改变了各种权力和声望角色的等级,结果也改变了附着于等级的各种价值。新重商主义社会接受了一种特殊的分层模式,并放大了金字塔而又无须改变与等级相关联的各种价值。

如果说动员系统是共产主义社会,而新重商主义社会是法西斯主义,这就错了。这种描述似是而非,虽有可能但并非不可避免。带有全面动员(包括重新分层)的激进的法西斯计划的共同体,也高度重视各种目的性价值;而已经实现了它的各种主要的动员目标的共产主义系统,可能会转变成新重商主义社会。检验这样一种推测,是非常有趣的:在大多数情况下,新重商主义社会在意识形态上都具强烈的民族主义色彩,而动员系统则社会主义气质浓厚。

结论

现在,我们总结一下不同政治系统间变迁的普遍特征。动员系统必须在远景目标的实现与强制和投资的实际收入分配之间寻找到最佳的平衡(强制的程度会因其成本对经济增长过程的影响大小而受到限制)。① 动员系统的等级式权威不但寻求维持自身,而且试图干涉社会生活的方方面面。经济发展成为要求完全忠诚的根据。战术上的灵活性对于保证对经济过程中可能出现诸多问题的控制是根本性的。公共责任最小化是动员系统的首要特征。

另一方面,新重商主义系统必须极大地依赖信息来确定目标以及实现目标的方法。它不能利用过多的强制——如果这样,那么它将会转变成动员系统。其显著特征是参与到团体生活的不同方面,并激励公众全身心地参与到

---

① 如果强制成为确保顺从的首要方法,那么将会产生这样的变迁,即从采取温和的独裁的动员系统转变为采取非常极权主义的方式的动员系统。如果上述情况发生了,那么强制和信息将会符合于一切实际目的。而完美的信息系统就会变成完全的强制系统。

经济过程中。①

在调和型系统中,集体的合法性(collective legitimacy)来自于代议制原则。但是由于存在经济停滞、群体分离主义和选民构成中一个或多个退出的危险,这一原则也会削弱合法性,并实际上限制了政治领导人的自由。由于多重忠诚的存在,经济发展绝不能仅从国家角度来看待,而要顾及各种特殊利益。例如,在印度,各种地方利益集团的政治需要使得国家在并无优势的地区来建设一个额外的石油精炼厂成为必需,其目的就是为了使在经济上最适宜的地区建立必需的精炼厂能为民众所接受。

由于妥协是调和型系统与生俱来的,所以发展的步伐取决于政治领导者的意愿和公众对中央政府政策的拥护。增长的速度绝对不会大大超越公众可接受的程度,因为政策须符合公众的欲求。通常的结果会是系统内较大程度的表面不稳定,并伴之以自发的冲突和各部分之间怨恨的表达。尽管如此,强制的技术仍保持在最低限度。在一定程度上,我们认为调和型系统的力量在于这些冲突的长期存在。每个团体把它们对系统的忠诚奠基于地方利益和满足于这些利益的希望。格奥尔格·齐美尔和马克斯·格拉克曼关于冲突的社会效用的假设正好适用。冲突并不必定导致社会结构(social fabric)的破坏。② 与此相反,在调和型系统下,冲突可能会让人们在整个系统中拥有一种既得利益。从这种意义上说,它与现代化的独裁政体少有相似之处。现代化的独裁政体中的领导者都对具有政治意义的先进而激进的经济发展计划持怀疑态度。他们倾向于隔离经济改革这些面向,似乎能够把这些面向吸纳而又不引入新的冲突源。

显然,没有一种系统能完全适于现代化。有些对某些特殊的意外事件颇有益处。动员系统是对统一问题的回应,尤其在国家的政治系统形成期间。新重商主义表现出比较长久的稳定的可能性。也许,动员系统最适合作为转变系统(conversion systems),亦即从现代化转变为工业化。调和型系统是对多元主义状况的典型回应,其中各种群体都抵制同化(amalgamation)。

---

① 政府的一项重要工作是使各种经济目标具体化——以使人们对经济发展中难以避免的诸多困难的积极回应的方式来将其向公众和盘托出。

信息的不同却又相关的问题在于,如果信息是有效的,那么它就必须通过有效的决策来转变成为目标。如果如此之多的信息是可资利用,以至于无法"处理",那么决策就会每况愈下,而系统也变得无效率。

② See Simmel, *Conflict* (Glencoe: Free Press of Glencoe, Ill. ,1955); and Glunckman, *Custom and Conflict in Africa* (Glencoe: Free Press of Glencoe, Ill. 1955).

第十一章
动员系统的各种替代形式

通过分散决策权，它们也能够处理复杂的问题。此外，调和型系统与其他系统相比有一个长期的优势，因为它是以相对高度的信息和低度的强制为基础的（虽然不乏强制），所以它能够处理制度化的复杂性。这种制度化的复杂性是与现代化革命（modernization revolution）相联系的，在工业社会亦可称之为交通和信息革命。在这样的社会中，调和型系统为科学和传媒精英提供了非同寻常的机会来装饰一个适当的政治共同体，但它很难为处于现代化进程中的社会所采纳。诸如那些工业化国家即19世纪晚期的德国、20世纪早期的日本以及20世纪30年代的苏联，就是如此。今天，处于现代化进程中的国家是政府和私有企业的混合体，它能保持合作与强制、意识形态和信息之间的平衡。从实际意义上说，除了它们的抱负之外，它们的共同之处就是变成新重商主义社会的趋势。[1]

如果我关于系统变迁的假设正确的话，那么有些动员系统可能会转变为新重商主义社会——不是现代化的独裁政体的古老形式（它是一种传统的王权系统），而是总统式君主制的新形式。（另一方面，诸如伊朗或摩洛哥这样的老牌现代化的独裁政体，恰如尼日利亚这样的调和型系统，可能会很容易地变成动员系统。）

迈向新重商主义社会的远景只存在于现代化阶段。显然，这只是一种趋势。例如，在现今的拉丁美洲，那些处于工业化边缘的国家，其前景是走向动员系统。

发展阶段与政治系统之间关系是超前或滞后，是有可能被揭示出来的。我们再以拉丁美洲为例，在19世纪早期，具体体现在代议制政府的正式结构之中的调和型系统在大多数情况下被证明是不适合于社会和经济发展的普遍水平的。诸如此类的结构应当会适于当下的状况（因为在社会和经济生活中，分化和专业化已经出现），但很有可能是这样，即动员系统将更有能力提供强力的政治中心来确立目标、组织分支性的强制系统以及创立能够提供信息的机构和评估成本的框架。

---

[1] See Bert F. Hoselitz et al., *Theories of Economic Growth* (Glencoe: Free Press of Glencoe, Ill. 1960); 尤其是，由 J. J. 斯宾格勒所提出的关于增长的资本主义理论的扼要重述与此相关。亦可参见：Eli F. Heckscher, *Mercantilism* (London: George Allen & Unwin 1955)。这一术语与赫克歇尔的界定特别相符，因为他认为其原初的政治意义就在于统一。参见第21至28页（英文原稿——译者注）的讨论。

现代化的政治

图表19 现代化的趋势

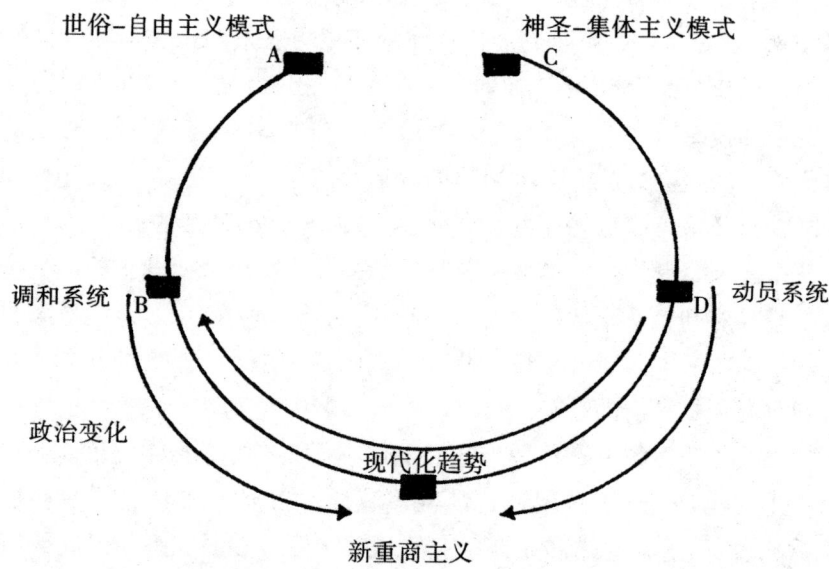

如果这一分析是正确的，就可以得出下述推论：①（1）在现代化早期阶段，新重商主义社会是巩固政治系统的最佳形式；（2）动员系统是那些达致现代化阶段的终结而即将开始工业化的国家的最佳选择；（3）调和型系统应该属于那些基础良好并高度复杂的工业国家。

对于特定的发展类型来说，每种系统都可能是稳定的。然而，在每个主要阶段（现代化和工业化）之内，我们已讨论过能促使更直接变化的那些其他变量都会起作用。因此，在现代化过程中，一个国家很可能从动员系统转变为调和型系统，虽然，在我看来，调和型系统不如新重商主义社会有效率（在其他方面均等同情况下）。

由于动员系统依赖于强制，所以它会引致不确定性，而这会使处于现代化进程中的合作困难重重。从长远来看，动员系统将会变得越来越没有效率，因为它丧失了信息来源。

---

① 至此，我已对现代化和系统变迁问题进行了推测。现在，让我回到最初所作出的工业化和现代化之间区别。如果说正在进行现代化的系统的趋势是迈向新重商主义是真实的，那么，在工业化阶段，情况则大相径庭。

第十二章　民主社会的未来

在比较研究中，一般理论是一种相对更为独特和分离的研究活动，这对于展开一种令人满意的分析工作而言是有益的。想像力远远超前于某些保守的操作限制（the sober limits of operations）。乍一看，似乎对反思有意义的那些范畴，变得如此之偏离数据或者如此空泛，以至于它们阻碍了而不是有助于理解。在这一领域工作的每个人，都对由当前的国家理论所引致的挫折耳熟能详，并试图超越由数据或者概念所强加的限制，这可能只会让问题更复杂而已。随着新的理论飞跃，使那些概念具备可操作性的各种尝试，变得越来越困难而不是越来越简单。如果每个人的头脑中都有一副依凭各种经验技术以及被证实的知识（proved and tested）之积累的图画，那么对他来说，那些未被思及的领域将被人揭示出多么巨大的错误，特别是在社会科学领域。我们的理论家，如同蚂蚱在地里跳跃。确定下一步它要跳向何方，这是根本不可能的。

所有这些问题，虽然让其支持者极为尴尬，却是科学的一部分。如果应该有对抗科学的叫嚣的话，那么它应批驳那些把学问设想为如雄蜂般的寄生虫和驮鼠般的游手好闲者所制造大量无用信息的人，它们的利益和能力都仅限于此。特别是在缺乏优良的实验技术的情况下，社会科学领域中过度专业化的危险，在于我们的大学将培养大量循规蹈矩的研究工匠。他们相信，耐心和精确度可以掩饰迟钝和无知。

人们寻找着蚂蚱和雄蜂之间的分界点。在真实的意义上，使得概念和理论具备可操作性的问题就在于寻找这一分界点。在本书已经作出的分析中，问题非常尖锐。以两种功能性要件——强制和信息——的效用为例。高度信息系统可以超载系统的解释性工具。另外，信息可以存在于战略性和功能性亚系统范围之内，但不能存在于两者之间。实际上，使用强制的后果之一可能是有利于发展出一种一致性的"信息文化"。各种特定类型的强制可以产生信息，特别是关于强制可以被有效利用范围的信息。这些只是少许的我们所竭力运用这些功能性范畴的分界点。但是困难并不止于此。例如，我们曾要求术语——例如目的性和工具性价值——之间精确的或至少是逻辑上比较清晰的那些区分，因为这些区分对于我们采用的模式的描述非常重要。但是仅有清晰的逻辑是不够的。将目的性价值界定为通过经验性手段来实现非经验性目的（empirical - means - germane - to - non - empirical - ends），仍然不能把非经验性目的阐释清楚。而且把工具性价值界定为通过经验来实现非经验性目的，虽然在逻辑上有用，但难以确立经验性的目的和非经验目的之间的分界点。同样的问题，困扰着所有高度普遍性的二分法变量之使用。对它们有效性的抱怨，如同它们的使用一样普遍。

这导致了某些稀奇古怪的后果。功能研究表面上比其实际更为精确，并且遗留了许多经验层面上的可欲之物。在一条信息的识别与将它置于何种范畴的标准之间尚存分歧。在操作程序和操作方法之间也存在分歧，该操作方法来自于不同的功能范畴。功能理论犹如蚱蜢般跳跃，而紧随其后的，则是对这些不同理论予以条理化处理的逻辑。即使这是一种合理的方法，但随之而来的、令人望而生畏的术语很容易令某些人厌恶，他们的谦逊姿态被喋喋不休的行话所冒犯。而且就研究方法而言，这绝不是功能主义者犯下的唯一过失。

无论犯有什么样的错误，研究实践终归是严肃的事情。在比较研究中，特别是一种分类体系可能会变成登月密封舱（lunar capsules）般高深莫测，从而妨碍人们对本来熟悉之物的了解和认识。而且，正如我们曾指出的，由此而来的挫败感以及理解周围景观的努力可能只会加重错误的程序模糊熟悉事物方面的危险，——如现象和"真实"可能会错误地被我们自身所偏爱的常识世界所确证。

在当前的研究取向和路径上，所有这些问题都是危险的，特别是在一些仍然需要经验性区分的主要范畴中。各种更精确的意义必须被赋予像目的性和工具性价值这样的二分式的变量。对政府的功能和结构以及职业的功能必须详加检视。我们要有能力明确区分工具性和目的性价值高度整合且相互强化的条件与它们相互矛盾并产生内在冲突的条件。我们也要从经验上检视政府的功能要件和结构要件。显而易见的是，未来的研究应朝向过程研究，职业角色和政治角色在此相互冲突（根据职业的功能），研究在政府中出现的强制和信息的关系（根据结构要件和政府的附属结构）以及决策权威的关系（根据功能要件和政府的附属功能）。因此，非常重要的是下述研究重点：（1）检视作为职业的现代化角色；（2）研究意识形态与政府的功能性要件之间的关系；（3）研究政策（决策）与政府的功能性要件之间的关系。

第十二章
民主社会的未来

在经验研究中（与当前试图在前人基础上发展出一套理论关系不同），许多在此几乎仍然很模糊的范畴将显示其重要性。结构变量尤其如此，它可以在经验上予以真实的检验。

让我们把这些大问题弃置一边，我们能够作出哪种概括呢？或许人们最常说的是，通过把现代化问题提升到具有实践重要性（practical prominence）的层面，我们至少认识到了问题的严重性。理论的重要性，只是因为问题如此之大。尝试这一复杂的理论构建的意愿是现代化进程本身复杂性的一种结果。通过承认其复杂性并竭力理顺其中的某些因素，我们可以对不熟悉的事物熟悉起来。这至少是一个开始。而且，提出那些当前流行概念的替代性概念有助于我们对变迁的模式敏感起来。它提出了关于我们的概念的效用问题，以及对任一概念隐含着的不同主题的敏感性。

而且，如果某些我们关于系统变迁之长期趋势的假设是正确的，那么某些非常重要的问题能够被提炼出来。其中之一与我们自己的社会有关。恰如韦伯所指出的，新教主义和资本主义之间的密切关系一旦创构了一种强有力的伦理－实践综合（moral－practical synthesis），那么当下目的性价值在美国生活中的淡化就是其脆弱性的一个主要来源。我们完全逐渐沉湎于工具性目的。我们的社会已变得如此致力于个人私利的追逐，以至于我们原初的和重要的意义皆已丧失。（只有那些少数信息生产精英们〔information－producing elite〕在有效地创构目的性价值，而他们的工作糟糕至极。）我们的社会在道德上极其脆弱。

在这一案例中，脆弱性意味着什么呢？那些认识到政治危险内在于目的性价值失落的人们以及那些意愿复兴它们或创构新的目的性价值的人们可能诉之于权威的等级形式，以此作为实现这一结果的令人愉悦的手段。也就是说，目的性价值的缺失，很有可能引致对权威形式变迁的欲望——用我们的术语说，偏离与民主制相联系的金字塔结构而转向更为军事化的等级形式（图表20a包含这一趋势的表格）。这是激进左派和激进右派的目标。他们认为，为复兴目的性价值，严厉的手段是必须的。

图表20a 美国变迁的长期趋势

价值类型	权威类型	
	等级制	金字塔式
目的性		美国（1800）
工具性		美国（当今）

由于丧失了宗教基础，我们的社会处于变成有组织的掠夺系统的危险之中，掠夺的意义只来源于个人私利，秩序变成了无政府状态的代名词，人性概念不再能超越个人的功能性价值而具有更宽泛的向度。这是功利主义无所不在地深入我们的学校、大学以及日常生活的最终的也是灾难性的后果。如何恢复认同和团结是我们社会的首要问题。要么我们解决这一难题，要么我们的系统将变迁为另一种类型，也许会沿着图表20a所显示的路径变迁，也许变化为一种迥然不同的单位类型，以至于它不再是美国（美国是意义非凡的调和型系统），而只是一个庞大的国家系统，如西欧那般。不幸的是，对后一前景的讨论将把我们带离非常遥远的故土。

苏联也同样面对这些的问题。图表20b呈现了这种情形。人们可能认为，苏联，作为一个动员系统，在斯大林主义下强化对目的性价值和等级权威的认可。实际上，该动员系统在对老布尔什维克的清洗过程中已达至顶峰，这是审判的高度象征性特质和出现意义倒置的原因之一。（内森·雷特斯和埃尔莎·波纳特在 Ritual of Liquidation[Glencoe：Free Press of Glencoe，Ⅲ．，1954]讨论了试验的这些面向）然而，随着该系统已变得高度工业化，且随着新生代已呈现出对作为目的性价值的马克思主义的承诺的冷漠，物质产出而非道德表现作为成就标尺和工具主义现象已变得越来越明显。而且，现在转向工具性价值的迹象，虽然尚不完全，但已经与系统分权的需要以及创建金字塔式权威的需要相伴而来。1964年利别尔曼主义（Libermanism）（它将市场因素引入苏联经济系统）的重要性得到了托帕尼科沃（Trapeznikov）的重视，他是苏联自动化和遥控机械学会的主任，他赞赏一种有弹性的价格系统，以使各种先进的计算机技术可被应用于工业之中。如果没有充分的价格系统，则计算机仅会最大化各种错误。因此，对工具性价值、生产率和产出的重视，要求一种权威变迁，从等级制变迁为金字塔式类型。如果这种类型的权威能够实现，那么马克思主义和旧式的社会主义意识形态依然保留，但它们越来越不再是道德激励的源泉，越来越成为先辈价值观的一种仪式化表达。这种趋势将使得苏联易于走上同美国一样的道路。

图表20b 苏联变迁的长期趋势

价值类型	权威类型	
	等级制	金字塔式
目的性	苏联（1940）↓	
工具性	苏联（当今）	------------▶

第十二章
民主社会的未来

然而人们可能会总结道,高度工业化国家的长远问题是如何处理伴随着对工具性价值的功利主义强调而来的目的性价值领域的削弱。这是现代异化(alienation)的意蕴。个体不一定能认识到自己的异化。实际上,马克思主义对该术语的运用很不恰当(虽然它可能引起某些情绪共鸣)。但是在丧失个体认同意义上的异化和系统内缺乏团结是现代工业社会的普遍现象。精神病专家和社会临床医学家的角色就是其表征。

在那些依然处于现代化早期阶段的国家以及最近才为现代化确立政治框架的国家,其趋势是均朝向于某种等级权威和工具性价值系统。这些工具性价值可以由权威的某种仪式化所强化,比如总统式君主制,或者由包含着最近发生的事件所构建的情感化历史和篡改的传统来强化,例如对抗殖民主义的斗争。如果新政体是一个动员系统,其意识形态的意义会比形式改变得更快。如果新政体是调和型系统,一些支配政体的特殊群体,军事的、种族的或阶级的等等将排挤竞争性政治活动的组织化和规范化形式,因此形式的改变会快于意义的改变。在现代化早期阶段,为了支撑动员系统,永久革命的状态是必须的;但永久革命可能使得现代化更难以实现。如果在现代化早期阶段调和型系统成功地巩固下来,那么结果可能是停滞,并引起系统内大众疏离的状态(见图表20c)。实际上,现代化已历经很长的时间,并且抵挡了将它转化为动员系统或其他类型系统多次尝试的调和型系统,很可能已经为成为一种转换机制的动员系统做好了准备。当系统越来越变为意识形态化,意识形态包含着使群体团结、提供个人认同、结束个人道德孤立成为可能的程序性目标,这样的"准备就绪"(readiness)即显露无遗。通过这种手段,反合法性(counter legitimacy)的模式得以建立,这为系统变迁提供道德基础。不朽的声名、意义和目的现在集中在革命政体之上,权力和声望等级的彻底改变成为新的目标,并伴之以权力和责任、决策以及义务分配的新模式。

图表20c 早期现代化过程中的社会早期变迁的长期趋势

价值类型	权威类型	
	等级制	金字塔式
目的性	动员	
工具性	新重商主义 ←	调和

在长时间的停滞之前早已踏上现代化旅途的系统是最为有趣和危险的。

阿根廷、墨西哥和智利这样的国家之所以对于我们的分析非常重要，是因为它们在不同阶段都在非民主和民主的调和型系统形式之间轮换，而无需任何与政治相联系的怀旧式的目的性价值。过去，目的性价值的存在与西班牙和罗马天主教会相关，而且确立拉丁美洲独立的叛乱和革命都对这两种力量持敌对态度。而且当调和型系统难以产生内部发展的某种令人满意的系统时，革命的目的性价值也就变得有点荒诞不经。结果是不同类型的权威之间、等级的和金字塔的形式之间持续不断的波动，但在目的性价值方面没有任何改变。这种模式正使得古巴革命显得如此不同，以及具有如此潜在的重要性。它体现了目的性价值在等级权威中的运用。这构成其真正的革命性特征。

我们上述所谈及的趋势绝不能被放大。我们曾描绘的任何过程都不存在任何必然性。从经验上偏离一种特别的趋势较之符合趋势（取决于其他系统变量和亚系统变量运行的方式）更有可能发生。实际上，对该趋势的明确辨认是为了将注意力转向异常情况，从而可以推导出一组更好的趋向性（strategic）变量或某种更强有力的概括。

有些论点还可以进一步深入研究。在一本关注这种本质问题的书中，要寻求一个核心命题或者最重要的原则未免言之过早。科学解释依然是一个目标，但解释应该指向社会的道德问题，并据此而进行评估。当前的方法使得理论之规范的、结构的以及行为的方面应用于政治系统变迁方式的分析成为可能。现在我们开始该任务。但没有简单的规划能处理意义的多重面向以及各种重叠交错的象征。任何理论都无力独自把我们从探索人性的层面提升到有助于人性存活的层面。在当今世界，许多人为发展中国家的简朴风格所吸引，至少在他们政治生活早期是这样的：一种令人诧异的纯洁性，一种使得来自高度复杂系统的观察者困惑且沮丧的图景。但这是一种错觉。在新国家和老国家，腐败与德行同样混合在一起。我们自己的社会可以充分展现出现代化所造成的最严重的一些问题，即在高度复杂的工业系统中出现的问题。涂尔干曾指出，长期以来最为严重的问题即，伴随着功能意义的单一面向而来的社会生活的碎片化。如果对个人价值的评判是根据他的行为，那么现代社会将保持伦理上的沉默，它将是一个妥协的世界和一个选择的混沌体。也许本书的主要结论要回到它的出发点。我们已经学会如何实现现代化，但我们尚未学会如何过现代生活。

现代化的规范向度有一些更为宽泛的意涵。它们使得我在第一章曾提出的观点更明晰，即在此采用的政治类型首先被视为道德趋势，它体现着人类社会中两种根本不同的人之概念——世俗自由主义与神圣集体主义——之间

第十二章
民主社会的未来

永恒的紧张。这种道德张力，赋予我们根据政治类型、我们的结构分类以及从正在选择的行为和行为起点的角度作出选择的意义。

在现代化背景下，这种道德紧张呈现出不同的面向。在现代化之早期阶段，职业和企业家角色之间的冲突最为显著。在工业化社会，冲突发生在科学精英和思想家之间，并表现为科学的和非科学的意识形态之间的两极分化。实际上，工业社会有一普遍特征，即信息创造（information-creating）和信息利用（information-utilizing）精英的形成，具体表现为知识独立于特殊政治形式的一种革命。因此，对信息的欲求预设了一群人，除政治家外，他们能够获取信息并使之对包括现代化目的在内的政治目的有用。这一信息精英本来夹杂在政治家和公众之间，而不论政治形式如何。在每一系统中，它的功能正好依赖于强制的数量。信息精英对强制和信息之间的关系特别敏感。因此，正如第五章所提出的，精英的地位依赖于对职业的竞争性控制，精英的效能也取决于系统中的强制程度。

信息精英是一种科学化的精英。它可以借助非科学的但有文采的知识群体来把科学家和社会科学家的科学语言翻译为能被公众所理解的政策和意识形态陈述。科学精英一方面可以扩展到大学和培训学院，另一方面扩展到官僚机构和公共服务职位。在现代化已广为实现的社会，这种精英不仅趋向于替代老式精英（例如，律师），而且也使得老式政治家"报废"。因此，信息精英引起了巨大的政治紧张。对信息的需要，要求信息类型和收集信息的技术的多样化。除了专门知识的阐释者，也需要专门知识的技师。在这一方面，科学精英变成带有普遍化的政治功能的复杂群体。这是现代化进程的长期趋势或后果之一。

现在科学精英正被日益增多的文献所认可。他不是普通精英——它是一个排他性或"不可接近"的类型，用寇豪斯（Kornhauser）的话说，在他们自身和公众之间精心构筑起一个政治壁垒。相反，其不可接近性来源于专业化程度和一个特别的交流圈里的职业联系网。然而，这不应意味着科学精英是单一同质的群体，他们通过一种神秘的语言和奇异的实践而远离公众。作为一组"连锁"的职业，通常它不屈从于公众理解或负责任的公共行动的控制。它能被政治领导人所控制，但如果他们过分使用强制，他们会使信息产量最小化。

在工业化国家，随着信息精英内部的亚类型和次级专业（subspecialties）的生成，这一精英群体逐渐形成为一个阶层。为该阶层创建属于他们的意识形态由此成为可能。这种意识形态包含了这样的信念：人类知识必须被应用于人类事务的改善。通过政治手段利用知识——而不是政府对私人需求的回应——成为好政府的检验标准。因此，所谓科学精英的兴起是工业化的结果，通过政府手段而影响现代化的程度和发展进程。从这个角度来看，现代化的问题变成为两种相互冲突的原则之争，即为公众所见的公共利益和为科学精英所见的公共利益之间的持续争执。政治家可能夹在其中。

本书的一个重要主题是政治整合问题。另一主题是对角色冲突的详细分析，这在现代化过程中趋于激烈，并在跃入工业化阶段达致顶峰。政治现代化的悖论非常明显。现代化本身促成了这些冲突，而为追求现代化，政治领导人必须解决这些冲突。

正是由于这一趋势，我们已经探讨了蕴含着现代化所引致的冲突的不同政治系统形式。没有一个政治系统可望承受时间如此之长且复杂的进程（除非它在特别有利的条件下运行）。

除了政治系统的变迁，现代化的进程催生出某些世俗趋向。这些趋向包括通过被运用于现代化项目中的特定技巧的扩展，职业角色的膨胀，以及某些现代化精英的专业化（professionalization）。实际上，高度工业化社会对处于现代化进程中的社会最直接的影响是某种系统外推力（extrasystemic pull），该推力有助于确立起有普遍影响力的角色关联。正是某些职业、他们的精英地位以及他们与信息关系的普遍化，才吸引了我们关注它们。这场讨论将以对新的科学意识形态重要性的审视而结束，不仅对那些处于现代化进程中的国家，而且我们自己的社会。我的假设是高度工业化社会将经历重大改变——一场信息革命。我进一步假定，这一信息革命将以目前我们还难以明了的方式产生巨大的力量和影响。因此，我们的讨论将以略带预测性的语调，以信息革命及其民主社会的意义作为终点。

新科学精英的角色

直到最近，科学的规范已塑造了自己的意识形态。此种规范有着光荣的传统，它们与这些名字相联系，即狄德罗和达朗贝尔、霍尔巴赫和爱尔维修、孔狄亚克和伏尔泰、卢梭和休谟。这些思想家所共享的是对人类天然美德的信仰，即在适当的知识条件和对人类行为的自然起因的理解基础上，人类将能够改变并改善自己的境况。这些观念依赖于自然理性的原则，它被假定为构成了我们理解自然法的基础——或许还可补充道，自然法对人类和事物来说都一视同仁。

当科学规范与形而上学混合起来的时候，它们在 19 世纪或多或少地受

第十二章
民主社会的未来

到了损害。即使有像孔德那样的人极力捍卫,科学也弥漫着神秘的意蕴。当科学被浪漫化,它就偏离了早期工人实践的世界。因此,科学以及哲学,在科学机构的政治重要性迅速兴起期间缺乏特别清晰且明确的实用基础。特别是缺乏能在科学家与社会之间确立适当关系的一种理论和学说。因此,毫不令人惊奇的是,一种19世纪明确反形而上学的强有力的理论——成功地混合了道德目标、社会变迁的普遍解释以及鼓动性学说的马克思主义,吸引了那些关注自身在社会中新角色的科学家的注意。当用于科学时,马克思主义点亮了过去晦暗不明的地方,即自然科学和社会科学的共同基础。而且,它预设了比资本主义更理性、更科学、更强有力的政治和社会框架。这就是如此众多的有社会意识的和负责任的科学家特别是英国和法国的——一直是(依然是)马克思主义者的原因。与此相对应,在美国出于同样的原因,科学家已倾向于参与行为科学的新趋势。然而,这些新方法缺乏马克思主义中富于新意的特征、一个特别的道德中心和普遍的目标。它们让科学家的权力与道德相关联。

在工业化国家和处于现代化进程中的国家,随着科学创新步伐的日益加快,依赖19世纪诞生的理论作为当下科学与社会之间关系的认识基础,只会让问题更混乱。我们需要一些更详细阐述的理论,它们更全面而且不那么天真。今天科学理论必须包括对选择和选择条件的充分解读,它们都处于政治系统内或政治系统之间。新的综合必须考虑到社会科学中最新的进展。

当目的论已被摒弃后,什么将成为"道德中心"呢?一个答案——难免不全面——它将在继起的选择环境中而不是单一普遍的环境中发现。这种观点强调变化而不是永恒,也重视某些需要引起政治与科学注意的特别问题。例如,在美国,此类的问题包括剩余性贫困(residual poverty)和黑人权利。在世界范围内,总的来说,道德核心是现代化。实际上,我之所以以加缪对西绪弗斯的评论作为本书开篇,正是基于我相信现代化已成为现时代的道德核心,它创构目的性价值并为科学精英创设新的角色。

科学伦理以对知识和信息自由交换的需要为基础。这在处于现代化进程中的社会尤为必要,在该社会中,尽管这些人——科学家、社会科学家和技术专家——是"现代化人"的数量非常少。他们占据了某些精英职业角色。他们培训人力,教育其占据现代功能性角色。他们对新型城镇、大坝、铁路、财政改革等负责。当然,通过被散居于系统各处,他们可能会被政治权威所控制和操纵,例如在极权主义社会所发生的情形。在极权主义政体中,控制科学精英的一种途径是给他们某些小范围的自由,让科学家可以获得必需的物质材料，而共同体的其他成员则无权接近；但这样做代价高昂。科学机构越是借助政府的技术部门而与国家的政治生活之间直接关联，后者对科学家的技能的依赖性就越大。结果，科学职业占据了处于现代化进程中的社会的突出位置。倒不是因为被宣传所蛊惑，科学家会认为各种政治形式的存在都是理所当然。如今科学家只想要知晓，他们的社会将走向何方。①

此外，正如前文所示，科学共同体是世界性的。世界上的大学通过特殊的纽带而联系在一起。人们阅读彼此的工作成果，并对彼此问题进行研究。学术世界一直变得越来越亲密，而且教学和研究人员的流动也日益频繁。除了从事研究和提供交流机会，大学服务于监控此共同体并选择那些资质最好的人们从事科学工作，担当科学角色。这一功能对于处于现代化进程中的社会意义最为重大，在那里大学几乎是选择和招募科学家的唯一机构。

科学精神并非局限于科学家。通过认同现代化的标准，实际上专业人士、律师、新闻记者乃至所有受过教育的人都在某种程度上接受了科学伦理。科学伦理包括如下三层意思：对理性和经验研究之重要性的强调，对何谓有效证据的意识，一种相信知识必须可证实的情感。科学精神是一种意识形态的基础。这一意识形态能为投身于它的人们提供一种认同的坐标，为处于变化中的社会成员提供一种团结的坐标。

如今科学意识形态包括了社会科学。把科学技术应用于社会问题研究首先在经济学领域成为可能，这与生产能力的巨大增长相一致——它通过各种新技术的发展已成为可能。②

社会科学阵地的扩展（evolving position）为社会科学家提供了额外的机遇，他们处于研究和政策的中间地带。这些角色越来越由那些大学和相关研究机构来扮演。实际上，现代大学对研究的重视本身已经作出许多将科学标准推向社会科学的努力，并且也已吸引到了政府对大规模的政策研究的资助。

在美国，政策研究的平台和科学机构的家园是主要的大学。英国的情形也日益如此，特别在当下，大学体系得到了扩展。实际上，政策研究角色的

---

① See Don K. Price, " The Scientific Establishment", in Robert Gilpin and Christopher Wright (eds.), *Scientists and National Policy Making* (New York: Columbia University Press, 1964), p. 19. See also Jacques Ellul, *The Technological Society* (New York: Alfred A. Knopf, 1964), passim.

② 涂尔干对这样评论经济学的先锋角色："两国的经济生活已经呈现出前所未有的扩张。从作为一种附属功能，为人所轻视并被置于下等阶级，现已登上上层阶级。我们看到，军事的、政府的以及宗教的功能在面对它时越来越退缩。只有科学的功能尚能与之对抗……" (Emile Durkheim, *Professional Ethics and Civic Morals* [Glencoe: Free Press of Glencoe, Ⅲ, 1958], p. 11)。

第十二章
民主社会的未来

原型,发源于世纪之交的英国——费边社。对这种角色的发展来说,三种因素非常重要:相当数量的中产阶级知识分子观点的同质性;公务员队伍的管理阶层和大学的管理阶层之间的密切关系;以及国会议员和郡县议员(county councilors)对业余人员和专家建议之特殊混合的易接近性。对此,英国已发展出一种高度的艺术,这正是费边主义的典型特征。费边社(the Fabian Society)是新机构的原型。费边主义者从事研究并就意义非常重大的特殊课题撰写小册子。他们是改革家,也是科学主义者。他们与特殊的政党附属机构保持距离,尽管他们与工党的关系密切。在英国,他们对政策有非常重大的影响,特别是在财政、教育、住房以及福利等领域。当然,这些都是那些科学机构的社会科学分部所倾心的课题。①

费边主义者预示着将从各种不同的来源获取力量的现代科学机构的降生。例如,在法国科学机构可以包括马克思主义者和基督教社会主义者。也许社会科学中最有研究头脑的群体环绕在弗朗索瓦·佩鲁和应用经济学杂志周围。佩里·勒布莱特(Père Lebret)及其同事(他们直接关注计划对非洲和拉丁美洲的经济发展),和专门从事非洲国家的教育研究的教育研究社(Société d'Études Pour le Déeloppement Économique et Social and the Institute Pédagogique National)之类的匿名团体,是那些从事海外发展工作的团体的典型代表。它表现出,在国内角色日渐重要的科学机构也完全有能力发现和供给处于现代化进程中的社会的研究需求,而且事实上它们正成为外交政策的工具。通过这些科学机构,工业国家和那些刚刚开始工业化的国家之间的联系建立了起来。

在工业社会,政府是所有类型科学(all forms of science)最大的单一消费者。他们不仅鼓励政策研究,也消费其产品。② 这在经济领域尤为真实。劳尔·普利比什(Raul Prebish)曾指出,经济计划和发展要求国家干预:

---

① 或许对费边社的最具启发性的描述是 Margaret Cole, *The Story of Fabian Socialism* (Stanford, Calif.: Stanford University Press, 1961)。See also the commentary by George Lichtheim in *Encounter*, March, 1956. Lichtheim 说:"费边主义者是大量来自中产阶级的男士和女士;因此,他们能够根据新兴管理阶层以及受教育阶级的偏好而重新表述社会主义。而且,他们的意识形态是反自由主义的也是反马克思主义的,从而能把公务员队伍中弥漫的权威主义氛围和其他表面上推崇自由放任而暗自对计划持同情态度的人们相联系……总之,费边主义者能够把自身转变成为新兴管理精英的核心,而其马克思主义对手则不能(至少在英国不能)。在当下的技术年代,这是一个相当的优势。"(p. 72)

② 人们发现,对社会科学研究的大量财政支持被给予了大学和其他机构。这种财政支持也间接地显示出社会科学被视为科学的程度。关于科学标准的暗示,见 Tomas S. Kuhn, *The Structure of Scientific Revolutions* (Chicago: University of Chicago Press, 1962), pp. 52–65.

"(1)国家必须干预,因为由市场提供的信号并非总能产生使可用资源利用效率最大化的行动;以及(2)它必须如此行事,因为由市场力量提供的只是对个人的一些决策产生影响,但并非影响到所有的决策,特别是对那些在发展方面相当重要的决策。国家干预对引导私人行动非常重要,并且无需任何强制就引致实现某些发展目标。"① 但问题显然比经济学所及更宽泛,若用一般术语表达,就是要减弱中间性的半现代化角色的重要性。无需强制就达成这一目标,是我们时代难度最大的工作之一。

为发现关键性角色,我们必须检视现代化过程中精英的职业角色。(处于现代化进程中的角色的例外特征是,它不是蜗居于特定的处于现代化进程中的社会或工业社会,但是要参与其他社会里其同行的一般对话,而不论这些社会处于何种发展阶段。)实际上,工业化和处于现代化进程中的社会的一般目标,是对这些精英(特别是"科学"和政治精英)所共同持有的价值观和目标的反映。世界范围内的科学共同体,均认同具普遍性的科学意识形态。如果处于现代化进程中的国家的精英维持其专业优势,那么他们需要与其专业领域中的最新发展保持同步。今天的职业是世界范围内的知识分子共同体的一部分,无论它们的直接场所如何地方化。为了抵抗地方主义,像农学家、数学家、工程师以及教师这些精英必须强化他们的功能性的专长,但也必须意识到职业间的相互关系。另外,为了使权力产生并实现他们的目标,他们需要将其视野提升到政治层面。如果成功了,处于现代化进程中的精英能够构建起现代化过程中国家和工业化中国家之间的重要联系。②

处于现代化进程中的精英努力的结果,是新型科学机构的普遍化。它们盛行于最高度发展的工业系统内,而今在处于现代化进程中的系统也日趋重要。这种新系统由许多连锁的职业角色所组成,它们检测从社会所搜集的相关信息,并同时为政府创构新的信息。科学机构在有着高度责任的系统中也可能要受制约,或者它依然保持相对的自治。在任一情况下,其影响都会超出它所拥有的运作技能的直接意义。科学机构的真正价值,来自于它某种程

---

① Prebish, *Towards a Dynamic Development Policy for Latin America* (New York: United Nations Publication, Document E/CN. 12/680/Rev. 1, 1963), p.61.

② 戴维·尼克对此说得很清楚。"如果知识人群体没被鼓励或扎根于与外部世界相联系的机构或大学,那么在政治家和兴起的民族主义中产阶级之间的关系很有可能被破坏。如果没有激励,创造性的劳动生产不可能将会在那些构成知识人群体之大多数的作家、思想家以及艺术家中兴旺起来。"(Nicol, "The Formation of a West African Intellectual Community", in *The West African Intellectual Community*, *Proceedings of the Congress for Cultural Freedom* [Ibadan: Ibadan University Press, 1962], p. 14.

第十二章
民主社会的未来

度上外在于信息与强制间关系的能力,我们上文已对此详述。它可以避免高度强制系统的诸多缺陷,因为它有能力利用系统外部的信息。它也有专业知识储备在手,并不会受社会中强制程度变化的影响。

随着新机构在处于现代化进程中的社会里出现,这一特征将其置于特别敏感的位置。只要它是信息创造精英,它就需要自由;然而,其获取的信息作为其自由的结果可能会被政府应用于强制性目的。

合法性和科学意识形态

理性计划的结果及其对技术专家角色的重视,为政治合法性构建了新的基础。新的立足点(Stand)——即计划者的立足点——作为现代化的结果逐渐呈现。由于并非总是屈服于政治领导人,新的技术职位界定了现代生活的所有方面。这些职位是强大而又富有吸引力的,那些热望得到这些职位的人们必须有特别的技术理解力并经过技术训练。与教育系统相关联,它们代表了以机会平等为基础的人才等级。此外,它们对比较地方化的政治意识形态(恩克鲁玛主义、苏加诺政府观[Manipol]等)有很大的影响,因为它们都直接或间接地支持科学意识形态。一些现代发展的共同体(Some modern development communities)已赋予社会工程师在政治生活中近乎"班长"或检查员的角色。这不是因为他拥有一种对领导角色的柏拉图式的爱;恰恰相反,他通常与其同胞共享一种对其角色模糊性的情感。但他通常获得一种对其同胞行为的深刻洞察力,这赋予其创造新角色的权力,以及由此而来的某种意识形态,还有建立在知识能力基础上的权力和威望等级——其最极端的形式,就是米歇尔·扬称所称的"贤人统治"。的确,一旦社会科学家发现,在观察到的行为与感知的行为、行动与理性化、意识与潜意识以及德行和行为之间存有偏差,那么他就会为自己塑造新的角色——理论上无所不能的观察者。他开始相信,人类的奥秘只不过是技术问题罢了。

由于许多原因,这一观察者的位置是危险的。然而最直接的原因在于它导致科学家和理论家(ideologue)之间持续不断的论争,这一论争由于政治家和科学家的相互依存而更加激烈。政治领导人需要轻松地摆平本区域那些被疏远的理论家和那些意欲运用科学于人类事务的人们之间的争执。

如同我们曾指出的,如果处于现代化进程中的社会内对话是在民族主义和社会主义之间的话,那么走向工业化的社会的冲突将会是在科学与其他意识形态之间展开。理论家将会操纵标语口号。科学家会漠视他。在这种情形下，政治领导人不得不学会如何既依赖于后者而又不过度激怒前者。

科学角色趋向于破坏最为极端的动员系统——即使当科学家已经被理论家所说服，也只是至少暂时接受与他们的科学意识形态并存的一种政治宗教而已。当吉拉斯这样写道时，波兰人、捷克人、俄国人和中国人中间多少科学家将会暗自赞赏他：

> 在与反对派和半共产主义团体的斗争中创造出来的牢不可破的内聚力，被转变为运动中驯服的顾问和机器人式官僚的联合体。在攀登权力之峰的过程中，不容异说、奴颜婢膝、思想贫乏、对个人生活的控制——一度被认为是同志般的互助，现在只是寡头式管理的一种形式——等级僵化和内向性、名不副实且漠视妇女的作用、机会主义、自我中心主义以及暴行，它压制了曾经存在的崇高准则。一场被隔离的运动的伟大的人类品质，逐渐转变为不容异说和特权阶级的形式主义道德。因此，伪善和奴颜婢膝取代了从前革命的光明磊落。以前随时准备为其他人、理念以及善良的人们而奉献包括自己生命在内的一切的英雄，若还没被杀害或弃置一旁，已变成了没有理想或同志的以自我中心的懦夫，愿意宣布自己与一切——荣誉、名声、真理和道德——断绝关系，以保住其在统治阶级和特权圈子内的位置。①

但事情并非仅此而已。吉拉斯本人即是一个例证。科学精英的长远需要是减少强制，并扩增信息，以利用在使科学和社会科学所取得的现代进步得到有效利用。为减少强制，在经济方面必须分权，拓展地方企业的机会，增强社会活力。科学角色的一个重要特征是，在角色占有者对成就及通过选择以发现自我的关注。当这些关注占支配地位时，选择不再发生在系统之间而是系统之内。系统的合法性，依赖于使选择机会最优的途径。而且这种最优化又依赖于知识。这就是工业社会中的动力因素是信息的原因所在。但更重要的是信息与绩效之间的关系。信息导向成就，成就与持续的经济增长之间高度相关。D. C. 麦克莱兰（D. C. McClelland）曾指出，当人们的劳动成果获得公众的承认和尊重时，他们就会卖力地工作。只有这时，与安全、传统

---

① Djilas, *The New Class* (New York: Frederick A. Praeger, 1957), p.155.

第十二章
民主社会的未来

以及循规蹈矩的官僚作风相比，他们更偏好冒险。①

在现代化期间，科学精英有着革命性的潜质。即使在当下的中国，它的角色也是至关重要的。在当下的中国，现代化和工业化齐头并进，而政府对出版、教育、艺术和文学却严加控制。正如一位观察家最近评论的："必须认识到，当说服性和强制性的传播是政治发展和社会控制的强有力工具时，它们受制于明显的局限。"他认为，局限性之一是"空话"。该观察家总结道："因此，人们怀疑：由共产主义者所释放的巨大权力以及由北京政府正在操弄的新力量，可能最终证明：对于操纵者来说，这些力量过于强大以至于难以处理。"② 当中国成功地实现工业化，这些力量之间的冲突应当变得更加尖锐，而且科学家的角色会更有影响力。在纯科学和原子研究领域，已开始出现相对的弱强制状态。

对信息的需要和强制的些许放松，并不仅仅是附着于科学家角色上的需要。无论经济系统是社会主义还是资本主义，政治的潜在影响日益深化，并体现在如下的不可避免的矛盾上：强力推行和经济高效。社会越现代化，则对寻找到增长滞后症结的信息需求就越大。不仅仅是科学家和技师，所有现代化精英，都需要知识。而且，处于现代化进程中的社会对知识的需求甚于工业化国家。工业社会中强制结果的最佳指标之一就是农业的状况。

在工业化成功的国家，农业生产率非常高。但在那些高度强制的国家，则生产率低下。例如中国、苏联以及捷克斯洛伐克都是高强制系统，它们都经历了农业停滞。与1950年只有12%的人口从事农业却能实现农业大丰收的美国相比，同时期的苏联则有50%的人口从事农业生产。③ 这样的无效率实际上遍布于其他活动中，也许除了那些科学精英拥有少许自由活动的领域，即纯粹科学、数学、医学以及其他纯技术学科（在这些领域，实际上苏联的效率是惊人的）。

在发达的工业社会，劳动力主要由贸易、财政、教育以及公共服务领域所雇佣的人们组成。因此在这样的社会，劳动力"有大量的多种多样的雇

---

① McClelland, *The Achieving Society* (Princeton; N. J. : D. Van Nostrand Co. , Inc. , 1961), *passim*.

② Frederick T. C. Yu, "Communications and Politics in Communist China", in Lucian Pye (ed.), *Communications and Political Development* (Princeton; N. J. : Princeton University Press, 1963), pp. 296 – 297. See also Franz Schurmann, "China's 'New Economic Policy'—Transition or Beginning," *China Quarterly*, xvi(January – march,1964).

③ Harbison and Myers, *Education, Manpower, and Economic Growth*: *Strategies of Human Resource Development* (New York: McGraw—Hill Book Co. , Inc. , 1964), p. 133.

佣单位，而在不发达国家，它们的政府支配着现代部门"。① 大量雇主的存在最终驱使国家朝向调和型系统前进。正如弗里德里希·哈比森（Frederick Harbison）和查尔斯·A·迈尔斯（Charles A. Myers）在他们关于人力资源的著作中最重要的段落里指出的，这产生了一种趋势——朝向民主制的趋势。

在这一层面，这些国家的基本趋势是民主化，成年人在政治过程中参与程度高。这部分地是普及公众教育以及民主国家公民教育的结果，但是这些国家其领导权的本质有根本不同，特别是在其政治发展的早期阶段。例如，有些国家已拥有各种中产阶级工业化精英，在其经济发展的许多时段内，存在广泛民主的和平等主义的哲学。其他国家则有承继自前工业阶段的比较僵化的阶级结构，而另一些国家在所谓王朝精英的带领下已经开始向工业化进军。最后，共产主义者或革命知识分子已提供了一种意识形态，它所描述的战略和政策不同于那些工业化中的精英。②

如果科学精英和其他现代化精英联手，则会立即获得十分关键的政治重要性。这在东欧阵营的工业化国家内已经出现。已得到发展的多种多样的系统变体，能够被纳入调和型系统与动员系统之间的连续性光谱中。彼得·威尔斯（Peter Wiles）甚至提出，南斯拉夫代表这样一种系统，其中受管制的市场决定资源分配——毋庸置疑，管制市场也是市场，而不是指令性经济。③ 南斯拉夫模式已经被苏联指令经济下一些挑选出的部门所仿效，特别是在教育部门。威尔斯指出，苏联正根据各种功能性需要重构教育系统，这些需要代表了一个教育"市场"。他称之为"共产主义的一个秘密武器"④。这种变化不仅为分配的市场原则打开了显而易见的缺口，而且它也显示出，受教育的和经过培训的人力资源——换言之，科学精英——是工业化的首要副产品。共产主义者认识到威尔斯所言非虚只是时间问题，自己的分配政

---

① Ibid.
② Ibid., pp. 133 – 134.
③ Wiles, *The Political Economy of Communism* (Cambridge, Mass.: Harvard University Press, 1962), p. 71.
④ Ibid., p. 329.

第十二章
民主社会的未来

策、教育政策是"非理性的,从而也阻碍经济增长……"①。

因此,人们可以认为以工业社会日益增加的复杂性为基础,会带来四个必然结果。第一,对信息的需求日益增多。第二,使用和生产信息的精英在增加,他们对社会的持续发展作用重大。第三,用涂尔干的经典术语表述就是,多元主义者群体形成。第四,科学精英将对其他现代化群体行使领导权。② 这些发展,集中到一起形成了朝向调和型系统的政治发展的长期趋势的基础,正如哈比森和迈尔斯曾提出的。第二种发展,信息精英,实际上已经迅速成为在包括苏联在内的所有工业国家站稳脚跟。正如亚历克斯·英克尔斯(Alex Inkeles)所评论的:

> 尽管重大决策依然为政党领导层所垄断,但随着在管理国家方面的技术问题的日益重要,迫使他们非正式地与某些重要的科学家、管理者以及其他重要的技术熟练的人员分享权力。的确,最近以分权为基础的政府重组代表了决策权力的分散化,但某些核心精英可能会小心翼翼以防丢掉决定性的主动权和控制。这种分权的充分程度绝不能达到。③

此外,一位南斯拉夫经济学家也指出:

> 在一种集权化的管理系统和国家机器的行政干预下,经济企业中的主动性问题必然变得越来越敏锐。生产线和任务都由中央权威决定,为企业决策留下很少的自由选择空间。只是为了最大限度地履行计划的任务,就要运用最多的资源,这没有为纠正最后的偏差留下任何可能性,或者——甚至更重要的——为中央计划所不能预

---

① Ibid. ,p. 329. 也可见于亚历山大·金("Higher Education, Professional Manpower and the State," *Minerva*, I〔Winter,1962〕182)对苏联教育和教授工作的讨论。金指出,"苏联高等教育的两大目标——政治和社会意识形态灌输和为发达社会和经济进行快速的工业化在特殊的技术创新时期训练职员——并非总是和谐。前者通常对后者有影响,经济实体所要求的教育的强有力的功能趋向通常不能获得意识形态教条的承认或合法化。"

② See Emile Durkheim, *The Division of Labor* (Glencoe: Free Press, of Glencoe, III ,1949), *passim*.

③ Inkeles , " Summary and Review: Social Stratification in the Modernization of Russia," in Cyril E. Black (ed.) *The Transformation of Russian Society* (Cambridge, Mass.: Harvard University Press, 1960), p. 246. See also George Fisher, *Science and Politics*: *The New Sociology in the Soviet Union* (Ithaca, N. Y.: Cornell University, Center for International Studies,1964);这是对苏联社会科学的新作用的一项非常重要的研究。

见的可能与优势的有效利用留有余地。在不发达的经济中，于此整体的发展集中于某些基本任务，这一问题在当初没那么尖锐。然而，如果经济发展了，而且如果发展被证明是一个日益复杂的过程，那么严格的中央计划以及行政管理就变得越来越无力有效地利用由现代经济的复杂活动所提供的不计其数的可能性。在同样的程度上而言，*积极性主动性不够的问题变得日益严重*[1]。

在我看来，这些评论特别适于工业化中的国家。如果我的假设正确，那么我可以把动员系统视为从贫穷但现代化的社会转变成为平稳的经济增长的社会的"最佳"政治形式。既然用马克思的话说，它们也会创造自己的"矛盾"，则其结果是倾向于朝调和型系统的方向发展。如果社会主义和民族主义，或者他们的现代混合体从这一角度来理解，那么动员系统就是一种临时的政治形式。它们能展开许多活动，但却因行动的成功而承受变革的压力；由于变得越来越没有效率，它将失去其人民的忠诚。

如果证据支持这样的假设，即日益增加的复杂性导致社会更加多元化，那么我们将需要探索这一特殊的问题，即由于科学精英领导层对工业化进程的作用，他们是否是这种多元发展的焦点呢？我们要进一步追问，他们是否在功能上变得越来越重要，从而扩大他们的权力范围呢？这是可以在经验上予以回答的问题。他们的意识形态在科学伦理的背景下变得越来越明确吗？这种伦理确实高度重视知识和观念的自由交换吗？如果答案是肯定的，那么在科学家的普遍影响下，这些多元化的相互影响的群体将为自由社会创造一种结构基础；金字塔式的而不是等级式的权威，将依靠决策的分散化而逐渐扩散，并因对最佳效率的需要而得以强化。如果这种理论正确，那么在这些条件下，从长远来看，代议制政府将被视为一种进步的而不是保守的力量，且有着革命性的意义，而对那些本会变得愤世嫉俗的青年人颇有吸引力。当然，并非所有的调和型系统都会变成民主制的。看来，与普遍趋势相比，障碍更为人所知[2]。

---

[1] Borivoje Jelic, "Characteristics of the Yugoslav Economic Planning System", *Socialist Thought and Practice* (June, 1961), p. 63. See also Michel Crozier, *The Bureaucratic Phenomenon* (Chicago: University of Chicago Press, 1964), *passim*.

[2] 对此非常精彩的论述，见：Carl G. Rosberg, "Democracy of the New African States," in Kenneth Kirkwood (ed.), *African Affairs* ("St. Antony's Papers", Vol. 15, No. 2 [London: Chatto & Windus, Ltd., 1963]).

第十二章
民主社会的未来

通往民主制度的一些障碍

正如我曾指出的,即使所有的理论都正确,也不能确保所有的工业化共同体最终都会演变成代议制政府。科学精英的出现只是预示着,从长远趋势来看,工业社会将趋向调和型系统。而且,一个建成调和型系统的工业国家由于其他类型政治系统的侵扰,可能仍然难以变成民主国家。因此,显然任何系统都易于遭受其亚系统的攻击,而且效率并非是决定一个政体力量的唯一因素。如果一个大系统被其亚系统——例如,军队或团结型政党或者官僚集团——接管,那么它能够把高度工业化的调和社会转变为强制性较高的系统。任何强有力的亚系统都可能居于主导地位,攫取权力,并且试图将组织遍布于整个社会。①

调和型系统脆弱性的原因将是一个有待探讨的有趣课题,但限于篇幅,我们无法深入研讨。最近李普塞特、塞尔兹尼克(Selznick)、科恩豪塞等人,以及其他关注大众社会的问题的学者都对此有所探讨。② 科恩豪塞在其评论中,鉴别出调和型系统易受攻击的一个原因,即民主社会的大众政治实际上是反民主的,"因为它违反了宪政秩序"③。

多元化的亚群体,能够以其他方式阻碍民主的发展。如果大多数亚群体实现了程度相对比较高的自治,如他们习以为常的那样,结果将是僵化(immobility)与政治瘫痪。试图削弱其自治性则导致问题朝相反的方向发展——米歇尔斯(Miches)称之为"寡头统治铁律"。

官僚化——利用过多的规则和管制而施加强制——是另一种形式的障碍。如果系统中在功能上重要的亚群体——工程师、公务员、教师等等——精心图谋设计各种机会来达到对权力的任意行使,那么整个系统将蕴含大众社会的条件。这正是李普塞特和那些关注亚系统组织社会意义的作品如此重

---

① 军队是通往民主之路的重要障碍,并且它倾向于这种行动。如果军队日益成为现代性的核心,占据行政管理和工程师的角色,并同时代表主权和独立,那么青睐于新科学精英的同样趋势将会对抗之。新科学精英并不依赖于强制,而是依赖于信息,而且较之军事寡头们,他们更能够适应分殊化和复杂性——现代化的结果。

② See Philip Selznick, *The Organizational Weapon* (Glencoe: Free Press of Glencoe, Ⅲ., 1960), chapter ⅶ; William Kornhauser, *The Politics of Mass Society* (Glencoe: Free Press of Glencoe, Ⅲ., 1959), *passim*.

③ Kornhauser, *The Politics of Mass Society*, p. 227.

要的原因所在①。没有什么能够比在工业社会中发现这些条件更有意义，在这些条件下民主制度的结构可以得到完善。实际上，现代政治科学一直关注着这一论题。②

当然，在通往民主的道路上还有另外一些障碍。但我力图揭示，有许多有利于民主的强有力的因素。即使现代化过程中国家的经验昭示着民主——我们所理解的民主——并不适合他们的发展阶段，我们也不应忽视与多元主义和科学意识形态相伴的民主情感的作用。如果人们感受民主并显示出对团结、平等和多元主义的强烈情感，情况将大为不同。

我想指出，民主潜存于调和型系统，在其实现之前某些条件需要被满足。首先需要的是作为权威基础的宪政框架。责任机制必须免受总统和君主任性的侵袭。这种理念的必要性，常常被某些重大事件所模糊。即使对现代宪法匆匆一瞥，也能看到，其中大多数体现了自由主义的理念。对自由主义的推重，并没有从处于现代化过程中的国家消失。无论是缅甸宪法还是土耳其、加纳或坦噶尼喀的宪法，无论是把它作为一种渴望还是作为现实状况，都有对自由主义的个人权利和价值的陈述（它们被违背的情形的确更常见；但它们的神圣性并未因此被弱化）。就该术语的经典意义而言，那里依然存在宪政政府的潜质（potentiality）。宪法是合法性的潜在保障。同样，他们具体化了一些他们试图确立的德行。如果这些德行最终为那些新集团声称代表人民权力提供了基础，那么具体呈现着这些美德的宪法就开始被视为道德文件。

自由主义传统在处于现代化进程中的国家并未死亡，这一点我们可以通过这样的事实而揭示出来，即背离法律的精神和文件几乎一直根据权宜而不是教条来证成。例如，严重的危机被援引作为强制的理由，例如恐怖袭击、军事阴谋等等。对自由主义价值背离的另一种普遍解释是，它们是政治进化的必经之路（"当权威维持的必要条件稳定之时，将有可能放松政府支配。"）。如果自由主义传统毫无意义，那么为什么这些国家的政府公开废止

---

① See Seymour M. Lipset, Martin Trow, and James Coleman, *Union Democracy* (Glencoe: Free Press of Glencoe, Ⅲ., 1956), *passim*.

② See Carl J. Friedrich, *Constitutional Government and Politics* (New York: Harper & Bros., 1937), *passim*; Robert A. Dahl, *A Preface to Democratic Theory* (Chicago: University of Chicago Press, 1956), *passim*.

第十二章
民主社会的未来

那些一直在实践中沉睡的权利呢？在现代世界，以牺牲自由为代价的政治权宜（political expediency），一直伴随着尴尬和对可接受的解释的迫切寻求。

因此，毫不令人奇怪的是，现代化过程中国家的民主宪法更像是一种理想而非活生生的现实。但这并不是绝望的理由。体现在宪法中的自由主义式的宣告非常重要。为了使这些目的成为现实，这些理念必须靠那些以个人术语来重建自由主义意识形态的个人为之奋斗。

因此，民主和宪政主义的进步，依赖于现代世界中个人的坚定不移的信念。这又依赖于人的感性的升华，人性的升华则要依靠经济和政治之外的个人价值的确立。创造性、社会责任、个人表达——这些都是时代的需要，而不是会搞乱社会的强烈且疯狂的怂恿。

向政治民主转型

确保民主政体形成所必需的其他条件是什么呢？显然，在迄今为止的讨论中，我们一直特别关注信息，因为强制被视为否定性和多余的因素。鉴于两者之间关系的本质，这是符合逻辑的。所有系统都会采用强制。如果强制遍布于作为系统中这些角色整合之自然结果的角色网络，那么它将无须减少信息。这一情况的最好例证是现代化的独裁政体，强制在此由传统手段来执行，而无需减少信息，因为它一直不是由审慎开明的政府政策来运作的。

强制的两个最有用的一般性指标（当我们希望从它与政府的关系进行评估时）如下：（1）系统中隐私的数量；（2）集权的政府性强制措施的应用数量。第二个指标可以从经验上通过政府的附带机构来检视。隐私问题需要进一步解释。①

在那些社会生活高度政治化的地方，如大多数处于现代化进程中的国家，实际上隐私被视为颠覆性的。作为一种观念，它与一种政治观背道而驰，即集体优先于个人，而且个人的人格被认为依赖于国家。当一个人对其同事遮蔽其观点、情感或活动时，人们认为隐私开始了。这种遮蔽过程作为许多发展的结果而出现。城市化的日益发展是一大动力。城市的陌生性，使得在亲密的乡村和早期亲缘环境里不可能的隐私类型成为可能。在西方，通

---

① 我曾在《政治反对派作用的一些反思》一文中曾讨论过民主社会的条件，见："Some Reflections on the Role of a Political Opposition", *Journal of Comparative History and Society*, January, 1961.

常被视为去个性化力量的官僚化实际上可以为现代化过程中社会隐私的存在提供机会。人们可以在专业角色中进行社会对话，并利用他们的内部资源去建立一个私人世界，因为他们已学会如何避免麻烦。在这一过程中，他们将对他们的子女传达他们的某些态度。工业化有助于创造这些条件。在这些条件下，即使在高度政治化的国家隐私也成为可能。当对隐私的渴望为政治领导人对准确信息的政治需要所强化的时候，宪政政府的机会也许来了。

为了保护隐私，必须对反个人的国家权力的专断运用加以制衡。也就是说，必须拥有国家无权干预的个人隐私权。确保个人隐私权的唯一途径，是对行政权进行制约。这些制约可以参用多种形式，但无论何种形式，在没有规范化和合法化的反对形式、议会或其等价物、多党制等的情况下，人们不能谈论自由。人们说与调和型系统显著不同的民主社会需要自由、选举、代议机构及其他，这不再被认为是西方中心主义。①

民主化转型成为可能的条件是什么？运行良好的民主社会的标准是什么？根据本书的分析，民主社会的出现需要下述一般条件的达成。

1. 隐私必须是一种目的性价值。"隐私"不仅是个人主义的新名称，尽管个人主义是对隐私渴望的结果。这一先决条件要求，个人用私人的而不是公共的术语来理解他们的身份认同，他们仍保留了某些整体性和一致性的意义。在现代化过程中和工业化中的社会，对隐私的渴望可以被理解为对通常在学校、工厂以及公共场所生活中日益增加的可见性（visibility）的一种反应；个人开始感觉到，需要从现代化进程的某些方面撤出。作为目的性价值的隐私，意味着一个受保护的领域，它能免遭政治干预。

2. 权威问题必然被转化为平等问题。在非常重视潜能的处于现代化进程中的政体内，不能期望民主机构运转良好。当现代化和工业化带来的不平等和其他分配正义问题威胁到权威延续的时候，确保平等的机制以及平等本身就应成为社会团结的新基础。作为团结基础的平等意味着：（1）一种界定明确的平等意识为公众所共享，以及（2）存在定期修正平等定义的规范化的政治程序。

3. 来自包括自由公共媒体、反对党等的多种多样来源的信息必须可资

---

① 但代表的基础可以不同。在西方，代表主要是以大致相同的地理区域为基础而定。然而功能性角色——也就是，学生、农民、工人、工程师等等——取而代之是代表的基础（正如我们曾在英国所暗示的行会社会主义的致命建议），这绝非离题。

第十二章
民主社会的未来

利用。民主制的这一先决条件依赖于强制将是有限的、受约束和合乎宪法的信念。就意识形态而言,实践现实主义的氛围必须流行,借由议会和立法机构建立高度的责任机制。

4. 维持平等、责任和实践现实主义(以及认同和团结)的手段是:(1)把价值冲突不断转化为利益冲突,(2)对行政权力的议会式控制,(3)由代表原则来确保合法和正式反对派的存在,以及(4)一种在普选权和定期选举体现出的公共主权的有意义的定义。

这就是民主理论的经典共识(well-worn universals)。它们的现代表达随处可见。①

从规范的意义上而言,民主社会运作良好的必要条件是个人被视为自治的,并且其隐私被视为神圣不可侵犯的。在行为的意义上而言,其内涵在于,个人如此之复杂,他们的理解水平如此之混杂,以及他们的动机如此之繁复多样,以至于内在于我们所称之为"世俗-自由主义"世界中的那种个人的、理性的自利必须让位于一种摇摆不定且通常不一致的行为的可接受性。作为一种规范的隐私权,它反映了个人作为独立人格的复杂性。从结构的意义上而言,民主社会的良好运行要求更为丰富的代表形式,以提供充足的信息。如果个人如此复杂,并且这种复杂性是决策者期待的基本信息来源,那么我们的地域代表甚或利益集团代表理念显然颇有局限。对当前民主社会所采用的结构性实践似乎要进行一种彻底重估。此外,我们不应当误解利于民主的某些重要趋势,比如多元主义、党派主义甚或多党制,把它们误认为民主社会的本质。为了在这些趋势与其现实化之间作出明显的区分,我们已把调和型系统界定为多元主义之最一般的情况。但除多元主义外,作为一种政治条件(political condition)的民主与对公共权力的非常强有力的政治制约相联系,这些制约方式需要人们进行反思和审察。这依赖于那些表现于世俗-自由主义政体中的标准。在何种程度上,政治民主能与另一极端——神圣-集体主义相兼容,依然是未知之数。我本人的感觉是,除非它看起来是一种适于推进现代化或早期工业化目标的临时系统,那些意欲民主政体的人才会接纳它。否则,神圣-集体主义的准则就是政治民主的对立面。

从这一讨论中,根本不能得出定论。用规范的术语而言,世俗-自由主

---

① 例如,可见于哈罗德·拉斯基(Harold Laski)和赫尔曼·芬纳(Herman Finer)的著作。

义和神圣-集体主义之间的对立反映了人类事务中潜能、平等和权威之间的永恒的冲突和动态平衡。然而，应该指出一点。如果民主依然是一种重要的力量，那么它必须重申这些道德维度，即与建立在逐渐丧失重要性的信仰基础上的其他形式相比，赋予其永恒意义的维度。民主当前的恶名，民主知识以及如杜威、皮尔士甚至詹姆斯这样的民主哲学家的缺乏，或用更一般的说法，我们从实用主义哲学中看到政治或社会伦理的基础的失败都是一种证明，不仅证明哲学衰落为一种神秘教义，也证明了我们难以充分理解自由主义理念的完整意义。神圣-集体主义是一个现成的替代选择，因为它恰好开始于世俗-自由主义系统最脆弱的地方——也就是其道德基础，没有人比柏拉图更清楚这一点。解决方式之一是一种依附性衍生性人格，这一人格皈依了已成为国家教义一部分的某种伦理价值。

然而，倡导一种为所有人而存的实用主义哲学的复兴，将会是一种相当没有意义的实践。诉诸理性，几乎不可能比诉诸信仰更成功。用结构性的术语讲，民主社会必须开始认识到其他领域的平等，即建立在功能基础上平等对待和平等机会之外的平等。一个人的价值必须内含比有用性更多的东西。这可以通过政策，通过选择机会的扩大而实现，这种选择机会不仅是生产率和效率意义上的。人类社会并不是有效率的社会。商业企业也不是现代生活的原型。如果我们像商业企业那样行动，那么我们的等级制、效率和价值的观念将变得如此集中于作为一种选择机制的市场观念，我们的人性将就此消失。在我们最后的分析中可以看到，这就是大众社会概念的内涵所在。

我们必须认识到，正如理解和意义有不同层级一样，知觉和欲望也有不同的形式。利益和自我利益的狭隘观念会导致政治犬儒主义，因为它们把现实压缩为直接行动的单一面向。直接行动层面是政治的，不错，但这只是在最为机械的意义上。行为的机械式观点、效用的结构化观点以及竞争式互动的规范性观点，能够产生一种古怪的理想世界的概念，这个世界充满戾气、怨恨，并不值得向往。

结论

当动员系统中的决策变得复杂到要求政府基本结构的改革时，许多选择就都是可能的了。一种选择是创构一个更加狭隘更加集权化的权威决策系统，缺少责任并远离日常事务。这种选择导向极权主义，强制日益增加而效率愈

第十二章
民主社会的未来

加低下。另一种替代性的选择是分散决策权,从而增加责任。分权可以采取大量增加亚决策单位(subunits)的形式,以至于政府的核心模式通过许多地方政府而得以扩展,并在地方或区域层面上变得更有效率。以地方为基础的重要的亚单位,使得公众参与与其利益休戚相关的问题并发扬公民责任传统成为可能。

即便大多数处于现代化进程中的国家看上去不大可能都能直接走向民主,但是在这些社会中那些既存的非常重要的亚群体是民主价值观的长远传承者,并将在未来对民主社会非常重要。根据他们对信息的需要,我已经讨论过这些亚群体,当然我也曾提及那些表面看来非政治的亚群体,即科学家和社会科学家、工程师和技术专家。

这些角色在功能上的重要性,随着现代化转入工业化和工业化的加速而日益增加。为了处理日益复杂的技术问题,这些角色的占有者要求越来越多的信息。为了有效运作并贯彻科学家和技术专家的建议,政府也要求越来越多的信息。正如我前面所言,这些需要导致强制的减弱、决策共享和责任扩展。因此,科学精英在根本上具有革命性。①

由于其经济上的重要性,他们都是革命性的力量。显然,从长远来看,科学家和技术人员难以成为政治领域的积极参与者,这是因为技术性的专业知识通常在本质上附着于功能性的附属角色。但在经济领域,他们的活动对基本生产、资源组织以及新技术在应用于人力资源和物质资源时的效用非常重要。当然,这不能从根本上使其具备革命性,除非是这种情况,即在工业化中社会它是独立的经济变量。政系统治系统是因变量——也就是,它依赖于经济系统的需要和工业领域的变化。新的科学精英——作为它所引发的经济变革的结果,作为其对信息需要的结果(以此使得这些变化得以成功)——因此必定被视为革命性的力量。如果对科学精英角色这一分析正确的话,那么由此可推断,工业化过程中的国家的长期趋势是走向调和型系统。

调和型系统如何转变成为民主制,哪些条件已在上文勾勒?显然,某些条件比功能上重要的精英间信息分配更为必要。对于这一点,我们必须回到

---

① 的确,迈克尔·博兰尼曾欢呼这一新发展,作为他所谓的"科学共和国"的基础,在他看来,科学共和国是动态性的,一个"探索者的社会",由于它建立在自我完善和卓越的基础上,它将创建自由社会。见其令人着迷的讨论,"The Republic of Science, Its Political and Economic Theory," *Minerva*, I (Autumn, 1962). 同样的观点也见之于英国的罗宾斯报告。

道德领域。自由和隐私的理念能够在工业化背景下把调和型系统推向民主制。科学家和社会科学家、作家和知识分子、教师和学生——所有这些人都将必须为这些理念而奋斗。他们并不能毕其功于一役。

因此，世界范围内的科学家和技术专家的联盟、大学之间的联系以及信息和知识的自由交流何其重要！现代社会需要自由持续发展，即使一些社会尚不能消费它。通过前述分析，西方的最终目标已显而易见。我们不仅必须在自己所处之社会充分实现自由，而且绝不能否认处于现代化和工业化中的社会最终赢得自由的可能性。如果民主制度，正如我们所知，在现代化阶段遭受沉重打击，毫不令人吃惊。现代化长路漫漫。所需的翻天覆地的变革，通常将与政治上的安然背道而驰。我们的目标应当坚定不移，敞开自由主义式选择的大门！因为正如我们所见，各种系统都根据现代化的政治需要和工业化的经济需要而变化。我们可以预见到起步错误（false starts）、走回头路（backward steps）、政治系统中的新样式以及自由主义价值的明显衰落。如果我们能够对从现代化到工业化发展的整个过程采用长远的（这意味着现实的）的观点，那么我们将发现我们自己支持的那些国家，它们的政策从短期看与我们所认为对民主生活方式意义非凡的每件事都相悖。我们需要把像加纳和马里这样的国家接受为变化中的政体，不能把形式上的稳定误认为变革。我们必须把南斯拉夫和波兰，也许还有中国，作为工业化早期阶段的原型。如果在拉丁美洲从后期现代化转变到工业化早期阶段伴随着动员系统的扩散，这毫不奇怪。这正是古巴如此之吸引那些国家里非常浪漫的年轻社会主义者的原因。

显然，我们必将要学会在科学伦理已经成为全人类伦理的世界中生活。的确，科学市侩对民主的危险远甚于理论家。教化文明人变得何其紧迫，也就是说，赋予那些知晓科学和公共福利的人们以对人类权利和价值的敏感。如果没有这种敏感性，新技术官僚对民主制度毫不认同感。

对于我们西方人来说，任务是了解我们将能知道什么——知晓什么是重要的。例如，财产和所有权问题越来越不重要。管理控制（无论是国家、公共部门、所有者和经营者共有的公民机构或个人）不再是问题。私人和国有企业之间的明确区分，几乎如同私立和国立大学教育之间的明确区分一样快速消逝。重要的是不平等问题，以及平等和自由之间的关系。这种关系将取决于自然禀赋而不是特定关系、对流动的传统障碍或财富吗？而且，禀

第十二章
民主社会的未来

赋将产生自有的等级吗？民主制度能够开始控制诸如此类的问题吗？答案对于我们自己的社会以及其他社会都十分重要。

信息创造和知识应用精英是造就调和型系统之条件的重要工具吗？科学精英能够被纳入一种民主模式内吗？这些都是非常重要的问题。

答案的好坏，将会影响我们对未来作出明智选择的能力。这类问题并非是纯学术性的。我们生活方式的延续问题悬而未决。政治形式确实在变化。如果在我们曾讨论的两种主要形式——动员系统和调和型系统——之间的确存有一种持续不断的对立的话，那么两者之间易于相互影响也是真实的。借助经验研究，我们应该能够发现这种相互破坏的方式。更为具体的分析是必要的。例如，如果现代化背景下的政治形式不是从政府的前民主形式不可避免地向前演进，那么哪些条件确实支持这样长期的发展呢？哪些条件是处于现代化进程中的社会走向更民主的工业社会的前提呢？当社会中的这些条件都指向经济系统而不是作为独立变量的政治系统时，我们如何评估工业化的形式以及它们对政体的影响？在现代工业化条件下，对信息的需求如此之大以至于导致了分权、金字塔式权威取代了等级制权威、工具性价值凌驾于目的性价值之上，这些说法都是正确的吗？说一种从长期而言有走向一个调和型系统趋势的政治系统，是最适合于高度工业化国家的形式，有意义吗？我们的西方式的民主定义会一直适用吗？

这些问题在此都无法回答。我认为，从长远来看，政治事务中最为革命性的力量将是世俗-自由主义理念的新形态，更具体地说，将是一种民主的政府体系。现代化是这一理念得以普世化的一种关键手段。然而，对我们自己的制度进行全新的评估，是必要的。除非完全体悟到它的自由主义信念，否则民主制就毫无意义。它需要更有效地融合工具性和目的性价值。如果它难以使信息发挥效用，如果它如此漠视其在公民权、贫困、财产权、教育和外交领域中的基本义务，那么西方如何能堪当高度工业化社会的模范呢？如果调和型系统失效，那是因为人们无视或无力理解他们所拥有的知识。这正是为组织和理解事实而需要新方法和新理论之紧迫性的原因。在已经获得的信息中发现更宽泛意义的能力和创建新的知识形式的能力，是我们社会所拥有的最强大的力量。但只有我们恰当地运用它，选择和自由才能强化我们的民主制度。民主社会的未来将依赖于其自身发现新的和有效的途径来确保基于自由的个人认同和基于知识的团结的能力。这一直是民主理想的基石，是我们据以评价我们的社会和其他社会的终极标准。

图表索引

图表 1　合法性和结构 …………………………………………（10）
图表 2　权威类型 ………………………………………………（15）
图表 3　一种选择分析的方法 …………………………………（24）
图表 4　殖民主义各阶段 ………………………………………（34）
图表 5　金字塔系统的权威 ……………………………………（58）
图表 6　等级制的权威 …………………………………………（58）
图表 7　分支系统权威 …………………………………………（59）
图表 8　传统系统之比较 ………………………………………（60）
图表 9　角色与分层的关系 ……………………………………（80）
图表 10　现代化过程中职业的角色冲突 ………………………（105）
图表 11a　动员系统 I 的现代化形象 …………………………（106）
图表 11b　动员系统 II 的现代化形象 …………………………（106）
图表 11c　一个调和型系统的现代化形象 ……………………（107）
图表 11d　高度工业化社会的现代化形象 ……………………（111）
图表 12　政党关系与特点 ……………………………………（126）
图表 13　政治现代化和政策 …………………………………（157）
图表 14　现代化社会之类型 …………………………………（162）
图表 15　民族主义与社会主义之间的关系 …………………（220）
图表 16　社会中的分化 ………………………………………（229）
图表 17　根据权威类型予以分类的国家 ……………………（258）
图表 18　信息和强制 …………………………………………（267）
图表 19　现代化的趋势 ………………………………………（274）
图表 20a　美国变迁的长期趋势 ………………………………（277）
图表 20b　苏联变迁的长期趋势 ………………………………（278）
图表 20c　早期现代化过程中的社会早期变迁的长期趋势 ………（279）